Biblioteca "História, Exploração e Descobertas" - 01
Volumes Publicados:

1. História dos Povos de Língua Inglesa .... Winston Churchill
2. A Revolução Russa .... Alan Moorehead
3. Memórias de Montgmorey .... Mal. Montgomery
4. Jornal do Mundo .... Vários
5. História das Orgias .... Burog Partridge
6. Os Sonâmbulos .... Arthur Koestker
7. A Revolução Francesa .... Georges Lefreve
8. As Grandes Guerras da História .... H. Lidell Hart
9. Nova Mitologia Clássica .... Mário Meunier
10. História dos Gregos .... Indro Montanelli
11. História de Roma .... Indro Montanelli
12. Hernan Cortez .... S. de Madariaga
13. Pequena História da Ciência .... W. C. Dampier
14. De Adão à ONU .... René Sédillot
15. Rendição Secreta .... Allen Dulles
16. A Angústia dos Judeus .... E. H. Flannery
17. Idade Média: Trevas ou Luz? .... Indro Montanelli e R. Gervaso
18. Itália: Os Séculos Decisivos .... Indro Montanelli e R. Gervaso
19. Itália: Os Séculos de Ouro .... Indro Montanelli e R. Gervaso
20. Hitler e a Rússia .... Tumbull Higgins
21. Síntise Histórica do Livro .... J. Barbosa Mello
22. Ruínas Célebres .... Herman e Georg Schreiber
23. Impérios Soterrados .... Herman e Georg Schreiber
24. Romance e Arqueologia .... P. E. Cleator
25. Autobiografia de Benjamin Franklin .... Benjamin Franklin
26. A Declaração de Independência .... Carl L. Becker
27. Hitler: Autodestruição de Uma Personalidade .... H. D. Rïhrs
28. Israel: Do Sonho à Realidade .... Chaim Weizmann
29. A Conspiração Mundial dos Judeus: Mito ou Realidade? .... Norman Cohn
30. A Longa Marcha .... Simone de Beauvoir
31. De Leste a Oeste .... Arnold Toynbee
32. A Manipulação da História no Ensino e Meios
de Comunicação .... Marc Ferro
33. Japão - Passado e Presente .... José Yamashiro
34. História da Cultura Japonesa .... José Yamashiro
35. Os Astrônomos Pré-Históricos do Ingá .... F. C. Pessoa Faria
36. Choque Luso no Japão dos Séculos XVI e XVII .... José Yamashiro
37. João Paulo II .... Jean Offredo
38. História da Bíblia .... G. S. Wegener
39. A Papisa Joana .... Rosemary e Darrol Pardoe
40. História dos Samurais .... José Yamashiro
41. A Língua de Camões .... José Verdasca
42. Raízes da Nação Brasileira .... José Verdasca

HISTÓRIA DOS POVOS DE LÍNGUA INGLESA
WINSTON S. CHURCHILL

C488h CHURCHILL, Winston S., Sir; 1874-1965
História dos Povos de Língua Inglesa - Winston Churchill,
Tradução de Leonid Kipman - São Paulo: IBRASA, 2008
368p. (Biblioteca História, Explorações e Descobertas; 1)

Bibliografia
ISBN 978-85-348-0293-2

1. História   2. Reino Unido   3. Inglaterra   I. Título   II. Série

CDU   942

Índice para Catálogo Sistemático:
1. História da Inglaterra: 942
2. História do Reino Unido: 942

Maria José Oliveira
Bibliotecária CRB 5641/8

WINSTON S. CHURCHILL

HISTÓRIA
DOS POVOS DE LÍNGUA INGLESA

Volume IV
As Grandes Democracias

Tradução de
Leonid Kipman

<u>IBRASA - Instituição Brasileira de Difusão Cultural Ltda.</u>
São Paulo - SP

Título original:
A History of the English Speaking Peoples, vol. IV

Direitos desta edição reservados à
IBRASA
Instituição Brasileira de Difusão Cultural Ltda.
Rua 13 de Maio, 446
Tel/Fax: (0xx11) 3284-8382
e-mail: ibrasa@ibrasa.com.br
home page: www.ibrasa.com.br

Copyright © by
Emery Reves; 157 Route de Florissant, Genebra

Nenhuma parte desta obra poderá ser reproduzida, por qualquer meio, sem prévio consentimento dos editores. Excetuam-se as citações de pequenos trechos em resenhas para jornais, revistas ou outro veículo de divulgação.

Capa:
Antonio Carlos Ventura

Editoração Eletrônica:
Círculo Editorial

Revisão:
Tasso Augusto C. dos Santos

Produção Editorial:
Tania Jorge

Publicado em 2008

IMPRESSO NO BRASIL - PRINTED IN BRAZIL

Agradecimentos

Desejo registrar novamente meus agradecimentos ao Sr. F. W. Deakin e ao Sr. G. M. Young pela assistência que, antes da Segunda Guerra Mundial, prestaram na preparação deste trabalho; ao Professor Asa Briggs da Universidade de Leed e ao Sr. Maldwyn Shock do Colégio Universitário de Oxford, que desde então auxiliaram na sua execução; também ao Sr. Alan Hodge, Sr. Denis Kelly, Sr. Anthony Montague Brown e Sr. C. C. Wood. Devo, também, agradecer a muitos outros que leram estas páginas e sobre elas fizeram comentários.

Devo agradecimentos à Imprensa Universitária de Oxford pelo consentimento em incluir uma citação extraída da "História Oxfordiana dos Estados Unidos".

Nota do Tradutor

Na obra, cuja tradução ora iniciamos, encontraremos amiúde as expressões "Whigs" e "Tories". Esses nomes são os de partidos políticos que predominaram na vida política da Grã-Bretanha durante séculos. Os respectivos programas políticos em tempo algum foram muito definidos. Variavam conforme a época, conforme os homens que compunham os partidos, e até durante o mesmo período de tempo as interpretações das finalidades do partido e da orientação política eram extremamente individuais. Muitas vezes esses partidos, principalmente os "Whigs", eram divididos internamente em facções que se combatiam reciprocamente com maior ou menor intensidade. De modo geral, para tornar as respectivas atuações mais compreensíveis, poder-se-ia dizer, embora sem exatidão, que os "Tories" eram conservadores e reacionários, ao passo que os "Whigs" eram liberais e progressistas, embora de maneira turbulenta e indefinida.

Em face do exposto, seria um erro traduzir ou substituir os termos "Whigs" e "Tories". Assim, manteremos no decorrer do nosso trabalho esses termos sem alterações, conservando-lhes a grafia, usando-os ora como substantivo, ora como adjetivo, conforme o sentido encontrado.

Também encontraremos no texto repetidas referências ao "jovem Pitt". Não se trata, como é evidente, de referência à idade, mas sim de uma diferenciação do Pitt Pai. Como no nosso trabalho só aparece o Pitt Filho e considerando passível de criar impressão errônea o uso do adjetivo "jovem", ou mesmo "junior", referir-nos-emos simplesmente ao nome Pitt, certos de que, dentro dos moldes deste trabalho, esta designação é suficiente.

Prefácio

A queda de Napoleão, em 1815, deixou a Grã-Bretanha o domínio incontestado de grande parte do globo terrestre. A França e todo o continente europeu achavam-se exaustos. A unidade da Alemanha ainda não havia surgido, e a Itália continuava dividida. A Rússia estava se retraindo da Europa Ocidental. Os povos da Espanha e de Portugal estavam ocupados na sua península, bem como nas suas possessões tropicais ultramarinas. Nos decênios seguintes, muitas nações da Europa sentiram o impacto de revoluções e guerras civis. Nações novas surgiram. Só a Grã-Bretanha escapou quase ilesa desses anos inquietos. Houve uma expansão dos povos de língua inglesa nunca, até então, presenciada. Os motivos dessa expansão eram tanto devidos à natalidade como à emigração.

A ruptura entre a Grã-Bretanha e a América, proveniente da Revolução Americana, não foi completa nem definitiva. As relações através do Atlântico não só continuaram mas aumentaram de intensidade. Enquanto a América dedicava suas energias ao povoamento da metade do continente da América do Norte, a Grã-Bretanha começava a ocupar e desenvolver muitos trechos vagos do globo. A Real Marinha mantinha domínio imparcial sobre os oceanos e assim protegia ambas as Comunidades da interferência e da rivalidade do Velho Continente.

A colonização da Austrália e da Nova Zelândia, bem como a aquisição da África do Sul, que se deu durante o declínio da Holanda, criaram o novo, mais amplo, Império Britânico. Esse Império, representando um quinto da população do globo, ainda se baseava no poderio marítimo e era presidido pela Rainha Vitória, que teve o reinado mais prolongado da história da Grã-Bretanha.

Naquela época, tornaram-se proeminentes problemas de ordem moral decorrentes da ética cristã. O tráfico de escravos foi exterminado pela Real Marinha, muito embora em épocas anteriores a Grã-Bretanha havia se locupletado descaradamente com esse comércio. A escravidão foi extirpada nos Estados Unidos por meio de terrível luta interna, que custou quase um milhão de vidas; mas, e isso era o mais importante, a União foi preservada.

O século XIX foi um período de civilização progressiva, tolerante, esclarecida e cheia de propósito. A agitação mundial decorrente da Revolução Francesa em conjunto com a Revolução Industrial — intensificada pela máquina a vapor e por muitos inventos básicos — abriu caminho inexoravelmente ao período Democrático. Os direitos de voto e da cidadania foram ampliados continuamente tanto na América como nos países ocidentais da Europa, até se tornarem praticamente universais. A aristocracia, que durante séculos dirigiu o progresso da Grã-Bretanha, foi afinal absorvida pelo despertar da massa popular. O sistema de partidos e o Poder do Dinheiro que desconheciam distinções de desenvolvimento econômico do continente da América.

Na mesma época, o novo Império Britânico ou o "Commonwealth of Nations"* foi baseado na concepção de ser governado por consentimento e no agrupamento voluntário de Estados Autônomos encimados pela Coroa. Quando a Rainha Vitória faleceu, havia motivo para crer estarem os problemas dos séculos anteriores bem adiantados no caminho de receberem solução gradativa. Na Europa, porém, o poderio da raça "teutônica, até então abafado pelo desmembramento ou coibido por restos de sistemas medievais, começou a surgir com energia vulcânica. Na luta decorrente a Grã-Bretanha e os Estados Unidos haveriam de lutar pela primeira vez lado a lado por uma causa comum.

W. S. C.

Chartwell
    Westerham
        Kent
            10 de fevereiro de 1957

---

* N. T. Comunidade de Nações, ou melhor, conjunto de Nações com interesses comuns, atualmente designação oficial da Grã-Bretanha.

Sumário

Livro X
Recuperação e Reforma

Capítulo I - A Paz da Vitória 17
Capítulo II - Canning e o Duque 35
Capítulo III - Reforma e Comércio Livre 53
Capítulo IV - A Guerra da Criméia 71
Capítulo V - Palmerston 87
Capítulo VI - Migração dos Povos. I: Canadá e África do Sul 103
Capítulo VII - Migração dos Povos. II: Austrália
e Nova Zelândia 117

Livro XI
A Grande República

Capítulo I - A Epopéia da América 133
Capítulo II - Escravatura e Separação 149
Capítulo III - A União Ameaçada 161
Capítulo IV - A Campanha Contra Richmond 179
Capítulo V - Lee e McClellan 197
Capítulo VI - Chancellorsville e Gettysburg 215
Capítulo VII - Vitória da União 239

Livro XII
Época Vitoriana

Capítulo I - Surgimento da Alemanha 255
Capítulo II - Gladstone e Disraeli 269
Capítulo III - "Reconstrução" da América 289
Capítulo IV - América como Grande Potência 303
Capítulo V - Autoridade Doméstica para a Irlanda 317

Capítulo VI - Os Governos de Lorde Salisbury 337
Capítulo VII - A Guerra Sul-Africana 353

Mapas

A Criméia 82
Índia em 1857 96
Estados Unidos em 1861 164
Teatro Oriental da Guerra 189
Campos de Batalha da Virgínia 200
Campanha de Gettysburg 228
Teatro do Mississippi 234
Kentucky e Tennessee 247
Surgimento da Alemanha 260
União da Itália 260
Os Balcãs em 1878 284
África na Década de 1890 342
A Guerra Sul-Africana 359

Livro X

Recuperação e Reforma

CAPÍTULO I

A PAZ DA VITÓRIA

A paz sobreveio na Europa depois de ela ter vivido em conflagração contínua durante uma geração. Delineava-se uma paz prolongada que seria apenas perturbada por distúrbios civis e campanhas de ordem local sem assumir maiores proporções até que a Era da Expansão Germânica viesse a suceder à Era do Predomínio da França. A Grã-Bretanha teve papel heróico nas lutas revolucionárias e Napoleônicas. A tarefa que uniu e preocupou seus povos estava terminada afinal. De então em diante eles podiam empregar suas energias no desenvolvimento dos seus grandes recursos industriais e das suas capacidades comerciais acumuladas na Ilha durante o meio século antecedente e experimentados e aguçados durante vinte e dois anos de esforços bélicos. A vanguarda de estadistas, ao amanhecer do dia de Waterloo, entretanto, não compreendia a essência do mundo palpitante do comércio e da indústria nem tampouco as aspirações e necessidades dos homens, mulheres e crianças que labutavam a serviço delas. O palco político da Inglaterra sucumbiu a ponto de estagnar. Os "tories", como os podemos designar embora nem todos teriam aceito essa designação, estavam firmemente no poder. Ganharam a luta contra Napoleão com o apoio de um Gabinete de Guerra composto quase inteiramente de elementos do próprio partido. Representavam a tradição de resistência contra os princípios da França revolucionária e contra o poderio agressivo do Império Napoleônico. Possuíam aliados em todo o país, homens abastados e de intelecto independente, homens que receberiam com escárnio a idéia de usarem um distintivo de partido político, mas que não obstante compartilhavam dos principais pontos de vista dos "tories". Consideravam-se defensores não somente da Ilha, mas também do acordo aristocrático alcançado quase sem derramamento de sangue pela Revolução de 1688. Sob o impacto do Terror na França, as classes governistas da Inglaterra cerraram fileiras contra inovações. Esforços prolongados deixaram a nação exausta. A convalescença durou até 1830.

As figuras principais do governo eram Lorde Liverpool, Lorde Castlereagh e, depois de 1818, o Duque de Wellington. Castlereagh e Wellington possuíam pronunciado relevo em relação aos seus colegas. A paz que foi apanágio da Europa após a queda de Napoleão era, em grande parte, produto do robusto senso comum e discernimento agudo de Wellington, bem como da abstenção desinteressada de Castlereagh. Apesar de muitos malogros e de alguns erros no campo militar, esses homens conduziram o país à vitória. Liverpool era filho de Carlos Jenkinson, organizador da patronagem durante o reinado de Jorge III, e colega muito ligado de Pitt. Era homem de inclinações conciliatórias, chefe brando e colega agradável. Exerceu uma série de cargos públicos quase sem interrupção desde a eclosão da guerra contra a França. Em 1812 tornou-se Primeiro-Ministro e durante quinze anos dirigiu os negócios do Império demonstrando sempre tato, paciência e frouxidão.

Castlereagh fez seu aprendizado político como Secretário do Governo para os negócios da Irlanda. Nos dias difíceis das negociações pela União com a Irlanda, em que o direito da patronagem foi extensamente usado, ele presenciou o pior período do apadrinhamento na concessão de cargos públicos e dos ganhos ilícitos que floresceram no século XVIII, Castlereagh participou do Gabinete durante a conflagração como Secretário da Guerra. Teve que demitir-se, porém, devido à famosa briga com seu colega Canning, briga que culminou em duelo travado no "Putney Heath". Em 1812 Castlereagh voltou ao Governo recebendo nomeação no Ministério do Exterior. Foi o arquiteto da coalização que ganhou a vitória final e um dos principais autores dos tratados de paz. Castlereagh importava-se pouco com os negócios internos e não tinha a capacidade de expor sua esclarecida política externa com a eloqüência que ela merecia. Castlereagh não era orador. Seu temperamento frio, concentrado, era inibido pela altivez; considerava abaixo da sua dignidade informar o público francamente acerca dos planos e medidas do Governo. Não obstante, era líder na Câmara dos Comuns. Raramente esse cargo foi preenchido por um homem com menos capacidade natural para tanto.

Em Wellington todos reconhecem o ilustre general que enfrentou e venceu Napoleão. Sua concepção de política era simples. Desejava unir todos os partidos e incutir-lhes o dever de preservar a ordem existente. O resto do gabinete era ou composto por "tories" empedernidos, tais como o Ministro das Finanças Eldon; Eddington, agora Visconde Sidmouth, outrora Primeiro-Ministro e naquele momento Ministro do Interior; e Conde Bathurst, Secretário das Colônias que foi caracterizado por Lorde Rosebery com essas palavras: "um daqueles estranhos filhos do nosso sistema político que enchem os mais brilhantes cargos com a mais completa obscuridade". Esses homens começaram sua vida política sob ameaça de revolução mundial. Sua única preocupação em política era a defesa inflexível do sistema que eles sempre conheceram. Suas mentes eram rígidas, escassamente capazes de perceber as mudanças sobrevindas à sociedade da Inglaterra. Eram defensores da constiuição do governo por latifundiários, do predomínio do protestantismo na Irlanda e da Igreja Anglicana na Inglaterra. Castlereagh era perito em negócios externos e Wellington em assuntos militares. Os outros eram simplesmente tories-políticos decididos a fazer tão pouco quanto possível, tão bem como pudessem.

Eles possuíam muitas vantagens. Poderio naval, pujança financeira e a persistência britânica que havia vencido Napoleão. No verão de 1815 a Grã-Bretanha e Castlereagh lideravam a Europa, e dos termos em que ficasse estabelecido o apaziguamento da Europa dependia a paz das gerações futuras. As relações tensas ou complicadas existentes entre os principais Estados deviam ser substituídas por um sistema ordenado; urgia tornar a França inofensiva para o futuro. Havia de se erguer uma estrutura internacional acima dos campos em que as nações batalharam, acima das teorias e das classes sociais. Os tratados que criaram a nova Europa envolveram a Grã-Bretanha em obrigações que ela jamais havia assumido anteriormente. Ela tomou parte no delineamento das novas fronteiras da França, que privou os reinstalados Bourbons daquilo que agora é o Saarland e de partes da Savóia. A França foi reduzida às suas fronteiras de 1789, e a Prússia foi estabelecida como principal Poder nas margens do Reno. O Duque de Wellington comandava, no noroeste da França, as tropas de ocupação aliadas compostas de cento e cinqüenta mil homens, dos quais trinta mil eram britânicos. Embora a opinião dos "tories", mesmo nos dias do triunfo, temesse obrigações continentais, Castlereagh resolveu que a Grã-Bretanha não devia abandonar sua posição de autoridade adquirida durante a guerra. Imune a paixões populares, a ódios raciais ou a qualquer desejo de espezinhar o inimigo vencido, ele previa o dia em que a França se tornaria tão necessária ao equilíbrio da Europa e aos interesses da Grã-Bretanha como o eram a Prússia, a Áustria e a Rússia. Junto com Wellington, interpunha-se entre a França e seus inimigos sedentos de vingança. Deixadas sem freio, a Prússia, a Áustria e a Rússia teriam dividido entre si os Estados da Alemanha, imposto uma paz severa à França, e teriam lutado entre si pela divisão da Polônia. A influência moderadora da Grã-Bretanha foi o fundamento da paz na Europa.

No século XVIII os governos da Europa não possuíam uma organização para consultas recíprocas, e havia pouca compreensão dos interesses comuns. A revolução na França uniu-os para enfrentar o perigo comum e agora estavam resolvidos a permanecerem unidos para evitar nova eclosão. Já existia uma aliança de quatro grandes poderes que haviam jurado efetuar conferências acerca dos problemas da Europa quando necessário. Isso agora foi substituído pela Sacra Aliança entre os três governantes autocráticos do continente — os Imperadores da Rússia e da Áustria e o Rei da Prússia. Sua finalidade principal era intervir em qualquer parte da Europa onde houvesse revolução e suprimi-la imediatamente em nome da legitimidade.

Isso não atraía Castlereagh, que se opunha a qualquer interferência nos negócios de Estados soberanos por menores que esses fossem e por mais liberais que fossem os governos instalados.

Embora as caricaturas o representassem como reacionário em casa, não era amigo do despotismo continental. Para ele a aliança quádrupla e o Congresso de Viena eram apenas peças da maquinaria diplomática destinadas à discussão dos problemas europeus. O Chanceler austríaco, Metternich, e seus colegas, ao contrário, os consideravam como instrumentos para manter a ordem existente. Essa divergência de pontos de vista entre as grandes potências era parcialmente em razão do fato de que a Grã-Bretanha possuía um governo parlamentar que, embora de maneira imperfeita, representava uma nação. Os colegas europeus de Castlereagh eram funcionários de monarcas absolutos. A Grã-Bretanha era um poder universal cuja força residia no seu comércio desenvolvido e na supremacia marítima. Seu comércio florescia e multiplicava-se independentemente das idéias predominantes na Europa. Ainda mais, suas classes governantes, há muito habituadas a debates públicos, não compartilhavam dos sonhos absolutistas que inspiravam e iludiam as cortes dos autocratas.

Apesar dessas diferenças de opinião, o Congresso de Viena constitui um monumento à diplomacia clássica bem-sucedida. A complexidade das negociações foi enorme. Foi de vinte e sete o número de tratados distintos que foram concluídos durante os primeiros seis meses de 1815, isso sem falar do formidável Tratado Final do Congresso propriamente dito e de mais uns vinte outros tratados celebrados em outros locais no mesmo período. Apesar de sua ambigüidade nas conversações e da sua deslealdade para com seu Imperador, Talleyrand deu provas de perseverança rigorosa no seu intento de restabelecer a posição de seu país na Europa. Ao espectador moderno, porém, Castlereagh aparece indiscutivelmente como o membro genial do Congresso. Ele reconciliava as opiniões contrastantes, e sua esperança moderada de conseguir uma paz que durasse cinco anos foi quintuplicada. Castlereagh era o expoente, com todas as falhas e virtudes, da atitude objetiva e equilibrada que caracterizou a política exterior britânica, relacionada com a Europa, durante quase um século. Terminado o Congresso, tornou-se inevitável uma ruptura, mas Castlereagh conseguiu pelo menos um triunfo antes de sobrevir o colapso. Decorridos três anos da assinatura do Tratado de Paz, as tropas britânicas evacuaram o território da França; a França pagou as indenizações e foi recebida no Congresso Europeu como nação respeitada. Wellington, liberado das suas atribuições militares na França, passou a participar do Governo na qualidade de Inspetor Geral da Artilharia.

* * *

Em casa, o Governo tinha que enfrentar o problema delicado e desconcertante da reconstrução econômica. Para esse fim, seus membros eram supinamente incapazes. Remediar ou resolver os deslocamentos decorrentes do fim da guerra ou os problemas criados pelo desenvolvimento industrial era muito além da competência desses homens. Antes dos seus vizinhos, a Grã-Bretanha começou a sentir tanto os benefícios como os rigores da Revolução Industrial. Ela ganhou uma nova fonte de poderio e prosperidade, mas ao mesmo tempo massas humanas cada vez maiores, residindo em cidades mal construídas, que eram muitas vezes vítimas da miséria e da falta de asseio, o que, por sua vez, produzia extensos e justificados descontentamentos. Sua liderança técnica era motivada pela competência e pelo sucesso dos inventores britânicos por um lado e por outro pela proximidade recíproca das suas principais fontes de carvão e de ferro, e da proximidade destas ao mar. A supremacia nos mares, os recursos do império colonial e o acesso às reservas de capital acumuladas pelo comércio alimentavam o progresso industrial. Gradualmente as máquinas a vapor foram atreladas para servirem todo o campo da indústria contemporânea. Os engenheiros aperfeiçoaram máquinas operatrizes de precisão, o que multiplicou a produção. A fiação do algodão foi mecanizada e o sistema de industrialização foi crescendo paulatinamente. O artífice independente que até então trabalhava por conta própria foi deslocado de pouco em pouco. O parque industrial, o aumento da população, extensas alterações na colocação da mão-de-obra, tudo isso representava formidável problema social. Em decorrência da educação recebida e do meio de onde provinham, os componentes do Governo não entendiam as causas dos males que lhes competia remediar. Concentraram-se, pois, na tarefa que entendiam: a defesa da propriedade. Numa sociedade cada vez mais industrializada, os homens do governo representavam ainda os interesses tradicionais dos proprietários rurais. O temor de revoluções sangrentas eram uma obsessão e impedia-os de realizar mesmo modestas reformas.

Napoleão havia fechado o Continente ao comércio britânico e o bloqueio efetuado em represália agravou ainda mais a situação da indústria. Havia muito desemprego nas zonas industriais do Norte e do Centro. A completa falta de meios para preservar a ordem pública foi demonstrada pela destruição de máquinas que se deu durante os distúrbios chamados "Luddit riots" e que se deram em 1812 e 1813. Não havia coordenação entre o Ministério do Interior em Londres e os Juízes de Paz no Interior. O meio de conseguir a pacificação foi o comportamento hábil e eficiente dos oficiais, comandantes das tropas enviadas para sufocar os distúrbios. No decorrer do século XVII já sucedera muitas vezes que descontentamento generalizado provocado por salários baixos e desemprego foi transformado em motins sempre que uma sucessão de más colheitas provocasse alta nos preços e por conseguinte aumentasse o custo dos gêneros de primeira necessidade. Também agora más colheitas aumentaram a miséria preponderante. As revoltas do século XVII eram geralmente de curta duração. Eram facilmente dominadas por uns tantos enforcamentos e umas tantas condenações à deportação para as colônias. Os descontentes escapados da justiça responsabilizavam pelos seus males antes a natureza que o sistema econômico ou político. Depois de Waterloo o temperamento público se tornou muito diferente, Líderes do Extremismo Radical saíram dos seus esconderijos e mantinham uma contínua e crescente agitação. Sua organização, suprimida durante a Revolução Francesa, reapareceu e começou a tomar as feições de movimento político, embora ainda não tivesse quase representação na Câmara dos Comuns. Na opinião dos Radicais, só ao Governo cabia a responsabilidade pelos infortúnios do povo, e não à má sorte nem aos desígnios de Deus. Não se enquadrava na filosofia dos "tories" deixar que os gaiatos das feiras resolvessem os problemas nem confiar na boa sorte ou ignorar os males. Os "tories" daquele tempo não só reconheciam a responsabilidade do Governo pelo bem-estar de toda a nação, mas muitos deles sentiam-se orgulhosos em pertencer às classes governantes encarregadas desta responsabilidade. Era bem entendido constarem os deveres do Governo do que Burke definiu como sendo: "paz pública, segurança pública, ordem pública, prosperidade pública". O último item era o mais importante agora. A dificuldade consistia em que o Governo, enfrentando condições sem precedentes, não possuía a mínima idéia de como assegurar a prosperidade pública. Mesmo que conseguissem delinear um plano, faltava-lhes um corpo experimentado de funcionários capaz de o executar. O resultado foi que a caridade privada e a Lei dos Pobres eram os únicos meios de remediar a miséria.

Era infortunado para a Grã-Bretanha que naqueles anos a oposição parlamentar estivesse no seu ponto mais fraco. Uma geração passada nos bastidores desmoralizou o partido dos "whigs", que não havia participado ativamente do Governo desde 1783. Mesmo entre os próprios "whigs" havia muitas divergências, e nenhum deles podia oferecer planos de reconstrução melhores ou mais amplos que os "tories". Realmente seus interesses eram essencialmente os mesmos. Como os seus rivais, eles também representavam os proprietários rurais e o alto comércio. Os únicos pontos sobre que discutiam seriamente com o Governo eram a Emancipação do Catolicismo e o direito de voto da classe média nas crescentes cidades industriais. Na década de 1790 os "whigs" apoiaram a Reforma do Parlamento. Isso fora para eles uma eficiente vara para com ela fustigarem a administração de Pitt. Sentiram-se, porém, pouco impressionados pela torrente dos acontecimentos na França. Só gradualmente e de maneira relutante seus líderes readquiriram o zelo pelas reformas. Entrementes os dois partidos eram, usando as palavras de Hazlitt, duas diligências rivais, espirrando lama uma na outra, mas correndo pela mesma estrada e para o mesmo destino. Os Radicais que conseguiram penetrar no Parlamento eram poucos para formarem uma oposição eficiente. Um dos seus líderes veteranos, João Cartwright, durante quarenta anos produziu montanhas de folhetos advogando a instituição de Parlamentos anuais e do sufrágio universal. Era proprietário rural, apreciado por muitos membros, mas nunca teve assento na Câmara dos Comuns. Dentro do sistema eleitoral daquela época, nenhum grupo de eleitores quis adotá-lo. A violência de linguagem usado pelos Radicais assustava tanto os "tores" como os "whigs". Essa linguagem também reforçava a resistência das camadas superiores da classe média, tanto da industrial como rural, contra todas as propostas de inovações.

* * *

A tradição política inglesa concentrava-se no Parlamento, e os homens ainda esperavam que o Parlamento curasse os males do dia. Se o Parlamento nada fazia, então sua estrutura devia ser modificada. Os agitadores, por conseguinte, deixaram de alardear descontentamentos sociais e passaram a exigir reforma do Parlamento. Organizaram-se enormes comícios, fizeram-se protestos em altos brados. As táticas dos Radicais, entretanto, assemelhavam-se demasiadamente às dos revolucionários franceses para que pudessem obter apoio da classe média. Embora ainda lhe fosse negada influência no Parlamento, impelida pelo receio de revolta, a classe média via-se obrigada a recorrer, como último recurso, à aliança com os intereses latifundiários. O Gabinete achava-se profundamente perturbado. Houve suspensão de *habeas-corpus* e foi passada legislação contra organização de comícios subversivos. Seguiu-se nova onda de passeatas pelo país a fora. D Manchester partiu um grande bloco de homens, cada um carregando um cobertor para se abrigar à noite, marchando a Londres para apresentar uma petição contra as medidas governamentais. Essa marcha dos "cobertoristas" transtornou profundamente as autoridades. Os líderes foram presos, e os demais, dispersados. Outro levante, em Derbyshire, foi sufocado facilmente.

Os alarmes e as excursões revelavam a gravidade da situação. Não somente havia amarga pobreza entre a população trabalhista, como também um conflito profundo entre as classes industrial e agrícola. A economia do país achava-se perigosamente desequilibrada. A dívida da guerra havia alcançado proporções alarmantes. Os capitalistas sentiam-se preocupados com a instabilidade das finanças da nação. Em 1797 o país abandonou o padrão-ouro e o papel-moeda estava seriamente depreciado. Uma comissão do Parlamento aconselhou em 1812 o retorno ao padrão-ouro, mas o Banco da Inglaterra, opondo-se energicamente, nada fez. O imposto sobre a renda, introduzido por Pitt para financiar a guerra, era francamente impopular, especialmente nos meios das classes média e industrial. Esse imposto importava em dez por cento para as rendas superiores a cento e cinqüenta libras por ano, e havia taxas menores para rendas inferiores. A arrecadação de 1815 foi de quinze milhões de libras, o que representou uma grande parte do orçamento. Tanto a agricultura como a indústria arquejavam ao fim da guerra. Muito capital havia sido empregado na aquisição de terras, visando a grandes lucros. A paz trouxe grande queda no valor das safras, e proprietários de terras clamavam por proteção contra a importação do cereal barato. Essa pretensão foi atendida pela Lei dos Cereais em 1815, que excluiu o trigo importado a não ser que o preço dentro do país ultrapasse oitenta xelins por quartel. O preço do pão subiu, e as classes produtoras tiveram que aumentar os salários para evitar que seus operários passassem fome. Por seu turno, os produtores conseguiram a abolição do imposto sobre a renda. O que lhes serviu de alívio ameaçou, entretanto, o orçamento. O Ministro das Finanças, Nicola Vansittart, lutava em vão contra esse caos, contra o déficit crescente e a moeda instável, enquanto, por detrás desses problemas técnicos, a miséria aumentava e abria sua boca desdentada.

Em 1819 houve um incidente que aumentou a impopularidade do governo e intensificou seus receios. Realizara-se um comício de protesto em Saint Peters Fields, nos arredores de Manchester, ao qual compareceram mais de cinqüenta mil pessoas, incluindo mulheres e crianças. O governo local perdeu a cabeça e, tendo proclamado a Lei das Revoltas, ordenou à milícia que atacasse. Foram mortas 11 pessoas, das quais duas mulheres, e feridas quatrocentas. Esse massacre de "Peterloo", como o apelidaram por referência irônica a Waterloo, provocou indignação geral, que foi ainda intensificada ao tomar o Governo medidas drásticas para evitar repetições de desordens. Seis decretos foram publicados regulamentando reuniões públicas, dando poderes aos magistrados de apreender literatura sediciosa, proibindo exercícios não autorizados de formações militares, impondo pesado imposto à imprensa a fim de restringir a circulação de jornais radicais, regulamentando a emissão de ordens de prisão e a apresentação de acusações para julgamento. Pouco tempo depois foi descoberta uma conspiração contra todo o Gabinete. Um grupo de conspiradores foi preso na Cato Street, uma travessa da Edgware Road, onde eles se reuniram para concertar um plano de assassinar todos os ministros durante um jantar e de se apoderarem do Banco da Inglaterra.

A consciência dos "whigs" foi despertada pelo ataque do Governo contra os princípios tradicionais da liberdade inglesa. Consideraram que "Peterloo" não justificava a invasão aos direitos dos indivíduos. Exigiram sindicância. A liberdade achava-se ameaçada, e isso era uma luta que eles entendiam. Perdendo a votação, todavia, aceitaram a derrota com calma, pois estavam tão assustados pela agitação social que estendia suas garras em toda a Europa quanto os "tories". Comparando com a maioria dos Estados do continente, a Grã-Bretanha atravessou facilmente esses anos de distúrbios. O espetáculo das convulsões no estrangeiro não deixou, entretanto, de projetar suas sombras na Grã-Bretanha. O comércio e as colheitas melhoraram em fins de 1819. A comissão presidida por Roberto Peel, jovem político "tory" nomeado Secretário-Geral dos Negócios da Irlanda na idade de vinte e quatro anos, recomendou a volta ao padrão-ouro. Peel apresentou e aprovou com folga um projeto de lei contendo as bases do relatório apresentado. Conseguiu-se afinal a estabilização da moeda e isso por um simples membro do Parlamento. Embora os latifundiários sofressem alguma dificuldade e não deixassem de se queixar, parecia que uma crise havia sido superada.

* * *

Mais uma vez negócios privados da família real impuseram-se de maneira explosiva às vistas populares, fato já conhecido na história da Inglaterra. A vitória sobre Napoleão fora um triunfo dos Direitos Divinos dos Reis, bem como da causa monárquica. A influência republicana da Revolução Francesa, entretanto, deixou sua marca na opinião pública da maioria dos países da Europa. Os vícios e a falta de capacidade de muitos monarcas tornavam-nos alvos fáceis de crítica e de afrontas. O Rei Jorge III da Inglaterra há muito tempo sofria de acessos intermitentes de loucura. Os políticos ingleses, por conseguinte, tiveram que contar com a paralisação da atividade da Coroa por períodos prolongados. Em 1788 o primeiro acesso de loucura do Rei fez com que Pitt tivesse que enfrentar uma crise política grave. Os poderes a serem exercidos pelo Príncipe de Gales na qualidade de Regente provocaram discussões corrosivas com Fox e com os "whigs". As discussões só tiveram fim mediante o restabelecimento repentino do Rei. Em 1810, o velho Rei afinal foi subjugado por imbecilidade incurável. Viveu ainda 10 anos perambulando pelos corredores do Castelo de Windsor, usava comprida barba branca e trajava sempre um roupão encarnado. O Príncipe tornou-se Regente com irrestritas prerrogativas reais. Para consternação dos seus amigos, entre os "whigs" o Príncipe manteve seus conselheiros "tories" e prosseguiu com a guerra de maneira vigorosa. Quaisquer que tenham sido os defeitos de Jorge IV, sua determinação em apoiar Wellington e Castlereagh bem como a de enfretar Napoleão deve assegurar-lhe um lugar de honra na história do país.

Por essa época a família real da casa de Hanover estava firmemente implantada no solo inglês. "Jorge o Granjeiro", como Jorge III fora apelidado quando, em meia idade, desfrutou de um período mais feliz, tornara-se figura popular. Fora ele o único que não perdera a compostura no tempo da revolta denominada "Gordon Riots", quando uma turba de protestantes alucinados, chefiada por um membro enlouqucido da aristocracia, havia reduzido toda a Londres ao estado de pânico. Ele suportou os desastres da Guerra Americana da Independência. Mas, embora querido pelo povo, não inspirava a seus líderes. Casara-se com a Rainha Carlota, princesa alemã que lhe deu uma ninhada de filhos, sete dos quais atingiram a varonilidade. Nenhum deles contribuiu à dignidade ou ao lustre da casa real.

A atmosfera da Corte era a de um pequeno principado germânico. Tudo era teso, mesquinho, bolorento. O rapaz vivo que viria a ser Jorge IV não demorou em rebelar-se contra a mãe decorosa e contra o pai parcimonioso. A facilidade em fazer amizades, por vezes com personagens duvidosos, afastou-o ainda mais do lar. Cedo fora privado da companhia de seus irmãos, enviados que foram à Alemanha a fim de receberem uma sólida instrução teutônica. Jorge, herdeiro presuntivo, necessitava de educação inglesa. Convivendo com seus amigos mais chegados, Carlos Jaime Fox, Ricardo Sheridan e Belo Brummel, Jorge não demorou em adquirir os atributos de um nobre do século XVIII: arte de se endividar, de usar roupas finas e de conversar bem. Sua inteligência inata e seu gosto apurado não foram disciplinados, e seu talento de se expressar foi freqüentemente desperdiçado com emoções melodramáticas. Indulgência para com suas próprias fraquezas torceu seu discernimento, e a frivolidade prejudicou suas maneiras. Havendo conflito entre o prazer e os deveres de rei — geralmente o prazer vencia. O isolamento da sua posição como Regente e como Rei deu uma ênfase áspera às suas fraquezas, que em si nem seriam tão antipáticas.

Em 1784 o Príncipe apaixonou-se. Sua escolha foi infeliz. Maria Fitzherbert não pertencia à aristocracia, sua família não possuía relevo algum e ainda era católica. Sua moralidade era impecável e jamais concordaria com outra coisa senão casamento. Os amigos "whigs" do Príncipe alarmaram-se quando o herdeiro presuntivo do trono mais protestante da Europa insistiu em casar com uma viúva católico-romana que, aliás, já havia sobrevivido a dois maridos. De acordo com as Leis Matrimoniais da Realeza, esta união era ilegal, e o comportamento de Jorge não lhe fazia crédito nem à sua posição tampouco. O início clandestino dessas relações e o caráter volátil de Jorge produziram efeitos. A Sra. Fitzherbert, recatada e sossegada, não era mulher que o atraísse por muito tempo. As relações voltaram à obscuridade de onde emergiram casualmente. Finalmente as relações foram rompidas, mas somente alguns anos depois da realização das bodas legais e dinásticas.

A pedido dos pais, Jorge casou-se em 1796 com Carolina de Brunswich, princesa alemã, extravagante, barulhenta e pouco atraente. Jorge ficou tão apavorado ao ver sua noiva que permaneceu bêbado durante as primeiras vinte e quatro horas de sua vida de casado. Poucos dias após o enlace escreveu uma carta a sua esposa, dispensando-a de quaisquer obrigações conjugais futuras. No decorrer de alguns anos ele se consolou com Lady Jersey. Jorge adquiriu ódio crescente de Carolina. Da união breve nasceu a Princesa Carlota, menina altiva e bondosa que compartilhava com o pai aversão contra a mãe. Em 1814 Jorge baniu sua esposa da Corte, e, depois de uma querela pouco digna, ela partiu da Inglaterra para percorrer a Europa, mas jurou regressar para o atormentar quando subisse ao trono.

Os homens do Governo sentiam-se perturbados com o problema da sucessão. A Princesa Carlota esposara o Príncipe Leopoldo de Saxe-Coburg, que se tornou mais tarde Rei da Bélgica; em 1817 ela faleceu ao dar à luz uma criança natimorta. Os irmãos de Jorge, cada um excêntrico a seu modo, eram profundamente impopulares. Eram, usando as palavras de Wellington: "as mais malfadadas mós que já penderam do pescoço de qualquer Governo, que conseguiram insultar pessoalmente três quartos dos nobres da Inglaterra." Careciam de encanto e não tinham herdeiros legítimos. Possuíam, entretanto, conhecimento pronunciado da importância das suas posições. Cada um deles representava para o Governo determinado valor comercial na "bolsa matrimonial das realezas". A maioria deles já estava envolvida em relações ilegais com mulheres. Não obstante, em 1818, os Duques de Clarence e de Kent condescenderam em cumprir suas obrigações reais, mas por um preço. Kent contraiu núpcias germânicas e foi exercer seus talentos maritais na Rocha de Gibraltar. Dessa união haveria de nascer a futura Rainha Vitória.

O Príncipe de Gales, havia muito, entretinha a idéia de se divorciar de sua esposa itinerante. Mas o Governo de Liverpool sentia-se apreensivo. A extravagância do Príncipe, suas prodigiosas experiências arquitetônicas em Brighton e Windsor, já lhe causavam ansiedade e provocavam discursos hostis no Parlamento. O Ministro da Justiça, "tory" fanático, opunha-se veementemente ao divórcio. O Concílio dos Bispos também assumiu uma atitude similar e adequada. Jorge, porém, era persistente e conseguiu que fosse instituída uma comissão incumbida de pesquisar a conduta da Princesa. A comissão transportou-se a Itália a fim de colher provas entre as pessoas repugnantes que a cercavam. Em julho de 1819 o Governo recebeu um relatório guarnecido de consideráveis provas circunstanciais contra ela. Jorge ficou satisfeito enquanto o Governo desanimava. Desde 1714 as disputas entre pessoas da casa real forneceram munições à luta política. A oposição certamente tomaria a si a defesa da esposa perseguida.

O principal conselheiro jurídico da Princesa era Henrique Brougham, o mais competente dos jovens "whigs". Esse advogado ambicioso, espirituoso e inescrupuloso via as vantagens que seu partido poderia tirar dessa causa, muito embora não tivesse convicção da inocência de sua cliente. Brougham entrou em relações confidenciais com o Governo na esperança de alcançar um compromisso que lhe traria vantagens pessoais. Mas o velho Rei demente faleceu em 1829, e a situação da consorte do novo Soberano tinha que ser definida. Jorge IV adoeceu gravemente: seu ódio contra Carolina, todavia, auxiliou e apressou seu restabelecimento. Ele insisti para que o nome de Carolina fosse riscado da Liturgia. O Gabinete apresentou uma nota nervosa apontando as dificuldades da ação. Mas agora ele era Soberano. Preveniu-os que demitiria toda a turma e ameaçou-os de se retirar para Hanover. Os "whigs" estavam tão alarmados como os "tories" perante a determinação do Rei. Os "whigs" também temiam o efeito sobre a opinião pública alheia ao Parlamento e aos círculos políticos. Fosse qual fosse o rumo dos acontecimentos, haveria escândalo que desacreditaria perigosamente a monarquia.

Agora Carolina mostrou suas cartas. Em abril de 1829 surgiu na imprensa de Londres uma carta aberta, assinada por ela, expondo suas mágoas. As simpatias da ala radical do comércio londrino foram facilmente mobilizadas a seu favor. O presidente da Câmara do Comércio Wood entrou em correspondência com ela e assegurou-lhe calorosa recepção. Os Radicais viram chegada a oportunidade para desacreditarem os partidos políticos tradicionais. O Governo fez um derradeiro esforço. Enviaram Brougham para interceptar a Rainha durante a viagem a Londres. Houve um encontro precipitado em St. Omer. Nada, entretanto, podia reter a mulher enfurecida, cuja obstinação fora inflamada pelos conselhos dos Radicais. Desembarcou em junho e viajou de Dover a Londres em meio a turbulentas cenas de entusiasmo. Amiúde sua carruagem era puxada por partidários exuberantes. Sua chegada produziu tumultos de agitação.

A contragosto, embora, o Governo decidiu ser inevitável levar o caso até o fim. Organizou-se um Comitê Secreto de Lordes, e seu relatório persuadiu Liverpool a introduzir uma Lei de Castigos e Penalidades caso ficasse provado que a Rainha cometera adultério. O descontentamento popular contra as condições em que se achava a Inglaterra se focalizara agora no inquérito de âmbito nacional a que fora submetido o estado das coisas monárquicas. Examinaram impiedosamente os caracteres dos personagens reais ligados ao caso. Os Radicais da "City"* lideraram uma campanha bem organizada de apoio à Rainha. Já não podendo retroceder, Brougham aderiu. Ovações populares davam-se diariamente em frente à residência da Rainha em Londres. Aparecendo em público, era fortemente aclamada. Apredrejavam-se as carruagens dos políticos contrários a sua causa. Em julho iniciara-se no Westminster Hall a apresentação das acusações. Convocando testemunhas duvidosas vindas da Itália e pertencentes à corte ambulante de Carolina, o Procurador-Geral do Estado apresentava a acusação em sessões demoradas. O Mestre-de-Cerimônias de Carolina havia suprido numerosos parentes com títulos nobiliárquicos fictícios, formando com eles um confuso grupo. Anos a fio essa Corte

---

* N. T. Designação genérica do alto Comércio Londrino.

ridícula viajou pela Europa provocando escárnio e recebendo insultos de vários Governos. Depoimentos sórdidos e contraditórios de lacaios e empregadinhas seguiam-se perante a audiência no Westminster Hall. Descrições de roupas e gestos indecorosos deliciavam o populacho. A imprensa de Londres atacou abertamente a validez dos depoimentos dessas testemunhas, cuja aparência não inspirava confiança e cujo linguajar italinizado era ridículo. Leigh Hunt produziu um verso mordaz:

> Jurais — jurais? "O Signore si",
> Que através de porta duplas
> A vistes *pensar* adulterosamente?
> Pura verdade, Senhor — "Si Signore!"

"Durante quinze dias", escrevera um historiador contemporâneo, "a nação inteira tornara-se obscena". Brougham liderava a defesa. Conseguiu grande efeito exibindo a carta de Jorge escrita em 1796 em que a dispensava de todas as obrigações conjugais. Não fora difícil demonstrar que os depoimentos contraditórios dificilmente se enquadravam na cláusula referente a divórcio da Lei de Castigos e Penalidades. Atrevidamente atacou o personagem velado, autor do processo, o próprio Rei. Referiu-se maldosamente a obesidade de Jorge citando ofensivo versículo extraído do *Paraíso Perdido*:

A outra forma —

> Se é que se pode chamar de forma o que forma não tinha
> Distinguível em membros, juntas ou extremidades;
> Ou poderia ser designado como substância o que
> sombra parecia — pois cada um parecia ou . . .
> O que aparentava ser sua cabeça ostentava coroa real.

Os Pares consideravam a Rainha culpada, mas duvidaram de que fosse prudente conceder o divórcio. Assim a lei foi aprovada pela Câmara dos Lordes por nove votos apenas. Não havendo possibilidade de estabelecer um compromisso, os "whigs" votaram contra o Governo. O Conde Grey, líder dos "whigs", declarou acreditar na inocência da Rainha.

O Governo concluiu haver pouca possibilidade de conseguiu a aprovação da Lei na Câmara dos Comuns e arquivou o processo. A turba de Londres delirou. Houve iluminação profusa da cidade. Quebraram as vidraças das residências dos Ministros. Lorde Sidmouth, que, prudentemente, escondia das suas filhas os jornais, foi o primeiro a sofrer. Não obstante, a efervescência das massas desapareceu rapidamente. Carolina não teve dúvidas em aceitar uma anuidade de 50.000 libras que lhe fora concedida. Em conseqüência dessa crise, Jorge Canning, que manteve relações amistosas com a Rainha, teve que se demitir. Esse talentoso discípulo de Pitt havia ingressado no Governo em 1816 na qualidade de Presidente da Comissão de Controle que fiscalizava o Governo da Índia. Também em outras esferas havia feito sentir sua influência e sua demissão foi perda considerável para o Gabinete.

Mais duas cenas desairosas formaram o fecho desse lamentável caso. Em julho de 1821, Jorge IV foi pomposamente coroado na Abadia de Westminster. Carolina tentou penetrar no templo a força, mas foi impedida porque não possuía convite. Um mês depois ela faleceu. A tentativa do Governo de fazer transportar seu ataúde para o estrangeiro em sigilo foi frustrada, e uma procissão fúnebre tumultuosa e triunfante percorreu as ruas de Londres. Era a derradeira vitória que os Radicais conseguiram derivar desse caso.

A agitação em torno da Rainha foi essencialmente um modo de expressar o descontentamento latente. Marcou o ponto alto do movimento Radical de pós-guerra. Lá pelo fim de 1820 a indústria e o comércio reanimaram-se, e os distúrbios populares decresceram. A massa da nação era realista por instinto, e defeitos individuais do Soberano pouco influíam nessa tradição enraizada. A monarquia era inseparável da situação criada em 1688. O próprio Canning havia subestimado o profundo conservantismo da nação. O Duque de Bedford teve um momento de desânimo tão profundo que chegou a declarar: "A monarquia está liquidada". Eldon demonstrou critério melhor. "As camadas mais baixas congregam-se em torno da Rainha; poucos são os das classes médias ou superiores que a seguem a não ser um ou outro perverso ou dado a procurar atingir relevo por meio de manobras escusas [...] Há, indubitavelmente, tendência ao desassossego entre as classes baixas, mas essa é tão bem vigiada que não há motivo para preocupação." Os efeitos políticos desse episódio não cessaram com a demissão de Canning. A administração formada pelos "tories", na sua maioria reacionários envelhecidos, fora profundamente enfraquecida. Não recebia apoio da opinião pública e necessitava urgentemente de novos recrutas. Também os "whigs" tiveram que reconhecer a falta de apoio popular, e os membros mais jovens do Parlamento viam que "a velha e tradicional aliança entre os "whigs" e o povo" se achava em perigo. Renovaram, pois, seu interesse na reforma do Parlamento, que logo se tornou o problema em evidência.

CAPÍTULO II

Canning e o duque

Os antigos agrupamentos partidários na política foram desaparecendo durante o decênio do reinado de Jorge IV. Por mais de um século os "whigs" e os "tories" duelaram na Câmara dos Comuns sempre que aparecia uma causa a contestar. Houve também casos em que um "whig" enfrentou outro. Pesquisadores modernos, mergulhando profundamente nos interesses comerciais e nas ligações de parentesco, procuraram demonstrar a ausência de sistema bipartidário na Grã-Bretanha do século XVIII. Se prudência tem que ser o brasão da história, então tudo que podemos dizer é que os homens no poder recebiam oposição vigorosa dos que não estavam; separando-os, havia numerosos cavalheiros de formação neutra placidamente dispostos a dar seu apoio a qualquer grupo que estivesse governando. Não é lá uma conclusão muito lúcida para se chegar acerca de uma época grandiosa por seus debates em Parlamento. Essas mudanças de orientação bem que podem receber um nome; e já que tencionamos batizá-las, por que não empregar os termos "whig" e "torie" que os respectivos oponentes lançavam na cara dos seus adversários? De qualquer modo, no decênio de 1820 fazia 30 anos que

35

um Governo de orientação "tory" se achava no poder quase ininterruptamente.

Esse Governo foi bem-sucedido ao pilotar o país através da guerra mais demorada e mais perigosa em que a Grã-Bretanha já fora envolvida. Também conseguiu sobreviver, embora com manchas na reputação, a cinco anos de paz externa e desassossego interno. A revolução industrial, porém, impôs uma série de problemas técnicos de administração que nenhum partido aristocrático ou rural, seja "whig" ou "tory", seria capaz de resolver. O século XIX exigia nova interpretação das obrigações do Governo. Novos princípios e doutrinas surgiam. Eles haveriam de desmanchar os antigos partidos políticos e, no decorrer da época vitoriana, os criariam de novo dando-lhes nova forma. Esses acontecimentos levariam tempo, mas o partido organizado pir Pitt já sentia seus tremores e repuxos. Pitt arregimentou ao lado dos "tories" os crescentes interesses mercantis e comerciais da sua época. Suas diretrizes de comércio livre e de administração eficiente atraíram o apoio de líderes da indústria como por exemplo, os pais de Roberto Pediu e Guilherme Gladstone. A tradição de Pitt, todavia, desvaneceu-se durante os anos de guerra. Discípulos leais entre os jovens esforçaram-se em prosseguir com suas idéias, mas seus sucessores no Governo careciam do seu prestígio e de sua visão larga. Não havendo quem a dirigisse habilmente, uma aliança entre a aristocracia rural e a nova classe mercantil estava condenada ao colapso. Os produtores de cereais tinham pouco em comum com os que empregavam mão-de-obra industrial e, realmente, iniciaram-se disputas enquanto Pitt ainda vivia. A ruptura não se deu senão na época de Pediu, mas o conflito já se aguçava desde o fim da guerra, fomentado pelos preços decrescentes dos produtos agrícolas e pelas discussões cansativas sobre a Lei dos Cereais. O divórcio de Carolina desacreditou e enfraqueceu o governo. Ainda não era hábito que os partidos elaborassem e apresentassem ao país ambiciosos programas. Não obstante, mesmo aos amigos de Lorde Liverpool, sua administração parecia desprovida de alvo e sentido que fossem além da preservação das instituições existentes.

Os jovens "tories", tendo Jorge Canning à sua frente e apoiados por Guilherme Huskisson, porta-voz dos mercadores, advogavam o retorno à política de Pitt caracterizada pelo comércio livre e pela legislação comercial inteligente. Mesmo a eles, entretanto, faltava união. O resultado da Emancipação dos Católicos haveria de confundi e dividir o partido dos "tories" em breve, e nesse intento eles foram combatidos por um membro de sua própria geração. Durante os seis anos que Roberto Peel passou na Irlanda, manteve com sucesso a supremacia da Inglaterra, embora enfrentando forte descontentamento e revolta incipiente. Ele acreditava que "um governo honesto e despótico seria o mais adequado para a Irlanda". Misturando coerção e hábil concessão de empregos públicos, impôs relativa calma e ordem. Como é natural, nem seus métodos, nem os resultados obtidos o tornaram estimado pelos irlandeses. Regressara convencido de que a Emancipação Católica poria em perigo não somente o protestantismo na Irlanda, mas todo o sistema político em Westminster. Muito antes de findar o século XIX, os acontecimentos demonstraram que ele teve razão. Entrementes Peel tornara-se rival de Canning pela liderança futura dos "tories". As individualidades aumentaram as complicações. Clanning teve papel proeminente na concepção e deflagração da Guerra Peninsular. Possuía predileção pelos negócios do exterior. Esse campo, todavia, parecia ser-lhe barrado pelo desentendimento que teve com Castlereagh. Os parlamentares mais idosos nutriam-lhe desconfiança. Brilhante, espirituoso, efervescente, possuía o dom do sarcasmo, que lhe angariara muitos inimigos. Formara-se o mito de que não se podia depender dele; seus superiores consideravam-no intrigante. Quando Canning, por causa do divórcio, demitiu-se em 1820, um lorde "tory" declarou com alívio: "agora estamos livres desses abomináveis homens geniais". Em agosto de 1822 ofereceram a Canning o cargo de Governador-geral da Índia. Conformou-se com esse exílio honroso; sua vida política parecia terminada. Nesse ponto o destino interferiu. Enquanto o navio que o ia levar ao Oriente subia o Tâmisa, Castlereagh, cujo cérebro se desequilibrara devido ao excesso de trabalho, cortou sua própria garganta no quarto de vestir da sua residência. A participação de Canning no Governo tornara-se essencial; nomearam-no Secretário das Relações Exteriores, e nesse cargo ele dominou a política inglesa até que, cinco anos mais tarde, sobreveio sua morte.

    O Ministério foi reconstituído para incluir Peel no Ministério do Interior e Huskisson chefiar a Junta do Comércio. O governo possuía agora três líderes na Câmara dos Comuns. Em 1815 três quartos do Gabinete achavam-se na Câmara dos Lordes. Os anos seguintes viram um período mais esclarecido de governança "torie". Canning, Peel e Huskisson eram adeptos de iniciativas corajosas, sob muitos pontos de vista mais adiantadas que as dos "whigs". Peel reformou o Código Penal, e a organização da Polícia de Londres é sua criação. Huskisson revisou o sistema das tarifas e continuou a obra de Pitt abolindo impostos antieconômicos e reexaminando as taxas aduaneiras. Canning insistia em que houvesse um decréscimo dos direitos alfandegários sobre o trigo sempre que os preços aumentassem. Isso tinha que produzir conflito nas fileiras dos "tories". Reconhecia o desassossego e o perigo político que isso causaria no país. Em certa ocasião, declarou: "estamos à beira de severa luta entre a propriedade e a população; essa luta só pode ser evitada por meio de legislação muito liberal e suave". Chamou a si essa tarefa suavizadora, mas coube a Peel enfrentar a crise quando esta chegou.

Anualmente entravam projetos visando à Emancipação Católica, inquietando os reacionários que apoiavam o governo. Nesse ponto, porém, Canning era firme. Era um defensor ferrenho dos direitos cívicos existentes. Acreditava que a reforma do Parlamento podia ser evitada utilizando medidas comerciais perspicazes e empregando política externa apoiada pela opinião pública. Foi-lhe negada longevidade suficiente para que percebesse o seu erro.

* * *

Uma crise na Espanha foi para Canning a prova de fogo como Secretário do Exterior. Os elementos populares que haviam liderado a luta contra Napoleão revoltaram-se agora contra o governo autocrático dos Bourbons, formaram uma Junta Revolucionária e proclamaram uma constituição baseada naquela que fora proclamada na França em 1815. Canning apoiara o levante nacionalista da Espanha em 1808. Conseqüentemente, simpatizava com o movimento atual, mas Metternich e a Sacra Aliança encaravam a revolta, que não tardou em atingir o reino dos Bourbons em Nápoles, como ameaça ao princípio monárquico de todo o sistema europeu. No outono de 1822, reuniu-se um congresso em Verona onde se discutiu uma intervenção na Espanha a favor dos Bourbons. Wellington representou a Grã-Bretanha e levava instruções de Castlereagh estabelecendo que a Grã-Bretanha não tomaria parte em semelhante ação. Canning solidarizou-se veementemente com esse ponto de vista e deu-lhe larga publicidade na Inglaterra. Realmente, toda a tradição da política exterior inglesa era contra a intervenção nos negócios domésticos de outros Estados. A Áustria e a Rússia estavam decididas a agir. Havia um instrumento pronto, à disposição deles. O ex-inimigo, a França, anelava respeitabilidade. Seu governo restaurado dos Bourbons temia os revolucionários e ofereceu-seu para evitar uma expedição militar à Espanha a fim de restituir ao Rei Ferdinando seus poderes absolutistas. Isso foi aceito em Verona. Canning não quis aderir. Houve grande excitação em Londres. Voluntários ingleses foram à Espanha para combater ao lado dos "liberais espanhóis", termo que entrou na política inglesa provinda da revolução espanhola, assim como o termo "conservador" veio até nós da França. Mas Canning opunha-se igualmente a uma intervenção oficial do lado do "liberalismo espanhol", e foi por causa disso que os "whigs" o atacaram. Essas diferenças de opinião internas da Inglaterra não influíram sobre os acontecimentos na Espanha. A expedição francesa encontrou pouca resistência e os liberais espanhóis retiraram-se para Cádiz e depuseram as armas.

Problema muito vasto avolumava-se agora para além do cenário europeu. A Grã-Bretanha tinha pouco interesse na constituição da Espanha, mas durante dois séculos ela havia competido pela supremacia no comércio com as colônias da Espanha na América do Sul. A liberdade daqueles países era importante para Canning. Durante as guerras contra Napoleão, essas colônias sentiram o gosto da autonomia. Ao serem restaurados os Bourbons em Madri, aqueles países não sentiram regozijo perante a ressurreição do domínio espanhol. Em toda a extensão dos Andes havia combates pela libertação da América do Sul. Quase todas as repúblicas sul-americanas que hoje existem ali haviam atingido uma existência, embora instável, quando Canning dirigia o Ministério do Exterior. O valor do comércio britânico com aquelas regiões havia triplicado desde 1814. Se a França ou a Sacra Aliança interviessem no Novo Mundo ou as tropas européias fossem enviadas através do Atlântico para subjugar os rebeldes, tudo isso estaria perdido e outras coisas mais. Esses perigos preocuparam Canning profundamente. O alto comércio inglês, cujo apoio muito prezava, percebia agudamente esse perigo. Agiu decididamente.

Insistiu que os Estados Unidos se aliassem à Grã-Bretanha opondo-se à intervenção européia nos países ultramarinos. Enquanto os americanos estudavam esta proposta, Canning entrou em combate com os franceses. A França não desejava briga com a Grã-Bretanha no além-mar. Negou o uso de força na América do Sul e desistiu de ambições coloniais naquele continente. Assim sendo, a Sacra Aliança foi impedida de agir. Mais tarde, Canning havia de fazer a declaração triunfante de ter "criado o Novo Mundo para restaurar o equilíbrio do Velho". Mas o Novo Mundo tinha opinião própria. Os Estados Unidos não desejavam que disputas européias fossem transportadas através do Oceano. Já haviam reconhecido a independência das principais repúblicas latino-americanas. Não desejavam que príncipes ambiciosos das casas reais da Europa fossem enviados e instalados como monarcas no continente democrático. Ainda menos simpatia possuíam por reconquistas ou colonizações européias. A sugestão de Canning de se fazer uma declaração conjunta anglo-americana tornarava-se atraente. Dois respeitados ex-presidentes, Jefferson e Madison, concordaram com o presidente Monroe que isso seria um passo importante e desejável. Todos eles tinham em mente as intenções da Rússia no Oceano Pacífico, bem como as ameaças partidas da Europa. Os russos haviam ocupado o Alaska e as pretensões territoriais do Czar estendiam-se pela costa ocidental da América até a Califórnia, onde agiam seus emissários. O Secretário de Estado de Monroe, João Quinsy Adams, de temperamento cauteloso e teimoso, desconfiava da Grã-Bretanha. Adams não confiava em Canning, a quem considerava "demasiadamente esperto para ser Ministro de Estado". Achava que os Estados Unidos deviam agir por conta própria. Se, qualquer dia, Cuba, ou, quem sabe, mesmo o Canadá quisessem ingressar na grande república, não seriam então estas possibilidades prejudicadas por uma declaração conjunta com a Grã-Bretanha acerca da inviolabilidade do continente? Seria mais prudente se a América conservasse liberdade de ação. Adams escreveu no seu diário: "seria mais franco e mais digno comunicar nossos princípios à Rússia e à França em vez de aparecermos como baleeira rebocada por navio de guerra inglês". Assim, no dia 2 de dezembro de 1823, ao ser lida a mensagem anual do Presidente ao Congresso, uma doutrina puramente americana, a Doutrina Monroe, foi proclamada e desde então foi muitas vezes citada nos negócios ultramarinos. "Os continentes americanos" — disse Monroe —, "devido à condição livre e independente que eles assumiram e mantêm, não devem ser considerados de agora em diante como objetos de futura colonização pelos Poderes da Europa... Consideraremos como perigosa à nossa paz e segurança qualquer tentativa desses Poderes de estender o seu sistema político a qualquer torrão deste hemisfério." Eram pretensões altissonantes. Sua aceitação pelo resto do universo dependia da vigilância amigável dos navios de guerra britânicos, mas esse fato foi raramente reconhecido. Durante quase um século a força naval da Grã-Bretanha constituiu uma das principais garantias da liberdade nas Américas. Assim protegido pelo baluarte britânico, o continente americano pôde arquitetar seu próprio destino sem interferências.

A famosa mensagem de Monroe continha um aviso à Grã-Bretanha tão bem como aos Poderes autoritários. Canning compreendia o risco decorrente da competição e disputa com os Estados Unidos no continente em que os americanos desejavam predominar. Estava decidido a evitar todos os conflitos que pudessem causar embaraço à Grã-Bretanha e prejudicar seus próprios interesses. Era fora de propósito, todavia, discutir sobre perigos relegados ainda ao futuro longínquo. Seu comentário particular era resumido e claro. "A pretensão confessada dos Estados Unidos de se colocar na liderança da confederação de todas as Américas e de lançar essa confederação contra a Europa (incluindo a Grã-Bretanha) não é uma pretensão que se identifica com os nossos interesses ou uma que podemos subscrever ou tolerar. É, contudo, pretensão que não adianta contestar abstratamente. Não devemos, porém, dizer coisa alguma que pudesse ser interpretada como reconhecimento desse princípio."

Pouco tempo depois a Grã-Bretanha reconheceu oficialmente a independência dos países sul-americanos. O Rei Jorge IV não gostava de repúblicas, e tanto ele como muitos dos colegas de Canning haviam criado forte oposição a essa medida. Mesmo agora o rei se recusou a ler o Discurso Real que continha essa declaração. Foi lido, em seu lugar, por um relutante Ministro das Finanças. Assim prevalecera o ponto de vista de Canning. Seu golpe em relação à América do Sul pode provavelmente ser considerado como seu maior triunfo na política exterior. Mas isso não era o único campo em que a ação decisiva fora exigida dele.

* * *

Durante os piores dias das guerras napoleônicas, o maior esforço bélico da Grã-Bretanha foi efetuado na defesa de Portugal. Agora, o mais antigo dos nossos aliados novamente solicitava ajuda. Mais uma vez tratava-se da América do Sul. A colônia portuguesa no Brasil havia proclamado sua independência e de maneira surpreendente aceitara como soberano um príncipe residente da casa real. Canning reconheceu o novo Império do Brasil e persuadiu os portugueses a fazê-lo também. Mas as coisas tomaram novo rumo. O Rei de Portugal faleceu e havia disputa de sucessão. Sua herdeira por direito era a filha do Imperador do Brasil, que naquela época estava com oito anos de idade. Em torno de seu nome uniram-se as forças liberais e constitucionais. Mas surgiu outro pretendente na pessoa de seu tio absolutista, que recebia sorrisos da Sacra Aliança bem como apoio ativo da Espanha. Sempre fora política da Grã-Bretanha impedir que Portugal caísse em mãos pouco amistosas, e agora parecia iminente que esse país sucumbisse perante a intervenção autoritária. Com apoio nos termos da antiga aliança, a Grã-Bretanha enviou tropas ao Tejo em dezembro de 1826. Canning expôs seu ponto-de-vista à Câmara dos Comuns. O movimento das tropas não se destinava, disse, "a impor constituições, mas a defender e a preservar a independência de um aliado". Nosso embaixador em Lisboa forneceu uma descrição das cenas violentas que se passaram quando nossos navios surgiram sobre o Tejo. "Ninguém receia agora ser constitucionalista. A Inglaterra falou, e algumas das suas tropas já chegaram. O despertar do leão (*ce réveil du lion*)* foi majestoso". Não obstante, o problema português só fora resolvido temporariamente e continuou a causar perplexidade aos sucessores de Canning ainda por muitos anos.

Outra crise irrompeu entrementes no Mediterrâneo oriental. Decorridos quatro séculos de subjugação pelos turcos, começou a manifestar-se o espírito da liberdade entre os gregos. Revoltaram-se e, em 1822, declararam sua independência. Na Inglaterra havia muitos entusiásticos simpatizantes dessa causa. As classes cultas, alimentadas com as glórias

---

* N. T. Francês no original.

das Termópilas e do Salamis, sentiam-se atraídas. Círculos esclarecidos em Londres desejavam a intervenção. Fizeram-se subscrições, e Byron, bem como outros voluntários britânicos, foi ajudar os gregos. Antes de tombar em Missolonghi. Byron sofrera profundas decepções. Não foi a primeira vez nem a última, aliás, que na história da Grécia uma nobre causa quase foi destruída por desunião. Não fora a pressão exercida pelas Potências da Europa, os gregos teriam sucumbido. Auxiliados por um exército enviado por Mahomet Ali, o formidável Paxá do Egito, o Sultão da Turquia vencia em quase todas as frentes. Para desgraça dos gregos, as Potências da Europa também estavam desunidas. A revolta dos gregos fracionara a Sacra Aliança — a Áustria e a Rússia apoiavam campos opostos. Canning como já o fizera Castlereagh, queria servir de intermediário. Mas por outro lado temia que a Rússia interviesse, formasse na Grécia um estado-satélite e impusesse suas condições à Turquia. Se o poderio da Rússia aumentasse às expensas da Turquia, haveria perigo para os interesses britânicos na Índia e no Oriente Médio. Eis as origens da "Questão do Oriente", que tanto preocupou e frustrou as potências européias até a Primeira Guerra Mundial. Após negociações complicadas a Grã-Bretanha, a França e a Rússia concertaram os termos a serem apresentados aos turcos. Esquadras francesas e britânicas foram enviadas às águas da Grécia para dar-lhes ênfase. Isso foi o derradeiro sucesso da diplomacia de Canning. O ato seguinte do drama da Grécia foi representado após a sua morte.

Os colegas de Canning haviam gradualmente incrementado as críticas contra o Secretário do Exterior. Wellington, principalmente, sentia-se perturbado com o que ele considerava ser impetuosidade por parte de Canning. Apenas o caráter conciliatório do Primeiro-Ministro unia as duas alas da administração. Em fevereiro de 1827 Liverpool sofreu um derrame. Seguiu-se importante crise política. Canning, com sua política de exterior, e Huskisson, com a do interior, desuniram os velhos "tories". A quem caberia agora a liderança do Governo? Todo o futuro dos "tories" estava em jogo. Deveriam seguir a orientação de Wellington ou a de Canning? Ainda competia à Coroa escolher o primeiro-ministro, e Jorge IV hesitou durante um mês antes de se decidir. Os "whigs" não podiam oferecer administração diferente. Estavam desunidos e sem esperança de obter do eleitorado existente a maioria necessária. Assim, tinha que ser uma das duas alas "tories". Muitos membros do gabinete Liverpool, inclusive Wellington e Eldon, recusaram-se a trabalhar sob Canning. Por outro lado, Canning dispunha do apoio de diversos "whigs" proeminentes. Dever-se-ia formar uma coalização "whig-tory"? Isso destruiria as velhas lealdades partidárias sobre as quais os Governos do Império se baseavam havia tanto tempo. Ou dever-se-ia tentar um governo puramente "tory"? Isso iria carecer de popularidade na Câmara dos Comuns e seria totalmente inaceitável no resto do país. Ou poder-se-ia encontrar alguma pessoa neutra capaz de presidir com calma benigna e ineficiente sobre esse palco tão dividido? Seguiram-se semanas de excitação e demoradas conversas em torno das mesas de jantar de Windsor-Castle. Em breve se tornou claro que nenhum governo poderia ser formado sem incluir Canning e seus amigos; Canning só aceitaria tudo ou nada. Seu argumento final convenceu o rei. "Majestade", disse, "vosso pai destruiu a tirania dos "whigs". Espero que Vossa Majestade não há de tolerar a dos "tories". "Não", respondeu Jorge IV, "hei de ser maldito se o fizer". Canning tornou-se Primeiro-Ministro em abril de 1827 e teve em mãos o supremo poder político por um período restrito de 100 dias.

O Ministério de Canning denunciava a dissolução do sistema político do século XVIII. Galgou o cargo por gentileza de uma seção dos "whigs". O único líder competente da facção "tory" que ele perdera na Câmara dos Comuns foi Roberto Peel. Peel havia se demissionado em parte por motivos particulares e em parte porque sabia ser Canning a favor da Emancipação Católica. Os "tories" pertencentes à oposição e os "whigs" tradicionalistas, todavia, apoquentava o novo governo. Dispusesse Canning de uma vida mais prolongada, o grupo que liderava talvez formasse um novo grupo político. No dia 8 de agosto, todavia, após curta enfermidade, Canning morreu. Fora assassinado pelo excesso de trabalho como Castlereagh já o fora antes dele.

Canning teve papel decisivo na formação do novo século. Na guerra, como na paz, provara ser homem de vistas largas e determinação ativa. Sua mente rápida e sua irritabilidade fizeram-no difícil companheiro de partido. Seu amigo, Sir Valter Scott, disse que lhe faltava prudência. Não obstante foi por meio de Canning que a melhor parte da tradição de Pitt foi transmitida ao futuro. Em muitos respeitos simpatizava com os novos movimentos que brotavam na vida inglesa. Também estava em contato estreito com a imprensa e sabia usar a publicidade para fins governamentais. Como já se dera com Chatham, seu poder político baseava-se principalmente na opinião pública e na política externa popular. A sua fé na Emancipação Católica distinguiu-o entre seus colegas "tories" como possuidor de idéias mais modernas. Sua oposição à reforma do Parlamento era parte da maldição que pairava sobre todos os políticos ingleses que tiveram contato com a revolução francesa. Sobre esse assunto ele possivelmente teria mudado de idéia. De qualquer modo, depois de sua morte, seus seguidores perdidos entre as ruínas do partido "torie" tornaram-se adeptos dessa causa. Disraeli fez justiça a esse homem extraordinário. "Vi Canning apenas uma vez. Recordo, como se fora apenas ontem, o tumulto daquela fronte etérea. Ainda soa nos meus ouvidos a melodia daquela voz."

* * *

O falecimento de Canning, num momento que era crítico tanto no país como no exterior, deslocara o cenário político. Uma administração provisória composta de seus seguidores, dos seus aliados "whigs" e de um grupo de "tories", lutou com a situação desajeitadamente. Esse grupo era chefiado pelo lacrimoso Lorde Goderich, que já fora Ministro das Finanças. Mais da metade dos "tories", liderados por Peel e Wellington, achavam-se na oposição. Disputas entre membros do governo, pertencentes a facções opostas, romperam sua unidade. A execução da política de Canning de não intervenção na Grécia causou embaraço, embora tivesse significado, apesar da definição maliciosa de Tayllerand, "palavra metafísica e política que significa quase a mesma coisa que intervenção." O Almirante Codrington, um dos capitães de Nelson que havia tomado parte na batalha de Trafalgar e comandava naquela época a esquadrilha aliada nas águas gregas, por sua iniciativa própria destruíra toda a frota turca na Baía de Navarino. Houve alarme na Inglaterra, receando que a Rússia tirasse dessa vitória proveito indevido. A batalha encontrou desaprovação e foi mencionada no Discurso Real como "incidente funesto", embora tivesse favorecido grandemente os gregos. O vencedor escapou por um triz de ser submetido a um Conselho de Guerra. Dilacerado pelas intrigas "whigs", o governo desapareceu abruptamente. Um governo inteiramente composto por elementos "whigs" estava fora de cogitação. O partido estava fraco e liderado sem eficiência. Wellington e Peel receberam instruções de formar uma administração. Conseguiram. Wellington tornou-se Primeiro-Ministro com Peel na qualidade de Secretário do Interior e líder na Câmara dos Comuns. Os velhos "tories" iriam combater mais uma vez. Seria uma teimosa batalha de retaguarda.

Os pontos-de-vista políticos de novo governo eram simples defesa das instituições existentes, convicção de só eles poderem impedir o caos e determinação de bater em retirada somente quando atacado por força insuperável. Peel foi um dos mais hábeis ministros que a Grã-Bretanha já vira. Mas tinha cérebro de administrador. Só registrava idéias de ordem geral quando elas já haviam absorvido a atenção do país e se tornavam fatos políticos indiscutíveis. A primeira derrota do governo foi quando a oposição derrotou a apresentação das Leis de Prova e Corporação, cuja finalidade era excluir os inconformados dos cargos públicos. Depois de prolongada luta, afinal conseguiram direitos políticos e igualdade. Isso não se dera com os católicos. Sua emancipação não era somente uma questão de princípios, um passo na direção da completa igualdade religiosa, era também assunto de importância para todo o Império. O maior fracasso do governo da Grã-Bretanha estava na Irlanda. O descontentamento dos irlandeses havia prejudicado seriamente a situação estratégica da Grã-Bretanha durante as guerras napoleônicas. O monopólio político e social de uma minoria protestante que oprimira a vida da Irlanda desde os tempos de Cromwell não podia ser tolerado indefinidamente. Os governos britânicos viviam sob ameaça de uma revolução na Irlanda. O principal agente das disputas políticas, após 1815, era o assunto da Emancipação Católica. Foi o que separou o grupo de Canning juntamente com os "whigs" de Wellington e Peel. "Acordos de cavalheiros" entre os políticos ingleses retardavam uma solução de ano para ano. Mas a paciência dos irlandeses estava no seu fim. Arregimentavam-se sob o comando de Daniel O'Connell com a finalidade de agitação veemente contra a Inglaterra. O'Connell era advogado e latifundiário. Acreditava naquilo que mais tarde seria chamado auto-administração da Irlanda sob proteção da Coroa Inglesa. Embora não fosse revolucionário pessoalmente, era hábil orador e seus discursos excitavam os ouvintes fazendo-os conceber pensamentos de violência.

Um incidente político de pouca monta que se dera na Inglaterra acendeu a mecha. Guilherme Huskisson, líder do grupo de Canning, fora expelido do governo juntamente com o seu grupo. Um dono de terra, protestante irlandês, Vesey Fitzgerald, foi indicado para um dos cargos ministeriais vagos. A indicação para o cargo, naqueles dias, dependia de submetê-lo ao eleitorado em forma de eleição especial, e, assim, haveria eleições em County Clare. O'Connell era candidato apoiado por toda a força de sua organização, a Associação Católica. A legislação existente impedia-o, naturalmente, de tomar assento no Parlamento, mas, apesar dos esforços da aristocracia protestante local, foi eleito triunfantemente. Era um teste. Se o governo inglês recusasse o direito de cidadania a católicos, haveria revolução na Irlanda e desastre político em casa.

Peel, cuja carreira política se desenvolvera na Irlanda, havia muito fora símbolo de oposição categórica a concessões aos católicos. Nesse ponto-de-vista baseava-se sua reputação política: fora enviado ao Parlamento pelo grupo eleitoral de Oxford, núcleo mais estritamente anglicano de toda a Inglaterra. Sua atitude nessa crise crescente tinha que ser muito delicada. A situação de Wellington era mais feliz; era menos comprometido e, portanto, em melhores condições para tomar o trilho da conveniência sem sentir remorsos. A situação na Irlanda era simples. Uma associação independente de cidadãos da Irlanda sabotou a administração oficial. Não havia escolha senão entre a Emancipação Católica e a reconquista sistemática da Irlanda. Em agosto de 1828, Wellington expôs o assunto ao Soberano: "A influência e o poder naquele país já não se acham nas mãos dos funcionários do governo, mas sim nas de demagogos da Associação Católica Romana, que os usurparam e que, por intermédio da influência exercida pelo clero católico, dirigem o país como querem(..) Está iminente uma revolta na Irlanda(..), e temos na Inglaterra um Parlamento que não podemos dissolver, e cuja maioria é de opinião que(..) o remédio está na concessão da Emancipação Católica, e ela (a maioria) não estaria disposta a entrar em luta sem antes tentar esse meio de pacificar o país."

Os protestantes na Irlanda estavam alarmados. Nada tinham a ganhar se houvesse revolta na Irlanda. Ser-lhes-ia amargo conformarem-se com os direitos de igualdade política concedida aos católicos, mas se a Emancipação Católica não fosse concedida, toda a divisão das terras existentes estaria em perigo. Ou os católicos receberiam o direito de voto ou os protestantes estariam sujeitos a perderem suas posses territoriais. Em dezembro, o Secretário-Geral dos Negócios da Irlanda expôs o perigo a Peel claramente. "Tenho pouca dúvida de que os camponeses do Sul aguardam apenas a expulsão de O'Connel do Parlamento para iniciarem a revolta. Qualquer acontecimento, entretanto, que se der no entretempo e que possa parecer contrário aos interesses do grupo católico, pode precipitar o desfecho." Um membro da oposição inglesa descreveu numa carta o ponto-de-vista dos protestantes irlandeses: "Tenho de fonte eminentemente autorizada que muitos protestantes roxos na Irlanda se acham tão profundamente alarmados em relação à sua própria situação, que eles expressam em termos inequívocos seu desejo veemente de que a crise em apreço seja solucionada a qualquer preço."

Na qualidade de general, Wellington reconhecia a inutilidade de tentar reprimir um levante nacional. Vira de perto a guerra civil na Espanha. Descendia de família irlandesa e conhecia bem a ilha turbulenta. Usou de franqueza ao dirigir-se à Câmara dos Lordes. "Sou provavelmente um dos homens que passaram mais tempo envolvidos em guerra, e principalmente em guerra civil, e devo afirmar que se pudesse evitar sequer um mês de guerra civil no país a que estou ligado, faria para tanto qualquer sacrifício, mesmo que fosse o da minha vida."

Os únicos oponentes à Emancipação eram os bispos da Inglaterra, os "tories" antiquados e o Rei. Os bispos e os "tories" podiam ser vencidos pela maioria dos votos, mas o Rei era obstáculo mais sério. Wellington e Peel tiveram com o Soberano uma audiência muito pouco satisfatória e ainda não haviam consultado o Gabinete em plenário. Peel sentia desconforto crescente, mas atitude do Rei seria decisiva para ele. Somente se sua permanência no governo fosse de importância vital ao sucesso sentir-se-ia justificado a continuar membro de uma administração que estava prestes a introduzir a medida a que se havia oposto durante toda a sua vida política. Não havia para ele importância no fato de a oposição poder forçar o Parlamento a aceitar a Emancipação Católica. Eles careciam da confiança da Coroa, e isso ainda era indispensável. Wellington não poderia conseguir a aprovação sem o apoio de Peel, ao passo que os "whigs" não o podiam sem o apoio do Rei. Isso ajudou Peel a tomar uma resolução. Desistiu de sua cadeira por Oxford e comprou outra representanto Westbury. Sua oferta de apoiar Wellington finalmente persuadiu Jorge IV, que tinha pavor de um governo formado pelos "whigs". O próprio Peel apresentou na Câmara dos Comuns o projeto da Lei da Emancipação Católica, e ela foi aprovada pelo Parlamento com boa margem de maioria em 1829. Evitou-se assim, uma revolução na Irlanda. A unidade dos "tories" ingleses, entretanto, havia recebido novo golpe. A "Velha Guarda", ainda poderosa enquanto não houvesse reforma de direitos de cidadania, jamais perdoou a Wellington e Peel por terem desertado o princípio do monopólio anglicano do Poder na Grã-Bretanha. O "Torysmo" possuía definições contraditórias mesmo entre os correligionários, mas a supremacia do protestantismo há muito tempo fora um dos alicerces de seu credo político.

A maneira de encarar a política militarmente levou Wellington a intimidar os seus críticos lançando um característico desafio a um duelo. Lorde Winchilsea, acusando Wellington de desonestidade, ultrapassou os limites de decoro durante um ataque ao Primeiro-Ministro. Seguiu-se um desafio formal. O encontro deu-se no Battersea Park. O Marechal de Campo, já com sessenta anos de idade, apresentou-se indiferente, lento e resoluto nos seus movimentos. Essa situação condizia-lhes muito mais que as outras em que lhe competia acalmar as suscetibilidades dos políticos ou, como ele se expressara uma vez num momento de queixa, "abrandar o que os cavalheiros denominam como sendo seus sentimentos." Encarando seu padrinho, que também era seu Secretário de Guerra, disse: "Então, Hardinge, atenção, saia da linha de tiro, não tenho tempo a desbaratar. Maldição — não o ponha tão perto da valeta, se acertar nele cairá dentro dela." Não houve feridos, e Winchilsea assinou um documento retirando suas insinuações. No decorrer do dia, Wellington pediu audiência ao Rei. "Tenho ainda outro assunto a relatar a Vossa Majestade, esse de ordem pessoal. Bati-me em duelo esta manhã." Jorge respondeu de maneira afável dizendo que se sentia satisfeito com isso, que sempre acreditou haver necessidade de um cavalheiro manter seu código de honra. Nem sempre é fácil lidar com política.

A maneira de governar do Duque demonstrava pouca tendência de continuidade da orientação liberal. Após a demissão de Canning, duas vagas no Gabinete foram entregues a ex-ministros do Estado-Maior de Wellington. A maneira de governar militarizada e do tipo de relações entre um comando e seus ajudantes de campo afastava-se cada vez mais da opinião política geral, e as forças da oposição começaram a se concentrar. Aparentemente, porém, a atmosfera era de calma. Ao falecer em 1830, o Rei Jorge IV tinha ao pescoço uma miniatura da Sra. Fitzherbert. Os súditos do "Primeiro Cavalheiro da Europa" não mantiveram prolongado luto por ele. Durante a enfermidade do Rei, sua amante, Lady Conyngham, tratou de reunir o maior número de vantagens para si. Esse homem, que já fora guapo, tornara-se tão gordo e disforme que sentia acanhamento de se mostrar em público. Suas extravagâncias tornaram-se manias, e seus pendores naturais foram obliterados pela complacência exercida durante muitos anos. Embora sem tendências tirânicas, comprazia-se em considerar-se autocrata. Mas, em vista da instabilidade dos tronos na Europa, sabia ser melhor não tocar no assunto. Os vitorianos trataram de sujar sua reputação. Ele não fora melhor, mas pior tampouco, que os componentes da sociedade contemporânea.

* * *

O Duque de Clarence, o mais excêntrico e o menos odioso dos filhos de Jorge III, sucedeu seu irmão no trono. Havia sido educado na Real Marinha e passou uma existência de total obscuridade a não ser durante um curto e ridículo intervalo em que Canning o havia nomeado Chefe do Almirantado em 1827. Durante muitos anos havia coabitado com uma atriz no Bushey Park. Mas afinal também teve que cumprir seu dever e casar-se com uma princesa alemã. Adelaide de Saxe-Meiningen. Ela provou ser uma rainha aceitável e de coração generoso. Também Guilherme IV possuía simplicidade e bondade. Os embaraços mais graves que causou aos seus ministros decorriam de sua loquacidade. Era difícil contornar sua falta de tato durante as funções públicas. Durante um almoço oficial oferecido a membros do Gabinete e diplomatas estrangeiros ergueu-se e, com rusticidade náutica, propôs um brinde grosseiro, adicionando *Honi soit qui mal y pense**, causando embaraço aos presentes. Quando retomou afinal seu assento, um dos convidados per-

---

* N. T. Francês no original: Vergonha ao que pensar mal (expressão heráldica, pertencente à Ordem da Jarreteira).

guntou a Tayllerand, Embaixador da França, "*Eh, bien, que pensez-vous de cela?*"** "*C'est bien remarcable*"***, respondeu o francês sem que um músculo sequer se movesse no seu rosto.

Mas os esposos reais gozavam de popularidade, embora Carlos Greville, seu historiador, Secretário do Conselho Privado e bom observador, duvidasse de que a espirituosidade real durasse até a reunião do Parlamento. A rainha não era uma beldade, mas seu aspecto simples e quieto era um contraste agradável, comparado com a vida doméstica de Jorge IV. A rusticidade do monarca era atraente às classes simples, embora tivesse havido um caso em que, ao viajar no côche de gala, o rei cuspiu pela janela, e uma voz reprovadora da assistência disse: "Jorge IV jamais teria feito isso!" Seja como for, a vida e o comportamento da sociedade londrina não dependiam do exemplo dado pela corte.

Esperava-se que, talvez, o novo rei preferisse um governo formado de "whigs". Quando Duque de Clarence, ele fora dispensado do Almirantado pelo Duque de Wellington. Mas subindo ao trono, Guilherme IV cumprimentou e manteve o Duque. Sua reputação de justiça teve valor político. Wellington comprovou isso. "É impossível que um homem possa tratar o outro melhor ou com mais gentileza do que o Rei me tratou desde o dia de sua ascensão ao trono até o dia de seu passamento. É, entretanto, igualmente impossível a um homem ter tratado a um outro tão rudemente como o tratei quando ele fora Lorde do Almirantado. Mas nunca demonstrou ressentimento." "Guilherme o Marinheiro" haveria de necessitar de toda a sua probidade disponível. Tempestades formavam-se no horizonte. Na França eclodiu uma revolução novamente, e a monarquia dos Bourbons agonizava. Quando as notícias atravessaram o Canal da Mancha, ouviram-se longínquos de tempestade a se formar na Inglaterra.

** "Bem, que pensais disso?"
*** "É notável."

CAPÍTULO III

REFORMA E COMÉRCIO LIVRE

As forças liberais movimentaram-se novamente na Europa em 1830. A revolução de julho, na França, deu início a uma monarquia constitucional com os Orleans no trono. O novo rei, Luís Filipe, era filho do Filipe Égalité da Revolução Francesa, que havia votado a favor da execução de seu primo Luís XVI e que, por sua vez, fora guilhotinado mais tarde. Luís Filipe era homem mais sábio e mais honrado que seu pai. Havia de se manter no trono vacilante durante dezoito anos e também de conseguir manter a compostura. Os belgas, encorajados pelos acontecimentos em Paris, rebelaram-se contra o Reino dos Países Baixos ao qual haviam sido incorporados pelos tratados de paz de 1815. A Grã-Bretanha teve papel de relevo nesse acontecimento. Sempre foi, e ainda é, parte da diplomacia britânica dar apoio à independência dos Países Baixos e ia evitar que qualquer das suas províncias caia sob a influência de um poder inamistoso. O século XX não necessita de lembretes para recordar as grandes guerras cujas causas principais decorriam dessa atitude. Em 1815 uma Holanda unida e aumentada aparentava ser uma experiência promissora. Afinal, isso tornava realidade os sonhos do primeiro Guilherme de Orange, nos dias da rainha Elisabeth. Mas os holandeses e os belgas eram separados pela língua, pela religião e pelos interesses comerciais. Essas barreiras dificilmente poderiam ser superadas. Os belgas exigiam autonomia e mais tarde independência. Seguiu-se intensa atividade diplomática até que, muito mais tarde, foi possível encontrar uma solução pacífica. Entrementes uma onda de revoltas varreu através da Alemanha e alcançou a Polônia. A Europa de Metternich e a Sacra Aliança foram abaladas, embora ainda não derrubadas.

Na Inglaterra acompanhava-se de perto e com muita atenção essas agitações na Europa, que grosso modo se desenrolavam sem violência e cujas finalidades eram democráticas. O Duque de Wellington e o Governo "tory" eram aparentemente os únicos que pareciam nutrir suspeitas e hostilidade. Havia certo motivo para os receios do Governo de que a França poderia anexar a Bélgica ou colocar um príncipe francês num novo trono em Bruxelas. Chegou-se a suspeitar que Wellington tivesse a intenção de empregar força armada para restabelecer o Reino dos Países Baixos. Isso não era verdade. Sua principal preocupação era a preservação de paz. Mas os oradores da oposição gostavam de lhe atribuir intenções que lhe eram estranhas, e o boato era suficiente para inflamar as disposições ardentes daquela época. A pobreza nas aldeias e fazendas já causara levantes na Inglaterra sul-ocidental. Descontentamento industrial nas crescentes vilas e cidades impelia homens de negócio e seus empregados à ação política. Perturbações, levantes e mesmo uma revolução pareciam iminentes. Em vez disso houve eleições gerais.

Os "whigs" tiveram vantagens parciais. Mas o resultado não fora decisivo. O líder dos "whigs" era o Conde Grey, amigo e discípulo de Fox. A poucos homens é dado realizar no ocaso de sua vida reformas que haviam advogado durante quarenta anos. Isso era para ser a façanha de Grey. Tivera um cargo passageiro no ministério chefiado por Fox em 1806. Depois, desde o início da carreira de Pitt, ele não somente estivera afastado do Governo, mas quase não teve desejo nem possibilidade de conseguir um posto. Aproximava-se agora sua oportunidade. Grey era proprietário de terras e encarava a política como obrigação cívica, preferindo suas propriedades rurais às antecâmaras de Westminster. Fizera, contudo, minucioso estudo das revoltas no continente e dava-se conta de não serem elas tão sinistras quanto julgava Wellington. Também possuia bons conhecimentos da situação interna. Ele e seus colegas percebiam ser a agitação que sacudia a Inglaterra desde Waterloo oriunda de duas fontes independentes — a classe média, destituída de representação parlamentar, próspera, respeitável, influenciada pelas idéias democráticas da Revolução Francesa, mas profundamente respeitadora das Leis, embora faminta por poderio político; do outro lado encontrava-se a falange amargurada e mais revolucionária de operários prejudicados pela deslocação econômica da guerra e de suas conseqüências, prontos a falar de violência e, quiçá, aptos a usá-la. Uma aliança com a classe média e ampliação moderada dos direitos de cidadania seriam suficientes, pelo menos por um tempo, e Grey traçou seus planos de acordo. Gozava do apoio de Lorde João Russel, filho do Duque de Bedford, homem de mente impulsiva, possuidor de alta devoção à causa da liberdade abstrata, independente do que suas conseqüências práticas poderiam ser. Ao lado deles formava Henrique Brougham, ansioso por um cargo, político influente que fizera nome como defensor da Rainha Carolina. Brougham era fértil em idéias modernas, amigo de líderes radicais e de editores de jornais.

O Parlamento reuniu-se em novembro. Havia quem nutrisse a esperança de que os "tories" fizessem de novo o que haviam feito em relação à Emancipação Católica: que, após uma escaramuça de retaguarda, eles próprios reformassem os direitos de cidadania. Um grupo de "tories" estava convencido de que um eleitorado maior seria mais decididamente protestante. Outros mantinham contato com associações populares que se batiam por reformas. Mas Wellington era contrário. Dissera à Câmara dos Lordes: "Jamais li ou ouvi falar de uma medida que convencesse de que o sistema de representação poderia ser melhorado. Estou completamente convicto de que o país possui atualmente uma legislatura que corresponde a todos os propósitos da legislação, e isto em grau maior que legislatura alguma tivesse correspondido em qualquer país(...). A representação do povo atualmente contém grande número de representantes de proprietários, e os interesses latifundiários possuem grande influência. Nestas circunstâncias não estou disposto a favorecer nenhuma medida como as mencionadas." Ao retomar seu assento dirigiu-se ao Conde de Eberdin, seu Secretário do Exterior, dizendo: "Eu não disse demais, ou disse?" Não recebeu resposta concreta, mas, referindo-se mais tarde a esse incidente, o Secretário do Exterior resumiu a oração de Wellington no seguinte: "Ele disse que estamos partindo."

Wellington nutria a esperança de falar aos "whigs" organização suficiente para formarem um Governo, mas seu partido achava-se ainda mais desunido. Aqueles que haviam adotado a orientação de Canning não queriam mais nada com a "Velha Guarda" dos "tories" e faziam agora causa comum com os "whigs". Quinze dias mais tarde, os "tories" foram vencidos, e o Rei Guilherme IV convocou Grey para formar um Governo. Desconsiderando um curto intervalo, os "whigs" estiveram afastados do Governo havia quase cinqüenta anos. Agora, num salto, achavam-se no pico do poder e da influência. Confrontaram-se com um cenário disforme. Ameaças da França de interferir na Bélgica tornavam necessário, embora impopular, aumentar o orçamento militar. O Ministro das Finanças não conseguiu apresentar um Orçamento-Geral eficiente. Lei e ordem desmoronavam nas províncias sul-orientais, e Lorde Melbourne, o novo Secretário do Interior, agiu decididamente. Mais de quatrocentos operários agrícolas foram sentenciados a serem deportados. Os radicais sentiram-se indignados e desiludidos. Somente a reforma parlamentar podia salvar o Governo, e eles se dedicaram a essa tarefa.

Nomeara-se comissão secreta do Gabinete encarregada de elaborar o projeto e, em março de 1831, Lorde João Russel lançou a discussão da primeira Lei da Reforma. Rodeado de gritos e escárnio, recitou aos respectivos representantes uma lista de mais de cem localidades "podres" e "de bolso", que propunha a abolir como centros eleitorais e substituir por centros a serem criados nas áreas não representadas da Metrópole, do norte industrial e do centro. Para os "tories", isso era uma violação de tudo que representavam, uma afronta às suas convicções políticas mais enraizadas, um ataque rude aos direitos de propriedade. Um assento do Parlamento era uma coisa a ser comprada e vendida como se fosse uma casa ou fazenda; um direito de voto mais uniforme cabia a uma concepção aritmética de política, perigosamente similar à democracia francesa. Até muitos "whigs", que aguardavam medidas menos violentas, sentiram-se a princípio aturdidos pela amplitude das propostas de Russel. Não demorou, porém, ao perceberem o entusiasmo da nação, que os "whigs" se reunissem em torno do Governo, pois acreditavam poder com a reforma anteciparem-se à revolução. Os "tories" por seu lado, acreditavam que ela seria o primeiro passo no caminho que levaria o país ao cataclisma. Para eles, e para muitos "whigs" também, o Governo da Inglaterra afigurava-se como o domínio e a obrigação de dominar das classes proprietárias de terras, embora para o bem da comunidade. Um alargamento dos direitos de cidadania havia de significar o começo do fim do velho sistema administrativo, cuja característica sempre fora a influência e a patronagem. Será que o Governo Real poderia continuar a existir sem o apoio desses dois pilares da autoridade? Não era uma pergunta totalmente vã. Após 1832 a Grã-Bretanha havia de contemplar muitos Ministérios instáveis antes que o padrão fosse alterado por partidos disciplinados com organizações ordenadas, e a nomeação de delegados, com a finalidade de controlar a assiduidade e a atividade no Parlamento dos membros eleitos. Líderes radicais sentiram-se desapontados por aquilo que consideravam como redução da amplitude da Reforma; não obstante, apoiaram-na a seu modo. Havia muito em comum entre eles. Jeremias Bentram e Jaime Mill eram advogados filosóficos da democracia e da educação das classes médias; Guilherme Cobbett era jornalista vigoroso de mentalidade independente; Francisco Place, o alfaiate de Charing Cross, e Tomás Attwood, banqueiro de Birmingham, eram organizadores políticos muito ativos. Todos eles estavam decididos a não permitir que a Reforma fosse reduzida por adendos e compromissos. Agitação alastrou-se através do país. Não havia crise econômica para distrair a atenção pública desse problema ardente ou para abalar a crença popular de que o direito de voto e a redistribuição dos assentos na Câmara, de acordo com a Revolução Industrial, haveria de curar todas as enfermidades da nação. Uma catarata de jornais e revistas surgiu em apoio à causa. Para contornar o imposto sobre a imprensa, relíquia da legislação de 1819, enviavam pelo correio semanalmente diários em forma de cartas. Os "tories" lutaram na Câmara dos Comuns disputando cada passo. O Governo de maneira alguma estava certo de obter a maioria e, realmente, embora jogassem em apoio de Grey um pequeno bloco de votos irlandeses controlados por O'Connell, líder dos católicos emancipados, a Lei da Reforma foi derrotada. Um berro de ódio e frustração soou no país. Grey solicitou ao Rei a dissolução do Parlamento, e Guilherme IV teve o bom-senso de perceber que uma recusa poderia provocar uma revolução. As notícias causaram tumulto na Câmara dos

Lordes, onde foi redigida uma petição solicitando ao Rei a reconsideração da medida. Mas, enquanto os gritos partiam das bancadas, e os pares do Reino brandiam os punhos, ouviu-se o troar dos canhões que anunciavam ter o Rei partido do Palácio de St. James dirigindo-se ao Parlamento a fim de proclamar a dissolução. Os "tories" esbravejaram. Um deles ergueu-se de um salto e gritou aos "whigs" jubilantes: "Da próxima vez em que esses canhões troarem, não estarão disparando balas de festim e serão apontados para arrancar vossas cabeças." "Os que estiveram presentes", escrevera Greville nas suas memórias, "disseram-me que aquilo não fora outra coisa senão o que nós lemos acerca do "Serment du Jeu de Paume"* e que toda a cena fora bem o que imaginaríamos como dias em que se prepara uma revolução".

Houve eleições visando diretamente ao problema da Reforma. Fora a primeira vez que se pedira ao povo inglês um mandato dessa natureza. O povo deu uma resposta inequívoca. Os "tories" foram aniquilados nos centros eleitorais do interior, enquanto os "whigs" e seus aliados ganhavam na Câmara dos Comuns uma maioria de 136 cadeiras. Quando o Parlamento recomeçou suas atividades, a batalha se transferiu à Câmara dos Lordes. Wellington tomou e retomou a palavra combatendo a Reforma. "Jamais", declarou, "foi instituída uma democracia em parte alguma do universo, que não tivesse declarado imediatamente guerra contra as propriedades, contra o pagamento da dívida pública e contra os princípios da conservação que são assegurados, que são mesmo objeto principal, da Constituição Britânica como ela hoje existe. As propriedades e os que as possuem serão declarados inimigos comuns." A maior parte de sua experiência política fora adquirida na Espanha e sentia-se deprimido pelas recordações das Juntas Revolucionárias. A Reforma destruiria "o poderio necessário a Sua Majestade para proteger e manter em ordem seus domínios no estrangeiro e para assegurar a obediência dos seus habitantes. Perderemos essas colônias e possessões ultramarinas e com elas desvanecer-se-á nossa autoridade e influência no estrangeiro." Ao anoite-

---

* N.T. Juramento solene prestado pelos deputados da Assembléia Nacional da França em 20 de junho de 1789. Recebeu esse nome (Juramento do Jogo de Pela), porque foi prestado no decurso de reunião efetuada no salão de jogo de pela do Palácio de Versalhes.

cer do dia 7 de outubro de 1831, deu-se a separação crítica. Os Pares do Reino achavam-se gravemente desunidos, e foram os vinte e um bispos participantes da Câmara Alta que deram a decisão. A Reforma foi derrotada e com isso surgiu novo impasse constitucional — os Pares contra o Povo.

No dia seguinte, os jornais, tarjados de preto, deram a notícia. Eclodiu revolta nas províncias do Centro, queimaram casas e propriedades, houve violentas desordens em Bristol. Associações de Reformadores, chamadas Uniões Políticas, trataram de mobilizar o entusiasmo para defender a Reforma tentando ao mesmo tempo acalmar os ânimos. Entrementes o Governo perseverava. Em dezembro, Russel apresentou o projeto pela terceira vez. A Câmara dos Comuns aprovou-o por maioria de dois a um. Em maio, foi apresentado novamente aos Lordes e rejeitado por quarenta e quatro votos. Não havia possibilidade de pedir nova dissolução, e Grey percebeu que somente medidas extremas poderiam trazer solução. Portanto, transportou-se a Windsor e solicitou ao Rei que criasse número suficiente de novos Pares para assegurar a aprovação do projeto. O Rei recusou-se, e o Gabinete demitiu-se coletivamente. Guilherme IV pediu a Wellington e Peel que formassem uma administração capaz de fazer aprovar a Reforma como já haviam feito aprovar a Emancipação e assim evitassem a necessidade de enlamear os Lordes. Peel não aceitou. Não desejava assumir responsabilidade ministerial por uma medida que desaprovava. Os ânimos no país tornaram-se ameaçadores. Elaboraram-se planos de greves e recusa geral de pagar impostos. Apareceram nas ruas de Londres bandeiras e faixas com os dizeres: "Para reter o Duque, busquem ouro." Seguiram-se retiradas maciças de fundos do Banco da Inglaterra. Líderes radicais declararam que paralisariam qualquer governo "torie" que viesse a ser formado, e, depois de uma semana, o Duque se deu por vencido. Na tarde de 18 de maio, Grey e Brougham fizeram uma visita ao Palácio de St. James. O Rei autorizou-os a compilarem uma lista de pessoas a serem nobilitadas e que se comprometessem a votar pelos "whigs". Ao mesmo tempo, enviou seu secretário particular para prevenir os líderes dos "tories" de sua decisão e sugerindo que eles poderiam evitar a adoção dessa medida extrema abstendo-se de votar. Quando o projeto foi novamente apresentado, as bancadas da oposição estavam praticamente desertas. A Reforma foi aprovada por uma maioria devastadora e tornou-se lei no dia 7 de junho de 1832.

* * *

Os novos eleitores e os radicais não se satisfizeram com a extensão dos direitos de cidadania e, no decorrer dos cinco anos seguintes forçaram a adoção igualmente extensa de reforma da administração pública. Os "whigs" passaram a sentir-se cada vez mais incomodados e, em 1834, achando que fez o suficiente, Grey demitiu-se. Os novos líderes eram Lorde Melbourne e Lorde João Russel. Russel era "whig" da velha escola, muito sensível a qualquer invasão da liberdade e dos direitos políticos. Sentia a necessidade de novas reformas na administração, mas os caminhos cada vez mais largos da democracia não o atraíam. Quando jovem, Lorde Melbourne teve idéias avançadas, mas a falta de qualquer alvo concreto, de motivos, sua falta de convicção, seu ceticismo cauteloso, tudo contribuía para privá-lo e privar seu partido de um tema e inspiração. Amizades pessoais e conversações agradáveis interessavam-no mais que problemas políticos. Aceitou com relutância o posto de Primeiro-Ministro e duvidou sinceramente de que essa honra tivesse suas compensações. Uma vez no poder, sua brandura possibilitou-lhe a tarefa de manter junto seu time desunido. Mas sua administração, rodeada pelas tensões do seculo XIX, mantinha características do século anterior.

Um dos auxiliares mais capazes de Melbourne foi Lorde Palmerston, que chefiou o Ministério do Exterior durante quase onze anos. Recebendo orientação sábia de Lorde Grey, Palmerston conseguiu uma solução do problema belga que vigora até hoje. Persuadiram os holandeses e os franceses a se afastarem, reduziram as aspirações belgas sobre os territórios da Holanda e, afinal, o Príncipe Leopoldo de Save-Coburg foi instalado em Bruxelas como soberano independente. Garantiram por um tratado internacional a neutralidade do país. Assim foi assumido um compromisso que seria resgatado com sangue em 1914. Sob as ordens de Melbourne, Palmerston podia agir como bem entendia em relação aos negócios exteriores. Ele tinha duas crenças básicas que os interesses britânicos deviam ser rigidamente mantidos em qualquer parte, mesmo que fosse à custa de demonstrações de força; a outra era que se devia encorajar os movimentos liberais na Europa sempre que a Grã-Bretanha lhes dispensasse simpatia e mesmo ajuda. Havia um ar de alegre autoconfiança em tudo que Palmerston fazia, o que, muitas vezes, causava ressentimento nas chancelarias mais convencionais da Europa e assustava seus colegas mais tímidos que ele. Seu espírito imperturbável, todavia, conquistou gradualmente a admiração da maioria dos seus conterrâneos. Durante aqueles anos foi construída sua popularidade, que mais tarde o faria aparecer como personificação da autoconfiança característica dos meados da Era Vitoriana.

A massa dos "whigs" estava perplexa e indecisa. Embora campeões de reformas políticas, acovardavam-se perante as necessidades mais rudes e de conseqüências imprevisíveis da reorganização social. No passado, discutiam com os "tories" acerca de assuntos constitucionais: limites das prerrogativas dos Reis, da posição da Igreja Oficial, tolerância religiosa. Tudo isso, porém, já estava superado, e os problemas e perigos da Revolução Industrial enviavam suas chispas por meio das formações partidárias. Ao fazer passar a Reforma do Parlamento, o partido "whig" cumpriu sua missão. Seus líderes não entendiam a classe média nem gostavam dela. Consideravam o radicalismo como credo elegante a ser professado nos dias estudantis, mas que devia ser abandonado ao se atingir a maturidade. Sentiam vagamente e com desagrado que a agitação e a organização das massas os impeliam a sendas estranhas e perigosas.

Aliás, sua ascendência sobre o país era bastante precária. Cerca de um quarto de milhão de votantes foi acrescido ao eleitorado, que agora beirava a casa dos setecentos mil. Quer dizer que um adulto em cada seis tinha o direito de voto. Mas nem todos apoiavam os "whigs". Fazia-se sentir agora o hábito estranho dos eleitores ingleses de votar contra o Governo que lhes concedeu o direito de votar. Com dificuldade e servindo-se dos votos dos irlandeses chefiados por O'Connel, conseguia a administração "whig" manter a maioria de que necessitava. Sua única esperança era de se unirem com os radicais, que, embora pouco numerosos no Parlamento, gozavam do apoio da classe média e da imprensa, e cujo poderio não poderia ser avaliado pela contagem dos assentos que possuíam no Parlamento. Mas os "whigs" hesitavam. Um dos poucos que aconselhavam tal aliança era "Radical Jack" João Lambton, Conde de Durham, genro de Grey. Seu temperamento estourado, entretanto, tornava-o colega espinhoso. Não demorou em se afastar do Governo e mais tarde dedicou-se aos problemas de governança nas colônias, e isso favoreceu grandemente o Canadá e todas as ramificações do Império. Sua morte prematura destruiu qualquer esperança de fusão entre os radicais e os "whigs".

Não obstante, a legislação e as nomeações daqueles anos não deixaram de ser produtivas. Os escravos nas Índias Ocidentais foram afinal emancipados em 1833. Pela vez primeira na História da Inglaterra o Governo fez concessões educacionais a sociedades religiosas. A Lei dos Pobres foi reformada em bases consideradas nos meios administrativos e intelectuais como muito modernas, embora não encontrassem aclamação daqueles a quem deveriam ter favorecido. A primeira Lei das Fábricas foi aprovada, embora as longas horas do trabalho que ela permitia teriam apavorado no século vinte, e mesmo naqueles tempos não satisfaziam as pessoas humanitárias. Todo o sistema do Governo local foi reconstruído e as oligarquias locais de outrora foram abolidas. No entretempo, a política concentrou-se na situação da Igreja Oficial e na manutenção da ordem na Irlanda. O insucesso ao lidarem com esses problemas bem como a incapacidade de equilibrarem seu orçamento foram as causas que liquidaram os "whigs". De mais a mais, havia forças possantes trabalhando do lado de fora da Câmara dos Comuns. Grande massa da população ainda continuava sem direitos de cidadania. As relações entre o capital e o operariado malmente haviam sido tocadas pela mão do Parlamento. As atividades dos incipientes sindicatos trabalhistas assustaram tanto o Governo que este resolveu usar medidas opressivas. O caso mais célebre foi o dos "Mártires de Tolpuddle". Eram seis operários daquela localidade de nome curioso, situada em Dorsetshire, que foram sentenciados à deportação por terem "pronunciado maldições ilegais" contra membros de seu sindicato. Agitação pública conseguiu afinal que fossem perdoados, mas só depois de já terem servido dois anos em Nova Gales Meridional. Enquanto o desassossego se alastrava nutrido por muitos motivos, a monarquia mostrava sinais de enfraquecimento. Os "whigs" não estavam na altura de reduzir o abismo que aparentemente escancarava sua bocarra separando os círculos políticos oficiais e a nação.

Sir Robert Peel, ao contrário, sem perda de tempo reajustou os "tories" de acordo com as exigências dos tempos modernos e iniciou uma reorganização rápida de sua maquinaria partidária. "Presumo", declarou Peel em 1833, "que o principal objetivo do partido chamado Conservador será o de resistir aos radicais, de evitar novas invasões de orientação democrática que serão tentadas como conseqüência natural dos sucessos alcançados". Deixou bem claro que daria apoio a alterações administrativas que aumentassem a eficiência, mas opor-se-ia a qualquer enfraquecimento das instituições tradicionais do Estado. Sob sua orientação, formou-se gradualmente uma oposição disciplinada, cheia de propósito sem ser mesquinha. No ano seguinte seu partido foi revigorado por um brilhante discurso eleitoral pronunciado por Peel perante seus eleitores. Adotaram a plataforma de conservação inteligente dos melhores elementos existentes nas instituições do país, e Peel demonstrou considerável esperteza ao declarar seu desejo de modificar completamente a situação da Igreja Oficial. A religião ainda influia na política, e, assim, os eleitores inconformados não esqueceram essas palavras nos anos vindouros. Ao serem introduzidas diversas novas reformas, houve mais interesses prejudicados, e os simpatizantes do Conservadorismo uniram-se gradualmente em torno de Peel. Nas eleições de 1834, os "tories" ganharam uma centena de cadeiras e durante alguns meses Peel chefiou um Governo minoritário. Depois, os "whigs" retornaram, mas tão divididos entre si como antes. Pareciam estar brincando com fogo. Despertavam esperanças que Governo algum podia realizar. Sua administração desmazelada convenceu as classes médias dos perigos das reformas espasmódicas e destituídas de coordenação. O coche barulhento dos "whigs" descia uma escarpa desconhecida, cheia de curvas, e muitos simpatizantes resolveram abandoná-lo durante esse percurso.

* * *

O Rei Guilherme IV faleceu em 1837. Alegre, inábil, embora agradável, não granjeara respeito e contribuiu para reduzir a estima pela monarquia. Realmente, os vícios e excentricidades dos filhos de Jorge III quase destruíram o apego do povo com a monarquia. Parecia iminente um assalto sobre essa instituição, que teve tão importante desempenho na história da Inglaterra e parecia haver poucos elementos para sua defesa. A nova Soberana era uma jovem de 18 anos. Fora educada pela mãe cônscia dos seus deveres e abominava as maneiras de falar e de se comportar dos tios reis. Assim, a princesa foi recolhida ao Palácio de Kensington, apartada dos seus tios, mas também da nação. Sua educação fora presidida por uma governanta alemã, ocasionalmente inspecionada por Dignatários da Igreja. Para estudar suas obrigações futuras, fez um "curso por correspondência" trocando cartas com seu tio materno, Rei Leopoldo da Bélgica. A nação desconhecia seu caráter e suas virtudes. "Poucas pessoas", escrevera Palmerston, "tiveram oportunidade de formar um juízo adequado acerca da Princesa. Creio, porém, que ela dará provas de ser pessoa notável, possuidora de grande firmeza de ânimo". Teve razão. Nas vésperas de ascender ao trono, a nova Rainha escreveu no seu diário: "Desde que a Providência houve por bem me colocar nesta posição elevada, farei todo o possível para cumprir meu dever com o meu país; sou muito jovem e, talvez, careço de experiência em muitos assuntos, embora não em todos. Tenho a certeza, todavia, haver poucos possuídos de maior boa vontade e de desejo mais ardente de fazer o certo e o justo". Era uma promessa que ela haveria de cumprir com grande margem.

Quando a Rainha Vitória ascendeu ao trono, os "whigs" já haviam disparado seu dardo. A Corte e os círculos governamentais viviam isolados e careciam de popularidade; as classes médias temiam desordens e começavam a votar pelos "tories". Lorde Melbourne, entrementes, não tendo fé em legislação, empregava sua graça e maneiras cativantes em nada fazer. Para cumular essa situação, para os fins daquele ano, surgiram os primeiros indícios de depressão econômica. As condições no Norte industrial logo se tornaram tão más como após Waterloo e, em maio de 1838, um grupo de líderes trabalhistas publicou uma "Carta do Povo". O movimento batizado de "Cartismo" considerado por alguns historiadores como o início do socialismo, fora o último grito desesperador da pobreza lançado contra Era das Máquinas. Os "cartistas", acreditando, como o haviam acreditado os agitadores que exigiram a Reforma do Parlamento na época antecedente a 1832, que uma ampliação dos direitos de cidadania havia de curar todas as suas misérias, exigiam Parlamento anual, direito universal de voto para os homens, distritos eleitorais uniformes, supressão da exigência de ser proprietário para ser Membro do Parlamento, votação secreta e remuneração aos Membros do Parlamento. Sua única esperança de sucesso era de conseguir, como o haviam conseguido os radicais, apoio de um partido parlamentar e da parte progressista da classe média. Seus líderes discutiam entre si e afrontavam pessoas respeitáveis ao pronunciarem discursos ameaçadores e irresponsáveis. Não possuíam fundos, nem organização semelhante à que a Associação Católica havia encontrado nas paróquias do clero irlandês, ou como o Partido Trabalhista encontraria mais tarde nos sindicatos trabalhistas. Por algum tempo, a Inglaterra foi inundada por panfletos e petições, mas a força do fermento variava de acordo com a procedência. Todas as vezes que sobrevinha melhora do nível de vida havia arrefecimento dos ânimos, e não se formou nenhum movimento unido de âmbito nacional, nem uma força permanente. Os poucos sindicatos existentes naquele tempo logo abandonaram a causa. Os artífices, mais prósperos, careciam de entusiasmo. A agitação reviveu de tempos em tempos no decorrer dos anos seguintes e teve seu ponto culminante no ano revolucionário de 1848. Mas afinal toda essa história atrapalhada, embora bem intencionada, dissolveu-se em nada.

Peel fez deduções certas. Discernia as causas das inquietações com clareza maior que os "whigs". Embora firme na sua oposição aos radicais, acreditava que o remédio residia na administração eficiente e na política comercial esclarecida. Os jovens "tories" apoiavam-no e juntamente com ele sentiam-se deprimidos pela divisão do país em "duas nações" — os ricos e os pobres — como os descrevia nas suas novelas um jovem judeu, membro do Parlamento, chamado Benjamim Disraeli. Pequeno grupo de Conservadores já procurava aliar-se com os trabalhadores contra as classes médias.

Melbourne quis renunciar em 1839, mas Vitória manteve-o no cargo por mais dois anos. Seu encanto conquistou sua afeição. Melbourne transmitia-lhe boa parte de sua experiência com homens e negócios sem comunicar seu ceticismo. Ela se recusava, pois, ver-se separada do seu Primeiro-Ministro predileto. Em fevereiro do ano seguinte, novo personagem surgiu no cenário da Grã-Bretanha. A Rainha casara-se com seu primo, o Príncipe Alberto de Saxe-Coburgo. O Príncipe era homem direito, consciencioso, dono de interesses de grande alcance e de ideais elevados. Durante vinte e um anos, até a morte prematura do Príncipe, os cônjuges desfrutaram um matrimônio feliz, dando aos seus súditos um exemplo muito apreciado. Após os excessos de Jorge IV e de seus irmãos, a monarquia necessitava de que sua dignidade e sua reputação fossem renovadas. Vitória e Alberto conseguiram-no. De início, o Príncipe sentiu o ressentimento pela sua presença na Inglaterra por parte dos magnatas políticos da época. Não lhe concederam assento na Câmara dos Lordes, reduziram sua anuidade e mesmo o título de Príncipe Consorte só lhe foi concedido em 1857. Não obstante, a proteção dispensada com seriedade às ciências, à indústria e às artes, bem como a muitas causas boas, granjearam-lhe aos poucos profundo respeito do povo. Como conselheiro permanente da Rainha, em todos os assuntos que requeriam sua atenção, o Prínipe teve um desempenho escrupuloso e desinteressado. Sábios conselhos de seu tio, Rei Leopoldo, e do seu antigo mestre, Barão Stockmar, ensinaram-lhe o papel e as obrigações de monarca constitucional. No decorrer do tempo, os líderes dos partidos na Inglaterra aprenderam a dar valor aos seus conselhos, especialmente em assuntos do exterior, embora nem sempre os seguissem. A Rainha era mulher de mente robusta e iniciara seu reinado como partidária veemente dos "whigs". Sob a influência de Alberto, ela compreendeu que, pelo menos publicamente, competia-lhe ser imparcial e depositar sua confiança em qualquer Ministro capaz de obter a maioria na Câmara dos Comuns. Isso não a impedia de sentir pronunciadas simpatias e antipatias para com seus principais servidores e costumava dar expansão a esses sentimentos na sua correspondência privada. Em conjunto, a Rainha e o Príncipe estabeleceram novo padrão de conduta para a monarquia, que desde então foi honrosamente observado.

Peel, em contraste com Melbourne, dera à Rainha a impressão de acanhamento e frieza; mas, em 1841, eleições gerais deram-lhe finalmente o poder. Não se demorou a captar a confiança da Soberana. Suas capacidades desenvolveram-se agora completamente. Teve controle absoluto do seu Gabinete, elaborou pessoalmente os mais importantes orçamentos do seu Governo, fiscalizou pessoalmente o trabalho de todos os departamentos, incluindo o de Guilherme Gladstone, ou seja, o da Comissão do Trabalho. As tarifas foram reformadas novamente, os direitos de importação, fortemente reduzidos, e o imposto sobre a renda foi reintroduzido. Estas medidas produziram frutos em seguida. Em 1843, o comércio começou a se reanimar, a prosperidade voltou, e o clamor por reformas políticas foi abafado. Os céus de Westminster pareciam claros novamente. Mas juntava-se tempestade na Irlanda.

* * *

O problema imediato era o preço do pão. Para fomentar o comércio com o exterior, Peel havia reduzido as taxas aduaneiras sobre tudo, menos cereais. Pão caro, porém, significava elevação dos salários ou miséria para as massas. Peel chegou gradualmente à conclusão de que somente alimentos importados por bons preços poderiam sustentar a continuidade da prosperidade da nação. Comércio livre dos cereais parecia ser imperativo, mas os obstáculos políticos eram formidáveis. O partido "tory" dependia dos votos dos latifundiários que haviam empregado grandes capitais nas suas propriedades durante as guerras napoleônicas. A paz trouxe trigo mais barato do estrangeiro, e o clamor por proteção levou, em 1815, à proibição da importação de cereais estrangeiros a não ser que os preços internos atingissem níveis anormais. O cancelamento desta Lei e das Leis do Trigo posteriores sobrepujava agora todos os outros problemas. Os latifundiários eram acusados de usarem sua influência no Parlamento para salvaguardar seus interesses às expensas do resto da população. A inimizade das classes produtoras e industriais agravou o conflito, pois as Leis do Trigo não somente traziam pobreza angustiosa às classes operárias, mas também aborreciam muitos empregadores. No seu ponto de vista, a Proteção impedia-os de abrir novos mercados no ultramar e de competir em igualdade de condições nos mercados já existentes.

A hostilidade contra a Lei do Trigo cresceu durante os anos de repressão: 1832-42. Formara-se em Manchester uma Liga Contra a Lei do Trigo, cuja finalidade era conseguir a abolição desta. Essa liga não demorou em exercer poderosa influência sobre a opinião pública e produziu dois líderes e organizadores notáveis que se tornaram profetas do Comércio Livre no século XIX. Eram Ricardo Cobden, impressor de chita, e João Bright, quacre e dono de uma fábrica. O movimento gozava de apoio poderoso, havia vultosas subscrições para levantar fundos. A nova tarifa postal reduzida, introduzida por Sir Rolando Hill em 1840, favorecia a remessa de panfletos e circulares. Havia comícios pelo país a fora. A propaganda era eficiente e empreendida de maneira nova: poucas e simples idéias marteladas nos cérebros dos auditórios por oradores e dissertadores escolhidos. Nunca houvera agitação conduzida com tanta finura. Enviavam ao Parlamento petições monstruosas. Cobden convenceu citadinos abastados a comprarem nos centros eleitorais títulos no valor de quarenta xelins, adquirindo assim o direito a dois votos. Dessa forma, aumentou tanto o número de eleitores anti-Lei do Trigo que em vez de influenciar o Parlamento apenas de fora por meio de petições, a Liga pôde começar a trabalhar dentro do próprio Parlamento. Os discursos retumbantes de Cobden e Bright, reverberando os latifundiários, vibraram através de toda a nação. "Deixados à vontade, encontrar-se-ão dentro em breve na situação da aristrocracia francesa no período antecedente à Revolução Francesa: uma classe isolada, impotente, destituída de poderes — uma classe que, nas suas qualidades inerentes, no seu potencial intelectual e moral, é inferior a todas as outras classes da nação. Eles não apenas vivem agarrados a abusos feudais mas chegam ao ponto de restringir o fornecimento de alimentos ao povo. Estão lutando contra o progresso do século. Imaginam que o seu sistema feudal é necessário à existência da comunidade. Ora, seu sistema feudal desapareceu na França, acabou-se na Alemanha, nunca existiu na América."

Peel, por nascimento, estava ligado à classe média, como o eram Bright e Cobden. Seus argumentos calhavam fundo na sua mente. O comércio e a prosperidade da Inglaterra exigiam a abolição das Leis do Trigo, mas pelo menos a metade do seu eleitorado eram proprietários de terras, e semelhante medida iria arruinar o Partido Conservador. Ao chegar o ano de 1843, Peel, todavia, resolveu agir. Sua situação era difícil, pois alguns dos seus correligionários achavam que ele já os havia traído uma vez aderindo à Emancipação Católica. Mas sentia confiança em si. Talvez acreditasse que seu prestígio atrairia a maioria, mas necessitava de tempo para convencer o seu partido, e tempo era justamente o que lhe faltava.

A colheita da batata falhou na Irlanda em 1845. A fome estava iminente, e Peel não pôde esperar mais. Mas quando expôs ao Gabinete suas propostas, diversos colegas rebelaram-se, e, em dezembro, ele teve que renunciar. Russell, líder dos "whigs", recusou-se a formar um governo, e Peel voltou ao cargo para enfrentar e vencer o assalto dos Protecionistas "tories". O orador deles, Benjamim Disraeli, até então pouco conhecido, acusou-o menos por querer abolir as Leis do Trigo do que por trair sua posição de chefe de um grande partido. Se Peel, declarou Disraeli, acreditava na necessidade da medida, cabia-lhe renunciar, já que grande parte do seu partido se sentia tradicionalmente obrigada a se opor. A destruição proposital de um grande partido pelo seu próprio líder era um crime político, pois o bom funcionamento da política inglesa dependia do equilíbrio partidário, e, se um líder não podia convencer seus correligionários, cabia-lhe retirar-se. Eis as idéias de Disraeli. Peel, por seu lado, assegurou que seu dever com a nação estava acima do dever para com o partido e achava ser sua missão conseguir que as Leis do Trigo fossem abolidas. Suas cartas particulares revelam sua amargura contra a ala Protecionista dos "tories". "Protecionistas realmente! — Fechar seus olhos perante todas as experiências comerciais que foram feitas, verificar como falsas todas as suas predições, desprezar a opinião pública, dizer que as Leis do Trigo são puramente uma questão de lavradores e ao mesmo tempo ouvir o relato das condições pavorosas em que vivem há anos os lavradores do Dorsetshire(...), conformar-se a enfrentar os riscos tremendos de duas colheitas más e a repetição do estado de coisas que imperou em Paisley e Stockport durante os invernos de 1841 e 42; nem querer perceber que as Leis do Trigo(...) serão varridas com desonra por exigência de uma população faminta — isso é o que significa ser Protecionista! Dou graças a Deus por estar livre para sempre das garras de tal partido."

Com a ajuda dos votos dos "whigs" e dos irlandeses, as Leis do Trigo foram abolidas no dia 25 de junho de 1846. Disraeli foi vingado em seguida. Desordens na Irlanda destruiram o Governo de Peel, e uma votação efetuada na mesma noite marcou o fim do grande Ministério, do mais poderoso daquele século. Peel fora a força dominadora e a maior personalidade da política inglesa desde a introdução da Reforma do Parlamento. Seja no poder ou na oposição, ele sobrepujava a todos. Não era homem de profundos ou muito largos pensamentos, mas compreendia melhor as necessidades do seu país que qualquer dos seus contemporâneos e possuia a rara coragem de modificar seus pontos-de-vista para melhor atender a essas necessidades. É verdade que provocou cisão no seu partido, mas há crimes mais graves. A época a que presidiu foi a do desenvolvimento formidável da indústria. Era a Época das Ferrovias. Por volta de 1848 já havia no Reino Unido cerca de cinco mil milhas de trilhos colocados. Rapidez no transporte e incremento da produção eram as palavras de ordem. A produção do carvão e do ferro havia duplicado. A arte da engenharia dava passos grandes, embora ainda hesitantes. Não pelo Governo, mas por iniciativas particulares estava-se tomando todas as medidas que fariam da Grã-Bretanha a maior potência industrial do século XIX. Peel sentia esses vastos desenvolvimentos. Sabia que o Governo Livre não podia ser remédio universal para todos os males de uma sociedade em mutação. Mas os dias do predomínio dos latifundiários estavam contados. Comércio Livre parecia ser essencial à manufatura e nesse campo a Grã-Bretanha estava alcançando a supremacia. Peel compreendia tudo isso. Seu Governo deu um exemplo de iniciativa que tanto os conservadores como os liberais honraram no futuro imitando-o. Dos seus métodos de governar disse certa vez: "O fato é que o povo gosta que haja uma certa dose de presunção e obstinação num Ministro. Xingam-no por ser ditador e arrogante, mas gostam de serem governados". Palavras altissonantes talvez, mas correspondiam à época em que foram pronunciadas.

Em princípios de 1850, depois de ter observado com tranqüilidade e isenção de ânimo os passos trôpegos dos "whigs", seus sucessores, Peel, passeando a cavalo em Green Park, sofreu uma queda e foi mortalmente ferido. Assim morreu um dos maiores moldadores da política britânica do Período Vitoriano.

CAPÍTULO IV

A GUERRA DA CRIMÉIA

Em meados do século XIX, a vida política da Inglaterra ainda seguia os hábitos adquiridos de longa data e que até então só foram ligeiramente alterados pela aceitação da grande Lei da Reforma do Parlamento. Os "whigs" estavam no poder chefiados pelo Lorde João Russel, cuja família havia servido o Estado desde os dias de Henrique VII. Decorridos três séculos e meio durante os quais a sorte quase sempre lhes sorriu, os Russells, seus amigos e parentes adquiriram a certeza de saber melhor que ninguém como se deve governar o país para o próprio bem dele. Fossem quais fossem as modernas agitações entre os homens do trabalho nas cidades industriais, entre os quais poucos aliás adquiriram o direito de voto, os líderes "whigs" prosseguiam no seu curso razoável, moderado e antidemocrático. Com poucos transtornos, apenas o Governo de Russell sobreviveu durante seis anos. Esse Governo produziu pouco de valor duradouro, mas enfim guiou a Grã-Bretanha através de um período agitado em que, em outras partes da Europa, derrubavam-se tronos e sucediam-se revoluções.

Por sua vez os "tories" estavam divididos de maneira irreconciliável. Os seguidores leais de Peel e do Comércio Livre, incluindo nesse agrupamento Aberdeen e Gladstone, dois futuros Primeiros-Ministros, estavam contentes em deixar os "whigs" tirarem as brasas. Ainda não existia o Partido Liberal que haveria de surgir mais por meio de uma coalizão entre os "whigs", os seguidores de Peel e os radicais. Os "Velhos Tories", oponentes dos "Peelistas", obedeciam ao Lorde Stanley, que logo se tornaria Lorde Derby e cujos antepassados haviam feito figura no Reino por mais tempo ainda que os de Russell. Derby recebia na Câmara dos Comuns crescente ajuda do seu lugar-tenente Disraeli, cuja fama de ser brilhante crescia mais rapidamente que sua capacidade de inspirar confiança. Coube a Disraeli, durante aqueles anos, a tarefa de persuadir os "tories" de abandonarem a fidelidade às tarifas da Lei do Trigo e de elaborarem nova política conservadora em bases mais amplas.

Enquanto as atividades partidárias em Westminster continuavam nesse brando fluxo e refluxo, a Europa foi abalada por um espasmo angustiante. A monarquia foi derrubada na França em fevereiro de 1848. O governo do Rei Luís Filipe deu prosperidade à França, ou pelo menos às suas classes médias, mas nunca foi aceito pelos partidários do ramo mais antigo dos Bourbons e tampouco satisfazia aos republicanos fiéis ou aos bonapartistas ainda deslumbrados pelas recordações das glórias do Império. Alguns poucos dias de tumultos foram suficientes para expelir Luís Filipe e para instalar um governo de idéias românticas e socialistas. Esse governo também desmoronou em breve, e, antes do fim do ano, um Bonaparte foi eleito Presidente da França por esmagadora maioria de votos. Assim, após ter passado metade de sua vida no exílio conspirando, mas praticamente anônimo, o Príncipe Luís Napoleão, sobrinho do grande Imperador, alcançou afinal o poder. Devia sua eleição ao nome que era seu, à inépcia dos competidores e ao gosto por experiências constitucionais que é próprio dos franceses. Essa figura amável e sonhadora havia de representar no palco da Europa seu papel surpreendente e nem sempre ineficiente durante os vinte aos seguintes.

Os povos da Itália também se revoltaram, tanto contra seus próprios governantes como contra os dominadores austríacos da Lombardia e Veneza. Alimentavam-se altas esperanças de que uma Itália unida pudesse emergir dessa comoção. Papa Pio IX, também Soberano temporal da Itália Central, era homem liberal e patriota. Muitos dos seus compatriotas aguardavam dele liderança e inspiração. Suas funções eclesiásticas, porém, impediam-no de dirigir uma cruzada puramente nacionalista contra a potência católica da Áustria. Outros Papas haviam guerreado por causas de âmbito local. Pio IX era mais sábio. Seu dever não era o de unificar uma nação mas o de ser o chefe supremo de uma Igreja Universal. Liderança política para a Itália havia de vir de outra parte. Os conspiradores entusiásticos, disseminados nas províncias da Itália, logo verificaram que não se agüentariam contra as forças organizadas da Áustria e seus aliados. O exército da Sardenha, único Estado independente da Itália, também não podia causar impressão ao poderio da Áustria. A revolta da Itália terminou em fracasso, mas havia despertado vastas simpatias na Grã-Bretanha, simpatias estas que seriam manifestadas com benevolência quando nova tentativa de libertação fosse efetuada.

Ao norte dos Alpes também se movimentava nacionalismo revolucionário na Alemanha, Áustria e Polônia. Uma revolução em Viena obrigou à renúncia o Chanceler Metternich que havia dominado a Europa Central durante quarenta anos. Esse envelhecido sustentáculo do Absolutismo Continental encontrou guarida num obscuro hotel da Inglaterra governada pelos "whigs". O Imperador teve que abdicar deixando o trono dos Habsburgos a um jovem Arquiduque, Francisco José, cujo destino queria que vivesse através de muitas tribulações e presenciasse os primeiros anos da Primeira Guerra Mundial. Tchecos, poloneses e húngaros, cada povo por sua vez, pegaram em armas e suas revoltas corajosas só puderam ser sufocadas com a ajuda cordial do Czar da Rússia. Desordens e passeatas criaram confusão nos reinos pequenos da Alemanha, e alguns dos seus soberanos tiveram que se exilar. Em Frankfurt foi instalado um Parlamento, que, depois de prolongadas discussões, ofereceu a Coroa de uma Alemanha Unida ao Rei da Prússia. Esse soberano e seus conselheiros militares preferiram subjugar revoltosos em vez de aceitar deles favores. Assim, a oferta foi recusada. Poucos resultados decorreram dos acontecimentos na Alemanha que se deram nos anos 1848/9, a não ser a criação de poderoso ímpeto em favor da unificação da Alemanha e da convicção de que esta só poderia ser alcançada com o apoio das armas prussianas.

A Inglaterra observava com interesse simpatizante a turbulência na Europa, mas nenhum acontecimento paralelo perturbou a vida insular. O movimento cartista, que por um tempo havia caído em torpor lânguido, derivou novo ímpeto dos acontecimentos revolucionários na França. Outro fator da reanimação foi uma nova crise econômica na Ilha. Houve umas conversas desanimadas de se fazer uma revolução, mas afinal decidiram apresentar nova petição ao Parlamento reiterando as velhas exigências cartistas. Em abril de 1848, foi convocado um comício no "Kennington Common", ao sul da Ponte de Westminster. Os líderes cartistas tencionavam formar lá imponente desfile marchando então em demanda das duas Câmaras. O Governo tomou precauções. As tropas foram alertadas e mobilizaram-se policiais especiais. Não houvera, porém, necessidade de tanto aparato. Wellington, na idade de 78 anos ainda imperturbável Comandante Supremo, observou na ocasião: "Os ingleses são um povo muito ordeiro". Esta máxima é mais certa quando chove. Naquele dia chuvoso de primavera havia em Kennington mais espectadores que cartistas. Quando a polícia proibiu a propalada marcha, os manifestantes dispersaram-se calmamente. A petição foi transportada ao Parlamento em três carros de aluguel. Esse acontecimento constitui a medida do ímpeto revolucionário de Londres em 1848.

* * *

Naquele mesmo ano, Sir Babington Macaulay, que já fora Ministro da Coroa e ocupara alto posto no Governo da Índia, publicou seu primeiro volume da "História da Inglaterra". Esse grande trabalho, embora contendo idéias preconcebidas e fatos errôneos, serviu de pano de fundo histórico aos sentimentos de progresso que ora inspiravam a Grã-Bretanha Vitoriana. Macaulay propôs-se a demonstrar que, desde a revolução dos "whigs" em 1699, a Inglaterra estivera gozando de progresso perpétuo e ilimitado. No capítulo de abertura escrevera: "A história do nosso país nesses últimos cento e sessenta anos é a de contínuo progresso moral, intelectual e físico." Isso era notícia animadora, muito apreciada pelos leitores contemporâneos. O otimismo era soberano em todo o país. Um futuro ainda mais brilhante, sugeria Macaulay, aguardava o Império Unido. Assim realmente foi. Seu ponto-de-vista era largamente compartilhado e teve sua expressão concreta na Grande Exposição das realizações britânicas. Esta exposição agradou imensamente à nação.

O Príncipe Alberto deu à idéia seu apoio. Já se havia interessado por pequenas exposições de manufatureiros. Quando inaugurou o novo "Albert Dock" em Liverpool em 1849, o Príncipe ficou tão impressionado pelo vigor da indústria britânica e por sua pujança marítima que adotou um plano entusiasta de uma exibição organizada em escala muito mais vasta, jamais até então vista. Havia de exibir ao país e ao mundo o progresso alcançado em todos os campos. Também seria internacional, proclamando os benefícios de intercâmbio livre entre nações, uma antecipação da Paz Universal, que, assim se acreditava na época, deveria ser conseqüência inevitável da permuta livre de mercadorias. Poucos previam a guerra contra a Rússia, que haveria de eclodir no futuro próximo.

Durante dois anos, enfrentando considerável oposição, o Príncipe presidiu a uma comissão destinada a realizar seu projeto. Em 1851, a Grande Exposição foi inaugurada em Hyde Park. O prédio principal, o Palácio de Cristal, construído por José Paxton, especialista em estufas de jardinagem, ocupou dezenove acres. Dentro dessa estrutura de aço e vidro achavam-se árvores naturais e a maior parte dos objetos exibidos, e essa construção estava destinada a ser a maravilha daquele decênio. Contrariando as profecias de fracasso, a feira foi um sucesso retumbante. Desde sua inauguração ela foi visitada por mais de um milhão de pessoas por mês. Foram expostas mais de 14.000 amostras da arte e eficiência industrial. Mais da metade eram britânicas. O Príncipe fora reabilitado e o lucro considerável realizado pelos organizadores foi aplicado a fins educacionais e científicos. A Rainha Vitória referiu-se ao dia da abertura como sendo "um dos maiores e mais gloriosos da nossa vida." Seus sentimentos eram influenciados pelo regozijo da vitória alcançada pelo Príncipe contra seus detratores sempre prontos a acusá-lo de interferir nos assuntos da nação. Mas não era só isso. A Rainha visitou muitas vezes o Palácio de Cristal, e sua presença provocou profundo sentimento de lealdade e orgulho nacional nas dezenas de milhares de súditos com quem privou nessas ocasiões. Jamais o trono fora tão fundamente arraigado na afeição popular. A prosperidade, embora suas bênçãos não atingissem a todos imparcialmente, deram à Grã-Bretanha uma segurança que parecia valer mais que legislação social ou reformas. A riqueza que fluía das minas e fábricas tornava a vida do país mais fácil. A nação tinha consciência disso.

Os meados do século marcam o pico da preponderância industrial britânica. Vinte anos depois, outras nações, cujo progresso industrial começara mais tarde, disputariam sua liderança. Até 1870, a Grã-Bretanha extraíra a metade da produção mundial de carvão, e naquele ano sua produção de ferro-gusa era ainda maior que de todas as outras nações reunidas. O comércio com o exterior apresentava a importância de setecentos milhões de libras, enquanto o dos Estados Unidos era de trezentos milhões, da França, trezentos e quarenta milhões e da Alemanha, trezentos milhões. Mas essas proporções estavam mudando rapidamente. As estradas de ferro auxiliaram grandemente o desenvolmento industrial da Alemanha e da América, cujos recursos carboníferos e os de minério de ferro eram separados por consideráveis distâncias. Um desafio fora também apresentado à agricultura britânica quando o trigo produzido nas planícies da América pôde ser transportado aos portos por estradas de ferro e daí embarcado em navios para ser levado aos portos da Europa. Não obstante, não houve decréscimo no ritmo industrial britânico. Os produtos têxteis, espinha dorsal das exportações da Grã-Bretanha, atendiam à procura insaciável da Ásia, e o futuro das poderosas indústrias de aço e máquinas parecia ser assegurado para muito tempo. A fumaça e a poeira das fornalhas e minas cobria o céu do Centro e do Norte da Inglaterra, que se desenvolviam vertiginosamente.

Não faltava quem criticasse a era da produção em massa que começava a se delinear. Nos seus romances, Charles Dickens revelou a luta dos pobres, angariando comiseração para as condições em que muitos deles viviam e ridicularizando as instituições estatais que homologavam rudemente essa situação. João Ruskin era outro. No auge de sua longa existência, abandonou a pintura e a arquitetura para se dedicar aos modernos problemas sociais. Amava a Idade Média, imaginando-a povoada de uma fraternidade de artífices que, em cooperação harmoniosa, criavam obras de arte. Observando o cenário Vitoriano, esse personagem profético procurava em vão semelhante perfeição. Sua ira eloquente foi despertada pelo mau gosto nas manufaturas e pelas más relações entre empregadores e empregados. Sua foi a voz que abriu a gritos o caminho às correntes renovadoras nas artes e ao socialismo na política.

* * *

Relações internacionais e o perigo de guerra obscureciam agora o horizonte. A Turquia, já há muitos anos, causava preocupações aos estadistas da Europa. A preocupação com os conflitos e intrigas da Corte e do harém desviavam a atenção do sultão, e de seus principais conselheiros, aos negócios do Estado e faziam-nos esquecer até o sistema defensivo do império a tal ponto que a potência eminentemente militar que durante três séculos dominou o mundo oriental do Golfo Pérsico até Budapeste e do Mar Cáspio até o Alger parecia ter chegado ao ponto de esfacelamento e colapso. Em que se transformariam então esses vastos territórios? A quem passariam a pertencer as extensas e férteis províncias européias e asiáticas da Turquia? A urgência e iminência de semelhantes indagações eram realçadas pela evidente determinação da Rússia de se apossar das terras nas margens do Danúbio, de Constantinopla e do Mar Negro. A Inglaterra não podia deixar de dar atenção a esta ameaça: a sombra da Rússia, já então formidável potência na Ásia, parecia obscurecer a Índia. À inquietação e apreensão dos círculos governantes na Inglaterra aliava-se a antipatia largamente disseminada contra o sistema político cujo expoente máximo na Europa era o Czar Nicolau I a quem Tennyson apelidara "o gélido moscovita" e "prodigioso bárbaro do Oriente". Os contemporâneos de Palmerston encaravam o estado policial do Czar como sendo "pedra fundamental do despotismo universal", opressor dos poloneses, aliado da Áustria reacionária e obstáculo fatal à libertação das nações e à realização das grandes esperanças oriundas das revoluções liberais de 1848.

A necessidade de se opor à Rússia era clara à maioria dos observadores britânicos, embora radicais como Cobden se opusessem decididamente a esse ponto de vista. A diplomacia britânica estava desconcertada quanto à melhor maneira de alcançar seus fins, pois era também necessário ser vigilante com os franceses, que alimentavam ambições de estender sua influência no Levante. Canning havia planejado não fazer oposição direta à aproximação da Rússia à Europa sul-oriental, mas sim organizar um bloco de Estados pequenos e independentes, erigidos nas ruínas do Império Turco, na expectativa de que estes fossem firmes e, se necessário, lutassem por sua sobrevivência. Esperava interessar nesse programa de emancipação não somente a França mas também a própria Rússia. A criação do Reino da Grécia era o primeiro e único resultado dos seus esforços. Vinte anos já haviam decorrido, todavia, e os políticos governantes na Inglaterra haviam esquecido o exemplo de Byron que havia morrido pela liberdade da Grécia. Inverteram a política de Canning e tentavam agora pôr em xeque a expansão da Rússia pelo método oposto, isto é, enfiando estacas na tentativa de sustentar o decrépito poderio turco na Europa sul-oriental. Na execução desse plano, o Governo foi grandemente auxiliado por Stratford Canning, mais tarde Lorde Stratford de Reecliffe, Embaixador da Grã-Bretanha em Constantinopla na década de 1840. Era primo de George Canning e conhecia a Turquia melhor que qualquer outro inglês dos seus dias por tê-la visitado pela primeira vez em 1808. Era orgulhoso, difícil de se lidar, emotivo, mas era muito influente junto aos turcos. Não possuía ilusões quanto ao caráter do Império Otomano, que descrevia como "correndo pelo caminho de sua dissolução", mas esperava induzir o sultão a introduzir reformas que "retardariam a hora fatal" em que a Turquia sofreria o colapso final e assim adiar a guerra geral pela posse dos seus territórios. Anos a fio Stratford lutou com a preguiça, corrupção e ineficiência da administração turca. É duvidoso que sua ação tivesse sido acertada, uma vez que qualquer reforço da autoridade central teria aumentado a tensão entre Constantinopla e as Províncias. Era justamente a frouxidão do regime que o tornava suportável aos povos subjugados. Stratford, entretanto, não estava convencido disso e, ao deixar Constantinopla em 1852, guardava pouca esperança de que a "hora fatal" pudesse ser retardada por muito tempo.

  A fonte imediata e a origem do conflito que ora surgira entre a Turquia e a Rússia se achava em Jerusalém, onde as Igrejas Católica-Romana e Ortodoxa-Grega disputavam a custódia de certos santuários. A disputa teria sido fútil não houvesse o Czar concedido apoio às pretensões gregas e não acontecesse que Luís Napoleão, naquela época já Imperador Napoleão III, ansioso em agradar os católicos franceses, se arvorasse em defesa dos latinos. Após demoradas negociações, o Czar mandou seu embaixador Menschikoff a Constantinopla para reanimar sua exigência de ser protetor dos cristãos residentes no Império Turco. Isso, caso concedido, daria à Rússia autoridade sobre muitos milhões de romenos, sérvios, búlgaros, gregos e armênios dentro dos territórios otomanos. O equilíbrio do poder, que os governos britânicos procuraram manter sempre no Oriente Médio e em outras partes, seria destruído.

Menschikoff carecia de tato, e suas exigências irritaram os turcos. O telégrafo elétrico, recentemente inventado, somente alcançava Belgrado. Muito dependia de Stratford, novamente Embaixador da Grã-Bretanha. Era o homem forte no local, bastante independente do controle pelo Gabinete e possuidor de idéias obstinadas quanto ao perigo russo e à necessidade de apoiar a Turquia. Na Inglaterra, Lorde Derby, Primeiro-Ministro por pouco tempo, fora sucedido por Lorde Aberdeen, que presidiu a um Governo de coalizão composto de "whigs" e seguidores de Peel, todos longe da unidade de opiniões. O Primeiro-Ministro e seu Secretário do Exterior, Lorde Clarendon, hesitavam e eram favoráveis ao apaziguamento. Mas Stratford podia contar com Palmerston, homem mais popular do Gabinete, e com a hostilidade geral contra os russos que existia na Inglaterra. Os relatórios de Stratford não confirmam a acusação de ter ultrapassado as instruções recebidas: recomendara aos turcos que prosseguissem com as negociações e não tomassem atitude demasiadamente intransigente. Mas os turcos conheciam o seu homem, sabiam possuir seu apoio e tinham a certeza de que, como último recurso, a frota britânica protegeria Constantinopla e impediria a Rússia de se apoderar dos Estreitos. Assim raciocinando, os turcos repeliram as exigências russas, e, no dia 2 de junho de 1853, a atitude da Rússia tornou-se tão ameaçadora que o Gabinete enviou a frota britânica para a Baía de Besika, ao largo dos Dardanelos. Napoleão III, ansioso de obter a aprovação e o apoio da Grã-Bretanha, concordou em fornecer uma esquadra francesa.

A esquadra britânica atingiu a Baía de Besika no dia 13 de junho. No começo de julho, tropas russas atravessaram o Rio Pruth e penetraram na Moldávia turca. O Gabinete britânico continuava dividido e não acautelou a Rússia, nem prometeu ajuda aos turcos. Os turcos encerraram o assunto rejeitando a oferta de mediação oferecida por uma reunião de embaixadores. Stratford desaprovava essa proposta, conhecida como a Nota de Viena, mas não há evidência de ele ter desobedecido às instruções de aconselhar os turcos a cederem. Isso nem poderia fazer, pois os ânimos em Constantinopla estavam tão agitados que o sultão dificilmente podia fazer outra coisa senão recusar.

A guerra ainda não estava inevitável. O Czar, alarmado com a resistência turca, procurou por intermédio da Áustria obter um compromisso, mas em setembro Aberdeen e seu Gabinete tornaram-se tão suspeitosos que recusaram a oferta. No dia 4 de outubro, o sultão declarou guerra à Rússia e logo depois atacou os russos além do Danúbio. Quaisquer esforços que Aberdeen e Stratford ainda pudessem fazer para conseguir a paz foram extinguidos pelo ataque russo contra a frota turca em Sinope, no Mar Negro. Indignação subiu na Inglaterra em altas labaredas, onde essa batalha foi denunciada como sendo um massacre. Palmerston pediu sua demissão em dezembro, por motivos de ordem interna, mas sua ação foi interpretada como protesto contra a política do Governo em relação ao Oriente, e Aberdeen foi acusado de covardia. Assim, a Inglaterra derivou para a guerra. Em fevereiro de 1854, Nicolau retirou seus embaixadores de Londres e Paris, e a guerra da Criméia começou em fins de março com a França e a Grã-Bretanha como aliados da Turquia. Aberdeen vacilou até o último momento. "Ainda digo que a guerra não é inevitável", escrevera futilmente a Clarendon em fevereiro, "a não ser que estejamos decididos a tê-la, o que, bem me parece, pode ser o caso."

As operações eram mal planejadas e mal executadas em ambos os lados. Exceção feita de duas operações navais secundárias, uma no Mar Báltico e a outra no Mar Branco, a luta foi restringida à Rússia Meridional, onde escolheram como principal objetivo dos aliados a grande fortaleza naval Sebastopol, no Mar Negro. A necessidade desse empreendimento era duvidosa: os turcos já haviam rechaçado os russos do vale do Danúbio, havia pouco perigo de um ataque a Constantinopla e era loucura supor que a tomada de Sebastopol produziria efeitos nos vastos recursos da Rússia. Contudo, a força expedicionária britânica estava acampada em território turco e era mister fazer algum uso dela. Ordens de Londres enviaram-na à Criméia, contrariando os desejos do seu comandante, Lorde Raglan. A frota aliada chegou próximo do porto de Sebastopol, e salvas de estilo foram trocadas entre os beligerantes. Efeituou-se um desembarque no noroeste, na pequena cidade chamada Eupatoria. O governador russo declarou que os exércitos podiam desembarcar, mas que, de acordo com os regulamentos, deviam ser postos imediatamente em quarentena. Ninguém fez caso desta advertência. Sebastopol poderia ser tomada por um ataque imediato lançado do Norte. Todavia, após uma vitória inicial alcançada no rio Alma em setembro de 1854, o comandante francês, St. Arnaud, homem doentio, nomeado por conveniências políticas, insistiu em marchar pelo sul e começar um assédio formal. Raglan, embora relutando, concordou com esta medida, contrária ao seu raciocínio. Assim, os russos puderam trazer reforços e reforçar as fortificações sob a orientação do famoso engenheiro Todleben. Incapazes de completar seu cerco da cidade, os aliados tiveram que defender-se de tropas descansadas russas vindas do interior. O exército britânico, guarnecendo o exposto flanco oriental, teve que suportar o assalto duas vezes.

Em outubro, em Balaclava, a cavalaria britânica distinguiu-se efetuando duas cargas contra forças poderosas. A segunda dessas foi a célebre carga da Brigada Ligeira, em que 673 cavalarianos comandados por Lorde Cardigan, imperturbáveis, como se tomassem parte numa revista, sob fogo pesado, cavalgaram vale-acima para atacar as baterias russas. Capturaram os canhões, mas só uma terça parte da Brigada respondeu à chamada depois da carga. Lorde Cardigan retornou calmamente ao seu iate, a cujo bordo residia, tomou banho, jantou, tomou uma garrafa de champanhe e foi dormir. Sua Brigada havia realizado um feito heróico. Mas esse feito decorreu, como muita outra coisa nesta guerra, de um disparate cometido pelos comandantes. As ordens de Lorde Raglan haviam sido mal expressas e foram mal entendidas pelos seus subordinados. A Brigada Ligeira havia atacado os canhões errados.

Seguiu-se a batalha de Inkermann, disputada na bruma matinal de novembro. Foi uma renhida batalha de infantaria em que o soldado britânico provou sua coragem e resistência. Os russos perderam quase cinco vezes mais homens que os aliados. Não obstante, Inkermann não foi decisiva. As forças russas eram duas vezes mais numerosas que as aliadas, e tornou-se claro que Sebastopol não poderia ser tomado antes da primavera de 1855. O exército britânico enfrentou os ventos gélidos e tempestades de neve sem possuir barracas, alimentos, roupas quentes ou sequer assistência médica elementar. Cólera, disenteria e malária ceifaram muitas vidas. Os homens de Raglan não dispunham de meios de

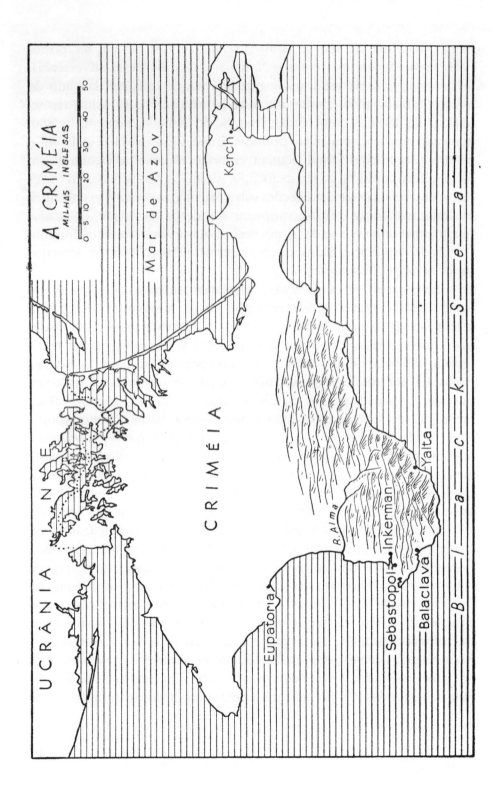

transporte nem ambulâncias. Milhares de vidas foram sacrificadas porque o Governo do país que possuía o maior parque industrial da época não teve a lembrança de mandar instalar cinco milhas de trilhos para ligar o acampamento ao porto de Balaclava e assim facilitar o transporte de víveres e munições. Meio século de paz embaçou a glória do exército que derrotara Napoleão. Seu grande chefe, Wellington, falecera em 1852, acompanhado do luto geral da nação. Durante seu longo reinado como Comandante-Chefe no Ministério da Guerra, não houve inovações desde a batalha de Waterloo. Nem seus sucessores viram necessidade alguma de modernizar o exército que havia sido comandado pelo Duque. As condições do serviço eram intoleráveis; a administração má; o equipamento, deficiente; os comandantes, medíocres. Durante o terrível inverno de 1854/55, os franceses e ingleses tiveram juntos 56.000 homens na Criméia. Quase 14.000 deram baixa no hospital e muitos morreram por falta de medicamentos. A maior parte dessas baixas era de ingleses. O abastecimento dos franceses era melhor, ao passo que os russos, aceitando as deficiências da organização como coisa natural, morriam aos milhares ao marcharem para a Criméia através da neve e das tempestades. Combater por Sebastopol impunha pesado fardo ao Governo do Czar. Talvez ele teria sido mais bem-avisado se tivesse retirado suas tropas para o interior da Rússia como o seu irmão havia feito quando Napoleão a invadiu, mas nesta guerra não houve estratégia inspirada de nenhum dos lados.

* * *

Até o Ministério da Guerra britânico sentira-se um tanto abalado pela incompetência do comando e pelos sofrimentos da tropa. O editor do "The Times", J. T. Delane, enviou à Criméia o primeiro correspondente de guerra da história, Guilherme Russell, e usou seus relatórios para lançar uma agitação popular contra o Governo. Aberdeen foi assediado por todos os lados, e, quando o Parlamento reiniciou suas sessões em janeiro, um membro privado apresentou moção solicitando fosse nomeada uma comissão de inquérito para examinar as condições do exército na Criméia. Ao serem anunciados os resultados da votação, o número dos votos favoráveis era tão impressionante que não houve aclamações como sói acontecer, mas sim silêncio que após um intervalo foi seguido de gargalhadas trocistas. O Governo estava condenado, nas palavras de um contemporâneo, "ao fim mais ignominioso que já teve um Governo nos tempos modernos". Aberdeen demitiu-se e foi substituído por Palmerston, que aceitou o pedido de sindicância. De início, Palmerston não despertou confiança muito generalizada, e foi nesse momento que Disraeli escreveu a seu respeito numa carta particular: "É um impostor, totalmente exausto; no auge de suas capacidades fora, na melhor das hipóteses, cerveja de gengibre, e nunca champanhe. Agora não passa de bobalhão pintado". Disraeli estava errado. Palmerston não tardou em provar ser o homem certo na hora exata. Os piores erros e atrapalhações foram retificados, e Sidney Herbert, Secretário da Guerra, lutou como homem para reformar a administração militar.

No verão de 1855, os aliados receberam reforços, e os exércitos estavam bem-dispostos. Tentaram um assalto de Sebastopol em junho, mas foram rechaçados. Isso deu cabo de Raglan. Esgotado pelas responsabilidades da campanha, demitiu-se e dez dias depois morria. Raglan fora mal servido pelo seu Governo e pelos subordinados briguentos; também permitia com demasiada facilidade a imposição de idéias de outrem, contrárias ao seu bom-senso. Esse discípulo de Wellington que perdera um braço na batalha de Waterloo merece posição melhor na história militar que aquela que geralmente lhe atribuem. Era corajoso, leal e teve a má sorte de muitas vezes ter tido razão quando outros tomavam decisões erradas.

A vitória que merecia ter ganho coube a seu sucessor, Sir Jaime Simpson, que a dividiu com o Marechal francês Pélissier. Sebastopol caiu afinal em setembro. Agora ficara aparente a futilidade dessa campanha. Era impossível invadir a Rússia partindo da Criméia. Qual deveria ser a próxima decisão? Naquela época, a França tinha em campo três vezes mais tropas que a Inglaterra, e Napoleão III ameaçava de as retirar. Em Paris, formara-se um círculo favorável à paz, e sua influência fazia-se sentir. O Imperador da França estava propenso a entrar em negociações reduzindo as operações contra a Rússia a um simples bloqueio. Napoleão achava que se a continuação da guerra fosse inevitável haveria necessidade de atrair mais aliados e de apelar aos sentimentos patrióticos dos poloneses, suecos e outros inimigos tradicionais do Czar. Era grandioso demais mesmo para Palmerston. Confidencialmente, descrevia o partido pró-paz francês como sendo "uma cabala de políticos mercenários". Compreendia, entretanto, que se devia por fim à guerra. Intimidada por um ultimato da Áustria, a Rússia concordou em negociar e, em fevereiro de 1856, teve início uma conferência de paz em Paris.

O tratado de Paris, assinado em fins de março, removia as causas imediatas do conflito, mas não fornecia solução permanente da Questão Oriental. A Rússia abriu mão da Besserábia meridional, retirando dessa forma seu controle da foz do Danúbio. Também desistiu das pretensões de ser protetora dos cristãos na Turquia. Os Dardanelos foram novamente fechados à passagem de navios de guerra estrangeiros, como já estiveram fechados antes de eclodir a guerra, e as potências concederam sua proteção à independência da Turquia em troca de uma promessa de reformas a serem introduzidas no Império Otomano. Acontece que essa promessa valia menos que o papel em que fora escrita. A Rússia concordou em desmilitarizar o Mar Negro, mas repudiou esse compromisso quando a Europa estava ocupada com a guerra franco-prussiana em 1870. Por ora, seu expansionismo fora paralisado, mas a Rússia não ficara satisfeita. Não passaram nem vinte anos, e a Europa já estava novamente quase em pé de guerra para enfrentar ambições russas no Oriente Médio. A situação fundamental continuava a mesma: enquanto a Turquia permanecesse débil, ela constituiria uma tentação para os imperialistas russos e seria um embaraço para toda a Europa Ocidental. Poucas pessoas de relevo emergiram da Guerra da Criméia com folhas de louro agarradas nas suas reputações. O Ministro da Guerra, Sidney Herbert, havia enviado Miss Florence Nightingale à Criméia em missão oficial. Ela alcançou Scuttari na véspera da batalha de Inkermann. Organizou lá o primeiro hospital de base da era moderna. Dispondo de poucas enfermeiras e material médico escasso, ela reduziu a mortalidade de 42 por cento a 22 por mil. Sua influência e o exemplo que dava tiveram longo alcance. A organização da Cruz Vermelha foi conseqüência do seu trabalho como o eram também reformas básicas promovidas em hospitais civis. No século de homens orgulhosos e dominadores, ela deu às mulheres nova posição que revolucionou a vida social e chegou a despertar nelas o desejo de participar nas votações. A própria Miss Nightingale achava que "males há que prejudicam as mulheres muito mais que a denegação do sufrágio." Falta de educação era um dos males, e ela se interessou pela instalação de escolas melhores para meninas e pela instituição de escolas secundárias femininas. Dedicando sua atenção a esses projetos, encorajou a metade dos súditos da Rainha penetrarem nas regiões dos pensamentos elevados.

CAPÍTULO V

Palmerston

Palmerston, embora já na casa dos setenta, presidia ao cenário inglês. Excetuando curto intervalo em que os "tories" voltaram ao Governo, fora Primeiro-Ministro durante o decênio que começara em 1855. Pouco tempo após a assinatura da paz com a Rússia, teve que enfrentar outro problema oriental, mas desta feita no Extremo Oriente. A Companhia das Índias Orientais administrava a Índia com isenção quase total de controle de Londres. Havia no Parlamento e fora deste quem a criticasse, mas essas críticas pouco efeito produziam. De repente houve inquietante revolta contra o domínio britânico.

O Grande Motim, em certos respeitos, teve influência mais permanente sobre a Inglaterra que a guerra da Criméia. Abriu caminho para o Império. Terminado o motim, a Grã-Bretanha gradativa e conscientemente se tornou potência imperial de âmbito mundial. As causas do motim desapareciam no passado logínquo. Nova geração de militares e administradores surgiu na Índia em princípios do século XIX. Eram homens austeros, sinceros, homens que liam a Bíblia e sonhavam em cristianizar e europeizar o subcontinente. Por um breve lapso de tempo tiveram mesmo esperanças de alcançar sucesso. Como os romanos no passado, assim os ingleses até então seguiam nas suas colônias uma política neutra quanto às questões religiosas e não seguiam política alguma na questão educacional. Os regimentos formavam em parada para homenagear deuses hindus e tanto os dias de guarda hindus como os dos muçulmanos eram observados com rigor e imparcialidade. O zelo missionário começara a fervilhar na Inglaterra, e o respeito pelas crenças alheias fora sobrepujado pelo desejo de obter prosélitos. Por um tempo parecera que as classes cultas na Índia não eram refratárias à aceitação dos elementos básicos da fé cristã. "Suttee", a incineração das viúvas. "Thuygee", o estrangulamento dos viandantes pelos fanáticos que consideravam esse ato ser uma obrigação religosa, bem como a matança das crianças do sexo feminino, tudo isso foi perseguido, senão abolido. A Macaulay, no tempo em que fora Membro do Conselho do Governador-Geral, cabe o principal crédito pelas medidas tomadas a fim de facilitar aos indianos das altas classes sociais e às mais ricas o acesso à cultura inglesa. Tudo isso produzia inquitação e participou dos terríveis acontecimentos que ora se desenrolaram.

A causa mais imediata do motim foi uma série de reveses e derrotas sofridos pelos britânicos. A ameaça da Rússia contra a Índia começara a perturbar os pensamentos dos ingleses. Na realidade, era exagero grosseiro supor que os exércitos imperiais poderiam atravessar o Hindu-Kush em massa e aparecer no Vale do Indus. Mas, naquele tempo, essa ameaça parecia real. Tornando-se conhecido que um pequeno destacamento de russos apareceu nos contrafortes do Afeganistão, apressaram-se em enviar a Kabul uma força expedicionária inglesa e em colocar sobre o trono afegão um pretendente pró-britânico. O resultado foi desastroso. Todo o país pegou em armas. Obtido um salvo-conduto, a guarnição britânica, composta de cerca de quatro mil combatentes e número triplo de mulheres, crianças e simpatizantes afegãos, iniciou em dezembro de 1841 a marcha de retirada através da neve e dos desfiladeiros. Os afegãos violaram as condições do salvo-conduto, e quase toda a expedição foi massacrada ou aprisionada. Um único sobrevivente alcançou a Índia no dia 13 de janeiro. Segunda expedição no ano seguinte vingou a traição, mas o renome das armas européias foi profundamente abalado, e o massacre teve repercussão em toda a península.

Outra derrota seguiu-se no Punjabe, província mais setentrional naquele tempo. Ali os siques, guerreiros pertencentes a uma seita reformada hindu, a quem a religião proibia o uso do fumo e o corte dos cabelos acima da cintura, há muito queriam revoltar-se. Encorajados pelas notícias vindas do Afeganistão e inquietos após a morte de seu grande líder, Ramjit Singh, que até então os manteve em obediência, resolveram invadir os territórios da Companhia das Índias. Atravessaram o rio divisório Sutlej em 1845, mas foram retidos a duzentas milhas de Délhi e rechaçados. Os britânicos instalaram um Regente. Decorridos três anos, os siques tentaram derrubá-lo. Houve renhida batalha nas profundezas da província Chilianwala. Durante esse combate, três regimentos britânicos perderam suas bandeiras. Pouco tempo depois, o exército britânico reabilitou seu nome, e o exército dos siques foi destruído. João e Henique Lawrence pacificaram o Panjabe. Esses irmãos famosos eram muito hábeis e governavam sem interferência por parte da Companhia. Obrigaram os proprietários rurais a fazerem triplo juramento: não incinerar as viúvas, não matar os recém;nascidos do sexo feminino e não enterrar vivos os leprosos. Mandaram à Rainha Vitória o diamante Koh-i-Noor e conquistaram dos formidáveis guerreiros daquela província uma afeição e uma lealdade à Coroa Britânica tão sincera que ela duraria quase um século. Um dos seus subordinados, João Nicholson, eternamente famoso como libertador de Délhi, chegou a ser deificado em vida e foi venerado por alguns indígenas do Punjabe. Não obstante, durante a revolta que viria mais tarde, muitos descontentes ou mal-informados, pela Índia afora, haveriam de usar como brado de batalha o grito "Lembrem-se de Chilianwala!"

Aquele fora um período de expansão na Índia, geralmente empreendida por iniciativa local e nem sempre apoiada pelas opiniões na Grã-Bretanha. Mais duas anexações de vulto completaram a extensão do domínio britânico. A posse do Sind, na bacia inferior do Indus, fora considerada necessária para garantir a supremacia da costa sudoeste. O Sind foi subjugado por Sir Carlos Napier, veterano de Corunna e da guerra na América de 1812. A revista *Punch*, na Grã-Bretanha, teceu comentários acrimoniosos. Representou Napier despachando telegrama de uma só palavra: "Pecavi" (pequei). Napier não se deixou perturbar e continuou a governar com absolutismo benevolente. Resolveu o problema da incineração das viúvas de maneira eficiente. Colocando uma forca ao lado de cada pira funerária, disse: "Quando homens queimam mulheres vivas, costumamos enforcá-los." Igualmente como o Punjabe, o Sind permaneceu pacífico durante muitos anos. A outra anexação foi a do Oudh, na divisa da Bengália, onde um rei indiano havia oprimido seus súditos havia muito tempo. O Marquês de Dalhousie, ao ser nomeado Governador-Geral, na idade de 35 anos, não abrigava dúvidas quanto às vantagens conferidas à Índia pela administração e habilidade britânicas. Durante os oito anos de exercício do cargo, acrescentou ao Domínio da Companhia diversos principados, aplicando o que se denominava "Doutrina do Lapso". Essa doutrina estabelecia que, em caso de morte de um governante indiano sem que houvesse herdeiros diretos, seus territórios passavam a pertencer à Companhia. Embora de longa data existisse o hábito de passar a herança a herdeiros adotivos, a Companhia não o permitia. No caso de Oudh, Dalhousie foi mais fraco. Declarou sem rodeios: "A Grã-Bretanha tornar-se-ia culpada perante Deus e os homens se continuasse a apoiar, por tolerância, uma administração que leva o sofrimento a milhões de súditos." Depôs o Rei e apossou-se de suas províncias em 1856. No ano seguinte, estourou o motim, e muitos acusaram Dalhousie de o ter provocado.

* * *

Havia muito tempo o exército da Bengália da Companhia das Índias Orientais estivera mal-afamado. Recrutado principalmente no Norte, compunha-se, na maior parte, de indianos de casta elevada. Isso prejudicava a disciplina. Soldados rasos da casta brâmane eram aptos a discutir ordens dadas por oficiais e suboficiais pertencentes a castas inferiores. O mando e a influência nos regimentos dependia muitas vezes da situação em que se achava um homem na hierarquia religiosa em vez da militar. Os oficiais britânicos das forças da Companhia eram amiúde de má qualidade, pois os mais capazes e mais ativos dentre eles procuravam ser nomeados nos campos da administração civil, que ofereciam maiores vantagens. Muitos dos que permaneciam nos Estados-Maiores regimentais perdiam o contato com seus comandados e não demonstravam desejo de melhorar a situação. Havia necessidade de enviar tropas contra Burma, mas os que atravessassem o alto-mar perderiam casta. Dalhousie, todavia, obrigava os recrutas a serem disponíveis para o serviço em qualquer parte do mundo. Havia queixas acerca dos vencimentos e pensões. Outros acontecimentos, desligados dessa inquietação militar, pesaram na balança. Por volta de 1850, estradas de ferro, rodovias, correios, telégrafos e escolas começaram a surgir em toda a parte. Muitos indianos achavam que essas inovações ameaçavam os alicerces de uma sociedade milenar cuja estrutura e espírito íntimo provinham de um sistema de castas rígido e inalterável. Perguntavam como poderia sobreviver o sistema de castas se todos usassem os mesmos trens, as mesmas escolas ou viajassem pelas mesmas rodovias. Monarcas indianos sentiam receio e ressentimento devido às recentes anexações. A repressão da "Suttee" avivava as brasas do ódio. Alastravam-se boatos infundados segundo os quais o Governo teria a intenção de converter a Índia ao cristianismo à força. Os desastres no Afeganistão e o morticínio das guerras contra os siques lançaram dúvida sobre a invencibilidade das armas britânicas. Muitos dos "sepois", soldados indianos, consideravam-se iguais ou superiores às tropas européis. Assim, um legado de preocupações confrontou Lorde Canning, sucessor de Dalhousie. Estivera na Índia pouco mais de um ano quando a introdução de um novo tipo de munição forneceu a chispa e o ponto de focalização à massa de descontentamentos.

No ano do centenário de "Plassey", começaram a surgir rumores de que as balas, fornecidas para o novo mosquete "Enfield", estivessem engraxadas com gordura de porco e de vaca, animais que os muçulmanos e os indianos, respectivamente, eram proibidos de comer. A ponta das balas tinha que ser mordida antes de ser introduzida no mosquete. Assim, os "sepois" de ambas as religiões seriam dessagrados. Havia um fundo de verdade nessa história, pois sebo de boi fora usado no arsenal de Woolwich em Londres, embora jamais tivesse sido usado na fábrica indiana em Dum Dum, e, tão logo começaram a se registrar queixas, cessou o fornecimento de balas contaminadas. Não obstante, o relato percorreu os regimentos na primavera de 1857, e houve muitas inquietações. Em abril, em Meerut, alguns cavalarianos foram submetidos ao Conselho de Guerra e postos em prisão por terem recusado a tocar nas balas. No dia 9 de maio, foram publicamente privados de seus uniformes. Um oficial indiano preveniu seus superiores de que os "sepois" tencionavam arrombar a cadeia e libertar os prisioneiros. Não acreditaram nesse aviso. Na noite seguinte, três regimentos rebelaram-se, tomaram a cadeia, mataram seus oficiais britânicos e marcharam sobre Délhi. Não houve maneira de os reter. Ao sul do Punjabe havia menos de onze batalhões completos e forças auxiliares totalizando aproximadamente quarenta mil praças britânicos. Mesmo essas forças não se achavam de prontidão e estavam espalhadas por toda a vasta península. As tropas indianas eram cinco vezes superiores e possuíam a maior parte da artilharia. A estação quente havia começado, as distâncias eram grandes, meios de transportes, escassos, e as autoridades não estavam preparadas. Não obstante, ao tempo em que o poderio britânico estava tão enfraquecido, e a Índia poderia mergulhar novamente na amargura e derramamento de sangue de que fora salva tão gradualmente e com tanto esforço, a maior parte da população permaneceu alheia e pacífica; nenhum dos principais governantes indianos aderiu à revolta. Dos três exércitos mantidos pela Companhia, somente um, o da Bengália, foi afetado. Gurcas do Nepal ajudaram a dominar o levante. O Punjabe permaneceu leal, e os siques e muçulmanos daquela região respeitaram as bandeiras e desarmaram regimentos indecisos. O vale do Ganges foi o centro dos distúrbios.

No princípio, tudo aconteceu com rapidez. O depósito de explosivos em Délhi estava guardado por dois oficiais britânicos e seis soldados. Combateram enquanto puderam e, quando viram que já não poderiam resistir, detonaram o depósito. Os amotinados mataram todos os europeus à vista, apoderaram-se do velho Rei de Délhi, que vivia em retiro na qualidade de pensionista da Companhia, e proclamaram-no Imperador Mogul.* Esse apelo não produziu efeito, e poucos muçulmanos deram-lhe apoio. Houve uma pausa de três semanas, e então o motim alastrou-se. Os oficiais britânicos não queriam admitir que pudesse haver deslealdade nas suas tropas, e muitos foram assassinados. Em Cawnpore, na divisa de Oudh, a guarnição abandonou a cidadela a fim de proteger a estrada. Confiavam na lealdade de Nana Sahib, filho adotivo de um potentado indiano, embora deposto, ainda figura de grande prestígio. Erraram, e um destino cruel ser-lhes-ia reservado logo mais. Em Lucknow,

---
* N.T. — Título próprio do Rei de Delhi.

capital da província, Henrique Lorenz preparou o palácio do Governo para o que seria uma prolongada e gloriosa defesa. Enquanto isso, compreendendo com acerto que a chave da revolta se achava em Délhi, os britânicos mobilizaram todas as forças que podiam e tomaram as alturas que dominavam a cidade. Seu número reduzido não permitia a tentativa de assalto, e, durante semanas, na época culminante do verão, três mil homens, na sua maioria tropas britânicas, mantiveram essa posição contra o inimigo, que os excedia na proporção de 1 para 20 ou 1 para 30. Em princípio de agosto, Nicholson chegou trazendo reforços do Punjabe. Para isso havia marchado quase 30 milhas por dia, durante três semanas. Assim animados, os britânicos atacaram no dia 14 de setembro, e, após seis dias de combates nas ruas, durante os quais Nicholson foi morto, a cidade caiu. O pobre Rei foi enviado para Burma. Dois filhos dele foram aprisionados e, quando houve uma tentativa de os libertar, foram fuzilados sumariamente. Isso criou nova mágoa entre os indianos.

Houve massacre horrível em Cawnpore. Novecentos britânicos e indianos leais, quase a metade dele mulheres e crianças, foram assediados e atacados durante 21 dias, por três mil "sepois" comandados por Nana Sahib. Afinal, no dia 26 de julho, concederam-lhes salvo-conduto. Quando partiam, em barcos, atiraram sobre eles e todos os homens foram mortos. As mulheres e crianças que sobreviveram foram lançadas em prisões. Na noite de 15 de julho, uma força de socorro comandada por Sir Henique Havelock, veterano de guerras indianas, achava-se a 20 milhas. Nana Sahib ordenou aos seus "sepois" que matassem os prisioneiros. Recusaram-se. Então cinco assassinos retalharam os prisioneiros à noite e lançaram seus restos num poço. Dois dias depois, Havelock chegou. "Houvesse qualquer bispo cristão visitado o cenário da matança quando eu o vi", escrevera uma testemunha visual muito tempo depois, "tenho a certeza de que ele teria afivelado sua espada." Ali, como em outras partes também, as tropas britânicas efetuaram terrível vingança. Amotinados, muitas vezes em vida, foram lançados das bocas dos canhões ou costurados em couros de vacas e de porcos.

Os amotinados marcharam sobre Lucknow. Também ali houve luta desesperada. Mil e setecentos homens, quase a metade deles "sepois" leais, defenderam o palácio do Governo, sob o comando de Henrique Lawrence, contra sessenta mil rebeldes, pois, em Oudh, o povo aderiu à revolta, embora isso não acontecesse na maior parte da Índia. Havia poucos alimentos e muitas enfermidades. No dia 25 de setembro, Havelock e Outram romperam o cerco, mas foram assediados por sua vez. Havelock morreu de exaustão poucos dias depois. Em novembro o cerco foi levantado por Sir Colin Campbell, o novo Comandante-Chefe nomeado por Lorde Palmerston. Campbell havia lutado contra Napoleão e distinguira-se na guerra da Criméia. Nova ameaça contra Cawnpore obrigou-o a seguir para lá. Outram, com a tropa reforçada, continuou a resistir, mas Lucknow não foi libertada definitivamente senão em março seguinte. Ninguém sabe o que aconteceu a Nana Sahib. Desapareceu para sempre na mata virgem do Himalaia.

Em outras partes, o levante foi dominado com maior presteza. A retomada de Délhi destruiu toda a semelhança e pretensão de que o motim fosse uma revolta de âmbito nacional. Combates esporádicos, embora muitas vezes ferozes, continuaram nas províncias centrais até o fim de 1858, mas no dia 1º de novembro o Governador-Geral "Clemência" Canning, que recebera esse apelido escarnecedor devido à sua magnanimidade, pôde proclamar com veracidade que a Rainha Vitória já era Soberana de Todas as Índias. O primeiro Vice-Rei, nomeação recebida por Canning, era filho do famoso Secretário do Exterior e Primeiro-Ministro. O domínio da Companhia das Índias Orientais, que há muito deixara de ser empreendimento comercial na Índia, foi extinto. Isso fora obra do Governo conservador de Derby e Disraeli, de curta duração. Assim, decorrido quase um século, o Governo britânico aceitara o conselho que Clive havia dado a Pitt. Doravante não haveria anexações, tratados subsidiários, nem guerras civis. Tolerância religiosa e igualdade perante a Lei foram prometidas a todos. Por mais de uma geração, os indianos haviam de considerar a proclamação da Rainha, dada em 1858, como sendo uma Carta Magna.

Não se deve exagerar a extensão do Grande Motim. Três quartos da tropa permaneceram leais, apenas uma terça parte do território britânico fora afetada; já houvera levantes e revoltas entre a soldadesca antes; finalmente devemos considerar que o grosso da revolta foi sufocado no prazo de poucas semanas. Não fora de maneira alguma um movimento nacionalista, ou mesmo, como fora sugerido mais tarde por autores indianos, luta patriótica pela liberdade ou uma guerra de independência. A idéia de que os habitantes desse subcontinente poderiam vir a formar um povo e uma nação não surgiu senão muitos anos mais tarde. Mas atrocidades terríveis foram cometidas por ambos os lados. De então em diante, o abismo a separar os governantes e os governados continuou a se alargar. A brandura do século XVII se fora, como também o zelo missionário e o de reformas do início da Era Vitoriana e dos predecessores. Os ingleses já não se consideravam na Índia como se estivessem em casa nem se sentiam como cruzados cujo destino seria o de redimir e elevar as grandes massas.

A administração britânica tornou-se desinteressada, imparcial e eficiente. Conseguira-se notável progresso e alcançaram-se muitos benefícios materiais. As fronteiras foram defendidas, e a paz, mantida. Reduziu-se a fome. A população aumentou muito. O Exército da Índia, reanimado e reorganizado, estava predestinado a participar com glória, ao lado da Grã-Bretanha, em duas Guerras Mundiais. Não obstante, as atrocidades e represálias dos meses sangrentos do Motim deixaram marca amarga e permanente na memória dos dois países.

Enquanto se desenrolavam esses acontecimentos na Índia, o cenário político na Inglaterra continuava confuso. Os problemas estavam mal definidos. A conversão de Peel para a doutrina do Comércio Livre destruiu o delineamento partidário por ele traçado, e Governos de orientação mista sucediam-se na Grã-Bretanha. Derrotando Peel, Disraeli e Derby descobriram ser trabalho moroso reunir num partido político eficiente os restos dos Protecionistas "tories". Homens ascendentes como Gladstone, que permaneciam fiéis à tradição de Peel, não queriam cooperar com eles, embora Disraeli, pelo menos uma vez, fizesse o possível para conseguir a cooperação de Gladstone. É um enigma interessante o que teria acontecido se esses dois inimigos encarniçados, ambos futuros Primeiros-Ministros, tivessem operado em conjunto naquela época. Os "whigs", liderados por Russell e Palmerston, sentiam que seus alvos principais foram atingidos. Palmerston estava disposto a introduzir melhorias na administração, mas modificações em larga escala não faziam parte de seus planos. Russell desejava ardentemente reforma adicional do sistema eleitoral, mas isso constituía o limite máximo do seu programa. Ambos consideravam-se guardiães do sistema que tinham a fortuna de chefiar. Nessa atitude, ambos os líderes, e principalmente Russell

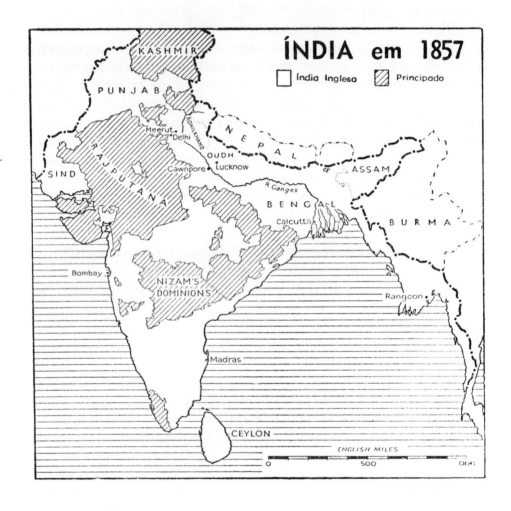

achavam-se certamente em harmonia com a opinião pública dos meados da época vitoriana. O Radicalismo possuía poucos atrativos para o eleitorado daqueles dias. Prosperidade alastrava-se pelo país e com ela a calmaria nas formas mais violentas da agitação política. Dignidade e respeito eram as marcas dos valores da época. Embora o nobre ainda fosse o ideal admirado, o homem que alcançava sucesso por esforço próprio também comandava o respeito. A doutrina de Samuel Smiles, que pregava o progresso por esforço próprio, calhou fundo na classe média e atraiu muitos artesãos. Os ensinamentos derivados do insucesso do Cartismo haviam sido aproveitados e começaram a considerar ser mais importante educar o trabalhador braçal em vez de o instigar à revolta. Grande número de trabalhadores concordou satisfeito com esta orientação. Tudo isso produzira um clima de estabilidade aliado à pulsação de progresso constante.

A religião, nas suas variadas manifestações, teve influência calmante e edificadora. Milhões, mais que a metade da população, iam regularmente à igreja, embora entre os bem pobres houvesse menos assiduidade. Debates religiosos eram sérios, por vezes ásperos, mas os conflitos decorrentes não passavam dos limites de oratória. Lutas civis por questões religiosas eram coisas do passado. A virtude da tolerância havia sido aprendida, embora tolerância não fosse sinônimo de indiferença. As igrejas e seitas, bem como as respectivas comunidades, tomavam a liberdade de se criticarem reciprocamente e de vez em quando com bastante vigor. Quando a Igreja Católica restabeleceu sua hierarquia de bispos na Inglaterra, houve agitação e protestos violentos em Londres, mas nada que pudesse ser considerado motim.

Em princípios do século, a Igreja Anglicana fora despertada de sua sonolência pelo zelo evangélico e pelos ideais elevados do Movimento de Oxford. Os partidos da Igreja Alta e da Igreja Baixa, como eram denominados, rivalizavam em eloqüência para atrair as almas. Cerca da metade dos que freqüentavam as igrejas pertenciam à comunidade anglicana. Os dissidentes também floresciam, e os metodistas, batistas, presbiterianos, congressistas e unionistas ganharam muitos prosélitos. A Igreja de Roma reviveu sob o impulso da Emancipação Católica e foi reforçada pela adesão de diversos membros da alta hierarquia do clero anglicano, incluindo João Henrique Newman, pensador profundo e sutil que mais tarde recebeu a investidura de cardeal.

Preocupações religiosas eram provavelmente mais comuns e sentidas com mais vigor que em qualquer época pós-cromwelliana. Homens de raciocínio também sentiam-se perturbados por uma teoria nova, prevista há muito pelos cientistas, a teoria da evolução. Recebeu sua explanação clássica no trabalho de Charles Darwin, publicado em 1859 sob o título *A Origem das Espécies*. Esse livro provocou dúvida e perplexidade entre os que já não podiam aceitar literalmente a teoria bíblica da criação. Mas a teoria da evolução e sua ênfase acerca da sobrevivência dos mais aptos enquadrava-se bem dentro do otimismo vitoriano. Deu novo impulso à crença na marcha evolutiva da humanidade.

Na opinião dos seus conterrâneos, Palmerston encarnava suas esperanças sadias. Não perdeu nada do seu antigo vigor ao mortificar governos estrangeiros, e seus sentimentos patrióticos agradavam à autoconfiança da nação. Nem sempre, porém, agradavam à Rainha Vitória e ao Príncipe Alberto, que se aborreciam com o seu hábito de enviar notas asperamente redigidas sem sequer os consultar. Não obstante sua linguagem rude e suas ações, por vezes precipitadas, o desejo de Palmerston era conservar a paz geral na Europa. Por esse motivo, os movimentos liberais no estrangeiro, com os quais simpatizava, de quando em quando causavam-lhe ansiedade.

O maior dos movimentos na Europa naqueles anos foi a luta pela unificação da Itália. Esse velho sonho alcalentado pelos povos da Itália foi afinal, embora parcialmente, realizado nos anos de 1859 e 60. É bem conhecida a história de como os italianos conseguiram ajuda militar de Napoleão III, mediante a cessão à França de Nizza e Savóia, e como, arrebatando a Lombardia dos austríacos, o Imperador abandonou seus aliados de uma hora para outra. Veneza continuou cativa, e, o que foi ainda pior, um exército francês permaneceu protegendo os remanescentes do Estado Papal, privando dessa forma os italianos durante dez anos, de sua capital. Mas, na proporção que um pequeno estado italiano atrás do outro alijava seus governantes estrangeiros e se unia sob monarquia comum, crescia o entusiasmo suscitado na Inglaterra. Londres aclamou como heróis Garibaldi e seus mil voluntários, que, em ações rápidas e decididas, derrubaram o domínio odiado dos Bourbons na Sicília e em

Nápoles. Esses acontecimentos corajosos eram benvindos para Palmerston e seu Secretário do Exterior, Russell. Ao mesmo tempo, os líderes britânicos suspeitavam das intenções de Napoleão III e receavam alastramento das hostilidades. Portanto, adotaram a política de congratulações sem intervenções. Era típico desses velhos "whigs" aplaudirem o novo Governo da Itália por ter posto em prática os princípios da Revolução Inglesa de 1688. Na Câmara dos Comuns, Russell comparou Garibaldi ao Rei Guilherme III. Os compêndios da história silenciam quanto ao uso que os italianos fizeram disso.

Sublime complacência envolvia nessa época o Governo em relação aos negócios internos. Palmerston, como já o fizera Melbourne, não depunha fé em legislação excessiva. Senso comum e disposição alegre eram suas características. O romancista Trollope descreveu-o muito bem: "Era o estadista próprio para o momento. Tudo o que não era necessário já, tudo o que não se podia realizar na hora, era expelido da sua memória". Essa atitude prática não agradava aos membros do Parlamento mais jovens e enérgicos. Disraeli, ocupando seu lugar nas bancadas oposicionistas, querendo amofinar os oponentes, disse acerca desse último dos políticos do século XVIII: "Suas relações com o exterior são turbulentas e agressivas para que a situação interna possa ser calma e sossegada. Daí surgem os gastos excessivos, taxação pesada e paralisação total dos melhoramentos sociais. Seu esquema de conduta é tão isento de princípios políticos que, vendo-se forçado a fazer um apelo ao público, ele só pode apoiar-se no prestígio do seu nome". Os seguidores e discípulos de Peel eram igualmente desalentados e impotentes. Enquanto a liderança permanecesse nas mãos de Palmerston, Russell e dos aristocratas "whigs", haveria pouca esperança de se aproximar o liberalismo com que se sonhava. Num período breve em que os "whigs" estavam afastados do Governo, Sidney Herbert disse: "Não há cura para a superstição que os "whigs" acalentam acerca das Casas Ducais. Não vejo possibilidade de que possa ser formado partido político eficiente, já não digo um governo, do caos reinante nas bancadas da oposição. Nela não há outro soberano, nem líder, a não ser Discórdia e Antipatia. Os aristocráticos "whigs" parecem estar esgotados, e o partido não produz homens novos, enquanto se queixa dos velhos. Comerciantes de meia idade e homens de negócios experimentados sentem sua vaidade ferida por não conseguirem sequer o rebotalho dos cargos políticos."

Os "tories" achavam-se em situação um pouco melhor. Nominalmente seu líder era Lorde Derby, que podia brilhar nos debates, mas que considerava a política como sendo um penoso dever imposto aos membros de sua classe. Seu interesse real concentrava-se nas corridas de cavalos. Ele também executou uma excelente tradução de Homero. Disraeli tornou-se líder do seu partido na Câmara dos Comuns. Sua luta pelo poder era árdua e sempre morro acima. Um judeu liderando a falange dos nobres rurais era fenômeno nunca visto na política inglesa. Depois que as Leis do Trigo foram abolidas, o protecionismo havia morrido e mesmo, como disse o próprio Disraeli, amaldiçoado. Lorde Derby concordou com ele em abandoná-lo como princípio partidário. Mas a procura de um slogan novo era lenta, penosa e eivada de frustrações. Enquanto isso, ele tinha que fazer o papel de lugar-tenente de Derby, e as respectivas permanências nos cargos eram breves e apagadas. Mais de uma vez Disraeli procurou aliar-se com os radicais, prometendo-lhes opor-se aos gastos para armamentos e à política exterior agressiva. Chegara a declarar que "colônias são mós atadas aos nossos pescoços". Mas o principal porta-voz dos radicais, João Bright, não sofria de ilusões. O esperto quacre não cairia na esparrela. Ele disse: "O sr. Disraeli é o homem que faz para o seu partido o que se pode chamar de mágias, é o que numa tribo de peles vermelhas seria o pagé." E isso foi o fim da história. Assim repelido, Disraeli recomeçou seu ataque contra os "whigs". Estava convencido de que a única maneira de os destruir era a de estender ainda mais o direito de voto até alcançar os artífices respeitáveis e contrabalançar assim a hostilidade das classes médias. Pacientemente trabalhou Derby e seus colegas. O mundo descrito no seu romance *Sybil* mostra que, ainda jovem, Disraeli sonhava com a união das duas nações — dos ricos e dos pobres —, e em 1850 vira emergir lentamente uma doutrina prática de democracia "torie". Mas havia de decorrer muito tempo até que as idéias de Disraeli fossem aceitas.

Num grupo que se mantinha afastado tanto dos "whigs" como dos "tories" chefiados por Derby, estavam os peelistas, cujo expoente mais notável fora Guilherme Gladstone. Iniciando sua carreira parlamenta em 1832 como "tory" rígido, ele havia de fazer longa peregrinação até o o grupo dos Liberais. A morte de Peel havia destruído sua lealdade ao toryismo, e, além disso, procurava um novo tema. Filho de um comerciante rico de Liverpool, possuidor de escravos nas Índias Ocidentais, Gladstone descendia da mesma classe social de seu velho líder e, como ele, acreditava nos argumentos novos a favor do Comércio Livre. Embora grandemente apreciado como administrador e orador, seus contemporâneos consideravam-no falho em discernimento e princípios. Mas, como Palmeston havia notado, ele começava a perceber as possibilidades políticas da classe média inglesa. "Poder-se-ia considerá-lo como pertencente ao povo", disse Palmerston, "desejava identificar-se com o povo, possuía entusiasmo religioso e sabia transmiti-lo aos outros por força do seu intelecto." Apesar das suas preocupações com a Teologia, entendia melhor que seus colegas a mentalidade dos novos eleitores e entendia melhor que Peel a maneira de organizar um partido. "Oxford na superfície, mas Liverpool por dentro" — eis uma apreciação contemporânea. Mas, como Disraeli, progredia lentamente. Fora Ministro das Finanças ao começar a guerra da Criméia, depois fez parte da oposição. Foi, para ele, uma sorte que o poder não lhe veio cedo. Peel havia sido frustrado por ter chegado cedo ao poder sem que pudesse pôr em prova suas idéias antes. Longos anos de expectativa forneceram a Gladstone a necessária segurança de si.

Aos 50 anos, em 1859, Gladstone encerrou a peregrinação aderindo aos "whigs". Sua decisão foi tomada com base num problema de política do exterior, mas concentrou-se novamente em assuntos financeiros. Seu período de ouro começou quando Palmerston o nomeou Ministro das Finanças — brilhantes discursos na Câmara dos Comuns tratando dos orçamentos, maneira superlativa de lidar com pormenores da administração, um tratado comercial com a França que abriu era nova ao Comércio Livre, exigências de compressão das despesas no campo militar que lhe valeram um conflito com o seu Primeiro-Ministro. Sua administração das finanças foi um sucesso notável. Três orçamentos brilhantes reduziram a taxação. O comércio expandia-se rapidamente; tornou-se logo aparente quem haveria de ser o futuro líder do partido. Palmerston morreu em 1865 aos 81 anos. "Gladstone", declarara Palmerston nos últimos dias de sua vida, "logo poderá agir de sua maneira própria, e, quando obtiver o meu cargo, veremos coisas estranhas." O velho "whig" tinha razão. O século XVIII morreu junto com ele. O segundo período vitoriano exigia um novo líder, e afinal ele apareceu. Quando Gladstone reapresentou-se perante seus eleitores, iniciou sua oração dizendo: "Afinal, meus amigos, estou convosco e vim ter convosco sem focinheira." Mas os "whigs" ainda hesitavam. Gladstone, como Disraeli, desejava estender o direito de voto a largas porções das classes trabalhadoras: estava ansioso por obter os votos do novo eleitorado. Insistiu junto ao governo, ora chefiado por Russell, para que fosse apresentada uma Lei de Reforma, mas o Gabinete estava tão dividido que preferiu demitir-se. Uma administração minoritária, chefiada por Derby e Disraeli, foi a conseqüência e durou dois anos e meio.

Disraeli aproveitou sua oportunidade. Introduziu nova Lei da Reforma em 1867, que adaptara com mestria aos desejos da Câmara, sendo seu líder. Houve redistribuição dos assentos favorecendo as grandes cidades industriais, e quase um milhão de votos novos foram acrescentados ao número quase igual já existente. Os "tories" sentiam-se nervosos com esse novo rumo tomado pela iniciativa que fora deles. Em muitas cidades, as classes operárias teriam agora a maioria nas eleições. Derby chamou isso "um salto no escuro". A recente guerra civil na América parecia ser má recomendação da democracia, e mesmo os radicais sentiam-se inquietos em relação à maneira pela qual haviam de se comportar as massas incultas. Mas isso logo se tornou claro. A aprovação da segunda Lei de Reforma, tão logo após a morte de Palmerston, abriu nova era na política inglesa. Novos problemas e novos métodos começaram a surgir. Como dissera o economista e banqueiro Walter Bagehot, "um país político é como uma floresta na América: basta abater as árvores velhas para que novas nasçam imediatamente para as substituírem." Em fevereiro de 1868, Derby resignara da liderança do partido e, afinal, Disraeli tornara-se Primeiro-Ministro. Como ele o expressara, "alcançara o topo do mastro engraxado". Teve que efetuar eleições gerais. Os novos eleitores deram sua maioria esmagadora aos seus oponentes, e Gladstone, que se tornara líder do partido liberal, formou a administração mais vigorosa que a Inglaterra já vira depois dos dias de Peel.

CAPÍTULO VI

MIGRAÇÃO DOS POVOS

I: Canadá e África do Sul

A ocupação das terras devolutas do globo foi veementemente acelerada pela queda de Napoleão. A prolongada luta contra a França havia sufocado ou retardado a expansão dos povos de língua inglesa. Os navios foram consumidos pelos vinte anos de guerra universal. Uma geração de homens e mulheres labutou e lutou nas suas fábricas ou nas suas fazendas, nas esquadras e nos exércitos; apenas poucos tiveram o desejo ou a oportunidade de procurar no ultramar vida nova e novas perspectivas. Suas energias e suas esperanças haviam-se concentrado em sobreviver e alcançar a vitória. Não havia tempo para os sonhos da emigração e não havia homens disponíveis se ela fosse possível. Tudo isso foi alterado repentinamente pela decisão alcançada em Waterloo. Os oceanos estavam livres novamente. Não havia ameaça de inimigos na Europa. Os navios já não precisavam viajar em comboios, e as principais costas dos continentes haviam sido registradas em mapas. Mais uma vez o Novo Mundo oferecia a possibilidade de fugir das dificuldades e das frustrações do Velho. A guerra terminara. As passagens eram baratas e havia abundância de transporte. O resultado fora a migração mais espetacular de entes humanos que já foi registrada pela história, bem como um vasto enriquecimento do comércio e da indústria britânicos.

Naturalmente o processo levou tempo para tomar impulso, e no começo a corrente emigratória era diminuta. Mas o caminho fora indicado pelos medonhos campos de condenados na Austrália, pelos lealistas que, abandonando os Estados Unidos, se mudaram para o Canadá, e por mercadores, exploradores, missionários e caçadores de baleias em todas as partes temperadas do globo. Começaram a alastrar-se entre o povo notícias da existência de massas de terras férteis e habitáveis onde homens brancos podiam viver em paz e liberdade e talvez mesmo progredir. O aumento da população na Grã-Bretanha reforçou o impulso. Em 1801, era de cerca de onze milhões. Trinta anos depois, o aumento foi de dezesseis milhões, e, em 1871, mais dez milhões. Menos gente morria ao nascer ou na tenra idade. Recentemente foi comprovado que, apesar da Revolução Industrial, Londres era naquele tempo um lugar mais saudável para se viver que a Prússia rural ou a Paris dos Bourbons. A população aumentava, e o fluxo começara: no decênio de 1820, duzentos e cinqüenta mil emigrantes; no de 1830, meio milhão; nos meados do século, um milhão e meio; até que, sessenta e cinco anos após Waterloo, nada menos que oito e meio milhões haviam abandonado as Ilhas Britânicas.

Os motivos, métodos e caráter do movimento eram muito diferentes dos que haviam sustentado os Peregrinos e as plantações dos Stuarts no século XVII. A fome impeliu no mínimo um milhão de irlandeses aos Estados Unidos e a outras partes. O ouro atraiu corajosos caçadores de fortuna à Austrália e às frias solidões do Canadá, onde encontraram um Eldorado mais prático, embora menos respeitável, que aquele que havia deslumbrado os aventureiros elisabetanos. Fome pela posse de terras e pelos lucros do comércio de lã atraía os mais abastados e os mais sóbrios. Tudo isso foi alcançado apesar da indiferença oficial e muitas vezes apesar da sua hostilidade. A Guerra da Independência Americana convenceu a maior parte das classes governistas na Grã-Bretanha de que colônias eram possessões indesejáveis. Estas não possuíam sequer um Chefe de Departamento próprio dentro da Secretaria de Estado até o ano de 1854. O governo estava interessado em bases estratégicas, mas se gente comum deseja estabelecer-se nas terras novas, então deixá-a. Isso poderia resolver o desemprego e fornecer oportunidade para nomeações de aristocratas empobrecidos, mas quanto antes essas comunidades se tornassem completamente independentes, melhor seria e mais barato se tornaria para os contribuintes na Inglaterra. De qualquer modo, a Grécia constituía noticiário muito mais interessante que a Nova Zelândia, e o público culto interessava-se muito mais pelo tráfico de negros que pelas imundícies que imperavam nos navios de emigrantes. Assim, como havia acontecido com a Índia, o Segundo Império Britânico foi fundado quase por acidente e com pouquíssimo apoio dos principais partidos políticos.

* * *

Dos territórios novos, o Canadá era o mais familiar e o mais próximo do Reino Unido. Suas Províncias Marítimas mandavam madeira à Grã-Bretanha havia muito tempo, e os armadores contentavam-se a cobrar pouco dos emigrantes, já que de outra maneira os navios teriam que regressar sem frete algum. Uma vez desembarcados, os emigrantes encontravam muitas dificuldades e grandes distâncias a percorrer. A vida nas Províncias Marítimas era muito peculiar, e a maioria dos emigrantes preferia seguir até o Baixo Canadá ou, como hoje dizemos, Província de Quebec. Em 1791, Pitt tentara resolver o problema racial no Canadá dividindo-o em duas partes. No Baixo Canadá, os franceses achavam-se profundamente enraizados. Eram governados por padres e senhores feudais, não haviam sido atingidos pelas idéias democráticas da Europa liberal e, da mesma maneira que os Boers na África do Sul, agarravam-se obstinadamente às suas tradições e ao seu idioma. Mais além, para o nordeste, alargava-se o Canadá Superior, atualmente Província de Ontário, povoada por uma parte dos 60.000 ingleses que haviam preferido ir para lá em fins do século XVII, em vez de ficarem na República da América. Esse povo altivo, por devoção à Coroa Britânica, abandonou todas as suas posses em troca recebeu o apelido honorífico, embora não lucrativo, de Lealistas do Império Britânico. A tribo dos Mohawks, inspirada pelos mesmos sentimentos, acompanhou essa gente. Abriram uma clareira na floresta para preparar um lugar onde pudessem morar e ficaram vivendo lá solitários e retraídos, separados do Baixo Canadá pelas cataratas do Rio São Lourença e vigilanes contra qualquer incursão que partisse dos Estados Unidos. Mais além havia vastas extensões de terras virgens até alcançar as costas do Pacífico, onde havia alguns postos que mantinham comércio de trocas com a China.

Essas comunidades, tão diversas entre si em religião, tradições e raças, constituem uma união provisória diante da invasão vinda dos Estados Unidos. Todos lutaram contra os invasores e repeliram-nos numa luta que durou três anos entre 1812 e 1814. Finda a luta em comum, começaram as encrencas. Os franceses, no Baixo Canadá, temiam que os imigrantes os excedessem em número e que por conseguinte, os dominassem. Os lealistas do Canadá Superior acolhiam de bom grado os novos colonos, cuja presença iria contribuir para a valorização das terras, mas relutavam em tratá-los em pé de igualdade. Houve mais ainda: as duas províncias começaram a brigar entre si. A exportação do Canadá Superior tinha que passar pelo Baixo Canadá e pagar direitos. Surgiram então discussões sobre a divisão dos lucros. Diferenças religiosas acirraram os ânimos. A partir de 1820, a Assembléia do Baixo Canadá começou a se comportar como os Parlamentos dos primeiros Stuarts e como os legislativos das Colônias Americanas: recusavam-se a votar fundos para os salários dos juízes do Rei e para os funcionários permanentes. Políticos franceses pronunciaram discursos inflamados. No Canadá Superior, os colonos lutavam pela equiparação política em relação aos lealistas. Os liberais desejavam que o executivo fosse responsável perante a Assembléia e pronunciavam discursos selvagens a favor da separação do Império. Em 1836, os liberais tiveram a maioria na Assembléia e esta foi dissolvida. No ano seguinte, ambas as províncias rebelaram-se. No Baixo Canadá a revolta durou um mês e no Canadá Superior uma semana. Houve tumultos; as tropas fizeram fogo; houve compromissos instáveis e alguns fuzilamentos. Tudo se processou em pequena escala, houve poucos excessos, e os prejuízos foram de pouca monta. Contudo, o Governo entendeu que os negócios do Canadá exigiam mais atenção. Os líderes "whigs" em Londres mostraram-se mais avisados que Jorge III. Perceberam que uma minoria de rebeldes, por pequena que fosse, poderia causar grandes distúrbios. Assim, em 1838, enviaram Lorde Durham, assistido por Eduardo Gibbon Wakefield, para investigar as condições no local. Deram-lhes instruções tão vagas como simples: "Arrumar as coisas". No entretempo, a Constituição do Canadá foi suspensa por um ato do

Parlamento. Durham era um radical, brilhante, decidido e irritadiço. Wakefield era teórico ativo no campo dos negócios do Império. Seu comportamento em relação a duas herdeiras valeu-lhe uma condenação à prisão e, depois disso, teve que permanecer atrás dos bastidores durante o resto de sua vida política. Durham ficou no Canadá apenas poucos meses. Suas arbitrariedades ao lidar com canadenses descontentes valeram-lhe críticas acerbas no Parlamento. Achando que o governo de Melbourne lhe negava apoio, Durham demitiu-se e regressou à Inglaterra. Em seguida, escreveu, ou pelo menos assinou, o famoso relatório em que diagnosticava as causas dos descontentamentos e recomendava fosse criado um governo representativo, chefiado por ministros escolhidos no seio da assembléia popular. Recomendava a unificação do Canadá e a colonização sistemática das terras disponíveis. Essas recomendações foram na sua maioria postas em prática por meio da Proclamação Canadense de 1840, redigida pelo Lorde João Russell.

Daí por diante, o progresso do Canadá foi rápido e pacífico. Entre 1815 e 1838, sua população aumentou de meio milhão a um milhão e duzentos e cinqüenta mil. No mesmo ano, instituíram-se viagens regulares de navios a vapor entre o Canadá e as Ilhas Britânicas. Introduziu-se também porte postal barato. A Inglaterra teve dúvidas e hesitações sobre o acerto de se conceder liberdade quase completa às colônias e de permitir que suas assembléias democráticas nomeassem e rejeitassem seus ministros. A nomeação do Lorde Elgin, genro de Durham, como Governador-Geral em 1847 foi decisiva. Elgin concordava com Durham que o Governador devia representar o Soberano, mas manter-se em segundo plano em relação à política. Nomeava e demitia ministros atendendo aos desejos da Assembléia. Dependendo do prazer ou aborrecimento causado por essas mudanças, ele recebia elogios ou agüentava críticas e por vezes suportava bombardeios com pedras e ovos. Mas quando deixou o cargo, depois de sete anos de exercício, os canadenses de todos os partidos haviam aceitado firmemente o princípio de que o poder popular tinha que marchar de mãos dadas com a responsabilidade popular, que os ministros tinham que governar e ser obedecidos enquanto gozassem da confiança da maioria e que tinham que se demitir tão logo a perdessem. Praticamente já não se cogitava em abandonar o Império ou em dividir o Canadá em territórios independentes e soberanos, ou em se unir à República da América. Pelo contrário: o tratado de Oregon, firmado com os Estados Unidos em 1846, tomou por linha divisória entre os dois países o meridiano 49, que corre através de todo o continente, e assim a Grã-Bretanha adquiriu a posse de toda a ilha de Vancouver. A conclusão desse tratado é relatada num outro trecho deste volume.

Em meados do século, cresceu e tomou impulso um movimento em prol da federalização do Canadá. A guerra civil nos Estados Unidos contribuiu para convencer os canadenses de que a constituição dos Estados Unidos não era, afinal, tão perfeita. A vitória do Norte despertou receios de que a União já começara a olhar para o Ocidente. Entre a Província de Ontário e os Montes Rochosos estendiam-se milhares de milhas de território quase desabitado. Só havia uns poucos colonos em Manitoba, animais selvagens, caçadores e índios. Argumentava-se que isso constituía uma tentação aos Estados Unidos, ávidos por terras. Soldados irlandeses, após a baixa no fim da Guerra Civil, já haviam efetuado incursões, e o Congresso declarou-se impotente de os impedir. Não poderiam os americanos invadir esses territórios, ocupá-los ocultamente ou mesmo invocar os direitos de posseiros? Acreditava-se que o solo fosse fértil e que a região fosse própria para a moradia de brancos. Em 1867, os Estados Unidos compraram da Rússia, por 7.200.000 dólares, o território longínquo e inóspito do Alasca; mas, nesse caso, havia um território muito mais tentador, bem na soleira da República e de fácil acesso. Ninguém, a não ser a Companhia da Baía de Hudson, fundada nos dias de Carlos II, governava sobre aquele território. A Companhia, por sua vez, achava que a agricultura seria um perigo para o seu comércio de peles, e tanto hostilizava os colonos como procurava salvaguardar sua autoridade autônoma. Fazia onze anos que a descoberta de ouro nas margens do rio Frazer precipitou para as costas do Pacífico uma avalanche de caçadores de fortuna. Os funcionários da Companhia não puderam controlar a balbúrdia, e o governo de Londres viu-se compelido a estender sua soberania àquelas praias distantes. Assim nasceu a Colônia da Coroa da Colúmbia Britanica, que logo se uniu à Ilha de Vancouver e exigiu, e obteve, independência. Mas entre ela e a Província de Ontário jazia a "terra de ninguém", e algo era forçoso fazer para evitar que ela caísse nas mãos dos Estados Unidos. Como, realmente, poderia o Canadá manter-se separado dos Estados Unidos e continuar com vida?

Essas considerações levaram o governo da Grã-Bretanha a pronunciar, em 1867, a declaração da América do Norte, que criou o primeiro Domínio Britânico Ultramarino com governo próprio. Os membros fundadores eram as Províncias de Ontário, Quebec, Nova Brunswick e Nova Escócia. Adotaram uma Constituição Federal muito diversa da dos Estados Unidos. Todos os poderes que não fossem expressamente reservados aos Estados seriam exercidos pelo Governo Central. O Governador-Geral, representando o Monarca, governava por meio dos Ministros escolhidos pelas correntes majoritárias da Câmara dos Comuns canadense. Os Membros de Câmara seriam eleitos proporcionalmente ao número de eleitores que representassem. Assim, tornar-se-ia fácil absorver novos territórios e províncias e, na véspera da sua Era das Ferrovias e de sua expansão para o oeste, ficou assegurada a estabilidade política do Canadá. Na primeira sessão do Parlamento do novo Domínio, sua preocupação primordial foi com as terras do oeste. Os Membros trataram de prever o futuro, e convém relacionar agora os resultados da sua perspicácia. Obviamente, o primeiro passo tinha que ser a aquisição dos direitos da Companhia do Hudson. Isso foi realizado dois anos mais tarde, pela soma de 300.000 libras. A Companhia conservou seus direitos de comércio, como aliás as conserva até hoje, mas cedeu sua soberania territorial à Coroa. A transação não pôde ser terminada sem derramamento de sangue. Houve uma breve revolta em Manitoba, onde mestiços de índios julgaram que sua liberdade estivesse ameaçada. Manitoba tornou-se Província do Domínio, e, no ano seguinte, também a Colúmbia Britânica foi admitida. Esses passos constitucionais por si só não teriam sido suficientes para unir as vastas expansões do Canadá. Urgia solucionar o problema espinhoso de colonizar e desenvolver as terras ocidentais antes que a maré de imigrantes americanos pudesse transbordar através do paralelo 49. A resposta tinha que ser a construção de uma estrada de ferro transcontinental. Ao ingressarem na Federação, as Províncias Marítimas estabeleceram a condição de receberem ligação ferroviária com Ontário. Após nove anos de labuta, a linha foi completada no ano de 1876. A Colúmbia Britânica fez o mesmo pedido e recebeu promessa idêntica. Tornou-se evidente que essa última promessa seria mais difícil de ser cumprida. Faltava capital, havia retração de investimentos, a situação política estava embaralhada e os terrenos a serem atravessados eram desconhecidos. Afinal, um escocês, Donald Smith, mais conhecido sob o nome de Lorde Strathcona, realizou o plano. Sua companhia pediu o prazo de dez anos. Auxiliados por fundos governamentais, conseguiram concluir as obras na metade do tempo, e a "Canadian Pacific Railway" foi inaugurada em 1885. Outras linhas surgiram, e logo mais as planícies começaram a despejar trigo cotado em milhões de bushels* por ano. O Canadá tornou-se uma nação, e um futuro brilhante estendia-se diante dele.

* * *

Em contraste com a América, a África do Sul oferecia poucos atrativos aos primeiros colonizadores e exploradores. Oferecendo pousada a meio caminho para a Índia, era natural que muitos lá interrompessem sua viagem, mas poucos desejavam permanecer. O Golfo de São Lourenço tornava fácil atingir o interior do Canadá, ao passo que as costas da África do Sul ofereciam poucos portos naturais ou rios navegáveis, uma vez que consistiam quase exclusivamente de recifes e dunas varridas por fortes correntes marinhas e águas agitadas. Terra adentro, uma sucessão de serras, dispostas paralelamente à linha costeira, barravam o caminho. Na direção de oeste para o leste, o aclive era mais suave, mas as terras eram secas e áridas. Vindo do sul ou do leste, precisava-se galgar cadeia após cadeia de montanhas, muitas vezes íngremes e crivadas de precipícios. Poucas terras ofereceram aos europeus mais obstáculos à penetração que a África do Sul, e por muito tempo ela não passou de uma "Taberna dos Mares" — um porto de abastecimento na rota do Oriente.

No século XVII, as esquadras da Companhia Holandesa das Índias Orientais eram os visitantes mais freqüentes do Cabo, pois seus navios aportavam sempre em Table Bay, quer se achassem na rota do Oriente quer estivessem de regresso em demanda de Amsterdam ou de Rotterdam. Estudou-se o estabelecimento de uma povoação permanente, mas nada fora feito até o ano de 1652, quando, no auge do seu poderio e na Idade

---
* N.T. — Um "bushel" equivale a 35,23 litros.

de Ouro de sua civilização, os holandeses enviaram Jan van Riebeek, jovem médico da Marinha, com três navios, para tomar posse de Table Bay. Não havia intenções colonizadoras, desejavam apenas organizar um porto de abastecimento, tanto que a quase totalidade dos residentes eram empregados da Companhia e era-lhes proibido internarem-se nas terras adjacentes. Decorridos vinte anos, só havia lá 64 holandeses livres.

A mudança de orientação começou no fim do século XVII, quando Simão van der Steel fora Governador e continuou sob a orientação de seu filho Guilherme Adriaan. Esses homens encorajaram a vinda de colonos da Holanda, concediam-lhes terras e, por volta de 1707, já se haviam fixado cerca de 1500 cidadãos livres. Nem todos eram holandeses; havia muitos huguenotes, alemães ou suecos que procuraram o exílio impelidos por perseguições religiosas. Foram gradualmente absorvidos pelos holandeses. A pequena comunidade era servida e sustentada por uma população de escravos negros. No decorrer do século XVIII, a colônia cresceu e prosperou. Em 1760, o primeiro europeu atravessou o rio Orange, e, em 1778, o rio dos Peixes tornou-se a divisa oriental da Colônia. No fim do século, a população contava cerca de 15.000 almas divididas em três núcleos. A Cidade do Cabo ou "Pequena Paris", como os colonos a denominavam, era cidade e porto com 5.000 habitantes e lá se achava o quartel-general da Companhia. A faixa litorânea, próxima à península do Cabo, prestava-se à agricultura, oferecendo aos colonos certa prosperidade. A vida era fácil, embora primitiva. Afinal, havia o planalto e o litoral mais distante. Lá residiam os sertanejos, homens inquietos, rijos, independentes e intolerantes, isolados da sociedade e refratários à influência do governo civilizado — precursores dos bandeirantes e dos Boers do Transvaal que surgiriam no século XIX.

Mas nesta época a Grã-Bretanha começou lentamente a passar à frente da Holanda e ao findar o século tornou-se claro que o futuro dos Impérios não pertenceria à Holanda, mas à Grã-Bretanha ou à França. As guerras napoleônicas arruinaram o comércio da Holanda, varreram seus navios dos mares e destruíram o Estado dos Países Baixos. Em 1782, a Companhia Holandesa das Índias Orientais pagou seus últimos dividendos e, doze anos depois, declarou sua insolvência, acusando um défict de 10.000.000 libras. As conseqüências foram sérias. A Holanda já não podia defender suas possessões. Quando derrotada pelos franceses, foi estabelecido o Estado-fantoche da Repúbloica da Batávia, e os britânicos apoderaram-se da Colônia do Cabo, considerando-a território inimigo. Foi-lhes cedido finalmente pelo tratado de paz de 1814, contra pagamento de uma indenização no valor de 6.000.000 de libras. Inicialmente os britânicos não encontraram pronunciada hostilidade. A Companhia não havia gozado de simpatia, não houve tendência de anglicizar deliberadamente e ao Cabo foi permitido manter a maior parte dos costumes e hábitos holandeses. Os britânicos tomaram medidas enérgicas na fronteira oriental, onde os colonos estavam em contato e conflito com a migração em que se empenhavam os povos indígenas da raça banto, vindos da África Central. Esses povos habitavam extensos territórios que atravessavam todo o continente. Limitavam com os hereros e damaras no oeste e os povos litorâneos da raça nguni do leste. Houve muitos roubos de gado nas margens do rio dos Peixes, e, desde 1799, os holandeses achavam-se em luta aberta com os indígenas. Assim começara a longa sucessão de guerras contra os kafires, guerras que duraram quase 100 anos. Os colonos, residentes em fazendas isoladas, espalhados através de vasto território, tinham dificuldade em se defender dos ataques e pediram auxílio ao governo central na Cidade do Cabo. As autoridades holandesas não lhes haviam dado apoio, e chegara agora a vez dos britânicos.

Estes resolveram que a única maneira de fortalecer as margens do rio dos Peixes seria colonizando-as com elementos britânicos, e, nos anos de 1820 a 1821, quase 5.000 imigrantes foram trazidos da Grã-Bretanha. Essa imigração coincidiu com uma alteração da política. O governo, convencido de que desde então a África do Sul faria parte permanentemente do Império Britânico, decidia torná-la tão inglesa quanto possível. A língua inglesa começou a substituir a holandesa como idioma oficial. O sistema judicial foi reformado em 1828 em moldes ingleses. A moeda holandesa foi substituída pela inglesa, e os ingleses começaram a dominar nas igrejas e escolas. Assim fora dado início a uma divisão que o Canadá soube evitar. Possuindo a mesma religião, língua similar, origem comum e tradições políticas e sociais semelhantes, os britânicos e os boers não obstante iniciaram luta racial. Os métodos de governar da Grã-Bretanha criaram entre os boers um antagonismo tão amargo como jamais houve em todo o Império com exceção da Irlanda.

A anglicização não era somente mal concebida, mas também malsucedida. Os ingleses estavam por descobrir o que os espanhóis haviam aprendido no século XV, ou seja, que nenhuma raça era tão obstinadamente ciosa de sua cultura e das suas instituições como a holandesa. O único resultado da nova política nos decênios de 1820 e 1830 era o de cristalizar essas diversidades de opinião, especialmente sobr a questão indígena. Nquela época, havia na Inglaterra muito entusiasmo por obras de beneficência, e missionários ingleses já estiveram em atividade na África do Sul desde o princípio do século. Os missionários acreditavam, e pregavam, que os homens pretos eram iguais aos homens brancos; os fazendeiros encaravam os nativos em primeiro lugar como mão-de-obra e desejavam controlá-los tão estritamente quanto possível. Quando os missionários conseguiram a libertação dos escravos, em 1833, os colonos ficaram indignados com essa interferência, cujos resultados significavam escassez de mão-de-obra, enfraquecimento da autoridade e do prestígio, e o risco de que muitos membros das tribos banto se tornariam mendigos e vagabundos. De início os colonos ingleses concordaram com os holandeses, mas tão logo a influência dos missionários, especialmente do Dr. João Phillipp e da Sociedade Missionária de Londres, conseguiu convencer o governo e o Departamento das Colônias, os holandeses foram deixados sozinhos a embalarem suas queixas contra as autoridades inglesas.

A primeira crise sobreveio em 1834. A colonização da área do rio dos Peixes não trouxe segurança, e hordas de bantos invadiram a fronteira, destruindo as fazendas e devastando as terras. O Governador, Sir Benjamin D'Urban, repeliu-os e, para evitar nova invasão, anexou o território entre os rios Keyskamer e Key. Expeliu os bandos indígenas e compensou os colonos oferecendo-lhes terras nessa nova província, que fora batizada em honra da Rainha Adelaide. Isso irritou os missionários, e eles convenceram Lorde Glenelg, Secretário das Colônias, a repudiar D'Urban e a abandonar a nova província. Os colonos perderam todas as compensações, e ofensa foi adicionada ao prejuízo quando souberam que Glenelg achava terem os kafires tido ampla justificação para a guerra que haviam iniciado. Assim foi provocada a Grande Migração.

Em grupos pequenos, acompanhados pelas mulheres e filhos, tangendo o gado à sua frente, cerca de 5.000 boers partiram rumo ao desconhecido, tal e qual os filhos de Israel à procura da Terra de Promissão. Não tardou que muitos outros os seguissem. Alguns percorreram mil milhas alcançando as margens do Limpopo, muitos foram atacados pelos matabele e pelos zulus, todos passaram fome e sede. Mas, sustentados por sua vibrante fé calvinista, seguiram sempre adiante. A Grande Migração fora um dos feitos notáveis do século XIX e foi realizada para se livrar, para sempre, do domínio britânico. "Partimos desta colônia", escrevera Pieter Retief, um dos líderes dos boers, "possuindo a convicção de que o governo da Grã-Bretanha nada mais pode exigir de nós e deixar-nos-á instituir um autogoverno livre de interferências futuras."

Por muito tempo a sorte deles parecia sombria. Era época da "Mfecane", esmagamento das outras tribos nativas pelo império militar dos zulus, chefiados por Chaka e seu sucessor Dingaan. O extermínio de milhares de indígenas pelos zulus desimpediu os caminhos que os boers trilhavam, mas não obstante se achavam em perigo constante. Em muitos lugares solitários, tiveram que lutar contra ataques zulus, valendo-se da proteção oferecida pelos carros dispostos em círculo. Somente em dezembro de 1838, enfrentando as forças de Dingaan nas margens do rio Sangrento, após renhida batalha, conseguiram desbaratá-las. Depois dessa vitória, em torno da pequena cidade de Pitermaritzburg, estabeleceram a República de Natal, cujo primeiro Presidente foi André Pretorius.

Essa liberdade foi de pouca duração. A Grã-Bretanha recusou-se a reconhecer a república e, em 1845, após curta luta, transformaram-na em Província da Colônia do Cabo. Ainda havia os "Voortrekkers"* sobre o planalto mais ao oeste, reforçados agora por refugiados de Natal. Os britânicos intervieram aqui também. Sir Harry Smith, soldado corajoso e enérgico que havia servido sob as ordens de Wellington, anexou o território entre o rio Orange e os rios do Vaal em 1848. Derrotou Petorius em Boomplats e deixou fora da colônia apenas alguns povoados esparsos dos boers.

Pouco tempo depois, houve luta com as tribos nativas além do rio Orange, especialmente com os basutos. Em Natal, trataram de enfrentar esse problema estabelecendo Reservas Indígenas e restabelecendo as

---
* N.T. — Escoteiros avançados.

velhas hierarquias tribais controladas indiretamente pelo governo. O Governo de Londres, porém, relutando em aumentar suas responsabilidades, reconheceu, em 1852, a independência dos colonos do Transvaal. Dois anos mais tarde, de acordo com as resoluções da Convenção de Bloemfontain, os britânicos retiravam-se dos territórios de além do rio Orange e foi formado o Estado Livre de Orange. Dissolução política foi ainda mais adiante: a Província Rainha Adelaide e Natal foram elevadas a colônias separadas, administradas diretamente pelo Ministério das Colônias. Em 1857, no território da atual União Sul-Africana, havia cinco repúblicas independentes e três colônias. Enquanto isso se passava, a velha Colônia do Cabo prosperava devido ao desenvolvimento espetacular da produção de lã. Assim, em 1853, uma Ordem do Conselho estabeleceu instituições representativas na Colônia, Parlamento na Cidade do Cabo, mas não concedeu governo próprio. Nesse ponto, podemos afastar-nos por um tempo da história da África do Sul, deixando-a gozar um breve e apreensivo período de paz.

CAPÍTULO VII

MIGRAÇÃO DOS POVOS

II: Austrália e Nova Zelândia

No reino da imaginação da humanidade, a Austrália possui um período histórico prolongado. Desde os dias de Heródoto, a humanidade conhecia lendas de terras distantes vislumbradas por breves momentos no horizonte, habitadas por monstros estranhos e tão ricas quanto Ophir e Tarshish*, que forneceram ao Rei Salomão seus fabulosos tesouros. O século XVI, ávido por milagres, deliciava-se com esses relatos. Os homens que faziam a demorada viagem ao Oriente, contornando o Cabo da Boa Esperança, mencionavam misteriosamente Malaiur e Locach, a cujo respeito discursava Marco Polo, bem como as ilhas do Rei Salomão. É impossível conjeturar como os navios do Rei de Israel podiam ter alcançado o Pacífio meridional no décimo século antes de Cristo. Mas os estudiosos de geografia e os navegadores da Renascença julgavam-se inspirados por exemplos bíblicos. O autor da *Declaração das Índias* ofertada ao Rei Henrique VIII, profetizava que se os que viajavam para o Novo Mundo prosseguissem pelo Pacífio adentro, "lá poderiam ser des-

---
* N.T. — Nomes bíblicos de ilhas que pertenceram ao Rei Salomão.

cobertas diversas terras novas e novos reinos(...) as terras e ilhas mais ricas em ouro do universo, mais ricas em pedras preciosas, bálsamos, especiarias e outras coisas que nós aqui tanto prezamos e que vêm de terras estrangeiras". Em 1526, os espanhóis enviaram Sebastião Cabot para que, passando pelo estreito de Magalhães, procurasse encontrar Ophir e Tarshish. Jamais alcançou o Pacífico, mas a lenda persistiu, e os mapas traçados no século XVI por cartógrafos de Dieppe assinalavam o grande Continente Meridional no Pacífico denominando-o "A Grande Java". Em 1568, Álvaro de Mendaña e Pedro Sarmiento de Gamboa descobriram o que chamaram de Ilhas de Salomão. O nome dado demonstra a força de sua fé. O século XVI havia terminado, entretanto, antes que europeus aportassem na Austrália. Os homens que a descobriram foram comerciantes holandeses, homens sem imaginação e romantismo.

Suas viagens a Java e Sumatra levaram os holandeses para perto da costa setentrional do novíssimo continente, mas, apesar da grande expedição de Tasman, efetuada em 1642, os navegadores evitavam o continente sempre que podiam. Não tencionavam ocupar aquelas terras e temiam suas costas perigosas, sobre as quais os ventos muitas vezes impeliam seus navios empenhados na travessia da Oceano Índico. Desconhecia-se a extensão certa desse continente até os meados do século XVII, quando o Capitão Jaime Cook efetuou três viagens nos anos de 1768/9. Circunavegou a Nova Zelândia, penetrou a barreira dos arrecifes da Austrália, avistou os campos de gelo da Antártida, descobriu as Ilhas da Amizade, as Novas Hébridas, Nova Caledônia e o Havaí, e fez o levantamento cartográfico da costa oriental da Austrália. Cook era topógrafo da Marinha Real. Seus relatórios eram oficiais, exatos e pormenorizados. Suas notícias chegaram na Inglaterra num momento propício. Os criminosos ingleses haviam sido deportados para a América, mas desde a Guerra da Independência, o Governo não tinha mais aonde os mandar, e muitos deles morriam adoentados nas cadeias de Londres e nos cascos dos navios aproveitados como prisões. Por que não os deportar ao Novo Continente? Após o desastre na América do Norte, a administração de Pitt temia aventuras coloniais, mas adiamento parecia impossível, e, assim, em janeiro de 1788, 717 deportados desembarcaram em Botany Bay. 198 dentre eles eram mulheres. A Baía recebera o nome de Sir José Banks, cientista amador de relevo que havia acampanhado Cook nas suas viagens. Agora não havia por ali muita botânica. Não demorou que os deportados fossem transferidos algumas milhas para o Norte, até o Porto Jackson, dentro da magnífica extensão do Porto de Sydney. A fome estava à espreita, e por muito tempo a colônia fora incapaz de produzir todo o alimento de que necessitava. Os falsificadores, ladrões comuns, ladrões de caça, rebeldes irlandeses, criminosos e exilados políticos — ninguém possuía capital, ninguém fora treinado para essa vida, não desejavam trabalhar e não tinham nem habilidade, nem capacidade para se adaptarem às condições dessa terra nova. Um Governador da Austrália escreveu: "As barracas dos condenados em Nova Gales do Sul fazem-me recordar os mosteiros da Espanha. Contêm uma população de consumidores que nada produzem." A região recebera de Cook seu nome em homenagem ao Gales Meridional. Achara perceber uma semelhança no aspecto da costa. Mas o laborioso Gales e seu homônimo do outro lado do globo pouco tinham em comum naquele tempo.

    Naturalmente houve desde o começo alguns colonos livres também, mas a onda imigratória não atingiu a Austrália senão na década de 1820. Nem sequer o nome desse futuro membro da Comunidade Britânica estava definido. "Nova Holanda" e outros nomes foram usados em documentos oficiais. Impelidos pela depressão econômica que assolou a Grã-Bretanha ao terminar a guerra, atraídos pelas notícias de existirem ricas pastagens no interior de Nova Gales Meridional, começaram a aparecer imigrantes anglo-saxônicos no novo subcontinente que rapidamente transformaram a vida e os hábitos das novas comunidades. Em 1828, havia cerca de 15.000 deportados e 21.000 colonos livres, ao passo que, em 1841, já se encontravam mais de 100.000 colonos livres, embora ainda haja também o número elevado de 27.000 deportados. Os homens livres logo pediram e obtiveram governo livre. A deportação para Nova Gales Meridional foi, afinal, abolida em 1840, e, dois anos depois, foi organizado um Conselho Legislativo cujos membros, na sua maioria, foram eleitos pelo voto popular. A lã era a base da prosperidade nesse país e no decorrer dos anos venceu a concorrência alemã e espanhola nos principais mercados mundiais. Um oficial aposentado do exército, João Mac Arthur, obtivera, em 1797, algumas cabeças de merinos do Cabo da Boa Esperança. Seus métodos de criação estabeleceram a base para os famosos rebanhos australianos e transformaram toda a estrutura econômica do continente. O momento decisivo fora aquele em que se fez a descoberta das Planícies de Bathurst, para além das Montanhas Azuis. Nessa região, bem como ao Sul de Sydney e nos Baixios de Darling, havia milhas e milhas infindáveis de pastos suculentos, habitados apenas por alguns poucos pastores e por milheiros incontáveis de carneiros e ovelhas que, silenciosos, avançavam sempre mais para o interior. Os rebanhos aumentavam rapidamente em 1850, já havia mais de 16.000.000 de cabeças na Austrália. Isso representava um número aproximadamente 16 vezes maior que o da população adulta. A lã rendia cerca de dois milhões de libras ao ano.

O Governo da Grã-Bretanha, todavia, desconfiava da criação de ovelhas. Além de manter a tese de que todas as terras governadas pela Grã-Bretanha eram propriedade da Coroa, também o Departamento das Colônias achava-se fortemente influenciado pela insistência de Gibbon Wakefield de que a colonização devia ser organizada de maneira sistemática e concentrada. Wakefield afirmava que, havendo colonização, onde quer que fosse, esta deveria ser controlada e planejada, e que permitir a fixação arbitrária de colonos dificultar-se-ia a administração e baixaria o valor das terras já povoadas. Suas teorias continham muita coisa acertada, mas não se aplicavam às condições da Austrália. Uma série de regulamentos referentes a terras e promulgados com o intento de dificultar a obtenção de terras pela fixação de um preço mínimo tiveram que ser abandonados. Posseiros que necessitavam de milhares de acres de pastos para as ovelhas e não podiam nem queriam pagar uma libra, nem sequer cinco xelins, pelo direito de pastagem avançavam pelo interior adentro tomando à força o que necessitavam, justificando essa maneira de agir pela argüição de que todas as terras da colônia pertenciam aos membros desta e que deveriam ser-lhes oferecidas todas as facilidades para as ocuparem. O Departamento de Colônias, premido pelos acontecimentos, rendeu-se. Os posseiros haviam vindo para ficar e logo mais formaram a parte mais importante da comunidade. Primeiro o Governo, à guisa de compromisso, emitiu licenças que lhes conferiam certa legalidade. Em 1847, autorizou a concessão de arrendamentos a longo prazo para fins pastoris; ao findar o prazo de arrendamento o posseiro tinha opção para a compra das terras pelo preço primitivo delas.

* * *

Muito antes de 1850, já havia começado o povoamento de outros trechos da Austrália. A pimeira iniciativa partiu da colônia-mãe, do Porto Jackson, tendo por objetivo a ilha da Tasmânia ou Terra de Van Diemen como então era designada; em 1804, teve início em Hobart e, dois anos mais tarde, em Launceston. Como já havia sucedido em Novas Gales Meridional, a Tasmânia encontrou de início muitas dificuldades. As colônias penais em Porto Macquarie e em Porto Arthur tinham péssima reputação. O sistema de administração dessas colônias era o de terror, e muitos condenados comuns, bem como os forçados, conseguiam fugir e viviam à custa de roubos, assaltavam de noite casas isoladas e faziam incursões nas fazendas de gado quando os homens estavam ausentes. No resto da Austrália havia poucos indígenas, disseminados através de vastas expansões de terras, e, ainda dada a sua primitividade, eles quase não se opunham aos colonos. Na Tasmânia, porém, os aborígenes eram bastante numerosos e de cultura mais avançada. A derrota deles era inevitável e seu fim foi trágico. O "Black Drive"* de 1830 foi um fracasso. As forças da colônia, mobilizadas com a despesa de 30.000 libras, não lograram obrigar os nativos a permanecerem numa reserva. Ao começar o século XX, as tribos indígenas da Tasmânia já não existiam.

A Tasmânia teve quase o mesmo desenvolvimento que Nova Gales Meridional e tornou-se colônia separada em 1824. A prosperidade provinha da lã e da caça à baleia. Conseqüentemente houve considerável aumento da população. Em 1820, havia 6500 colonos, que na sua maioria eram deportados. Vinte anos depois, a população já contava com 68.000 almas, na sua maioria cidadãos livres. Concederam-lhe o direito de eleger um Conselho Legislativo em 1850. Três anos depois, cessou a deportação, pondo a Tasmânia em igualdade de condições com a Nova Gales Meridional, e permitiram-lhe participar da concessão geral de governos responsáveis.

A Tasmânia organizou, em 1835, um povoado em Port Phillip. Inicialmente, essa região foi administrada por Nova Gales Meridional, mas

---

* N.T. — Expulsão dos pretos.

muito em breve os colonos exigiram independência. Em 1848, retiraram todos os outros candidatos ao Conselho Legislativo e elegeram o Conde Grey, Secretário de Estado para Assuntos Coloniais, como "Membro por Melbourne". Esse Grey era filho do Conde Grey da Reforma Parlamentária. A manobra deu resultado. Dentro de poucos meses, o Departamento das Colônias concordou com a separação e, já em 1851, foi estabelecida a nova colônia, chamada Vitória, já com instituições representativas e com a capital localizada em Melbourne. A jovem soberana concedeu seu nome a esse novel broto dos povos anglo-saxônicos. O nome da capital foi escolhido em memória de seu Primeiro-Ministro, que ela prezou como seu melhor conselheiro e que já não estava entre os vivos. Queensland foi o terceiro broto de Nova Gales Meridional. Formara-se em torno de Brisbane, mas teve desenvolvimento mais lento e só se tornou colônia separada em 1859. Enquanto isso nas costas da Austrália haviam surgido mais duas povoações, ambas independentemente de Nova Gales Meridional e das outras colônias. Em 1834, foi organizado em Londres um empreendimento conhecido sob o nome de "Comissários para a Colonização da Austrália Meridional". Dois anos depois, os primeiros colonos desembarcaram perto de Adelaide. A cidade fora assim batizada em homenagem à esposa de Guilherme IV. O sul da Austrália nunca foi alvo de deportações. Foi organizado por um grupo de homens sob a influência de Gibbon Wakefield, cujas complicadas teorias acharam então sua aplicação prática. De modo geral, as teorias foram bem-sucedidas, embora a duplicidade da administração dividida entre o Governo e os Comissários tivesse dado tantos aborrecimentos que estes últimos foram abolidos em 1842. No prazo de sete anos, a colônia contava com 52.000 habitantes e foi consideravelmente enriquecida pela descoberta de minas de cobre. Quando as colônias orientais receberam a concessão de instituições representativas, Queensland também as recebeu.

A outra colônia, a Austrália Ocidental, teve um desenvolvimento bem diferente. Fundada em 1829, foi quase natimorta. Possuindo muito menos terras férteis que as colônias orientais e separada delas por vastos desertos inabitáveis, ressentia-se muito da falta de mão-de-obra. Embora os deportados fossem considerados obstáculos ao progresso nas outras colônias, nesse caso pareciam oferecer a única solução. Assim, o Governo da Grã-Bretanha, novamente a braços com o problema da segregação dos criminosos, aderiu com satisfação à sugestão de enviar um lote para Perth. Em 1849, foi organizada uma colônia penal com generosa concessão de financiamento. Assim ressuscitada, a população triplicou-se no decorrer dos 10 anos seguintes, mas a Austrália Oriental não obteve instituições representativas senão em 1870, quando as colônias penais já haviam sido abolidas e o governo independente só lhes foi outorgado em 1890.

* * *

Ouro fora descoberto na Califórnia em 1848, e, entre os aventureiros que atravessaram o oceano para tentar a sorte, achava-se um certo Eduardo Hargraves. Alguns meses de mineração trouxeram-lhe certo sucesso, mas ele notou a semelhança que havia entre as rochas auríferas da Califórnia e formas rochosas que havia observado perto de Bathurst em Nova Gales Meridional. Regressou à Austrália no começo de 1851 para verificar sua teoria. As primeiras lavagens efetuadas provaram que tinha razão. O fato tornou-se conhecido, e, dentro de poucas semanas começou a Corrida do Ouro Australiana.

A febre de ouro varreu as colônias orientais. Parecia que toda a Austrália marchava em direção a Bathurst, Ballarat ou Bendigo, picaretas ou pás ao ombro, panelas e bacias pendendo dos cintos, multidão excitada, febril, invadindo as cidades de mineração surgidas do nada, da noite para o dia, já equipadas com tudo, inclusive salões de jogo, bares e bordéis. Os campos de mineração de Vitória adquiriram uma população de 100.000 num instante. Nem todos eram "cavadores", como apelidaram os mineradores; os donos dos hotéis e dos armazéns, as prostitutas e outros aproveitadores tiravam os melhores lucros. Um mascate sem eira nem beira abriu uma taberna à margem da estrada para Ballarat e ganhou 6.000 libras anualmente. Quando os mineradores voltavam para Melbourne, seus ganhos desapareciam, gastos em extravagâncias loucas e em ostentação. Ferravam os cavalos com ferraduras de ouro, dizia-se que havia homens que acendiam os cachimbos com notas em vez de pavios, todos os convidados a um casamento compareciam trajando roupas de veludo encarnado. Podendo enriquecer num dia e tornar-se mendigo no outro, não parecia haver sentido em aceitar empregos permanentes. Os fazendeiros perderam seus pastores, as casas de comércio viram-se sem empregados, as tripulações abandonavam os navios. Em princípios de 1852, só restavam dois policiais em Melbourne, os outros 50 haviam partido para os campos de mineração. Os salários dobraram, depois triplicaram, os preços alcançaram níveis fantásticos, o valor das terras mudava com rapidez desconcertante. As outras colônias, inclusive a Nova Zelândia, perderam muitos braços em favor dos campos de mineração. Vitória recebeu, só num ano, 95.000 imigrantes. Tasmânia, com uma população de 50.000 homens, crianças e mulheres, no prazo de cinco meses perdeu 4.000 homens.

O próprio aparelho administrativo de Melbourne achava-se desfalcado de funcionários, porque muitos haviam ido para os campos de mineração. Com esse número reduzido de auxiliares, foi uma luta desesperada manter a paz, providenciar transportes, acomodações e alimentos em quantidades suficientes para evitar um surto de fome. Durante algum tempo em toda a colônia só havia 44 policiais e, em 1853, tiveram que mandar cinqüenta oficiais de Londres para ajudar o governo local. Os "cavadores" provavelmente gostavam dos distúrbios que eles mesmos criavam nos locais de mineração, mas nutriam ressentimento contra o Governo. Como no caso dos posseiros, o Governo, mantendo a tese da propriedade governamental das terras, exigia o pagamento de direitos de mineração. Os mineradores opunham-se violentamente ao pagamento dessas licenças e, após um período de ameaças, passaram a violências.

No dia 6 de outubro de 1854, um mineiro foi morto numa briga perto do Hotel Eureca, em Ballarat. Os acusados por esse assassínio eram o hoteleiro Bentley, sua mulher e um homem de nome Ferrel. Os acusados foram absolvidos, apesar das provas que os inculpavam. Dez dias depois, os mineiros queimaram o hotel e quatro líderes dos amotinados foram presos. Os mineiros, porém, estavam num estado de espírito perigoso. Formaram a Liga de Reformas de Ballarat, publicaram um programa político em que exigiam a abolição das licenças e incluíram quatro dos seis pontos da exigências dos cartistas ingleses. No dia 30 de novembro, foi efetuada uma busca de mineradores clandestinos, o que provocou uma revolta. Comandados por Pedro Lalor, os mineiros começaram a fazer exercícios bélicos e a construir barricadas. O Capitão

Tomás, comandante do destacamento local, agiu com rapidez e acerto. Resolveu atacar antes que o movimento se alastrasse. Comandando trezentos homens, na sua maioria soldados, tomou as barricadas de assalto. Foram mortos trinta rebeldes e capturados mais de cento e vinte.

Assim terminou o que poderia ter sido uma revolta séria. Algum tempo depois, as licenças foram abolidas e substituídas por direitos de exportação sobre ouro. Os mineiros receberam o direito de voto e assim a paz foi restabelecida. No decorrer dos anos seguintes, os mineradores independentes foram substituídos por companhias de mineração, porque só elas possuíam os meios para custear os trabalhos no subsolo. Acontecimentos quase idênticos deram-se em Nova Gales Meridional, única outra colônia onde havia sido descoberto ouro. No decênio entre 1851 e 61, a produção de ouro importou em 124.000.000 de libras. Enriquecimento mais permanente foi constituído pelo acréscimo da população australiana, que naquela época ultrapassou um milhão. A agricultura e a produção de lã inicialmente sofreram muito devido à corrida de ouro. Fazendeiros que perderam seus pastores maldiziam a descoberta do ouro. Mas, feitas as contas, a Austrália teve lucro. Os fazendeiros foram beneficiados pelos melhoramentos dos rodovias e pela extensão das linhas ferroviárias. Cresceu a procura de alimentos, e logo mais haveria mais de um milhão de acres sob cultura. A economia do país, até então demasiadamente dependente da lã, adquiriu equilíbrio. As repercussões políticas iam longe. O aumento da população, o incremento do comércio e das receitas, tudo isso tornou imperativo fosse reformada a constituição provisória de 1850. Após prolongados debates entre as colônias, diversos projetos foram apresentados ao Departamento das Colônias e finalmente aprovados pelo Governo central. Entre os anos de 1855 e 1859, foram instituídos Parlamentos divididos em duas Câmaras, eleitos por voto popular; tiravam-se dos Parlamentos os ministros responsáveis perante a Câmara Baixa. Esse sistema foi introduzido em todos os Estados antípodas, com exceção da Austrália Ocidental, onde, como já dissemos antes, a autonomia chegou mais tarde.

Grandes modificações ainda estavam por vir, e a Austrália como a conhecemos hoje só nasceu em 1901, quando as colônias foram reunidas numa comunidade com a nova capital em Canberra. A federação só foi efetuada lentamente no sul da Austrália, pois povoações dispersas, vivazes e diversas entre si prezavam suas respectivas autonomias. Ainda não surgira ameaça nem pressão que havia de aparecer mais tarde provocando ardente desejo de união. Ainda hoje, a maioria da população australiana vive em povoados fundados no século XIX. O centro do país, cerca de um milhão de milhas quadradas, tem atraído criadores de gado e pessoas que pesquisam possíveis jazidas de metais, mas sua maior parte continua desabitada. O silêncio da capoeira e a solidão do deserto só de quando em quando são perturbados pela passagem de um expresso transcontinental, pelo zumbido de um bumerangue ou pelo ronco de um foguete teleguiado.

* * *

A mil e duzentas milhas a leste da Austrália, acham-se as ilhas da Nova Zelândia. Muito antes dos europeus chegarem ali, os maoris, raça polinésia de guerreiros que, vinda do nordeste, atravessou o Oceano Pacífico e estabeleceu nessas ilhas uma civilização notável pela sua arte e pela potência do seu sistema militar. Quando Capitão Cook os visitou em fins do século XVIII, avaliou existirem cerca de 100.000 maoris. Provavelmente essa avaliação foi exagerada, mas, não obstante, eis o primeiro obstáculo formidável opondo-se à colonização européia — um povo possuidor de cultura, há muito tempo possuindo essas terras, de espírito independente e guerreiros competentes. Logo depois de descobertas por Cook, uma pequena comunidade inglesa desembarcou na Baía das Ilhas, no extremo norte, mas eram na sua maioria caçadores de baleias, caçadores de focas, náufragos e uns poucos deportados que lograram fugir da Austrália. Levavam existências solitárias, precárias e um tanto dúbias. Os chefes maoris toleravam-nos mediante fornecimento de armas de fogo. Não constituíam ameaça séria à vida dos maoris ou às suas terras. A resistência contra a colonização inglesa foi intensificada ao chegarem missionários cristãos. Em 1814, o Reverendo Samuel Marsden instalou uma missão na mesma Baía das Ilhas. Outros clérigos uniram-se, e a religião rapidamente obteve ascendência sobre os maoris e muitos tornaram-se propagadores do cristianismo. Os missionários lutaram para vencer o poderio dos mercadores e, defendendo os interesses dos maoris, durante muitos anos opuseram-se a todas as tentativas de admitir imigrantes ingleses. Por um tempo, foram bem-sucedidos, e as colônias na Austrália já estavam fundadas há meio século antes que a primeira povoação inglesa fosse oficialmente fundada. Em Londres, entretanto, já existia há muito tempo a intenção de colonizar as ilhas, intenção esta fomentada por um grupo de homens congregados em torno de Gibbon Wakefield, que de maneira tão pronunciada influenciou o futuro do Canadá e da Austrália. Wakefield e seus amigos fundaram a Associação da Nova Zelândia, e Lorde Durham ingressou como membro. Mas o Governo opunha-se. Os missionários denunciaram o projeto como desastroso para os nativos, e o Departamento das Colônias recusou-se a sancionar os planos.

Wakefield, todavia, era insistente, e, em 1838, sua Associação formou uma empresa de ações para a colonização da Nova Zelândia e, decorrido um ano, enviou uma expedição chefiada por um irmão mais moço de Wakefield. Mais de mil colonos acompanharam-nos e fundaram a vila de Wellington na ilha setentrional. A notícia de que a França tencionava anexar a Nova Zelândia obrigou o Governo Britânico a agir. Em vez de sancionar a expedição de Wakefield, o Governo enviou um navio de guerra sob o comando do Capitão Hobson, incumbindo-o de entabular um tratado com os maoris em que esses deviam reconhecer a soberania da Grã-Bretanha. Em fevereiro de 1840, Hobson concluiu com os chefes maoris o Tratado de Waitang. Por esse tratado, os maoris cediam à Grã-Bretanha todos os direitos de soberania e recebiam em troca a confirmação da posse inteira e absoluta de suas terras e propriedades.

Então, mas não antes, a Companhia recebeu reconhecimento oficial. Assim foram estabelecidos dois poderes, o Governador em Auckland, no topo da Ilha Setentrional, que Hobson escolhera como capital, e a Companhia em Wellington. Representavam interesses divergentes e orientações opostas. A Companhia desejava terras, quanto antes e quanto mais possível. O Tratado e o Departamento das Colônias diziam que as terras pertenciam aos maoris. As duas autoridades lutaram e se combateram no decorrer no decênio de 1840. Os colonos moviam amarga campanha contra o tratado e, em 1843, José Somes, Governador da Companhia, escrevia ao Secretário das Colônias: "sempre tivemos sérias dúvidas quanto à validade do Tratado de Waitang, concluído com selvagens nus por um cônsul que não possuía poderes plenipotenciários. Duvidamos também que um tratado que não foi ratificado pela Coroa possa ser encarado pelos advogados como qualquer coisa mais séria que um expediente engenhoso para entreter e pacificar os selvagens por certo tempo". Mas os "selvagens nus" não se deixaram tapear. O Tratado concluído com Hobson diferenciava claramente entre a soberania nebulosa de que haviam desistido e a posse tangível das propriedades que reservaram para si. A terra era seu elixir da vida. "As mulheres e as terras podem ser a perdição dos homens", dizia um provérbio dos maoris. Os chefes mais idosos compreendiam que se perdessem a posse das terras sua vida tribal seria extinguida. A agudeza de suas leis exasperava os colonos, que, tendo inocentemente comprado terras pagando à vista, viram denegados seus direitos de posse, porque os direitos inalienáveis da tribo não eram afetados por transações individuais. Não obstante, em 1859, os colonos já ocupavam sete milhões de acres na Ilha Setentrional e mais de trinta e dois milhões de acres no sul, onde os maoris eram menos numerosos.

O resultado foram as guerras contra os maoris, uma série de conflitos locais intermitentes que duraram de 1843 até 1869. Os campos de batalha mudavam de um lugar para outro. Em meados de 1865, havia vinte mil soldados em campo. O culto fanático dos hauhans e a habilidade de Te Kootie, genial chefe guerrilheiro, exigiram aplicação de todos os recursos da Colônia. Os maoris combatiam magnificamente, e a admiração que os oficiais nutriam pelos seus adversários aguçava sua antipatia pelos colonos. Mas, em 1869, a força do movimento estava esgotada, e os levantes foram liquidados. De então em diante, a política esclarecida de Sir Donald McLean, Ministro dos Negócios Indígenas, produziu grandes melhoramentos. Os colonos receberam certa segurança de posse. Os maoris compreenderam que os britânicos vieram para ficar. Uma série de leis territoriais indígenas, proclamadas naquele decênio, protegia os nativos contra a exterminação. Em 1867, os maoris conseguiram representação direta na Legislatura da Nova Zelândia, e, embora seu número tivesse sido reduzido a trinta e sete mil almas em 1871, o recenseamento de 1951 acusou a existência de quase cem mil.

Apesar daqueles anos de luta, a colônia continuou a se expandir. Wakefield, ansioso em vencer a oposição dos missionários, teve finura de persuadir tanto a Igreja Livre da Escócia como a Igreja Anglicana a cooperarem na fundação de duas novas colônias. Estas, em Otago e Canterbury, eram notáveis demonstrações de suas teorias. Ambas achavam-se na Ilha Meridional, e, de 1860 a 1906, a Ilha Meridional foi mais próspera, menos atingida pelas guerras contra os maoris e teve maior população. Em 1868, os britânicos contavam apenas duzentas e cinqüenta mil almas; doze anos depois, havia quase o dobro.

A paz trouxe prosperidade. Grandes rebanhos de ovelhas foram criados nas famosas planícies de Canterbury, na Ilha Meridional, e desenvolveu-se uma raça nativa chamada Corriedale. No decênio de 1860, foi encontrado ouro em Otago e Canterbury e houve um reboliço temporário. A descoberta do ouro na Austrália e a rápida elevação de preços em Melbourne e Sydney propiciaram à agricultura um incremento fantástico. Apesar da depressão havida em 1880, a prosperidade da Nova Zelândia continuou a aumentar sempre. A invenção do transporte refrigerado permitiu à colônia competir com os produtores europeus e ingleses, apesar da distância de treze mil milhas que os separava dos mercados. A organização cooperativista, especialmente na indústria de laticínios, ajudou os pequenos fazendeiros que não possuíam grandes capitais a construírem uma indústria de notável magnitude, e o Domínio de Nova Zelândia logo possuiu o maior índice de comércio exterior do mundo em proporção ao número da população.

* * *

O desenvolvimento político da Nova Zelândia foi mais lento. Fundada nos dias do Relatório de Durham e das primeiras experiências com o governo autônomo colonial no Canadá, ela obteve pela Lei Constitucional de 1852 larga independência. Seus problemas não se concentravam, como nas outras colônias, na exigência de um governo autônomo, mas sim nas relações entre a administração central e a da Província. As viagens pelo interior eram tão difíceis que, quase até o fim do século XIX, a colônia continuou sendo um número de povoados pequenos, distantes entre si, todos diferindo na maneira de sua fundação e no caráter de suas necessidades. Essa circunstância foi levada em consideração pela Ata Constitucional que instituiu um certo número de conselhos provinciais, em bases democráticas, cada uma delas bastante independente da Assembléia Geral.

Conflitos entre as assembléias provinciais e a administração central perturbaram a vida política da Nova Zelândia durante 20 anos. Algumas províncias eram ricas, outras menos. Otago e Canterbury, estimuladas pela descoberta do ouro, tornaram-se ricas e prósperas, enquanto os colonos da Ilha Setentrional, devastados pelas guerras contra os maoris, empobreciam cada vez mais. Houve um momento em que Otago e Canterbury desejaram se separar. Veio a reforma de 1875, pela qual foi modificada a constituição, foram abolidas as províncias, a administração local foi colocada em mãos de conselhos de condado, e os poderes do governo central foram grandemente ampliados. Assim, embora em escala menor, a Nova Zelândia enfrentou e venceu todos os problemas de governança federalizada trinta anos antes da Austrália. Realmente, sua vitalidade política não é menos admirável que seu vigor econômico. As tradições e idéias preconcebidas tiveram menos peso que nos países mais antigos. Muitas reformas introduzidas na Grã-Bretanha pelo Governo liberal em 1906 e encaradas naquele tempo como inovações extremistas já haviam sido aceitas na Nova Zelândia. Arbitramento industrial, aposentadorias, legislação fabril, seguros governamentais, serviço médico, leis sobre habitações, todas elas introduzidas entre 1890 e o início da Primeira Guerra Mundial, bem como o apoio do Estado à produção cooperativista, são testemunhos da sobrevivência e da fertilidade do engenho político britânico mesmo nas ilhas tão remotas e estranhas como as do Pacífico.

Livro XI

A Grande República

CAPÍTULO I

A EPOPÉIA DA AMÉRICA

O ano de 1815 marcou o fim de um período no desenvolvimento da América. Até então, a vida do continente fora moldada principalmente por influências européias, mas, concluindo a guerra de 1812 contra a Inglaterra, a América concentrou-se em si mesma e, dando as costas ao Atlântico, dirigiu sua atenção para o Oeste. Os anos que se seguiram à paz de Gante estão cheios do ruído produzido pela marcha para o Oeste. Em política, a luta entre os Republicanos e os Federalistas foi substituída por aquilo que um jornalista contemporâneo denominou "era de bons sentimentos". Mas, por baixo da calma superficial da primeira década, fervilhavam as rivalidades antigas dos interesses secionais que não iriam demorar em assumir formas partidárias organizadas e permanentes. Como em todos os períodos de pós-guerra, o maior problema era o das finanças. As idéias de Alexandre Hamilton sobre o protecionismo e o sistema bancário foram aceitas pelos Republicanos com relutância enquanto imperavam as condições difíceis do esforço bélico. As tarifas de 1816 criaram um regime de protecionismo que fez com que a Nova Inglaterra abandonasse seus interesses de armadores a favor da manufatura e assim iniciasse os alicerces de sua prosperidade, que alcançaria no século XIX. As velhas suspeitas que Jefferson nutria contra o sistema bancário federalizado foram vencidas e, em 1816, foi outorgada nova concessão para a fundação do novo Banco Federal, substituindo a que havia caducado.

Lenta, mas inexoravelmente, rompiam-se os velhos liames com a Europa. Uma série de comissões resolveu os principais pontos das disputas entre a América e a Grã-Bretanha. Fixaram-se as divisas com o Canadá: ambos os países concordaram em desmilitarizar o centro das tormentas — os Grandes Lagos. em 1819, depois de lutas ambulantes na Flórida Espanhola, onde comandou André Jackson, o herói de Nova Orleans, o governo da Espanha cedeu afinal aos Estados Unidos esse território em troca de cinco milhões de dólares. Mas os distúrbios da política européia haviam de assustar os Estados Unidos mais uma vez, a última por muitos anos. Os soberanos do Velho Mundo assumiram o compromisso recíproco de manter o princípio da monarquia e de cooperar nas intervenções em qualquer país onde houvesse indícios de rebeldia contra instituições existentes. A política dessa Sacra Aliança havia despertado o antagonismo da Grã-Bretanha, que se recusara a interferir nos negócios internos da Itália em 1821. A nova crise surgiu na Espanha. A França burbônica, ansiosa em readquirir respeitabilidade na nova Europa, enviou através dos Pireneus um exército para restaurar a monarquia espanhola. A Rússia tencionava ir mais além. O Czar da Rússia tinha interesses de âmbito mundial, em que se incluíam pretensões a trechos da costa ocidental da América do Norte, e reafirmou-os naquela ocasião por um decreto imperial. Washington ouviu rumores de que as potências reacionárias da Europa, uma vez terminada a restauração dos Bourbons na Espanha, poderiam promover atividades similares no Novo Mundo com o intento de restaurar lá a soberania dos Bourbons. Na América do Sul havia colônias da Espanha que, por seu turno, haviam alijado a cangalha do país que lhes havia dado a origem.

O Governo Britânico, chefiado por Canning, ofereceu-se a cooperar com os Estados Unidos a fim de sufocar a difusão desse princípio ameaçador de intervenção do Novo Mundo. A Grã-Bretanha fez saber que reconhecia a soberania das Repúblicas Latino-Americanas. Enquanto isso, o Presidente Monroe agiu independentemente e proclamou sua mensagem ao Congresso, estabelecendo os princípios mais tarde conhecidos como a doutrina Monroe. Esta famosa doutrina, como já fora mencionado, era ao mesmo tempo um aviso contra interferências das potências européis no Novo Mundo e uma afirmação de que a América não tencionava imiscuir-se na política da Europa. Enviando essa mensagem de adeus, a América concentrou-se nos seus problemas internos. Surgia nova geração de políticos. Os velhos veteranos dos dias da Constituição haviam desaparecido quase todos, embora Jefferson e Madison ainda vivessem, em repouso elegante, nos seus lares na Virgínia.

* * *

Para o Oeste dirigia-se a marcha do Império da América. No período de 30 anos após a instituição da União, formaram-se nove Estados novos no vale do Mississipi e dois nas divisas da Nova Inglaterra. Tão cedo como em 1769, homens como Daniel Boon, pelejando com os índios, abriram caminho Kentucky adentro. Mas a grande marcha através das montanhas começara durante a Guerra da Independência. A migração do século XVIII tomou dois rumos: o avanço para o Oeste em direção a Ohio, acompanhado da colonização de Kentucky e Tennessee e a ocupação das regiões das florestas nordestinas, domínio dos caçadores de peles, além do Lago Erie. A colonização da Nova Inglaterra e da costa ocidental da América fora principalmente obra de companhias poderosas auxiliadas pela Coroa Inglesa ou de proprietários feudais com direitos privilegiados. Mas aqui, nas novas terras do Oeste, qualquer homem que possuísse um rifle e um machado poderia construir um rude lar de pioneiro. Na aurora de 1790, havia 35.000 colonos em Tennessee e o dobro em Kentucky. Ao raiar do século XIX, havia um milhão de americanos ao oeste dos picos dos Alleghanies. Essas regiões novas deram origem a uma raça de homens fortes, independentes. A moderna democracia dos Estados Unidos nasceu e fortificou-se no vale do Mississipi. A perspicácia do Congresso Independente dos Estados Unidos estabeleceu de uma vez por todas que quaisquer territórios novos, contanto que tivessem um certo número de habitantes, haviam de ser admitidos na União em pé de igualdade com os Estados já existentes. Uma prova da vitalidade dos homens do Oeste é que entre os 18 Presidentes dos Estados Unidos eleitos entre 1828 e 1901, 11 nasceram ou passaram a maior parte de sua vida no vale do Mississipi. Bem que Daniel Webster podia, num aniversário do desembarque dos Peregrinos, recitar esta passagem famosa: "As fazendas, casas, vilas e igrejas da Nova Inglaterra espalharam-se através da extensão imensa desde Ohio até o Lago Erie, estendem-se desde os Alleghanies para além das Miamis e alcançam as quedas de S. Antônio. Duas mil milhas ao oeste da Rocha onde seus pais haviam desembarcado, encontramos agora os filhos dos Peregrinos a cultivarem campos sorridentes, construindo vilas e cidades, acalentando, assim temos a certeza, as bênçãos herdadas de instituições sabiamente concebidas, as bênçãos da liberdade e da religião(..) Não vai levar muito tempo até que os Peregrinos alcancem as praias do Pacífico." A população da América crescia tão depressa como crescia seu território. No decorrer de trinta anos, entre 1790 e 1820, a população aumentou de quatro para nove e meio milhões. Depois disso, praticamente se duplicava a cada vinte anos. Tal índice de crescimento nunca havia sido registrado no mundo até então, embora tenha sido quase igualado na Inglaterra moderna. A fixação de grandes grupos no Oeste foi facilitada pelo afastamento das tribos índias das regiões a leste do Mississipi. Os índios haviam lutado como aliados da Inglaterra e foram derrotados. Agora se tornara política federal tratar de expeli-los. As terras assim liberadas foram oferecidas aos novos colonizadores divididas em lotes menores que anteriormente se fazia e por preços mais baixos que os vigorantes nos anos anteriores. Embora a palavra colono não seja encarada com simpatia hoje em dia, desejamos frisar que colonização, na melhor acepção da palavra, foi o trabalho realizado pelos pioneiros do Oeste. Fazendeiros vindos da rochosa Nova Inglaterra lavravam agora as terras férteis e virgens ao sul dos Grandes Lagos, enquanto o Cinturão Negro do Alabama e do Mississipi oferecia seu rico solo para a recém-descoberta arte de cultivar algodão em larga escala.

Mas essa incessante expansão para o Oeste também deslocou o centro de gravidade da Nação, e surgiram fortíssimas tensões de interesses e paixões. Os Estados da região leste, tanto do sudeste como do noroeste, viram de repente seu poderio político ameaçado por essas comunidades pioneiras, e a atração das novas regiões criou o receio de faltar mão-de-obra para as indústrias do leste. Na realidade, essa falta foi suprida pelos imigrantes vindos da Europa. À medida que as fronteiras avançavam cada vez mais para o Oeste, as novas comunidades que se transformavam rapidamente em Estados impingiam ao governo central seus problemas e desejos, e o Governo Federal, embora exultante com o desenvolvimento, sentia-se constrangido pelas dificuldades que surgiam. O Leste temia a aproximação do domínio político do Oeste democrático. O Oeste, por sua vez, ressentia-se contra os preconceitos financeiros e econômicos das classes endinheiradas do Leste. As correntes divergentes tornavam-se mais fortes, e somente a elasticidade do sistema federal em torno dos direitos estatais evitou a concretização do conflito tão comum entre a pátria-mãe e seus filhos turbulentos.

A história política dos anos de 1815 a 1830 é confusa, porque a ausência de organização adequada dos partidos políticos não permitia fossem expressos os ódios e os amargos conflitos secionais existentes entre o Norte, o Sul e o Oeste. Em 1830, a situação tornou-se mais clara, e já então se delinearam os grandes partidos antagônicos que se enfrentariam no futuro. Ao passo que crescia a legislação federal e a criação do arcabouço de âmbito de tarifas, bancos e política territorial, a União sentia com intensidade crescente as rivalidades e ciúmes entre os Estados. A expansão do Oeste fazia os pratos da balança política penderem a favor dos novos Estados ocidentais, e as forças mais antigas do Norte e do Sul trataram de resistir à crescente força democrática dentro do Estado Federal. Tinham que se defrontar também com os desejos dos pequenos plantadores do Sul e dos operários do Norte, além dos oponentes do Oeste. Muitos desses homens recebiam o direito do voto à proporção que se generalizava o sufrágio universal masculino. O eleitorado expandia-se e estava ansioso de se fazer ouvir. Ao mesmo tempo, introduzira-se na vida política americana o sistema das Convenções. Aos poucos, foi caindo em desuso a nomeação dos candidatos para a presidência e para cargos estatais por meio de restritas reuniões partidárias. Em vez, começaram a ser selecionados em reuniões de delegados que representavam grande variedade de opiniões locais e especializadas. Isso obrigava os candidatos a darem mais atenção às divergências da vontade popular. Políticos de tendências conservadoras, como Henrique Clay e João C. Calhoun, receavam as influências locais e sua ameaça à União. Esses homens formularam o que chamavam de "Sistema Americano". Mas sua orientação nada era senão uma reexpressão das idéias de Hamilton.

Tentavam harmonizar os interesses econômicos dentro do arcabouço federal. Calhoun disse em 1817: "Estamos crescendo rapidamente, quase disse assustadoramente. Isso constitui nosso orgulho e também o nosso perigo; tanto representa nossa força como também nossa fraqueza(...) Deixem-nos, pois, entrelaçar a República por um sistema perfeito de rodovias e canais. Proteção oferecida servirá para amalgamar melhor as partes componentes(...) Formaria um novo e vigoroso cimento."

Iniciaram-se obras de utilidade pública. Navios a vapor apareceram no Mississipi, e a concentração do comércio no Golfo de México causou alarme nos Estados do Atlântico, que se viram privados de mercados lucrativos. Mas também eles se apressaram a competir com essa crescente atividade. Em 1817, a cidade de Nova York iniciou a construção do Canal do Erie, que haveria de transformar Nova York no porto mais próspero da costa ocidental. Dinheiro federal custeou a construção da grande rodovia de Cumberland, que ligava Ohio com Illinois, bem como uma rede de estradas menores destinadas a ligar o impetuoso Oeste aos Estados do Leste. Mas a história da América do século XIX é dominada pela ameaça permanente de rompimento entre o Oeste e o Leste, e, nas costas do Atlântico, entre o Sul e o Norte. No início daquele século, o *leitmotiv* da política foi a rivalidade entre políticos nortistas e sulistas para conseguir os votos e o apoio dos Estados do Oeste.

* * *

O problema da escravatura havia de causar, no futuro próximo, dificuldades às relações entre o Sul e o Norte. Em 1819, foi apresentado ao Congresso o projeto da admissão de Missouri como membro da União. Esse território fazia parte dos domínios adquiridos nos moldes do que se chamava "Louisiana Purchase", onde a Lei Federal ainda não havia estipulado a solução a ser dada à escravatura. Uma vez que o povo de Missouri, no seu projeto da constituição, previra uma cláusula permitindo a escravatura, os nortistas encararam esse projeto como manobra agressiva cuja finalidade era aumentar o poder eletivo do Sul. Seguiu-se violenta campanha de acusações mútuas. O problema crescente do Oeste com que ambos se defrontavam impediu que o Norte e o Sul brigassem. Assim, a luta feroz, mas de âmbito local, ocasionada por esse projeto terminou por um compromisso que haveria de durar até os meados do século. Missouri foi admitido como Estado escravista, mas a escravatura foi proibida em todos os territórios ao norte da latitude de 36° 30' que ainda não gozassem dos direitos de Estados. O Maine, que acabava de separar-se de Massachussets, foi admitido como Estado "de solo livre" estabelecendo o equilíbrio entre os Estados livres e os escravocratas, havendo então doze de cada. Homens previdentes viam nessa divisão o embrião de uma futura tragédia. João Quincy Adams anotou no seu diário: "Considerei logo esse acontecimento como dobre fúnebre pela União. Tenho como fato que a questão presente é prelúdio de magna tragédia."

Foi esse cidadão da Nova Inglaterra, homem culto, filho do segundo Presidente dos Estados Unidos, o sucessor de Monroe em 1825. A assim chamada "era dos bons sentimentos" estava chegando ao fim, e os quatro anos de seu exercício haviam de revelar o crescimento de animada vida política. Rápida expansão do Oeste levou para a defensiva todos os interesses políticos e econômicos dos Estados do Leste.

O Oeste agrupou-se em torno do General André Jackson, herói das fronteiras, que se dizia ser o verdadeiro representante dos princípios democráticos de Jefferson, destinado a enfrentar os corruptos interesses monetários do Leste. Adams recebeu o apoio daquelas classes que temiam domínio majoritário e encaravam alarmadas o crescente potencial dos fazendeiros e colonos das fronteiras. A luta entre essas duas facções chegou ao clímax em 1828, quando Jackson concorreu à Presidência, combatendo a reeleição de Adams. Nas brasas dessas eleições, foram forjados dois novos partidos, os democratas e os republicanos nacionalistas, mais tarde apelidados "os whigs". Fora a campanha eleitoral mais feroz desde que Jefferson havia expulso do cargo o primeiro Adams em 1800. Ao serem verificados os resultados, ficou evidenciado que Adams quase não recebera votos, a não ser na Nova Inglaterra, e que, na pessoa de André Jackson, o Oeste granjeara o poder de controle. Eis afinal um Presidente dos Estados Unidos isento de quaisquer contatos espirituais com o Velho Mundo ou com sua filial nas margens do Atlântico, um Presidente que representava na Casa Branca o espírito das fronteiras da América. A muitos parecia que a democracia triunfara afinal. Em Washington, houve cenas selvagens por ocasião da posse do novo Presidente, apelidado, pelo seu oponente Adams, "o desordeiro do Tennessee". Mas, para os homens do Oeste Jackson era o general deles a marchar contra o monopólio político das classes abastadas. As complicações da alta política causaram dificuldades a esse pioneiro. Sua mentalidade simples desconfiava dos oponentes, mas deixou-o indefeso perante a influência dos políticos mais egoístas e exaltados. Em parte, fora orientado por Martinho van Buren, seu Secretário de Estado, mas apoiava-se ainda mais nos conselhos dos amigos políticos de sua escolha, conhecidos como o "Gabinete da Cozinha", assim apelidados porque não tinham cargos oficiais. Jackson fora levado a crer que sua obrigação primordial residia em limpar os estábulos do Regime Republicano. Sua dispensa de grande número de funcionários públicos introduziu na máquina administrativa federal o vício, já existente nos Estados, da cata aos despojos.

Dois problemas correlatos da política americana exigiam a atenção do Presidente Jackson — a supremacia da União e a organização da economia nacional. O protecionismo favorecia os interesses do Norte às custas do Sul. Em 1832 o Estado da Carolina do Sul resolveu lançar o desafio ao direito do Governo Federal de instituir o sistema de tarifas e, repetindo as resoluções tomadas pela Virgínia e por Kentucky em 1798, expôs em termos extremos a doutrina dos direitos estatais. Na luta partidária que se seguiu, os votos do Oeste serviram de fiel da balança. Seu problema magistral era a regulamentação da venda de terras pelo Governo Federal. O historiador S. E. Morison assim se expressa: "Tudo era um jogo de equilíbrio entre o Norte, o Sul e o Oeste, cada parte prontificando-se a abrir mão de interesses secundários a fim de obter votos para os interesses primordiais. O Sul permitiria ao Oeste desbaratar as propriedades públicas em troca da redução das tarifas. O Norte oferecia a isca tentadora da distribuição dos ganhos obtidos pelas vendas das terras destinadas a obras públicas no Oeste em troca da manutenção do protecionismo. Do equilíbrio secional conseguido dependia a orientação dos partidos no futuro e mesmo a própria Guerra Civil. Haveria de ser o Norte e Oeste contra o Sul ou o Sul e Oeste contra o Norte?[1]

---
1 The Oxford History af the United States (1927) vol. I.

Os debates desses temas no Senado da América continham os melhores exemplos da oratória americana. Nessa batalha de gigantes, o mais imponente de todos era Daniel Webster de Massachussets, o melhor orador daqueles dias. Foi quem advogou a causa da União e, pronunciando um dos mais famosos discursos da história da América, refutou a causa da Carolina do Sul. Suas palavras ergueram a um pedestal o novel sentimento de patriotismo nacional que então tomava alento, pelo menos no Norte. Mostram que principalmente a Nova Inglaterra começara a afastar-se dos pontos de vista ditados pelos interesses locais que lá prevaleceram em 1812. Desenvolvia-se um sentimento mais amplo de lealdade à União. Webster declarou no Senado: "É a essa União que devemos a nossa segurança em casa e a consideração e dignidade no estrangeiro. É à União que devemos em primeiro lugar tudo o que nos faz sentir orgulho pelo nosso país. Conseguimos essa União apenas disciplinando as nossas virtudes e aprendendo na escola severa da adversidade. Ela teve sua origem nas necessidades das finanças desorganizadas, do comércio prostrado e do crédito arruinado. Sob sua influência benigna, esses interesses importantes acordaram imediatamente, como se ressuscitassem, e brotaram com vigor renovado. Cada ano de sua existência foi eivado de provas de sua utilidade e das bênçãos decorrentes. Embora o nosso território se dilatasse cada vez mais, embora nossa população avançasse sempre mais longe — não chegaram a se afastar demais para que deixassem de gozar a proteção e os benefícios que a União lhes dispensa. Tem sido para todos nós copioso alicerce de felicidade nacional, social e pessoal"

"Não tomei a liberdade", continuou, "de olhar para além da União para ver o que se esconde nos escuros esconderijos por trás dela. Não pesei calmamente as possibilidades que nos restariam para preservar a liberdade, caso fossem rompidos os laços que nos unem; não pude habituar-me a lançar meus olhares pelo precipício da desunião adentro para ver se meus fracos olhos conseguiriam discernir o que se acha nesse abismo. Tampouco posso considerar bom conselheiro deste governo aquele que, em vez de estudar exclusivamente a melhor maneira de preservar a União, detém-se para cogitar até que ponto seria tolerável a situação do povo caso a União fosse destruída. Enquanto a União existir, expectativas imensas, gratas e excitantes estender-se-ão perante nós e perante nossos filhos. Nada mais tento enxergar através do véu. Espero em Deus não esteja eu presente quando esse véu for erguido! Deus queira que meus olhos jamais vejam o que se esconde além. Espero que meus olhos, ao contemplarem pela vez derradeira o brilho do sol, não o vejam iluminar fragmentos dilacerados e desonrados da União que já foi gloriosa, iluminar Estados desunidos, discordantes, beligerantes talvez; um país dissecado por guerras civis, inundado quiçá por sangue fraterno! Espero que o olhar derradeiro e fraco possa vislumbrar esse maravilhoso pendão da República, já agora conhecido e respeitado em todo o mundo; possa vê-lo ainda mais alto, expondo ao vento suas armas gloriosas, sem mácula alguma, sem faltar uma estrela sequer, sem que banda alguma esteja apagada ou manchada, que não esteja à vista nenhum slogan vergonhoso como "Quanto vale tudo isso?", nem palavras irrisórias e loucas como "Primeiro a liberdade — a União depois". Desejo ver escrito em toda a parte com letras luminosas cegando a vista, brilhando em toda a extensão do pavilhão querido, planando acima da terra e dos mares, levadas a todas as partes do universo — as letras expressando aquele outro sentimento caro a todos os verdadeiros americanos — Liberdade e União, agora e sempre, unas e inseparáveis!"

Um jovem, residindo na fronteira de Indiana, foi comovido por esse discurso. Seu nome era Abrahão Lincoln.

O próprio Presidente Jackson ficara impressionado e, com a sua maneira bélica de lidar com a política, preparou-se para sujeitar a Carolina do Sul com emprego da força. Conseguiu-se, porém, chegar a um compromisso. As tarifas foram reduzidas, mas tornadas permanentes, enquanto a Carolina do Sul declarava nula a cláusula da Lei da Autoridade que autorizava o Presidente a utilizar, quando necessário, forças do exército para cobrar os direitos aduaneiros. O assunto foi deixado nesse pé por algum tempo. Mas a teoria de "anulação" da Carolina do Sul mostrava o perigo em que se achava a República. Com o instinto profético dos pioneiros, Jackson apontou o futuro dizendo: "O pretexto seguinte será a questão dos negros ou da escravatura." O seguinte problema sério foi o do Banco Federal, cuja concessão deveria ser renovada em 1836. Os Republicanos Nacionalistas, ou "whigs", ora liderados por Clay, preferiram forçar uma solução antes das eleições presidenciais marcadas para 1832. Há muito aguardava-se um ataque por parte do Presidente às forças políticas representando o capital. A situação do Banco ilustrava as tensões econômicas que atormentavam os Estados Unidos. "Era um conflito econômico", escrevera Carlos Beard, "que tomara um aspecto partidário: o povo do Oeste agrícola tinha que pagar tributo aos capitalistas do Leste, de quem havia emprestado dinheiro para comprar terras, fazer melhoramentos e se dedicar a especulações." O problema foi decidido pelas eleições. O triunfal retorno ao poder de Jackson foi realmente um voto contra o Banco do Estados Unidos. Em vão, delegaram Daniel Webster como conselheiro do Banco. Jackson informou ao presidente do Banco: "O seu banco não me aborrece mais que outro qualquer, mas desde que li a história da "Bolha dos Mares do Sul", sempre tive medo dos bancos." Recusou-se a consentir fosse apresentado o projeto destinado a renovar a concessão e, sem esperar que o Banco morresse de morte natural em 1836, decidiu privá-lo imediatamente dos depósitos governamentais, transferindo-os aos bancos locais nos diversos Estados. Quando a concessão caducou, não foi renovada, e, durante quase trinta anos, não houve nos Estados Unidos sistema bancário centralizado. A aliança dos sulistas com os políticos do Oeste assim teve sua vingança contra o Norte. O radicalismo das fronteiras ganhara importante prova política. A eleição de Jackson destruiu definitivamente a "era dos bons sentimentos" que havia seguido a guerra contra a Grã-Bretanha, e sua política econômica fendeu o velho partido republicano de Jefferson. O radicalismo do Oeste fora contemplado com suspeitas disseminadas nos Estados do Leste, e as nomeações efetuadas por Jackson não foram muito felizes.

A eleição de van Buren, em 1836, lugar-tenente de Jackson, significava a continuação da orientação política desse último, enquanto o velho general regressava em triunfo ao seu retiro em Tennysson. As primeiras incursões do Oeste nas esferas da alta política revelaram as forças democráticas dormentes nas fronteiras e demonstraram a falta de experiência que seus líderes possuíam.

* * *

A maré continuava seu avanço em direção ao Oeste levando à sua frente novos problemas de ajustamentos. A geração que viveu em

1840 vira a culminância delas. Durante aqueles anos, fora efetuada a anexação do Texas, houve uma guerra contra o México, dera-se a conquista da Califórnia e fora solucionada a questão da divisa entre Oregon e o território da Grã-Bretanha. Desde 1820, aventureiros americanos cruzaram sucessivamente a divisa com o México, penetrando no território texano, que pertencia à República do México desde sua libertação do domínio espanhol em 1821. Enquanto essa comunidade crescia, marinheiros americanos da costa do Pacífico, capitães interessados no comércio com a China, estabeleceram-se nos portos da Província Mexicana da Califórnia. Pioneiros à procura de couros e peles avançaram pelo interior adentro e, em 1826, alcançaram as Missões. Os mexicanos, alarmados pelo aparecimento desses andarilhos, tentaram em vão deter a enchente. 'Os governos do México eram instáveis, e sua autoridade dificilmente alcançava as províncias distantes. Aparecera contudo um novo ditador militar, Santa Ana, resolvido a reforçar a autoridade do México, e, como resultado, houve revolta. Em novembro de 1835, os americanos residentes no Texas erigiram um Estado autônomo e içaram a bandeira da Estrela Única. Comandados por Santa Ana, os mexicanos marcharam para o Norte. Em março de 1836, na Casa das Missões, em Álamo, um pequeno destacamento de texanos escreveu uma das páginas épicas da história da América, lutando até o último homem contra forças mexicanas superiores. Toda a província revoltou-se. Foi organizada uma força sob o comando do General Sam Houston, do Tennessee, e o exército mexicano de Santa Ana foi por seu turno destruído em combates ferozes, enquanto o próprio comandante caía prisioneiro nas margens do rio São Jacinto. Os texanos atacaram as fortificações inimigas aos gritos de "Recordem Álamo!" Santa Ana reconheceu a independência do Texas. Seu ato foi mais tarde repudiado pelo governo do México, mas ele não mais empreendeu ações bélicas, e os texanos organizaram um governo republicano elegendo como Presidente Sam Houston.

Nos dez anos seguintes, a admissão do Texas como Estado da União fora problema ardentemente discutido. Toda vez que um novo Estado solicitava admissão na União, aumentavam as divergências quanto à escravatura. O grande jornalista abolicionista, Guilherme Lloyd Garrison, exigiu que o Norte se separasse da União, caso o Estado escravista do Texas fosse admitido na União. Os sulistas, compreendendo que, se esse vasto território fosse admitido em forma de conglomerado de Estados, eles obteriam maioria no Senado com o apoio dos votos texanos, clamavam pela anexação. Os capitalistas do Leste haviam formado companhias para explorar o Texas e, com a emissão duvidosa de ações dessas companhias, grande quantidade de papel-moeda e de obrigações da nova República de Texas invadiram os Estados Unidos. A especulação com esses valores contribuiu para provocar divisão nas hostes nortistas opostas à anexação. Ainda mais decisiva foi a conversão de muitos nortistas ao credo no Destino Manifesto dos Estados Unidos. Isso queria dizer que o destino dos Estados Unidos era o de se espalhar por todo o continente norte-americano. Nas eleições de 1844, o Partido Democrático exigiu que Oregon fosse ocupado ao mesmo tempo que o Texas fosse anexado, oferecendo assim ao Norte a promessa de Oregon para contrabalançar o Texas sulista. A vitória do candidato democrata Jaime K. Polk foi interpretada como mandato para a anexação do Texas, e isso foi levado a efeito por resolução unânime do Congresso em fevereiro de 1845. Faltava persuadir o México a concordar com esse estado de coisas e com a fixação das divisas do Texas. O Presidente Polk estava resolvido a levá-las tanto para o Sul quanto fosse possível, e a guerra tornou-se inevitável. Rebentou em maio de 1846. Enquanto isso, acontecimentos similares desenrolavam-se do outro lado do continente. Durante todo esse período, perdurara a penetração da América para o Oeste, muitas vezes acompanhada de experiências penosas, de fome e das neves hibernais. Nada podia sustar a migração em direção ao Pacífico. A atração do rendoso comércio com a China e o sonho de controlar o Oceano Ocidental forçaram a obtenção da Califórnia para o primeiro plano e deram-lhe aos olhos dos americanos importância maior que a do Texas. Em junho de 1846, colonos americanos na Califórnia, instigados por Washington, içaram a Bandeira do Urso em sinal de revolta e declararam sua independência como o fizeram os texanos. Logo após, chegaram forças americanas e a bandeira dos Estado Unidos substituiu a do Urso. O avanço da América tomava impulso rapidamente. O exército do Norte do México fora vencido duas vezes pelo General Zacarias Taylor, futuro Presidente. Uma força comandada pelo General Winfield Scott foi desembarcada em Vera Cruz e marchou sobre a Cidade do México. Decorrido um mês de combates nas ruas, a capital rendeu-se aos americanos em setembro de 1847. Nessa expedição distinguiram-se diversos jovens oficiais. Entre eles, o Capitão Roberto E. Lee, o Capitão Jorge B. McClellan, o Tenente Ulisses C. Grant e o Coronel Jefferson Davis.

O México pediu paz, e, pelo tratado que se seguiu, ele foi obrigado a reconhecer a anexação do Texas, a ceder a Califórnia, o Arizona e o Novo México. O Tenente Grant consignou suas impressões em memórias: "Creio que nunca houve guerra mais maldosa que aquela dos Estados Unidos contra o México. Já pensava assim naquele tempo, quando jovem, mas não possuía suficiente coragem moral para pedir minha demissão." Mas a força expansiva dos povos americanos era explosiva. O Destino Manifesto estava em marcha e fora o infortúnio do México achar-se no seu caminho. A lenda do Imperialismo e a crença no direito dos Estados Unidos de explorar ambos os continentes, o do Norte e o do Sul, que surgiu como conseqüência da guerra contra o México, de então em diante lançou sua sombra na cooperação entre as repúblicas sul-americanas e os Estados Unidos.

* * *

Os ganhos imediatos eram enormes. Enquanto os encarregados debatiam o tratado de paz com o México, um lacrador americano descobriu na Califórnia a primeira pepita de ouro daquela região. Toda a economia daquela província mexicana dormente, com sua cultura secular espanhola, foi repentinamente invadida pela corrida louca atrás do ouro. Em 1850, a população da Califórnia era de cerca de oitenta e duas mil almas. Em dois anos, os algarismos subiram para duzentos e sete mil. Surgiu na costa do Pacífico uma sociedade turbulenta de mineradores. Das cidades do Leste e dos Estados vizinhos, afluíam multidões de homens de todas as profissões, de todas as classes sociais. Muitos foram assassinados, mortos em brigas, morreram de frio e de fome ou afogaram-se na viagem contornando o Cabo Hornos. O ouro da Califórnia foi a perdição de muitos e riqueza inacreditável para poucos.

Oh! Califórnia,
Isso é terra para mim;
Com a cuia no colo
Para Sacramento vou.

A anarquia da corrida do ouro impôs a exigência urgente do estabelecimento de um governo na Califórnia e recomeçou de novo em Washington a velha querela áspera e irritante pela admissão de um novo Estado. No momento, não se fizera nada, e os californianos convocaram uma Convenção Local e redigiram uma constituição provisória.

Durante todo esse tempo, mais ao norte, formava-se aos poucos um outro território. O "Caminho de Oregon" trouxera muitos homens dos Estados mais populosos do nordeste para finalmente acharem seus lares e formarem suas fazendas ao longo da mal definida fronteira pacífica do Canadá. Na expectativa de guerra no Sul, pela obtenção de Texas e da Califórnia, o Governo americano não sentia gana de iniciar disputa com a Grã-Bretanha por causa da sua fronteira setentrional. Havia forte oposição dos sulistas contra a aquisição de Oregon, onde os pioneiros nortistas eram contrários à escravidão. Oregon seria mais um Estado antiescravista. Abriram-se negociações com a Grã-Bretanha, e, apesar de slogans eleitoreiros como "cinqüenta e quatro e quarenta ou guerra", a divisa foi assentada em junho de 1846 por negociações pacíficas e fixada ao longo do paralelo quarenta e nove. Essa solução era devida, em grande parte, ao caráter conciliatório de Lorde Aberdeen, Secretário do Exterior do Governo de Peel. A controvérsia abrandou-se e, em 1859, o território de Oregon tornou-se um Estado.

Entre os muitos povoados espalhados através do continente americano, o mais estranho talvez fosse a colônia dos Mormons na cidade de Salt Lake. Na primavera de 1847, membros dessa seita polígama e renovadora partiram do Estado de Illinois guiados por seu chefe e profeta Brigham Young com o intento de acharem novo lar no Oeste, onde pudessem

---

1 Oh! California

That's the land for me:
I'm off to Sacramento
With my washbow on my knee

residir sem serem molestados. No verão, alcançaram as margens do Salt Lake e, duas horas depois de chegados, começaram a construir suas casas e a lavrar as terras. Combinando fervor religioso com aguda habilidade comercial e grande proliferação, florescente comunidade de onze mil almas surgiu e, em 1850, o território foi reconhecido pelo governo federal e recebeu o nome de Utah. A colônia fora estabelecida numa posição-chave que tanto comandava o caminho para Oregon como para a Califórnia. A venda de mantimentos e outras mercadorias aos aventureiros que iam e vinham por aquelas estradas trouxe riqueza aos colonos mormons, e, a cidade de Salt Lake, embora maculada por elementos descrentes e menos ordeiros que lá se fixaram, tornou-se uma das mais ricas cidades da América. Com o estabelecimento dessa singular colônia, a ocupação territorial no Continente tornou-se razoável. Competia agora ao governo federal organizar o território do extremo Oeste ganho no México e também o obtido por meio do compromisso com a Grã-Bretanha. Daí surgiu em sua forma definitiva e temível, o problema dos homens livres e dos escravos.

CAPÍTULO II

ESCRAVATURA E SEPARAÇÃO

Nos anos que se seguiram a 1850, o futuro promissor a se estender perante os Estados Unidos acalentou altas esperanças na América e provocou admiração invejosa na Europa. O Continente fora dominado e estava suprido de alimentos. A importação, a exportação e, mais de tudo, o comércio interno, foram triplicados durante o último decênio. A Marinha mercante da América era mais numerosa que a da Grã-Bretanha. Anualmente se cunhavam moedas de ouro no valor de cerca de 50.000.000 de libras. Mais de trinta mil milhas de trilhos ferroviários venciam as grandes distâncias e aliavam a coesão econômica à unidade política. Ali a democracia, protegida dos perigos europeus pelos oceanos e pela Marinha Real da Grã-Bretanha, baseada em instituições inglesas e na Lei Comum, estimulada pelo impulso da Revolução Francesa, achara aparentemente afinal tanto a prosperidade como o poder. A industrialização abundante dos Estados do Leste era contrabalançada e alimentada pela vasta agricultura desenvolvida pelos fazendeiros médios e pequenos. Em todos os assuntos materiais, os Estados Unidos ultrapassavam tudo o que a história jamais registrara.

Homens observadores e viajantes, já de alguns anos àquela data, observavam a aproximação de uma convulsão que haveria de atingir não apenas o corpo dos Estados Unidos, mas sua própria alma. Das três raças que viviam na América do Norte, a branca dominava de maneira indiscutível e suprema. Os Peles Vermelhas, habitantes primitivos, produto da influência secular do clima e do solo, retiravam-se passo a passo, explorados, empurrados, mas sempre desdenhosos. Retiravam-se não tanto perante o poder das armas, mas principalmente fugiam da civilização, da sociedade européia transplantada pela qual se sentiam vencidos e eclipsados. Os homens negros representavam um problema moral, político, social e econômico como nunca houvera outro antes dele. Já foi afirmado que ambas as raças foram espezinhadas pela supremacia da raça branca da mesma maneira pela qual a humanidade doma, usa e extermina os animais. O Pele Vermelha orgulhoso foi lançado ao caminho da ruína, pelo excesso de liberdade. Quase a totalidade dos 4.000.000 de negros eram escravos. Em regiões tão vastas e tão diversas como as da União desenvolveram-se extremas divergências de interesses, pontos-de-vista e cultura. Ao sul do paralelo 40 e no ângulo formado pelo Mississipi e por Ohio, a instituição da escravatura dos negros imperou por muito tempo quase sem suscitar comentários. Toda a vida dos Estados do Sul, erguia-se sobre esse alicerce. Era uma vida estranha, impetuosa e antiquada. Uma aristocracia formada por donos de plantações vivendo num ambiente de magnificência rural e pompa feudal, bem como a multidão de sitiantes — todos cultivavam algodão servindo-se de mão-de-obra escrava. Dos seis milhões de habitantes dos Estados escravistas, menos de quatrocentos mil possuíam escravos e apenas quarenta mil possuíam plantações que requeriam turmas de até vinte trabalhadores no campo. Mas os três ou quatro mil dos principais donos de escravos dirigiam a política sulista com tanta segurança quanto possuíam os barões medievais na Inglaterra. Abaixo deles, mas estreitamente aliados, vinham diversas centenas de milhares de pequenos donos de escravos, para quem o que passou a chamar-se "Instituição Singular" representava uma conveniência doméstica; em seguida, vinha uma classe forte de sitiantes livres semelhantes aos que existiam no Norte e, afinal, vinha a multidão de "brancos pobres", material próprio para formar um exército.

A vida dos sulistas brancos possuía uma graça e um desembaraço que faltavam à vida agitada do Norte. Não era culpa deles, naturalmente terem surgido estas disparidades de condições. Durante dois séculos, o tráfico de escravos da África para o Novo Mundo fora o empreendimento predileto para a França, a Espanha e, sobretudo, para a Inglaterra. Vastas quantidades de pretos aprisionados na costa ocidental da África foram transportadas como gado através do Oceano Atlântico para se tornarem propriedade dos que os comprassem. Os escravos trabalharam e multiplicaram-se. A massa adaptou-se ao novo padrão de vida que, embora odioso aos olhos da civilização cristã, era menos penoso que o barbarismo africano. O escravo médio, como já acontecera com os servos da Idade Média, era protegido contra abusos e maus tratos já pelo seu valor comercial intrínseco, já pelo valor como procriador e também pelos padrões crescentes dos hábitos sociais.

Tanto os plantadores do Sul quanto os escravos que lhes pertenciam criaram-se em terras imensas e selváticas sem jamais terem conhecido outra relação que não fosse a de dono e de escravo. Agora, de repente, em meados do século XIX, lançava-se feroz desafio a todo esse sistema de vida e à sociedade baseada nele. Uma comunidade grande, com características pronunciadas, amadurecida, via-se encarada pelos olhares malignos e escandalizados do mundo cristão; este, por sua vez, em pleno progresso vigoroso e confiante em sua força. Por muito tempo, haviam vivido confortavelmente nas fraldas férteis do vulcão. Começaram agora os surdos ribombos, tremores da terra e exalações de gases — prenúncios seguros de violenta erupção.

Hoje é praticamente impossível entendermos a maneira profunda e inseparável com que a escravatura dos negros se interlaçara com toda a vida, economia e cultura dos Estados sulistas. Os tentáculos escravistas estendiam-se amplamente pelos Estados "livres" do Norte, seja por meio dos canais comerciais, seja por muitos caminhos trilhados pela influência política. Um único exemplo revela claramente a impotência da comunidade de se livrar da terrível doença que se tornara parte integrante do seu organismo. Dizia-se que mais de seiscentos e sessenta mil escravos pertenciam a sacerdotes de todos os credos. Cinco mil pastores metodistas possuíam duzentos e dezenove mil escravos; cento e vinte e cinco mil escravos pertenciam à comunidade de seis mil e quinhentos batistas; mil e quatrocentos anglicanos possuíam oitenta e oito mil negros — e assim por diante. Assim, o sistema da escravatura não era somente defendido por argumentos de interesse individual, mas muitos púlpitos sulistas consagravam a escravatura como sistema ordenado pelo Criador e santificado pelo Evangelho de Cristo.

Nem sempre fora assim. Durante a revolução contra o Rei Jorge III, muitos sulistas haviam expressado a esperança de que a escravatura viesse a ser abolida qualquer dia. Mas, no decorrer do tempo, a "Instituição Singular" tornou-se, usando as palavras de Morrison e Comanger, "tão necessária que deixou de parecer má"*. Lá, por volta de 1830, os sulistas tornaram-se dispostos a defender a escravatura como bem positivo e base permanente da sociedade. Constituía isso flagrante modificação de opinião e, para tal, havia diversos fundamentos. O desenvolvimento rápido da cultura de algodão exigia ampla reserva de mão-de-obra que, na opinião dos sulistas, só poderia ser fornecida pelos pretos em condições de escravos. Além disso, espalhou-se no Sul pronunciado receio suscitado por diversas revoltas de escravos que haviam massacrado alguns brancos. Perguntavam se a vida dos homens brancos continuaria segura se os escravos fossem libertos, ou pondo os pingos nos is, haveria então segurança para a honra das mulheres brancas? Anteriormente, filantropos esperançosos julgaram viável resolver o problema reembarcando os pretos de volta à África e estabelecendo-os numa república própria. Assim tivera início o Estado da Libéria. Mas as tentativas de levar avante esse plano tiveram que ser abandonadas. Aliás, os pretos preferiram ficar na América. Os sulistas viram de perto um exemplo assustador do que sucederia ao se libertarem os escravos. Nas Índias Ocidentais Britânicas, a escravatura foi abolida por lei passada em 1833, como aliás em todo o Império da Grã-Bretanha. Essa foi uma das grandes reformas realizadas pelo Governo "Whig" do Conde Grey. Os plantadores das Índias Ocidentais, cuja maneira de viver muito se assemelhava à dos Estados sulinos da América, receberam indenizações pela perda da propriedade humana. Não obstante, suas fortunas declinaram visível e rapidamente. Homens habituados a refletir podiam observar tudo isso no continente vizinho.

---
* "O Crescimento da República da América" (1930), Vol. I, pág. 246.

O Norte, que já fora indiferente perante a sorte dos escravos, por volta de 1850, convertera-se à causa antiescravista. Durante vinte anos, o jornal *O Libertador* de Boston, pertencente a Guilherme Lloyd Garrison, fez virulenta campanha contra a escravatura. Esse diário não era muito lido, mas sua linguagem enraivecia o Sul. Ao mesmo tempo, a Sociedade Antiescravista de Nova York e outras instituições beneficentes publicavam vigorosos tratados e publicações periódicas. Essas organizações empregavam centenas de agentes encarregados de pregar a abolição em todo o território. O resultado dessas iniciativas era o endurecimento dos sentimentos de ambos os campos opostos. A situação tornou-se mais acre quando, em 1852, Henriqueta Beecher Stowe publicou seu livro *A Cabana do Pai Tomás*. Sua obra foi francamente propagandística. A autora usou todas as armas. Espalhou por todas as páginas do livro argumentos teóricos e religiosos, mas por meio de um outro método, que ultrapassava todos os demais lutadores contra a escravidão. Apresentou aos leitores uma série de incidentes simples, mas comoventes, inseparáveis de qualquer sistema de escravidão: dissolução do lar e da família de um escravo; as despedidas entre marido e mulher; a venda do bebê, arrancado do colo materno; o leilão indiscriminado dos escravos após a morte do proprietário bondoso; a impotência do proprietário virtuoso e a maldade do ruim; o tráfico brutal dos mercadores de escravos; os horrores das plantações longínquas e as câmaras de açoitamento, onde damas delicadas enviavam suas criadas faltosas; a situação agravada dos mestiços; a escrava quase branca vendida e revendida como objeto de luxúria; o nascimento de crianças que não podiam ser distinguidas dos seus opressores pela aparência; todas estas facetas da vida de uma comunidade culta, educada, de formação cristã e espalhada através de vastíssimos territórios foram apresentadas nas páginas daquela obra com mestria, pintadas com todos os requintes da arte e desenhadas de maneira a exercer o máximo possível apelo aos sentimentos do leitor humanitário. Tal argumentação foi devastadora. Dentro de um ano, venderam-se nos Estados Unidos centenas de milhares de exemplares. Diz-se que, em setembro daquele ano, uma só livraria na Inglaterra recebia diariamente 10.000 exemplares. Em fins de 1852, mais de um milhão de exemplares foram vendidos na Inglaterra, provavelmente dez vezes mais que os exemplares de qualquer outra obra, excetuando-se a Bíblia e o Livro de

Orações. *A Cabana do Pai Tomás* deu a volta ao mundo inteiro, foi lida com paixão e suscitou emoções em todos os países. Fora o arauto que viera anunciar a tempestade.

* * *

O progresso moral daquela época havia primeiro varrido o tráfico de escravos dos mares e oceanos, empregando para tanto o poderio naval. Em seguida, apesar da oposição do jovem Sr. Gladstone, aboliu-se a escravatura em todo o território do Império da Grã-Bretanha.

O mesmo ânimo fazia-se sentir nos Estados da Nova Inglaterra nas costas do Atlântico, bem como entre a população pujante e crescente do Meio-Oeste dos Estados Unidos. Abriu-se entre o Norte e o Sul um abismo de interesses antagônicos e de sentimentos opostos. Os relâmpagos das controvérsias, das trocas de idéias e das conversações iluminaram durante anos as trevas desse abismo. Muitos líderes nortistas, tanto de formação secular como religiosa, sentiam intensamente que todo o futuro do nobre continente que ajudaram a conquistar sentia o peso de certa maldição. Mesmo que não fosse possível neutralizá-la de todo, urgia evitar pelo menos que se alastrasse. Na fase inicial, a rivalidade comercial não influiu nessa atitude. Não persistia dúvida de que, em igualdade de condições, o trabalho de escravos não podia competir com o da mão-de-obra livre. O contraste entre o progresso e a atividade de um dos Estados livres nas margens do Ohio e a estagnação do Estado escravista na margem oposta do rio dava na vista a qualquer observador. Era o contraste entre os séculos XIX e XVII. Os Estados do Norte não sofriam com a concorrência do Sul, e também o Norte necessitava das safras de algodão, que só podiam ser efetuadas de maneira econômica com a mão-de-obra escrava. O problema não era econômico, era moral. Também era social. A maior parte da aristocracia escravista do Sul sentia-se socialmente superior à sociedade comercial, industrial e capitalista do Norte. A raça puritana do Norte encarava a sociedade senhoril sulina com sentimentos semelhantes ao ódio e censura que os guerreiros de Cromwell sentiam contra os cavalheiros de Rupert. Realmente, de muitos pontos-de-vista a luta feroz que se aproximava era parecida e reproduzia as paixões do antagonismo da Guerra Civil Inglesa.

Mas as causas reais da briga eram políticas e constitucionais. O Norte aferrava-se com tenacidade às concepções federalistas de Alexandre Hamilton. No Sul, predominavam as idéias de Jefferson, que exaltavam os direitos dos Estados. Muitos dos generais sulistas como José E. Johnston, Ambrósio P. Hill e Fitz Hugh Lee, jamais possuíram um escravo. O Coronel do Exército dos Estados Unidos, nascido na Virgínia, Roberto E. Lee, prestando serviço no Texas, escrevera: "A escravatura seria um mal político e moral em qualquer país." Declaração clara e honesta que só poderia ser igualada por poucos homens daquela época. Mas, estando em jogo os direitos constitucionais, todos esses homens de alta moral e elevada virtude sentiam-se ligados até a morte à sorte e independência soberana dos Estados natais. Os ianques sentiam ciúme da distinção e elegância que o comercialismo vulgar jamais poderia atingir. Não lhes assistia o direito de usar a Constituição Federal, para cuja concepção contribuíram largamente os grandes virginianos Washington e Madison, para obrigar Estados famosos a obedecerem aos ditames da União. Não entendiam as condições totalmente diversas da vida sulina. Insultavam e maliciavam uma civilização mais elevada em comportamento, senão em riquezas. Procuraram impor a tirania das suas idéias a Estados que se uniram voluntariamente à União para a execução de interesses comuns e aos quais assistia o direito de se separarem também voluntariamente quando esses interesses comuns deixassem de existir. O velho compromisso de Missouri assumido em 1820, ou seja, que a latitude de 36° 30' serviria de divisa entre a liberdade e a escravidão nos territórios da "aquisição da Louisiana" já não satisfazia as paixões ora desencadeadas. A guerra contra o México adicionou imensos territórios novos — quais haveriam de ser os princípios que lhes deveriam ser aplicados? Os sulistas, ainda sob o domínio da grande figura de João C. Calhoun, que pertencera à geração de 1812, afirmaram que os territórios pertenciam à União dos Estados e não aos Estados Unidos, que os escravos eram propriedade comum, como qualquer outra, e que ao Congresso não assistia o direito de proibir a escravatura nos territórios. O pedido da Califórnia de ser admitida na União precipitou a crise. Elementos moderados quiseram a linha do Compromisso de Missouri através do continente até o Pacífico. Na Califórnia, isso não deu certo. Essa linha teria cortado o Estado bem pelo meio.

Aliás, a constituição da Califórnia proibia a escravidão, e introduzi-la naquele Estado criaria um precedente para os Estados a serem formados das conquistas obtidas do México. As nuvens tempestuosas da escravidão e separação provocaram no Senado, em janeiro de 1850, o último dos grandes debates oratórios em que Calhoun, Clay e Webster competiram sobrepujando um ao outro. Henrique Clay apresentou sua última contribuição capaz de adiar o choque: admitir a Califórnia na qualidade de Estado "livre" e organizar os governos dos territórios de Novo México e Utah sem mencionar a escravatura. Severa lei contra escravos fugitivos apaziguaria o Sul, enquanto a União, assumindo a dívida nacional do Estado de Texas, favoreceria os nortistas. Com essas concessões mútuas, Clay esperava manter a unidade política do continente. Nessa última ocasião, levantou-se no Senado e falou durante quase dois dias. Calhoun estava morrendo e permaneceu no recinto carrancudo e quieto. Um dos seus correligionários leu o seu discurso. "Senadores, de há muito acreditei que as discussões sobre o assunto da escravatura, se não lhes fosse posto termo em tempo oportuno e de maneira adequada e eficiente, terminaria provocando a separação(..) As cordas que unem os Estados entre si estão rebentando." Além da questão escravista, nos Estados do Sul existia o temor de estarem sendo oprimidos pelo Norte política e economicamente e de estarem perdendo a corrida pela aquisição de aliados no Oeste.

Daniel Webster pediu a palavra dois dias depois: "Falo hoje a favor da conservação da União. Ouvi o que tenho a dizer." As vozes de Webster e de Clay foram ouvidas e o compromisso foi aprovado. As paixões do momento foram aplacadas pelo que denominaram como "Princípio de soberania popular." Isso queria dizer que os próprios colonos dos territórios haveriam de decidir se eram contra ou a favor da escravatura na ocasião em que o respectivo território recebesse os direitos de Estado. Calhoun morrera e dentro de dois anos tanto Clay como Webster desapareceriam do cenário. Deixaram atrás de si uma calmaria inquieta. Enquanto isso, o continente desenvolvia-se com rapidez vertiginosa. Até 1850, foram construídas nove mil milhas de ferrovias; em 1861 já existiam mais de trinta mil. Imigrantes alemães e irlandeses afluíam às terras novas do Oeste. A mecanização da agricultura modificou o tipo do fazendeiro. O fazendeiro das planícies suplantou o matungo e começou o cultivo em larga escala das Grandes Planícies.

* * *

Nova causa de divergência decorreu dos estudos para o traçado da nova estrada de ferro transcontinental. Os interesses rivais do Norte e do Sul foram profundamente afetados e, na discussão política que se seguiu o Norte e o Oeste fizeram causa comum. O traçado pelo sul era o mais curto para se alcançar a costa do Pacífico e percorria territórios organizados partindo de Nova Orleans para o Texas e de lá, através do Vale Gila, alcançava San Diego. O traçado do norte seguia os caminhos migratórios que ligavam a Califórnia e Oregon aos Estados marginais dos Grandes Lagos. Um terceiro traçado percorria regiões ainda não organizadas, mas onde havia aplicação de capital nortista. O Senador Estevão A. Douglas, de Illinois, desejava ardentemente fomentar a colonização do Oeste e possuia grandes interesses na zona percorrida pelo terceiro traçado. Assim, tornou-se campeão dos interesses nortistas. A fim de organizar essa zona central, introduziu em 1854 um projeto de lei estabelecendo o território de Nebrasca. Para atrair votos sulinos, incluiu no projeto uma cláusula prevendo a "soberania popular". Isso alterou o problema e agravou a discussão. O povo do Norte estava convencido de que o compromisso de 1850 só se aplicava aos territórios ganhos do México. Agora se propunha introduzi-lo em regiões onde até então prevalecera o compromisso de Missouri. Uma vez que essas áreas das Grandes Planícies se achavam ao norte da latitude de 36° 30', a nova lei implicitamente anulava o compromisso de Missouri. Os sulinos desejavam que isso fosse introduzido explicitamente e Douglas concordou. Isso poderia levar a escravatura para o norte da linha divisória.

As forças antiescravistas do Norte, já furiosas contra Douglas, resolveram resistir à introdução da escravatura nos territórios novos. Em maio, o Senado aprovou o projeto Kansas-Nebrasca. Os novos territórios das Grandes Planícies deveriam ser divididos em Kansas e Nebrasca, e o princípio da "soberania popular" foi confirmado. Essa lei foi o sinal que fizera eclodir agitações e violências nos Estados do Norte. Em virtude da

Lei dos Escravos Fugitivos, os agentes federais já haviam recebido ordens de prender e recambiar aos seus donos os escravos que lograssem fugir aos Estados livres. Já houvera inúmeros incidentes de menor importância, mas agora, ao amanhecer o dia em que fora aprovada a Lei Kansas-Nebrasca, a paciência do Norte esgotou-se. No dia seguinte, o populacho de Boston tentou libertar Antonio Burns, escravo fugitivo aprisionado para ser deportado ao Sul. Foi preciso mobilizar um batalhão de artilharia, quatro pelotões de fuzileiros navais, o efetivo da polícia e vinte e duas companhias da milícia a fim de formar alas nas ruas e levar o escravo até o navio atracado no cais de Boston. "Os Estados Unidos despenderam cerca de cem mil dólares a fim de recambiar o escravo. A verdadeira conta foi apresentada mais tarde e foi paga em sangue."*

No território recém-criado de Kansas havia brigas mortíferas entre os partidários do solo livre e os da escravatura. Partidários da escravatura pilharam Lawrence, cidade favorável à terra livre, e, três dias depois, João Brown, místico puritano e abolicionista militante, vindo de Ohio, acompanhado de seus quatro filhos, em represália, arrancou cinco homens escravistas das suas camas e degolou-os. Mais de duzentas vidas foram perdidas durante essas ações terroristas, mas João Brown escapou. Em toda a parte, em todas as ocasiões, as causas contraditórias produziam conflitos. No Senado, um representante da Carolina do Sul atacou a bengaladas um Senador de Massachussts até deixá-lo inconsciente. Todos os elementos antiescravistas do Norte e do Oeste uniram-se num Partido Republicano após a aprovação da Lei Kansas-Nebrasca e estabeleceram como plataforma política o combate à escravatura. Os ânimos estiveram exaltados durante as eleições presidenciais em 1856, mas a influência democrática elegeu um "nortista com princípios sulistas", Jaime Buchanan, da Pensilvânia, e pela vez derradeira influências sulistas puderam fazer-se ouvir em Washington.

Dois dias depois da posse do novo Presidente, a Suprema Corte tornou pública sua decisão acerca do famoso processo do escravo Dred Scott contra seu patrão, Sanford. Scott foi levado por seu dono do Estado escravista de Missouri para o Estado de Illinois e depois ao território de

---

* Morison e Commanger, "Crescimento da República da América", (1930), vol. I, pág. 622.

Wisconsin. Scott entrou com o processo pleiteando sua libertação, argumentando que a residência nesses dois locais o tornou homem livre. À Corte competia resolver duas questões. Seria Scott cidadão de Missouri, condição indispensável para entrar em juízo? Teria a permanência em outra parte alterado sua situação? A Corte deu parecer contrário em ambos os casos. O Juiz Supremo Taney pronunciou um julgamento que, embora expressasse as leis constitucionais em vigor, provocou uma tempestade em todo o Norte. "O negro", declarou Taney, "não era cidadão perante a Constituição, que fora instituída somente para os homens brancos." Era-lhe vedado entrar em juízo em qualquer parte dos Estados Unidos. Os negros eram encarados como "seres tão inferiores que não possuíam direitos que o homem branco fosse obrigado a respeitar". O escravo era propriedade do seu dono e o governo da nação não possuía direitos de interferir na posse dos cidadãos dos Estados Unidos. Tampouco podia proibir escravatura nos territórios e o velho Compromisso de Missouri, no qual Scott baseara suas pretensões de liberdade, era inconstitucional. Assim foi a decisão da Suprema Corte. É justo mencionar que Taney observou não ser da competência da Corte decidir se os Pais Fundadores da Constituição estiveram certos, ou não, em encarar os negros desta maneira. De fato, Dred Scott foi posto em liberdade imediatamente após o veredicto. O seu processo foi organizado propositalmente para testar a lei e inflamar os ânimos. Esse fim foi alcançado. O Partido Republicano, organizado expressamente para evitar que a escravatura atingisse os territórios, viu todo o seu programa declarado inconstitucional. "O povo dos Estados Unidos", berrou Guilherme H. Seward, líder republicano, "jamais poderá e jamais consentirá aceitar princípios tão horrendos."

A luta selvagem entre escravistas e partidários de "solo livre" nas Grandes Planícies projetou na política nacional uma nova figura interiorana. A aprovação da Lei Kansas—Nebrasca comoveu profundamente Abrahão Lincoln, advogado de uma cidadezinha do interior chamada Sprinfield. Já participara do Congresso durante um termo, agora se candidatara ao Senado. Esposou a obrigação de opor aos princípios escravistas toda a força moral de sua personalidade. "Uma Câmara dividida não pode persistir." Acredito que esse Governo não pode continuar etenamente dividido em duas facções — escravista e livre. Não prevejo a dissolução da

União, nem espero que a Casa caia — o que espero é que deixe de estar dividida. Tornar-se toda uniforme. Ou os oponentes da escravidão porão termo a sua expansão e a manterão numa posição onde a opinião pública saberá que ela será condenada à lenta extinção; ou então os Estados, velhos e novos, sulistas ou nortistas." Durante o verão e o outono de 1858, Lincoln combateu Douglas nas cidades de Illinois, seja em debates públicos, seja pronunciando discursos, e, embora não fosse eleito tornara-se figura de projeção nacional. Transformara a escravatura de uma questão política numa questão moral e propagou a idéia revolucionária de desrespeitar a decisão da Suprema Corte; considerava ainda a escravidão nos territórios novos fora da Lei. Sentia instintivamente a fraqueza e pouca longevidade desta nova concessão às suscetibilidades sulistas. Compreendia que, ao passo que crescesse o movimento em prol da abolição, os sulistas exigiriam novas garantias para proteger sua singular sociedade escravista. O Presidente Buchanan e os círculos democráticos da Casa Branca falavam em conquistar Cuba e a Nicarágua, na esperança de adicionar novos Estados escravistas. Comerciantes sulistas, instigados pela alta nos preços de escravos, insistiam na reabertura do tráfico de negro, ao passo que os nortistas, numa série de incidentes inquietantes, desafiavam a Lei dos Escravos Fugitivos de 1850. Bastaria uma faísca para provocar a explosão. O fanático João Brown, auxiliado por seus filhos, apoderou-se, em outubro de 1859, do arsenal em Harpers Ferry, declarou guerra aos Estados Unidos e libertou um grupo de escravos apalermados. Foi atacado por fuzileiros navais comandados pelo Coronel Roberto E. Lee e, ocorrendo algumas baixas, foi aprisionado gravemente ferido. Foi submetido a julgamento e enforcado juntamente com quatro companheiros. O Sul, excitado, declarava que esse ultraje fora obra do Partido Republicano. Milhões de nortistas consideravam João Brown um mártir. Seu corpo decompunha-se na sepultura, mas sua alma continuava a marcha avante.

CAPÍTULO III

A UNIÃO AMEAÇADA

Agora chegaram as eleições fatais de 1860. O Senador sulista Jefferson Davis exigiu em fevereiro que os Estados do Norte cancelassem suas Leis de Liberdade Pessoal e deixassem de interferir com a Lei dos Escravos Fugitivos de 1850. A decisão do Juiz Supremo Taney havia de ser obedecida. O Governo Federal não podia proibir a escravatura nos territórios dos Estados Unidos. Pelo contrário: Davis pediu que o Governo Federal protegesse a escravidão naquelas áreas. Abrahão Lincoln, em discursos magníficos, calmos, monumentais e magnânimos, combateu essa atitude em Nova York e em outras cidades. Diante dessa crise, houve ruptura dentro do Partido Democrático. Quando o candidato democrata à Presidência, Douglas, na convenção do Partido em Charleston, apresentou diversas fórmulas conciliatórias, a delegação do Alabama retirou-se da Convenção e foi acompanhada pelas delegações de outros sete Estados algodoeiros. Era provável que Lincoln chegasse a ser eleito de qualquer modo, mas a divisão dentro do partido tornou sua eleição certa. Os Estados algodoeiros apresentaram como seu candidato João C. Breckenridge, de Kentucky, Vice-Presidente naquela época. Pertencia à ala sulista do Partido Democrático. A situação tornou-se mais complexa ao surgir um novo candidato, o Senador João Belle de Kentucky, que se dava como Unionista Constitucional e era um "whig" antiquado. Não se discutia a separação, embora todos soubessem que o Sul assim procederia caso Lincoln fosse eleito. A escravatura era o tópico dominante e absorvente Lincoln e os Republicanos queriam que a decisão acerca de Dred Scott fosse revogada, que a escravatura fosse proibida nos territórios e que esta fosse confinada dentro dos limites onde ora existia. Douglas e os Democratas eram favoráveis à não-intervenção nos territórios e à "soberania popular" dos colonos. Breckenridge e seus correligionários exigiam que a lei protegesse a escravatura nos territórios. Belle tentava ignorar todo esse problema na esperança vã de que a nação pudesse olvidar tudo o que acontecera desde a guerra contra o México. Contava com apenas 40% dos eleitores. Douglas contava com a maioria dos votos populares. Em terceiro lugar, vinha Breckenridge, que, muito embora assegurasse sua lealdade para com a União, era tido como candidato separatista. Mesmo nos Estados escravistas, não conseguiu maioria nas votações.

    Embora houvesse esta maioria contrária ao desmantelamento da União, o Estado da Carolina do Sul, onde se acalentavam as teorias de Calhoun, votou unanimemente a favor de sua famosa Lei de Separação, declarando que sua união de 1788 com todos os Estados, seja com os do Norte como os do Sul também, havia cessado. Esse ato precipitado e mortal foi aclamado com delirante entusiasmo. Canhões trovejaram em salvas de festim, os sinos repicaram em regozijo e as casas foram embandeiradas. Massas populares aclamavam nas ruas. O exemplo da Carolina foi seguido pelos Estados do Mississipi, Flórida, Alabama, Georgia, Louisiana e Texas. Os delegados desses primeiros seis Estados Soberanos, como se consideravam, reuniram-se em Alabama e, em fevereiro, formaram nova Confederação, elegendo Jefferson Davis seu Presidente. Foi proclamada nova Constituição, similar em tudo à dos Estados Unidos, mas baseada na escravatura. Foi adotado um pavilhão confederado, o de estrelas e barras. Davis foi autorizado a mobilizar um exército de cem mil homens, aprovaram a concessão de grandes créditos e mandaram uma delegação composta de três membros a fim de procurar reconhecimento e amizade na Europa. Todas as pessoas de relevo que tomaram parte nessas decisões fomentavam grandes ilusões. Julgavam que o Norte não tentaria obrigá-los à força a voltarem para a União. Se tal tentativa houvesse, acreditavam que os ianques não estivessem à altura das armas sulistas. Caso os nortistas impusessem o bloqueio, esperavam que a Europa interviesse a favor do Sul. Acalentavam a esperança de que o "Rei Algodão" fosse de importância tão vital para a Inglaterra e a França que nenhum dos dois países concordasse pacificamente com a interrupção de seu fornecimento.

Buchanan continuava Presidente dos Estados Unidos, e Lincoln, Presidente eleito, só poderia assumir o Governo em março. Durante quatro meses, a administração moribunda olhava embasbacada o país enlouquecido. Floyd, Secretário da Guerra, sulista ardente, não deu mostras de vigilância, nem de perspicácia. Permitiu fossem devolvidos ao Sul mosquetões que haviam sido revisados nos arsenais do Norte. Facilitava-se de todas as maneiras aos oficiais do Exército o ingresso nas forças em organização febril no Sul, Buchanan, aguardando ansiosamente ser substituído, tentava desesperadamente cumprir seus deveres sem se afastar do rumo neutro. Todos os preparativos defensivos ou ofensivos do Norte achavam-se paralisados. Entretanto, Buchanan recusava-se a reconhecer a validade da separação. Praticamente todos os postos federais no Sul, com as respectivas guarnições, passaram para a posse dos Confederados sem que houvesse combates. Mas os fortes do porto de Charleston, sob o comando do Major Anderson, oficial decidido, continuavam a ostentar a bandeira de barras e estrelas. Intimado à rendição, retirou-se para o Forte Sumter, situado numa ilha. Seus mantimentos eram escassos e, quando um navio trouxe do Norte suprimentos para a guarnição, as baterias confederadas localizadas no continente impediram sua aproximação a bala de canhão. Enquanto isso, faziam-se esforços para se chegar a um acordo. Muitos nortistas estavam dispostos a fazer concessões quanto à escravatura a fim de manter a paz. Mas Lincoln estava inflexível. Não haveria de se afastar da plataforma pela qual foi eleito. Não podia consentir fosse estendida a escravidão aos territórios. Isso era o ponto em torno do qual tudo girava. Nesse ambiente tenso e pavoroso, efetuou-se a posse de Lincoln, em 4 de março de 1861. Em torno dele, desmoronava a estrutura do Governo Federal. Funcionários e oficiais partiam diariamente dirigindo-se a seus lares no Sul. Velhos amigos apertavam-se as mãos, sabendo ser essa a derradeira vez em que o podiam fazer amistosamente.

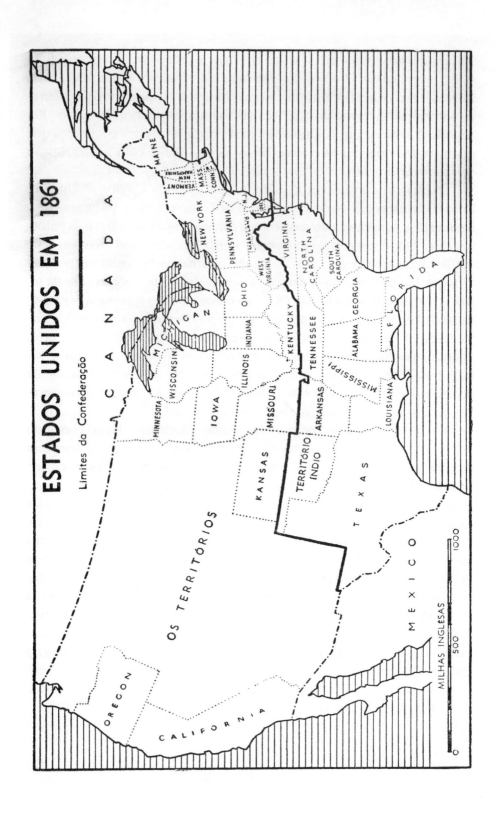

Por muito que o Norte detestasse a escravatura, não imaginara que chegasse a haver guerra civil. Entre os extremistas de ambos os lados havia imenso campo onde as relações se interlaçavam estreitamente por liames de amizade, hábito e interesses. Nesse campo intermediário imperavam opiniões das mais diversas. Até então, somente os Estados algodoeiros do extremo Sul haviam efetuado a separação. Missouri, Arkansas, Kentucky, Tennessee, Carolina do Norte, Maryland, Delaware e principalmente Virgínia, a velha e nobre Virgínia, berço de Washington, fonte da inspiração e da tradição americana, continuavam indecisos. Lincoln fez apelo à paciência e à conciliação. Declarou estar resolvido a defender as fortificações e propriedades dos Estados Unidos, mas negou qualquer intenção de invadir o Sul. Declarou que não interferiria na escravatura nos Estados sulistas. Reavivou as memórias comuns ao Sul e ao Norte, dizendo que "tais liames místicos se estendem de todos os campos de batalha, de todos os sepulcros de patriotas a cada coração vivo(...) através dessa terra imensa." "Em vossas mãos, exclamou, "e não nas minhas, meus conterrâneos malsatisfeitos, está a decisão momentosa da guerra civil. Não haverá conflito enquanto não fordes vós os agressores. Não prestastes juramento solene de destruir o Governo, ao passo que eu prestei juramento sagrado de o defender e preservar."

No dia 8 de abril, Lincoln comunicou ao Governador da Carolina do Sul que tencionava enviar suprimentos ao Major Anderson e aos 83 homens de sua guarnição. Diante disso, o Presidente Davis ordenou ao General Beauregard, comandante de sete mil homens em Charleston, que exigisse a capitulação imediata do forte. Anderson, embora admitindo que a fome o venceria dentro de poucos dias, manteve-se firme. Houve conversações inúteis, mas, ao amanhecer do dia 12 de abril, as baterias confederadas abriram fogo e, durante dois dias, bombardearam o Forte Sumter. Anderson e seu punhado de homens, abrigados nas cavernas a prova de balas, decidiram que tudo fizeram que deviam à lei e à honra. Emergiram no dia 14 meio sufocados e sujos. Permitiram-lhes que partissem para o Norte. Não houve derramamento de sangue, mas ocorreu o ato medonho da rebelião. O canhoneio do Forte Sumter ressoou no mundo inteiro. Alertou e uniu o povo do Norte. Todos os Estados antiescravistas cerraram fileiras. Apagaram-se divergências partidárias. Douglas, rival de Lincoln durante as eleições, portador de um milhão e meio de votos democratas, correu à Casa Branca estendendo a mão ao Presidente. O ex-Presidente Buchanan declarou: "O Norte dará seu apoio à administração quase unanimemente." Levado por esse tumulto de ânimos e pela própria determinação veemente, Lincoln lançou uma proclamação convocando a "milícia da União na ordem de 75.000 homens para subjugar combinações existentes em sete Estados demasiadamente poderosos, para que pudessem ser subjugados por processos judiciais ordinários." Eis, finalmente, o começo da Guerra Civil da América.

* * *

Diante do recurso às armas de Lincoln para subjugar os Estados separatistas, Virgínia, sem hesitação, fez a escolha que haveria de sustentar tão heroicamente. Por oitenta e oito votos contra cinqüenta e cinco, a Convenção da Virgínia em Richmond recusou à milícia estadual a permissão de atender ao chamado de Lincoln. Virgínia separou-se da União e colocou toda a sua força militar à disposição dos Confederados. Isso foi decisivo para orientar a atitude de um dos mais nobres americanos que já existiram, de um dos mais hábeis capitães de que temos registro nos anais militares.

Roberto E. Lee teve alto relevo na vida da América. Seu pai fora general durante a revolução. Casando-se com Miss Custis, que descendia de Mrs. Washington, Lee tornara-se dono de Arlington, casa que dominava a capital do país e que fora construída por Jorge Custis, filho adotivo de Washington e apelidado "filho de Mount Vernon". Essa casa situava-se a poucas milhas da residência de Washington. Lee graduara-se em West Point, fora oficial de engenharia no Estado-Maior do General Scott durante a campanha do México e serviu com distinção no Exército dos Estados Unidos durante quase vinte anos. Seu caráter nobre, suas maneiras suaves e bondosas, eram sustentadas por sentimentos religiosos e altas qualidades morais. Ao passo que os horizontes da América se obscureciam, comandando um regimento de cavalaria na fronteira do Texas, esse homem estudou ponderadamente o caminho que lhe competia trilhar de acordo com os preceitos da honra e do dever. Opunha-se à escravidão e mantinha a opinião de que a separação não traria benefícios; entretanto, ficara imbuído desde a infância com a convicção de que devia lealdade sempre e em primeiro lugar à Virgínia, seu Estado natal. Convocado a Washington durante o mês de março de 1861, Lee teve oportunidade de confiar a um amigo íntimo: "Se Virgínia apoiar a União, também farei isso. Mas se ela se separar (embora eu não acredite que a separação seja um direito constitucional e não acredito tampouco que haja motivo suficiente para uma revolução) então acompanharei meu Estado natal com a minha espada e, se necessário for, com a minha vida."

Chegado à Capital nos dias febris de abril, o General Scott, seu antigo comandante, discutiu com ele durante três longas horas. Por autorização de Lincoln, foi-lhe oferecido o comando do grande Exército da União que estava sendo organizado. Recusou imediatamente e, quando, dias após, Virgínia declarou sua separação, Lee pediu demissão, despediu-se para sempre de seu lar em Arlington e, profundamente entristecido, cavalgou através da ponte sobre o Potomac em demanda de Richmond. Ao chegar a Richmond, ofereceram-lhe o Comando Supremo das forças terrestres e navais da Virgínia. Havia pedido sua demissão do Exército dos Estados Unidos num sábado e já na quarta-feira seguinte aceitava a nova incumbência. Pessoas que o viram naquelas semanas trágicas, quando por vezes lágrimas afloravam aos seus olhos, coisa que nunca sucedia quando ganhava ou perdia suas grandes batalhas, descreveram suas lutas íntimas. Mas não houve luta, pois nunca hesitara. Decidira-se pelo Estado da Virgínia. Deplorava a necessidade daquela decisão. Profundamente abalado, previa as conseqüências que haveriam de suceder, mas para si mesmo não alimentara dúvida quanto ao caminho que lhe competia seguir, não as alimentara quando tomara sua resolução nem jamais sentira arrependimento tampouco.

Os que acreditam que o destino da humanidade é formado em grande parte pela influência dos seres superiores nos acontecimentos em que tomam parte hão de achar natural que falemos nesse ponto do famoso companheiro de armas de Lee, Stonwall Jackson. Como Lee, também Jackson era soldado profissional e serviu corajosamente na campanha do México. Devotara-se ao estudo teórico da arte militar. Era, naquela época, professor do Instituto Militar da Virgínia. Seu caráter era severo, suas maneiras reservadas e geralmente avessas a qualquer intimidade, sua têmpera era calvinista, e seu modo de viver, austero, frugal e retraído. Poderia ter sido transferido para a história da América diretamente do comando de um dos regimentos de Cromwell. Nele ardia o ódio contra a dominação pelo Norte que não havia em Lee. De barbas negras, pálido, lábios comprimidos, trajava seu uniforme com displicência; era enfim a encarnação do professor-guerreiro. Era, entretanto, profundamente venerado pelos que o conheciam bem e possuía o estranho poder de obter devoção ilimitada dos milhares de homens que ele governava com punho de ferro.

Ambos esses homens, embora afirmassem e certamente se convencessem do contrário, amavam a guerra como arte técnica a que dedicaram suas vidas. Suas palavras e suas cartas abundam em expressões de pesar pelos ditames terríveis de que se tornaram servos. Entretanto, durante uma interminável marcha noturna que precedeu renhida batalha, Jackson murmurou aos ouvidos de um companheiro: "Que excitação deliciosa!" Lee, certa feita, ao contemplar um campo de morticínio, observou pensativo: "É bom que a guerra seja tão horrível, do contrário, correríamos o perigo de gostar dela em demasia." Contra Lee e seu grande lugar-tenente, unidos durante um ano de intensa atividade por laços de camaradagem que faz lembrar Marlborough e Eugênio, concentravam-se agora as forças esmagadoras da União.

* * *

Ambas as facções dedicaram-se a formar exércitos. Oficiais e soldados treinados eram escassos, e havia falta de armas e munições. O povo da América gozou de prolongada paz e sua luta consistira em domar a selva e a extrair riquezas do solo. Nenhum dos lados se dava conta dos sofrimentos que logo viriam. O espírito guerreiro brilhava no Sul, e tanto seus cavaleiros como os fazendeiros das fronteiras eram mais habituados a cavalgar e a atirar que seus compadres do Norte comercialista. Os Estados Confederados defendiam seus lares contra invasão e domínio. Orgulhosos e ardentes, os homens acorriam aos regimentos confiantes na vitória, certos de que pelo menos eram invencíveis.

Primeiro, o Norte ficou pasmo diante do desafio. Malmente podiam compreender que o palavreado das atividades partidárias e a excitação das agitações eleitorais haviam de ser substituídas agora por morticínio organizado. Ao observarem os vastos recursos do Norte, sentiam que seu poderio era sem rival. Todos estavam resolvidos a manter a União a qualquer custo; por baixo dessa atitude nobremente constitucional, ardiam as brasas morais do ódio contra a escravidão. À primeira vista, aos olhos de observadores estrangeiros, a disparidade entre os combatentes era evidente. Vinte e três Estados com uma população de vinte e dois milhões levantaram-se em armas contra onze Estados de cuja população de nove milhões faziam parte quase quatro milhões de escravos. Mas, como os Estados do Sul apenas exigiam o direito de seguirem seu caminho sem serem molestados, sua política haveria de ser defensiva. O Norte, que lhes negava esse direito e estava resolvido a mantê-los dentro da União à força de armas, tinha que tomar a ofensiva. Os agressores enfrentavam tarefa formidável.

Nada menos que a subjugação de todo o Sul resolveria o caso. O problema não podia ser resolvido por duas ou três batalhas; todo o território teria que ser conquistado pedaço por pedaço. A Conferação cobria uma extensão de oitocentas milhas na direção norte-sul e mil e setecentas de leste para o oeste. As estradas de ferro eram poucas e em mau estado, e as rodovias não eram melhores. A região possuía população esparsa, e o invasor teria que trazer seus próprios suprimentos. Teria que defender extensas linhas de comunicações na sua marcha através de terrenos hostis. Embora se pudesse esperar que os escravos criassem sérios embaraços ao Sul, a realidade foi bem outra. A maioria deles foi de grande ajuda aos Confederados, pois cuidaram das plantações na ausência de seus donos, produziram safras que alimentavam os exércitos, trabalharam na construção de estradas e de fortificações, assim liberando muitos brancos para o serviço militar.

Quanto ao Norte, poderia-se supor que numerosos Democratas se oporiam ao emprego da força. A guerra, passando para o domínio de uma prova de resistência, poderia ser que os sulistas se mostrassem como os mais firmes. Numa guerra de desgaste, o Norte teria a vantagem por ser uma nação industrializada e sua melhor arma contra o Sul agrícola seria a Marinha, caso conseguisse bloquear 3500 milhas de costa. Mas a fome de algodão na Europa, se seguisse o bloqueio, poderia trazer como conseqüência a intervenção da França e da Inglaterra a favor do Sul.

Os sete Estados do Baixo Sul declararam sua separação após as eleições de Lincoln e organizaram governo próprio com sede em Montgomery, Alabama. Isso foi em fevereiro de 1861. O recurso às armas de Lincoln provocou a separação de quatro Estados do Sul Superior, e a capital confederada transferiu-se a Richmond. Restava ver a atitude dos Estados escravistas fronteiriços: Kentucky, Missouri, Maryland e Delaware. Desses, Kentucky era o mais importante, seja devido à sua situação geográfica, seja porque Missouri provavelmente seguiria seu exemplo. Realmente a sorte da guerra talvez dependesse de Kentucky. Lincoln, kentuckyano por nascença, como o era também Davis, teria declarado: "gostaria de ter Deus do meu lado, mas tenho de contentar-me com Kentucky". Mas Kentucky, leal à memória de Henry Clay, "O Grande Organizador de Compromissos", tentou permanecer neutro. Nenhum dos combatentes podia tolerar tal atitude por muito tempo, mas ambos temiam que um ato tempestivo pudesse atirá-lo aos braços do oponente. Lincoln provou ser diplomata mais hábil e, conduzindo as conversações pessoalmente, conseguiu a adesão de Kentucky em setembro. Foi a primeira real vitória do Norte. Em Missouri, havia uma maioria favorável à neutralidade; mas os extremistas de ambas as facções exaltaram-se e o resultado foi uma guerra interna. O Governador, separatista ferrenho, obteve o apoio do Legislativo e retirou o Estado da União. O líder unionista era da poderosa família Blair e seu irmão era membro do Gabinete. Blair solicitou ajuda ao General Lyon, comandante das tropas da União em St. Louis, e, com sua ajuda, derrotou as intenções separatistas do Governador e fê-lo retirar-se da capital, de onde se dirigiu ao canto sudoeste do Estado. Mas a intromissão das tropas federais nos desentendimentos internos do Estado fez com que muitos cidadãos, até então neutros, se aliassem aos separatistas. Embora uma convenção estadual depusesse o Governador e organizasse um governo provisório em St. Louis, haviam de passar meses antes que Missouri fosse submetido ao controle federal.

Em Maryland, o problema foi resolvido com maior rapidez. Os separatistas foram fortes em Baltimore e obtiveram controle temporário da cidade. Destruíram as pontes ferroviárias do lado do Norte e, por alguns dias, Washington sentiu-se perigosamente isolada. Reforços enviados de Massachusetts foram atacados quando transitavam pelas ruas, seguindo-se sangrento conflito. Mas, sem ajuda da Virgínia, os separatistas não podiam manter-se contra a capital da nação, e o governador unionista protelou a situação até que, no dia 13 de maio, o General Butler, comandando um destacamento federal, atacou de surpresa e ocupou Baltimore. Isso foi o fim da separação em Maryland. Um quarto Estado escravista, Delaware, também permaneceu com a União. Seu legislativo simpatizava com o Sul, mas a situação geográfica era adversa.

Lincoln não somente obteve quatro Estados escravistas como aliados mas também conseguiu destacar uma parte importante do Estado separatista da Virgínia. A Virgínia Ocidental, separada do resto do Estado pela cadeia dos Alleghanies e tanto geográfica como economicamente pertencendo ao Vale do Ohio, sentia-se há muito oprimida pelo Governo Estadual de Richmond, que ignorava seus interesses e a explorava em favor da parte marítima. Aproveitou agora a oportunidade para "separar-se da separação". Quando, em maio, o voto popular ratificou a Declaração Separatista, a Virgínia Ocidental separou-se do Estado e, com a ajuda do seu poderoso vizinho Ohio, estabeleceu sua independência sob o título de Estado de Kanawha, que, depois anos mais tarde, seria admitido na União com o nome de Virgínia Ocidental.

Na tarefa de se preparar para a guerra, o Presidente do Sul levava vantagem sobre seu rival. Graduado em West Point, servira no Exército durante anos e combatera na guerra contra o México. Foi depois Secretário da Guerra durante a Presidência de Picrcc e foi presidente da Comissão Senatorial para Assuntos Militares. Conhecendo bem seu corpo de oficiais, tinha facilidade de os utilizar. Não somente soube, com raras exceções, escolher os homens adequados como também foi-lhes leal durante os momentos de adversidade. Os principais generais confederados, em postos de comando no início da guerra, ainda comandavam quando ela terminou.

Lincoln, entretanto, não possuía experiência militar; sendo advogado, não teve contato com a oficialidade. Suas nomeações amiúde obedeciam a considerações políticas. Estava demasiadamente disposto, principalmente no começo, a ceder perante o clamor popular que exigia a substituição de um general malsucedido. Poucos, havendo falhado uma vez, recebiam segunda oportunidade. Depois de cada derrota, havia alterações no alto comando do Potomac. Nenhum dos generais em cargos de comando no fim da guerra havia exercido altos cargos ao começo dela. Os sobreviventes eram bons, mas a causa federal sofrera grandes perdas com os que ficaram pelo caminho. Outros, receando o Presidente na retaguarda mais que o inimigo pela frente, não desenvolviam suas capacidades de comando. Nem a Secretaria da Guerra soube empregar bem os oficiais subalternos do Exército. Demasiados eram aqueles que permaneceram junto aos seus destacamentos no extremo oeste em vez de serem utilizados para treinar e comandar os voluntários. Mas, embora no começo o Norte tivesse tentado organizar suas forças militares como se ele fosse uma confederação de Estados, o governo federal logo passou a predominar às expensas dos Estados e ganhou controle indiscutível sobre todas as forças da União. Os "Estados Soberanos" do Sul, mesmo enfrentando as dificuldades da guerra, não puderam abandonar o princípio da descentralização pelo qual combatiam. Alguns governadores de Estado, embora leais à causa da Confederação, atendiam às ordens do governo central com relutância, e, quando, em 1862, o Congresso Confederado instituiu o serviço militar obrigatório, houve muita oposição e muitas evasivas por parte dos governos estatais.

* * *

Por que trilhas deveria o Norte invadir o Sul para o reconquistar para a União? Os montes Alleghanies separavam o Vale de Mississipi dos lançantes que se estendiam para o leste até o Atlântico. O Mississipi, com o seu grande tributário Ohio, em conjunto com o rio Cumberland e o rio Tennessee, ofereciam meios seguros de levar a guerra ao âmago da Confederação e de a partir em pedaços. Os recursos mecânicos e materiais do Norte garantiam-lhe o domínio desses caminhos fluviais. O Sul não podia organizar forças fluviais capazes de enfrentar as flotilhas federais. A única linha de comunicação de longo percurso no território confederado, a estrada de ferro Charleston-Memphis, que passava pela posição chave em Chatanuga na margem do Tennessee, na junção de quatro linhas importantes, ficaria rapidamente ameaçada. Caminhos fluviais não podiam ser interrompidos por assaltos de cavalaria; a correnteza dos rios favorecia o Norte e não havia limites a não ser disponibilidade de navios para o embarque de tropas e suprimentos. O velho Winfield Scott, Comandante-Chefe federal, viu naquele teatro ocidental a verdadeira linha estratégica de avanço. Mas a neutralidade inicial de Kentucky confundiu o ponto de vista do Norte e, quando, em fins de setembro, Kentucky aderiu, a maior parte das forças da União já estavam empenhadas de outras maneiras.

Quando Virgínia aderiu à Confederação, Jefferson Davis fez de Richmond a capital do Sul. Distava apenas cem milhas de Washington. Controlava, ou poderia controlar, os estuários dos rios James, York e seus tributários. Dominava a poderosa base naval de Norfolk. Entre Richmond e o inimigo, corriam em sucessivas barreiras os leitos dos rios Potomac, Rappahannock e seu tributário, o Rapidan. Era ali, pois, nesse campo de batalha avançado, de preferência ao seu interior, que a Confederação devia vencer ou cair. Assim as duas capitais lá estavam como as rainhas no jogo de xadrez, em campos vizinhos, mantidas por combinações de peças de cobertura e assim permaneceram durante quatro anos de jogo sangrento, passíveis de serem tomadas de assalto.

No início, os Confederados esperavam defender a linha do Potomac, que marcava a divisa setentrional da Virgínia. Tomaram o arsenal e o depósito do exército federal em Harpers Ferry, na confluência do Shenandoch e do Potomac, e, durante diversos meses, enquanto as forças da União se concentravam, o Coronel Jackson, e mais tarde o General José E. Johnston — manteve-se lá, comandando poucos milhares de homens. Em frente à junção ferroviária de Manassas, nas margens do riacho Bull Run, distante apenas trinta milhas de Washington, estava o General Beauregard, conhecido pela ação do forte Sumter, comandando o grosso das forças confederadas. Assim aproximou-se o verão de 1861. "Por quanto tempo", clamavam os políticos de Washington e a turbulenta opinião pública do Norte, "irão os Estados Unidos tolerar esse desafio insolente?" Urgia que os voluntários convocados por Lincoln para o prazo de três meses entrassem em ação antes de expirar o prazo. O General Scott desejava esperar até que fossem organizados exércitos treinados. Mas não é comum os profissionais desprezarem a milícia e os voluntários? Sob a insistência intolerável de Lincoln e do Gabinete, Scott cedeu. Harpers Ferry já fora reconquistada, e José E. Johnston, com onze mil homens, retirara-se subindo o Shenandoch. Scott mandou, pois, quinze mil homens para imobilizar Johnston na sua posição, enquanto Irvin McDowell, soldado competente, à testa de trinta e cinco mil homens, marchasse para atacar Beauregard, que comandava vinte e dois mil. A essência desse plano era impedir que o exército de Johnston, mantido em xeque por forças superiores, se unisse a Beauregard antes que McDowell o pudesse atacar. Há quem diga que, se tivesse sido possível que Scott, ainda robusto mentalmente, embora fisicamente fraco, pudesse ter sido transportado ao campo da batalha numa liteira ou ambulância, como haviam feito com O Marechal Saxe na batalha de Fontenoy, o exército federal talvez não tivesse sofrido o desastre que se seguiu. Conhecimentos e experiência de comando pesam mais que habilidade física.

O avanço federal fora fixado para o dia 9 de julho, mas só uma semana mais tarde realmente começou o movimento das tropas. Os dois generais confederados esperavam ser atacados por forças superiores e ambos solicitavam-se reciprocamente o envio de reforços. Mas o general unionista Peterson, que enfrentava Johnston, deixou que este se retirasse despercebido e se juntasse a Beauregard trazendo duas brigadas na véspera da batalha. Tanto McDowell como Beauregard planejaram fazer a mesma manobra, isto é, contornar o flanco esquerdo do inimigo. McDowell atacou primeiro. Na ala direita dos confederados, houve erro na transmissão das ordens e a ofensiva falhou. Com as tropas de que dispunham, o lado que permanecesse na defensiva poderia manter-se na sua posição. Mas McDowell praticamente conseguiu efetuar uma surpresa e suas forças muito superiores ameaçavam sobrepujar o flanco esquerdo confederado antes que pudessem chegar reforços. Nessa crise, a brigada de Jackson, firme como um "muro de pedra", conteve o avanço dos nortistas no monte Henry, até que a brigada de Johnston chegasse por estrada de ferro e invertesse a sorte da batalha.

A batalha, embora feroz, era confusa e parcelada de ambos os lados. O dia estava quente, as tropas não estavam aguerridas e os Estados-Maiores não tinham experiência. Os nortistas retiraram-se; aos Confederados, faltava organização para os perseguir, muito embora a retirada se tranasformasse em debandada. Membros do Gabinete, senadores, deputados, até senhoras haviam vindo de Washington para ver a batalha. Foram envolvidos no pânico quando milhares de homens, largando suas armas e até suas capas fugiram e não pararam enquanto não se viram dentro das fortificações que envolviam Washington. Apenas cinco mil baixas houve de ambos os lados nesse combate, mas o nome de Bull Run soou alto e foi ouvido longe. A Europa admirou-se. O Sul delirava; uma onda de fúria varreu a União e sua amplitude fizera parecer bonança às ondas de paixão que se haviam erguido após o ataque ao Forte Sumter.

Ainda se diz que os Confederados deveriam ter marchado incontinenti sobre Washington. Mas, naquele momento, Johnston, que não havia visto a debandada, julgava que suas forças estavam mais desorganizadas pela vitória que o inimigo o estava pela derrota. Jackson e outros generais confederados queriam avançar sobre Washington. Quem poderá dizer com quem estava a razão?

* * *

No dia que se seguiu a essa refrega vergonhosa, um novo comandante substituiu McDowell. O General Jorge McClellan, oficial de carreira que fora companheiro de Lee no Estado-Maior de Scott, no México, possuidor de muitas qualidades notáveis, foi convocado para vir da Virgínia Ocidental e assumir o comando. O Congresso havia votado a mobilização de quinhentos mil voluntários e a concessão de duzentos e cinqüenta milhões de dólares para fins bélicos. Uma semana depois de ter assumido o comando, McClellan expôs ao Presidente um plano grandioso de formar um exército de duzentos e setenta e três mil homens, que, agindo em combinação com forte contingente naval e amplos meios de transporte, deveria avançar através dos Estados nas margens do Atlântico, tomar os portos marítimos de Richmond até Nova Orleans e depois penetrar no interior para exterminar o que restasse da rebelião. Em questões bélicas, os assuntos não podem ser resolvidos tão facilmente. A opinião pública, que se fazia ouvir por meio de muitos canais, exigia resultados rápidos. A foice do tempo cortava para ambos os lados. A Confederação começava a se consolidar. Cada mês que decorresse aumentava o perigo de que o Sul recebesse reconhecimento ou mesmo que houvesse intervenção a seu favor. Não obstante, ao se aposentar o General Scott em outubro, McClellan tornou-se Comandante-Chefe de todos os exércitos da República e dedicou-se com zelo e competência a formar brigadas, divisões, corpos de exército, com artilharia, sapadores, trens de abastecimentos, tudo efetuado conforme os melhores modelos europeus. O fim do ano de 1861 viu a Confederação intata e quase indene. Ao longo da imensa frente, com suas profundas terras adjacentes e regiões disputadas, houve mais que cento e cinqüenta escaramuças e ações secundárias, sem entretanto haver derramamento de sangue de monta. Embora os comandantes confederados compreendessem que logo chegaria o momento em que McClellan marcharia contra eles à testa de um exército vastamente superior ao deles, bem disciplinado e bem equipado, não se atreveriam, com apenas quarenta mil homens, embora muito animados, a invadir Maryland e marchar sobre Baltimore. Nem sequer tentaram recuperar a Virgínia Ocidental. Lee, enviado para coordenar a defesa naquela frente, não pudera prevalecer sobre a discórdia dos comandantes locais. Embora ainda possuísse a patente que lhe fora conferida pela Virgínia, dentro da hierarquia confederada, seu posto era inferior tanto a José B. Johnston como a Arberto Sydney Johnston. Beauregard, embora seu inferior, já havia ganho louros. O prestígio de Lee havia sofrido quando voltou da Virgínia Ocidental, e o Presidente Davis teve que realçar sua habilidade perante a reunião de Governadores quando quis nomeá-lo para organizar as defesas costeiras das Carolinas.

Até então, a Guerra Civil Americana parecera à Europa como briga sem importância entre o populacho e os partidos, e que poderia ser terminada a qualquer momento por meras medidas políticas e conversações. Napoleão III simpatizava com os Confederados e tê-los-ia ajudado se a Inglaterra consentisse. A Rainha Vitória desejava estrita neutralidade e a opinião pública na Grã-Bretanha estava curiosamente dividida. As classes superiores, tanto entre os liberais como entre os conservadores, de modo geral, simpatizavam com o Sul, e Gladstone pertencia a esse agrupamento. Disraeli, o líder conservador, mantinha-se neutro. Os radicais e as classes operárias que não possuíam o direito do voto eram francamente contra a escravatura. Cobden e Bright falaram francamente. O bloqueio nortista prejudicava, porém, o comércio, e Lancashire, embora firmemente oposto à escravatura, começava a sentir a falta do algodão. Houve tempestade quando um cruzador nortista prendeu os agentes confederados Mason e Slidell a bordo do Trent, navio britânico. O Lorde João Russell redigiu áspera mensagem, mas o Príncipe Consort persuadiu o Primeiro-Ministro Lorde Palmerston a modificá-la. Foi introduzida uma cláusula que permitia ao Governo da União, sem perda de prestígio e de honra desautorizar a ação do cruzador. Levou algum tempo a persuadir o Presidente Lincoln, mas afinal ele disse com sabedoria: "Chega uma guerra por vez". Libertou os prisioneiros e as coisas permaneceram em expectativa ansiosa. Romper o bloqeio tornou-se alto negócio. Faziam-no navios levando algodão para a Europa e trazendo de lá armas e munições, mas nenhum governo da Europa recebeu os enviados da Confederação. Ninguém na Europa imaginava o drama da terrível guerra que se desenrolaria em 1862. Ninguém se dava conta da raiva implacável que dominava ambos os antagonistas. Ninguém entendia a força de Lincoln, nem os recursos dos Estados Unidos. Poucos, fora da Confederação, ouviram o nome de Lee ou de Jackson.

CAPÍTULO IV

A CAMPANHA CONTRA RICHMOND

O ano começara mal para o Sul, e gélida maré de desilusão varreu o povo. No Gabinete e no Estado-Maior, em Richmond, em face dos algarismos que faziam sua narrativa sombria da situação dos Confederados, esta se apresentava deveras deprimente. O bloqueio ianque congelara as costas. Exércitos inimigos com efetivos duas e mesmo três vezes superiores aos que os Confederados jamais poderiam reunir para pôr em campo começavam a tomar posições tanto na frente do Atlântico como na do Mississipi. O treinamento e o equipamento das tropas nortistas haviam melhorado muito. O assustador poderio bélico do Norte, com suas riquezas e sua capacidade de produção de armas e munições, pesava nos pensamentos de Davis, de seus colegas e generais. Os Estados do Sul não possuíam arsenais, pouco aço e ferro, poucas e pequenas fábricas capazes de fornecer botas, roupas e equipamentos. Os depósitos estavam quase vazios. Mesmo fuzis de pederneira eram raros. Os modernos canhões raiados dos nortistas eram muito mais eficientes que os canhões de cano liso dos Confederados. Nem havia meios eficientes de sanar estas deficiências. É sobre esse cenário que sobrassaem os prodígios militares daquele ano.

O início dos desastres deu-se no vale do Mississipi. Alberto Sidney Johnston comandava ali as forças confederadas. Davis considerava-o seu melhor general. Certamente era homem de devoção ilimitada, cuja ousadia se baseava em conhecimentos profundos de sua arte. Havia avançado até Bowling Green no outono de 1861. Essa localidade era uma junção ferroviária de alta importância ao sul do rio Verde, tributário do Ohio. Johnston firmara-se naquela posição de maneira imprudente na esperança de provocar o levante do Kentucky e de atrair o Tennessee para a causa sulista. A oeste dele, havia uma força comandada por Leônidas Polk barrando o Mississipi na altura do Columbus. Em tempos de paz Polk, fora Bispo de Louisiana. As forças federais descendo o Mississipi a partir de St. Louis e navegando o Ohio abaixo com base em Louisville, protegidas pelas flotilhas de canhoneiras fluviais blindadas, somavam força quatro vezes superiores às duas forças confederadas, mesmo reunidas. Não obstante, as forças confederadas continuaram naquelas posições durante meses, quase sem serem molestadas, e assim protegiam vastos territórios de cuja população e de cujo recursos muito auxílio podia ser obtido. Agora, ao começar o novo ano, os comandantes federais movimentaram suas forças. Massa compacta de soldados fardados de azul começaram a surgir na frente que se estendia por trezentas milhas desde o grande rio até as serras. Embarcações esquisitas, revestidas de aço e armadas com canhões e morteiros, desciam o rio lentamente. Os confederados já não podiam blefar. Polk abandonou Columbus e Johnston abandonou Bowling Green. Essas manobras levaram os combates às margens dos rios Cumberland e Tennessee e à fortaleza confederada no Mississipi chamada Ilha N° 1. O comandante do Departamento Ocidental das forças da União, General Henrique W. Halleck era o modelo da cautela. Felizmente entre os seus generais havia um oficial de carreira reformado, Ulysses C. Grant, que, desde fim da guerra contra o México, vivera em obscuridade e por um tempo trabalhou na loja de couros de seu pai em Illinois. Os Conferderados tentaram bloquear o Mississipi na altura da Ilha N.° 1, e o Tennessee na altura do Forte Henry e o Cumberland no Forte Donelson. Suas forças avançadas guarneceram essas fortificações. O Forte Henry era fraco e o Forte Donelson era apenas um acampamento entrincheirado que necessitava de efetivos consideráveis para o guarnecer. Grant propôs uma campanha hibernal, subindo o Rio Tennessee e atacando o Forte Henry. Halleck aprovou e Grant efetuou o avanço, e esta manobra foi que fez o seu renome. Alberto Sidney Johnston previu com perfeita clareza um avanço dos federais durante o inverno, aproveitando as cheias. Solicitou reforços tanto ao Presidente Davis como aos governadores dos Estados ocidentais. O primeiro não pôde atendê-lo e os outros não o concederam. Grant tomou o Forte Henry em fevereiro de 1862. De lá, através do promontório, eram apenas dez milhas até o Forte Donelson sobre o rio Cumberland. Sem ordens superiores e debaixo de fortes geadas, Grant atacou o Forte Donelson, defendido por dezessete mil homens sob o comando de Floyd, ex-Secretário da Guerra da União que no intervalo entre a eleição e a posse de Lincoln, havia permitido o envio ao Sul dos mosquetões consertados. O Forte rendeu-se após quatro dias de combate. Com o Forte, renderam-se 14.000 homens e sessenta canhões. Floyd, temendo ser submetido à Corte Marcial por traição, havia fugido na véspera. Provavelmente fizera bem.

A capitulação do Forte Donelson no dia 16 de fevereiro fora o primeiro sério desastre militar dos Confederados, mas outros seguiram-se rapidamente no Oeste. Alberto Sidney Johnston, tendo às suas ordens afinal os primórdios de um futuro exército, reuniu o que restava dos seus efetivos que estiveram em Corintho e tomou novas posições atrás do Tennessee; Polk retirou-se para Mcmphis.

* * *

McClellan, General-Chefe, trabalhava em Washington esforçando-se para preparar seu exército e opunha-se por todos os meios às pressões políticas que exigiam marcha "sobre Richmond". Exagerava o poderio do inimigo e fornecia a Lincoln intermináveis relatórios extraídos das informações obtidas por meio da Agência de Detetives Particulares de Pinkerton, que McClellan empregava à guisa do Serviço de Espionagem. Segundo essas informações, havia pesadas forças tanto em Richmond como atrás das trincheiras de Johnston, em Centerville. Fazendo repetidas promessas de avançar, procurava ganhar tempo para treinar seus homens. Quando meses, após meses decorreram sem que o enxame guerreiro nas margens do Potomac fizesse qualquer movimento ofensivo, o entusiasmo que acompanhou a nomeação de McClellan em junho de 1861 decresceu. Os republicanos radicais começaram a atacar esse general democrata, que fora nomeado em preferência ao candidato deles, João C. Frémont. Sabia-se que McClellan se opunha a polícita radical que pretendia proclamar a emancipação de todos os escravos. No começo de dezembro, McClellan informou o Presidente de que não favorecia o plano de ataque frontal contra José E. Johnston e da marcha sobre Richmond, acompanhando a rodovia reta que passava por Frederiksburg. Fazia tempo que o general elaborava um movimento anfíbio através da Baía de Chesapeake, visando a algum ponto da costa da Virgínia, próximo da capital dos rebeldes. Informou Lincoln dos seus planos em linhas gerais em princípios de dezembro. Em meados do mesmo mês, McClellan contraiu febre tifóide e ficou ausente durante algumas semanas. Os líderes do Partido Republicano já haviam proposto a instituição de uma comissão encarregada de vigiar a orientação bélica. A comissão deveria ser composta de três senadores e quatro membros do Congresso. A comissão era dominada por radicais, inimigos do General-Chefe. Lincoln e o Gabinete, durante a ausência de McClellan, convocaram diversos generais e pediram que fizessem sugestões construtivas. Estas conferências foram abruptamente perturbadas pelo aparecimento do próprio McClellan. Alguns dias mais tarde, ele expôs seus planos pormenorizadamente ao Presidente. Propunha-se a transportar um exército de cento e cinquenta mil homens através da Baía de Cheasweake e desembarcá-lo em Urbana, no baixo Rappahannock, onde estariam a um dia de marcha de West Point e dois de Richmond. Esperava cortar a retaguarda do General Magruder e das forças confederadas que defendiam a península de Yorktown; esperava também alcançar Richmond antes que Johnston pudesse retirar-se até lá.

Ninguém pôde negar os méritos desse plano. Utilizava todas as forças do Governo da União; contornava o flanco de todas as posições confederadas entre Washington e Richmond; atacava a Confederação frontalmente. Ao ser examinado o plano, introduziram-se alterações substanciais dos pormenores. As forças do Norte ocupavam o Forte de Monroe na ponta da península, entre os rios York e James. Esse ponto foi finalmente escolhido como lugar seguro para o desembarque. O Presidente Lincoln tinha um forte argumento contra a expedição marítima: poria

Washington a descoberto. José E. Johnston, sobre cujo potencial o Presidente aceitava as informações fornecidas por McClellan, sem falar de "Stonwall Jackson", haveria de agarrar a oportunidade, lançando-se contra a capital indefesa. Seguiu-se um regatear acirrado sobre a quantidade de tropas a serem deixadas para a cobertura da capital e da embocadura do vale do Shenandoah, onde esse rio, em Harpers Ferry, deságua no Potomac. Chegaram afinal a um acordo, fixando os efetivos em 40.000 soldados. Afinal, no dia 27 de fevereiro, embora relutante, Lincoln concordou e começou o movimento das engrenagens que haveriam de impulsionar essa tremenda empresa. Ao mesmo tempo, Lincoln resolveu assumir o supremo comando, afastou McClellan do Comando-Geral dos Exércitos dos Estados Unidos, encarregando-o do comando do Exército do Potomac apenas. Para tanto, havia sólidos motivos de ordem militar. Sentindo a necessidade de um conselheiro militar permanente, chamou para junto de si o General Halleck, que se achava no Oeste. McClellan soube do seu afastamento do Comando Supremo pelos jornais, antes que os emissários do Presidente o procurassem. Assim, parecia que o Presidente cometera grave descortesia, o que, não sendo de seu feitio, fazia supor houvesse no caso a influência velada da comissão senatorial.

Erro mais grave foi cometido omitindo-se a nomeação de novo General-Chefe. Todos os generais comandantes de exércitos receberam instruções de accitar as ordens diretamente do Secretário da Guerra. Durante os últimos dois meses, esse cargo fora preenchido por Edwin M. Stanton, que substituiu o incompetente e talvez corrupto, Cameron. Stanton era democrata, como McClellan; durante os derradeiros dias de presidência de Buchanan, fora Procurador-Geral. Talvez Lincoln o nomeasse na expectativa de que combinasse bem com McClellan. Não resta dúvida de que Lincoln tencionava nomear McClellan novamente General-em-Chefe, caso fosse bem-sucedido na campanha contra Richmond, e que no momento simplesmente não lhe ocorria nenhum nome para preencher a vaga que, assim ele cria, seria apenas temporária. No começo, Stanton hipotecou devoção ilimitada a McClellan, mas o general logo começou a duvidar da sua sinceridade e julgou perceber a existência de um plano definido denegando-lhe livre acesso ao Presidente. Não levou muito tempo até que transpirasse que Stanton estava em conluio com a comissão. O Procurador-Geral externou a opinião que "uma ordem do

Secretário da Guerra é uma ordem do Presidente". O gabinete do Secretário começou agora a emitir uma série de ordens que comprometiam seriamente as operações de McClellan; sua liberdade de ação foi reduzida pela criação dos Departamentos Militares de Rappahannock, sob o comando de McDowell que fora o comandante em Bull Run e o de Shenandoah sob o comando de Nataniel K. Banks. Assim foi subtraído de McClellan um Corpo de Exército. McClellan declarou ter deixado setenta e três mil homens, dos quais apenas trinta e cinco mil pertenciam ao comando de Banks, no vale do Shenandoah. McClellan tinha razão em considerar que estas forças estavam disponíveis para a defesa da capital. Contudo, não expusera seus planos ao Presidente com suficiente clareza e essa falta de confiança gerava agora resultados infortunados. Por equívoco decorrente das informações incompletas, o Presidente ordenou que o Primeiro Corpo, sob o comando de McDowell, guarnecesse as defesas de Washington e assim reduziu de quarenta mil homens os efetivos com que McClellan contava para a sua tremenda operação.

* * *

Os Confederados perderam sua melhor oportunidade de conseguir uma vitória ao deixar de aproveitar o outono e inverno de 1861. A vitória alcançada em Bull Run foi-lhes tão prejudicial como se fora uma derrota. Acreditando, como o acreditava o Presidente Davis, que uma intervenção estrangeira estava próxima e arrogantemente convencidos em vencer o Norte em campo aberto, se necessário fosse, relaxaram os esforços. Não foi possível armar os voluntários que se apresentaram depois daquela primeira batalha. O recrutamento diminuiu; os soldados começaram a voltar para suas casas. Houve tentativas de preencher as vagas concedendo aos soldados prêmios e licenças, mas sem resultado. No começo de 1862, a situação tornou-se desesperadora. Quase dois terços do exército confederado consistia de voluntários alistados por um ano. Em maio, iria expirar o prazo de alistamento de cento e quarenta e oito regimentos formados com esses elementos. Esses regimentos representavam a coluna vertebral do exército. A invasão estava iminente. Serviço militar obrigatório era contrário à teoria de independência e soberania dos Estados. Mas o Congresso Confederado mostrou-se à altura da emergência e, por uma maioria de votos de dois para um, aprovou uma lei que declarava todos os homens brancos na idade entre dezoito e trinta e cinco anos sujeitos ao serviço militar obrigatório. Não obstante, os claros foram preenchidos por voluntários que se apresentaram em massa, não coagidos pela lei, mas para fugir ao estigma de servirem por coação. Realmente, a lei foi encarada nos Estados com antipatia e foi difícil fazê-la obedecida. As cláusulas de incapacidade foram largamente exploradas para fugir ao serviço obrigatório.

Durante esse período, o Presidente Davis manteve rigorosamente a atitude da defesa passiva. Não fez tentativas de explorar os sucessos obtidos em Bull Run e em Wilson's Creek. Resolvido a conservar em suas mãos o controle das operações militares, dedicou toda a sua atenção ao Leste e ignorou quase totalmente o Oeste, onde reinavam condições caóticas, enquanto Alberto Sidney Johnston não fora nomeado Comandante Supremo, o que se deu em setembro. Recusava-se obstinamente a lançar mão dos veteranos que formavam as guarnições na costa do Atlântico. Destacamentos de tropas da União apoiadas por contingentes navais tomaram Hatteras Inlet, a melhor rota de aproximação ao estreito da Carolina do Norte, ocuparam também Port Royal e Beaufort na Carolina do Sul, ameaçando, assim, tanto Charleston como Savanah. Ao voltar da Virgínia Ocidental, Lee fora enviado para organizar a defesa costeira. Quando uma grande força expedicionária da União penetrou nas águas costeiras da Carolina do Norte, os Confederados estavam mal preparados e perderam as Ilhas Roanoke e New Bern. O Presidente estava resolvido mais que nunca a conservar em plena força as guarnições nos Estados ameaçados. Chamou o General Lee para junto de si e manteve-o na situação mal definida de Primeiro Conselheiro em Assuntos Militares.

Em meados de março, Halleck, nomeado Comandante Supremo na frente ocidental, ordenou a Don Carlos Buell, que havia ocupado Nashville, a marchar com a maior parte das suas tropas para Savanah, nas margens do Tennessee, distante trinta milhas de Corintho; unir-se com Grant, que estava acompanhado por Guilherme T. Shermann, na margem ocidental perto de Shiloh; e atacar Albert Sidney Johnston. Mas antes que os homens de Buell terminassem a travessia, Johnston atacou. Na madrugada do dia 6 de abril, Johnston surpreendeu as tropas avançadas nortistas ainda nas suas barracas perto de Shiloh, e seguiu-se a maior e mais sangrenta batalha até então travada. Primeiro, Johnston conseguiu varrer todas as forças inimigas que se achavam à sua frente. Grant entrou em campo com atraso e, ao anoitecer, achava-se em grande perigo. Mas Johnston, arriscando sua vida com bravura excessiva, atacou o inimigo à testa de um regimento e, durante o assalto à baioneta, foi ferido por uma bala e esvaiu-se em sangue em poucos minutos. Os resultados que sua personalidade insigne e sua maravilhosa energia poderiam ter ganho foram perdidos. Beauregard, assumindo o comando, recolheu as tropas confederadas, apesar da resistência de seu subordinado, Braxton Bragg. Cada lado havia perdido nesta batalha 10.000 homens. Mas a proporção das baixas foi muito maior nas fileiras confederadas, numericamente inferiores. A chegada do cauteloso Halleck, embora trouxesse reforços, pôs fim a qualquer iniciativa de perseguição. A Ilha N.º 1 foi tomada pelo General Pope no dia 8 de abril, e sete mil confederados caíram prisioneiros. Ao estudioso de hoje, parece que naquela ocasião uma expedição mista naval e terrestre poderia ter avançado profundamente para o Sul e tomado a fortaleza de Vicksburg no Mississipi. Mas Halleck atendeu prontamente ao desejo do Presidente, que pedia ações no Tennessee Oriental. Marchou lentamente sobre Corintho e gastou um mês tentando cercar Beauregard, que, entretanto, escapou efetuando rápida e comprida retirada. Ao chegar o verão, a frente da União, numa largura de trezentas milhas, avançou duzentas milhas para o Sul.

* * *

O Palco estava preparado agora para a encenação do drama da península Richmond—Yorktown. Em princípios de abril, o exército de McClellan começou a desembarcar seus numerosos efetivos na fortaleza federal Monroe, escolhida para servir de cabeça de ponte; tão logo esse movimento, que não podia ser executado em segredo, tornou-se evidente, José E. Johnston surpreendeu os nortistas e causou-lhes alívio retirando-se de Centerville e abandonando a junção de Manassas. Atravessou o Rappahannock Superior e acampou nas terras selváticas protegido pelo Rapidan. Pode parecer confuso haver nas forças confederadas dois generais chamados Johnston, mas depois da morte heróica de

Alberto Sidney em Shiloh, só restou um. Era José E. Johnston. Agora, achando-se nas margens do Rapidan, estava em contato estreito com Richmond. Assim, a estratégia de McClellan, embora bem-sucedida no seu desenvolvimento, foi frustrada na prática. Em meados de abril, Johnston deixou o grosso das suas tropas a oitenta milhas para o Oeste, chegou em Yorktown e assumiu o comando adicional dos efetivos da península. Assim teve a vantagem de possuir linhas de comunicações internas e podia concentrar suas forças para a defesa de Richmond. A esquadra nortista, após renhido combate, foi incapaz de sustentar o pesado fogo das baterias confederadas embasadas no flanco direito de McClellan, nas rochas do rio York. Os homens de Magruder, entrincheirados através da península, enfrentavam os nortistas. McClellan pensou estar defronte a forças superiores, e isso teria sido realidade se Davis houvesse consentido em entregar a Johnston as guarnições das cidades costeiras do Atlântico.

Nessas condições deprimentes, McClellan agiu com lentidão maior que de costume. Gastou um mês num assédio formal de Yorktown, enquanto solicitava continuamente que Lincoln lhe enviasse o Corpo de Exército de McDowell. Lincoln, por sua vez, insistia que McClellan efetuasse ações enérgicas. Lincoln escreveu no dia 9 de abril: "Insisti sempre que descer a baía à procura de um campo de batalha em vez de agir nas proximidades de Manassas não era uma ação destinada a superar as dificuldades, mas apenas as transferia para outro local; eu dizia que em qualquer parte encontraríamos o mesmo inimigo e as mesmas fortificações; senão as mesmas, pelo menos equivalentes." Um mês mais tarde, escreveu: "Proporcionalmente, o inimigo ganha mais com a passagem do tempo que vós; quero dizer que, obtendo reforços e fortificando-se, o inimigo obtém maiores vantagens que podeis obter só com reforços." Mais tarde, quando Yorktown se rendeu e assim abriu o rio York para a passagem dos navios nortistas, McClellan marchou de encontro às trincheiras inimigas. Magruder, comandando apenas onze mil homens, não pode resistir e, embora maltratado numa ação de retaguarda, conseguiu desvencilhar-se com sucesso. Em meados de maio, McClellan havia avançado sessenta milhas rio acima na região de York e alcançara Casa Branca, situada na estrada de ferro Richmond—West Point e distante de Richmond apenas vinte e cinco milhas. Formou nova base em West Point e tornou-se independente do Forte Monroe. Se pudesse, naquele momento, ter trazido McDowell de Frederiksburg e incluído suas tropas no quadro das suas ações, possivelmente a sorte de Richmond teria sido selada.

Entretanto, Lee havia persuadido o Presidente Davis a conceder reforços a Jackson para que pudesse efetuar no vale do Shenandoah uma diversão ofensiva. Comandando apenas dezesseis mil homens, Jackson combateu contra quatro generais unionistas: Banks, Shields, Frémont e Milroy, que dispunham de mais de quarenta mil homens. Essa breve, mas brilhante, campanha reforçou a fama que Jackson já havia granjeado. Atacando as hostes inimigas superiores à direita e à esquerda, correndo diariamente o risco de ser capturado, efetuando marchas enormes, por vezes dividindo suas minguadas tropas, conseguiu ganhar uma série de combates fulminantes que muito preocuparam Lincoln e seus conselheiros. Lincoln havia afinal prometido a McClellan enviar-lhe McDowell, mas, quando as forças federais estavam empenhadas na travessia do rio pantanoso de Chickahominy, o general recebeu um telegrama que lhe comunicava a "suspensão" do deslocamento de McDowell. McClellan sustou o avanço das suas tropas, violentas chuvas fizeram transbordar o rio Chickahominy e as forças federais viram-se divididas, com apenas dois Corpos na margem sul do rio. Johnston aproveitou essa oportunidade evidente. Empregando todos os seus efetivos, atacou os dois Corpos isolados. O Presidente Davis, com Lee a seu lado, cavalgou para observar a batalha resultante, a batalha de Seven Pines, por vezes chamada Batalha de Fair Oaks. O Comandante-Chefe não os consultara e expedira suas ordens aos subordinados verbalmente. O ataque confederado falhou. A batalha foi sangrenta, mas não decisiva e custou a cada lado cerca de sessenta mil baixas. O avanço de McClellan foi sustado e chuvas pesadas contribuíram para que preferisse ficar onde estava. A cinco milhas apenas de Richmond, McClellan ficou imóvel. Ao saber que Jackson iniciou a retirada do vale, Lincoln prometeu novamente enviar McDowell. Mas Jackson reatacou seus perseguidores e derrotou-os nos dias 8 e 9 de junho em Cross Keys e Port Republic: Lincoln mudou de idéia novamente. Era provavelmente acertado o desejo de evitar que a capital caísse nas mãos rebeldes, mesmo temporariamente. O resultado disso não seria desastroso, mas certamente teria enorme repercussão. As vacilações de Lincoln, porém, são exemplo clássico do perigo que re-

presenta a interferência civil junto aos generais empenhados em ações bélicas.

Mais importante que os combates havidos foi o fato de que o General Joseph E. Johnston foi ferido no segundo dia da batalha de Seven Pines e que o Presidente Davis, no dia 1º de junho, nomeou Lee a comandar o que daí por diante passaria a ostentar o nome imortal de Exército da Virgínia do Norte.

* * *

Lee traçou o primeiro dos seus planos ofensivos e imediatamente se tornou aparente o seu toque em toda a maneira de conduzir a guerra. Conseguiu de Davis a concentração das guarnições do Atlântico que fora negada a Johnston. Explorando os receios de Washington, enviou nove mil homens para reforçar Jackson. Com isso, conseguiu a paralisação permanente de McDowell. Jackson veio ter com Lee a fim de combinar os planos de ação. Recebeu ordens de deixar "suas forças enfraquecidas" no vale e de trazer o grosso da sua tropa para Ashland, situada na ferrovia Richmond—Frederiksburg a 15 milhas de Richmond. Assim podia, contornando o flanco esquerdo do inimigo, cortar suas comunicações com West Point. Tinha que estar pronto para agir na madrugada de 26 de junho. No intervalo, J.E.B. Stuart, jovem comandante de cavalaria confederado, comandando 1.200 homens, fez uma notável ação de reconhecimento no flanco direito de McClellan. Chegou a atravessar as comunicações inimigas e, impossibilitado de regressar pelo mesmo caminho, contornou o exército federal, aparecendo ao sul de Richmond tangendo centenas de prisioneiros. Essa ação excedeu as instruções de Lee e poderia ter alertado o inimigo. Mas McClellan não alterou suas posições que continuavam à vista de Richmond e a cavaleiro do Chickahominy. O exército de Lee, incluindo os homens de Jackson, contava setenta e cinco mil homens. McClellan comandava oitenta e sete mil homens, mas apenas vinte e cinco mil, sob o comando do General Fitz-John Porter, achavam-se ao norte do Chickahominy. Lee resolveu transpor o rio com o grosso de suas forças e, encontrando-se com Jackson, concentrar cinqüenta e seis mil homens contra Porter, contornar seu flanco direito, destruí-lo, cortar as comunicações inimigas com West Point, atravessar o Chickahominy na retaguarda de McClellan e tratar de vencê-lo. Nas trincheiras defensivas de Richmond, seriam deixados apenas dezesseis mil homens comandados por Magruder. McClellan poderia, percebendo o que se passava, lançar sessenta mil homens ao ataque de Richmond e efetuar o assalto com superioridade de quatro para um. Lee, conhecendo bem McClellan e analisando-o com segurança, estava certo de que McClellan não faria manobra. "De qualquer modo", disse a Davis, "estarei nas costas dele". Com isso, queria dizer que mesmo que McClellan avançasse contra Richmond, Lee estaria atacando-o pela retaguarda enquanto suas tropas marchassem contra Richmond. Essa observação ilustra a maneira ágil e flexível que Lee empregava nas suas ações de guerra e como os grandes estrategistas movimentam suas forças com a mesma facilidade com que dirigem o próprio cavalo.

Durante a noite de 25 de junho, dois Corpos do Exército Confederado cruzaram o Chickahominy, formaram à direita e caíram sobre Porter em Mechanicsville. Porter, surpreso, resistiu obstinadamente. Suas baterias de canhões raiados castigaram duramente as fileiras confederadas. Jackson não aparecia. As dificuldades do terreno causaram-lhe um dia de atraso. Porter, depois de causar duas mil baixas aos atacantes, pôde recuar para onde estavam suas reservas em Gainey's Mill, quatro milhas rio abaixo. O ataque foi repelido naquela localidade com redobrada fúria no dia 27 de junho. Gainey's Mill a primeira batalha em que Lee comandava pessoalmente. A resistência do inimigo foi feroz. O poderio da artilharia inimiga foi novamente comprovado. Os Confederados foram repelidos diversas vezes em toda a extensão da frente. O flanco direito de Porter estava tão pantanoso e obstruído por florestas que Jackson, aparecendo no campo da batalha ao entardecer, não pôde contornar o flanco como previsto. Lee, contudo, não se desesperou. Fez um apelo às tropas. Lançou os valorosos texanos ao centro e, já no fim da tarde, ordenou o avanço geral. Os texanos romperam o centro do inimigo já vacilante. As tropas ianques foram varridas do campo. Vinte canhões e vários milhares de prisioneiros já estavam capturados quando baixou a noite. Para onde marcharia Porter? McClellan, durante esses dois dias de combates, permaneceu imóvel confrontando Magruder. Que faria agora? Suas comunicações estavam cortadas, sua ala direita destruída.

O braço esquerdo de Lee, cujo punho cerrado, finalmente, era formado por Jackson, tinha que se curvar em torno do flanco direito e da retaguarda inimiga. Certamente esse golpe haveria de ser mortal!

Mas McClellan era soldado traquejado. Quando seus generais se reuniram no seu Estado-Maior na noite de Gainey's Mill, informou-os que abandonara suas comunicações com West Point e com o rio York; que, utilizando as forças navais, estava transferindo a base do rio York para o rio James; que todo o exército deveria marchar para o sul em demanda do Harrison's Landing, no rio James, onde encontrariam abastecimentos. À luz das pesquisas atuais, sabemos que ele já havia efetuado preparativos visando à possibilidade de troca de planos. Mas correra grave risco ao deixar a decisão para o último momento. Através dos pântanos e do Chickahominy, fora lançada uma espécie de ponte de emergência e Porter pôde escapulir atravessando-a, enquanto todo o exército federal se preparava para efetuar um perigoso movimento de flanco para alcançar a margem meridional da península, atravessando os pântanos de Oak Swamp. Era a vez de Magruder avançar e atacar esse exército vulnerável. Lançou-se sobre o inimigo no dia 28 nas imediações de Savage Station e capturou os hospitais de campanha e grande quantidade de suprimentos. Lee, porém, ainda não podia ter a certeza de que McClellan realmente tencionava alcançar o rio James. Era bem possível que tentasse alcançar o Forte Monroe pela estrada de Williamsburg. Lee esperou, pois, um dia, antes de atravessar o Chickahominy e iniciar a perseguição. Foi só no dia 30 que pôde obrigar McClellan a oferecer batalha em Glendale, também chamado Frayser's Farm. Era a crise culminante.

É quase inacreditável que McClellan passasse o dia conferenciando com a marinha e preparando a nova base no rio James. Deixou que a batalha corresse seu curso. Do lado dos Confederados, muita coisa tomou rumo errado. Os mapas eram defeituosos; houve falhas na coordenação; os ataques foram efetuados isoladamente. A vitalidade de Jackson, em quem se depositavam tantas esperanças, estava baixa. Em vez de setenta e cinco mil homens destinados por Lee para efetuar o golpe de graça, apenas vinte mil realmente atacaram. Esses, sofrendo tremendas perdas, romperam o centro do inimigo, mas à noite permitiu que o exército continuasse sua retirada. Em Malvern Hill, posição vantajosa, tendo na retaguarda o rio James, que impedia qualquer tentativa de retirada, com as canhoneira da Marinha a cobrir seus flancos, McClellan esperou. Mais uma vez, após uma semana de combates contínuos, Lee ordenou o avanço e seus homens atacaram com ímpeto maravilhoso. O canhoneio da União trovejou, em altos brados ergueu-se o grito rebelde cujo som mortal "!Aah-ih!" haveria de ser ouvido tantas vezes no decorrer daqueles anos sangrentos. Mas tudo foi em vão. McClellan foi salvo. Frustrados, vencidos, obrigados a retroceder, toda a sua campanha bem preparada destruída, com perda enorme de suprimentos e munições, com perda de sessenta canhões e de trinta e seis mil fuzis, com Richmond invencível — não obstante tudo isso, McClellan e seus homens corajosos terminaram a Batalha dos Sete Dias rechaçando seus perseguidores e infligindo-lhes cinco mil baixas.

A vitória da Batalha de Sete Dias era de Lee. O mundo presenciou o fracasso total do imenso plano federal. Essa também fora a impressão de Washington. McClellan, que não se sentira desencorajado, propôs cruzar o rio, transferindo-se para Petersburg, e atacar Richmond "pela porta dos fundos", como Grant o faria em 1865. Suas propostas não foram aceitas. Para Lee, entretanto, a aventura não foi menos decepcionante. Uma sucessão de oportunidades perdidas impediu-o de aniquilar seu inimigo. Perdera vinte mil homens da flor dos seus exércitos. Quanto aos federais, só perderam dezessete mil, que podiam suprir com facilidade das suas imensas reservas humanas. Lincoln e seus conselheiros voltaram ao plano original de concentrar forças esmagadoras no caminho terrestre entre Richmond e Washington e forçar a passagem pelo peso numérico. Mas seus exércitos estavam divididos e Lee, em Richmond, separava-os. Lincoln ordenou a McClellan retirar-se da península e trazer suas tropas ao Potomac nas imediações de Washington. Halleck, recebendo a seu crédito as honras dos sucessos alcançados na frente ocidental contra as suas ordens, foi nomeado General-Chefe. Halleck trouxe o General Pope, que se distinguira no vale do Mississipi, para comandar o que seria designado "O Exército da Virgínia". Pope era homem brusco, vanglorioso, inchado pelos sucessos obtidos na frente ocidental e propenso a fazer pouco dos exércitos do Leste e das suas ações. Haveria de lhes mostrar como se deve conduzir uma guerra.

McClellan recebeu ordens de entregar suas tropas e foi destacado para as defesas de Washington. Suas tropas deram demonstrações francas de pesar pelo seu afastamento. Pope seria agora o defensor da causa Federal. Fez sentir sua nomeação aplicando severidades contra a população civil da Virgínia Ocidental, ainda inauditas nessa guerra. Todos os homens na zona ocupada pelas suas tropas tinham que jurar fidelidade à União ou serem expulsos dos seus lares sob pena de morte caso retornassem. Jackson malmente pôde manter sua calma ao saber dessas notícias acerca do seu amado torrão natal.

A situação estratégica oferecia vantagens a Lee e a seu lugar-tenente. Antes que McClellan transferisse suas tropas da península de Yorktown, eles haviam de dar um jeito em Pope. A maneira de o tratarem deve ser contada.

* * *

Paralelamente, deu-se um histórico acontecimento naval. Quando, na primavera de 1861, o governo federal entregou levianamente ao Estado da Virgínia os estaleiros navais em Norfolk, mandou destruir algumas naves e materiais. Uma delas, o Merrimac foi reparada e reconstruída de maneira curiosa. Instalaram máquinas a vapor para sua propulsão e na sua coberta surgiu uma construção baixa feita de teca. Esta foi revestida por trilhos martelados até formarem chapas de duas polegadas de grossura. Estas chapas foram rebitadas transversalmente entre si até formarem um abrigo com a espessura de quatro polegadas. Instalaram na proa pesado aríete de ferro e, dentro do abrigo, instalaram uma bateria de canhões raiados de sete polegadas que podiam atirar através de seteiras. Muitos já haviam pensado em fazer semelhante coisa, mas agora ela tomou forma. Esse navio estranho só foi terminado no dia 7 de março de 1861. Ainda não dera um tiro sequer, nem suas máquinas haviam sido testadas quando, no dia 8 de março, partiu para enfrentar a toda-poderosa Marinha dos Estados Unidos, que, com base no Forte Monroe, bloqueava os estuários dos rios James e York. As máquinas, consideradas como as piores que podiam existir, desenvolviam apenas cinco nós po hora. A embarcação movia-se e manobrava como um navio prestes a soçobrar. Mas saiu do porto e, sem hesitação alguma, atacou os dois navios mais próximos: o Cumberland e o Congress. Estes deram salvas de bordo inteiro que teriam afundado qualquer fragata ordinária. Além disso, todos os outros navios da Marinha dos Estados Unidos que se achavam ao alcance, bem como as baterias costeiras, concentraram nela seu fogo. Sem dar a mínima atenção a todo esse bombardeio, a Merrimac, rebatizada Virgínia, dirigiu-se diretamente ao Cumberland e abalroou-o quase em ângulo reto. Na Merrimac, a colisão foi quase imperceptível. O aríete quebrou-se; o Cumberland inclinou-se para um lado e, atirando até o último momento, logo soçobrou, levando consigo quase toda a tripulação. A Merrimac virou-se então contra o Congress e, a uma distância de 200 jardas, rebentou-o a tiros e incendiou-o. Decorrida uma hora, o Congress hasteou a bandeira branca, e diversas embarcações esforçaram-se a salvar sua tripulação. O Minesotta, encalhado, iria ter a mesma sorte se a Merrimac pudesse se aproximar, mas, calando vinte pés, com a baixa-mar, ela não o pôde fazer. Embora a Merrimac se achasse já por muito tempo debaixo do fogo de pelo menos cem canhões pesados, sua blindagem não havia sofrido quase nada. Nada do que estava exposto escapara. A chaminé e duas bocas dos canhões foram arrancadas a tiro. Dentro, só havia 22 homens mortos ou feridos por estilhaços que penetraram através das seteiras. A tripulação triunfante deitou-se ao lado dos canhões na expectativa de destruir o resto da esquadra no dia seguinte.

Mas, ao amanhecer do dia, quando fizeram vapor nas caldeiras, viram uma estranha embarcação protegendo o Minesotta. "Ela parecia", escreveu um dos tripulantes da Merrimac, "um pigmeu ao lado da fragata vistosa que protegia". Era o Monitor, construído por Ericsson, finalmente pronto. A Merrimac produziu uma revolução naval, mas o Monitor, surgido apenas um dia depois, já era muito mais adiantado. Sua armação era de apenas dois canhões, mas eram de onze polegadas e foram montados numa torre revolvente com blindagem de nove polegadas. Calando apenas 12 pés, tinha superioridade nas manobras.

Os dois mostrengos blindados tomaram rumos de aproximação enquanto todos os elegantes navios da Marinha dos Estados Unidos olhavam enfeitiçados. Aproximaram-se e a Merrimac, destituída do seu aríete, abalroou o Monitor. Nenhum dos obuses disparados pelo Monitor penetrou a blindagem do outro. Mas quando os canhões de onze polegadas atingiram em cheio o alvo, toda a blindagem cedeu, afundando diversas polegadas, e a tripulação, com a força do impacto, começou a sangrar pelo nariz. Seis horas a fio, esses dois couraçados martelaram um ao outro e, ao findar o dia, separaram-se sem que de lado a lado houvesse perdas o danos a notar. Nunca mais se encontraram. A Merrimac não levava couraça abaixo da linha de flutuação, e seus tripulantes consideraram-na feliz por não ter sofrdo danos no casco submerso. Ela voltou ao estaleiro para remediar esse defeito e muitos outros. O Monitor, que era tão instável que quase afundou enquanto rumou ao encontro, também necessitava de reparos. Tão logo o relato dessa batalha chegou na Europa, os entendidos viram que todas as frotas de guerra do mundo estavam obsoletas. O Almirantado Britânico, fazendo intenso esforço, reconstruiu em poucos anos a Real Marinha de modo a poder enfrentar as condições alteradas. Mas, mesmo hoje, ainda existem tolos que constroem navios grandes, destinados a combater em alto-mar e, entretanto, quase desprovidos de blindagem.* O combate entre a Merrimac e o Monitor introduziu a maior alteração nos combates navais desde que, quatrocentos anos antes, os primeiros canhões foram instalados a bordo de navios.

Ao se efetuar a evacuação de Norfolk, foram feitos esforços para levar a Merrimac rio acima para que participasse na defesa de Richmond. Embora a tivessem aliviado tanto que ela se tornara quase indefesa, ela ainda calava tão fundo que não pôde escapar. Seu capitão ordenou, pois que fosse incendiada e afundada. O entusiasmo que seu feito havia gerado transformou-se agora em pesar e raiva. A Corte marcial a que fora submetido o capitão declarou todavia: "a única alternativa, na opinião desta Corte, foi a de abandonar o navio imediatamente, queimando-o em seguida, o que foi oportuna e sabiamente executado pelo réu".

---

* Escrito em 1939.

CAPÍTULO V

LEE E MCCLELLAN

O General Pope chegou ao front no dia 1º de agosto de 1862. De maneira inequívoca, cabia ao novo comandante tratar de ganhar o máximo possível de terreno, evitando, porém, ações de vulto enquanto o exército de McClellan não regressasse do rio James e se unisse com o dele. Aquia Creek, pouco ao sul da capital, foi o ponto designado para o desembarque daquele exército; outros grandes reforços vinham chegando de Washington, da Alexandria e pela estrada de ferro. Pope já dispunha de quarenta mil homens e, dentro de seis semanas, teria sob seu comando cento e cinqüenta mil. Estava animado e enérgico. Esperava poder capturar tanto Gordonsville como Charlottsville mesmo antes de chegarem os reforços e depois acaba com Richmond.

Tão logo Lee se convencera de que McClellan já não oferecia perigo, mandou Jackson com duas divisões (onze mil homens) para Gordonsville. Isso foi em meados de julho, e, no fim daquele mês, aumentou seus efetivos para vinte e quatro mil. Para Jackson, isso representava abundância de efetivos, uma vez que o inimigo o excedia apenas na proporção de 2 x 1. Verificou que o exército de Pope marchava ao seu encontro esperançoso, utilizando as três estradas que convergiam em

Culpeper. No dia 9 de agosto, em Cedar Mountain, sete milhas ao sul de Culpeper, atacou o General Banks, que comandava um Corpo avançado do inimigo. Lançou vinte mil homens contra os nove mil de Banks, varreu-os do campo infligindo-lhes baixas correspondentes a um quarto dos seus efetivos e deixou o que restava num estado que lhes permitia apenas cuidar dos seus comboios. Chegando em Culpeper, encontrou outros dois Corpos do inimigo e, em harmonia com os planos de Lee, voltou para Gordonsville.

No dia 13 de agosto, Lee soube que as tropas de McClellan, no Forte Monroe, iniciaram o embarque. Era o sinal que aguardava. Dispunha agora no máximo de um mês antes que esse excelente exército emprestasse seu poderio ao exército de Pope na Virgínia meridional. Tinha que ganhar uma grande batalha antes que decorresse esse prazo. Imediatamente, deslocou para Gordonsville o General Longstreet com doze brigadas, maior parte dos efetivos de Richmond, e, assim, concentrara, no dia 17, cinqüenta e cinco mil homens atrás de Clark's Mountain, nas proximidades de Culpeper, onde se achava Pope. Pope ignorava o perigo que o ameaçava e poderia ter sido destruído. Mas Lee esperou um dia aguardando a aproximação de sua cavalaria, e, nesse ínterim, o inimigo capturou um oficial confederado, portador de documentos a cuja luz Pope entendeu a situação e, valendo-se do nevoeiro matinal, retirou-se para além do rio Rappahannock. Falhara o primeiro envolvimento pela direita que Lee idealizara. Jackson atravessou o rio Rappahannock em Sulphur Springs. As águas do rio cresceram após a travessia da primeira brigada e assim Pope foi salvo novamente. Lee sabia que sua superioridade passageira estava findando e que, dentro de uma semana, quando muito dentro de dez dias, efetivos esmagadores seriam concentrados em sua frente. Sabia que as divisões da vanguarda de McClellan já haviam desembarcado em Aquia Creek. Como poderia o Exército da Virgínia do Norte enfrentar cento e cinqüenta mil homens uma vez que eles se concentrassem? Consertou pois com Jackson uma atrevida manobra. Já que ela foi bem-sucedida, podemos chamá-la de brilhante. À vista do inimigo já superior e cujo potencial rapidamente aumentava, dividiu seus efetivos. Antes de amanhecer o dia 25 de agosto, Jackson começou mais um dos seus famosos deslocamentos. Após a primeira marcha de vinte e seis milhas, efetuada por vinte mil homens, alcançou Salem na retaguarda profunda de Pope. No dia seguinte, cobrindo outras vinte e cinco milhas, atravessou o passo Throroughfare Gap e, a poucas milhas ao sul de Manassas Junction, cortou a ferrovia Alexandria—Orange, vital linha de abastecimento de Pope. No dia 27, apoderou-se da junção ferroviária em Manassas, onde estavam empilhados todos os suprimentos de Pope. Os confederados, mal nutridos e mal equipados, deslumbraram-se perante a abundância de víveres, equipamentos e suprimentos variados que haviam capturado. Jackson colocou sentinelas para impedir o acesso às bebidas alcoólicas; quanto ao resto, permitiu que seus homens levassem tudo que pudessem. A maioria arrumou novos fardamentos. O preço desses despojos poderia, porém, sair alto. De todos os lados havia forças inimigas superiores, já em posição de combate ou aproximando-se. A interrupção da linha de suprimentos de Pope não era o alvo de Jackson, e para Lee, era apenas uma ação secundária. Nada menos que uma grande batalha ganha servir-lhe-ia. Incendiou, pois, as instalações, armazéns e depósitos de Manassas. Olhando para o norte, Pope viu o céu noturno tingido de vermelho por esse pavoroso incêndio. Cabia a Jackson intrigar e manter o inimigo atarefado, dando tempo a Lee e Longstreet, com o grosso das tropas, de se unirem a ele. Já não havia perigo que Pope marchasse contra Richmond: estava aleijado, tinha que bater em retirada. Mas, com os poderosos reforços que se aproximavam de todos os lados, continuaria a possuir grande superioridade. Poderia mesmo fechar o passo de Thoroughfare Gap, impedindo a passagem de Lee com as tropas confederadas. Era um sério risco de guerra. Jackson, partindo de Manassas, retirou-se para as florestas de Sudley Springs. Pope, julgando-o à sua mercê em Manassas, convergiu para lá com todos os efetivos. Encontraram o lugar deserto e incinerado. Durante o dia 28, nenhum dos oponentes sabia ao certo o que o outro fazia, mas Jackson teve notícia de que Longstreet estava atravessando o passo com Lee e o grosso das tropas. Pope expediu às suas formações dispersas a ordem de aniquilar Jackson, que se encontrava ao sul de Sudley Springs, e movimentou setenta mil homens para alcançar esse objetivo. Só pensava em Jackson e parecia ter esquecido Longstreet e Lee, cujos homens já tomavam posições no flanco direito de Jackson.

No dia 30 de agosto, começou a segunda Batalha de Bull Run, ou de Manassas, como a chamaram também. Em campo aberto, cinqüenta

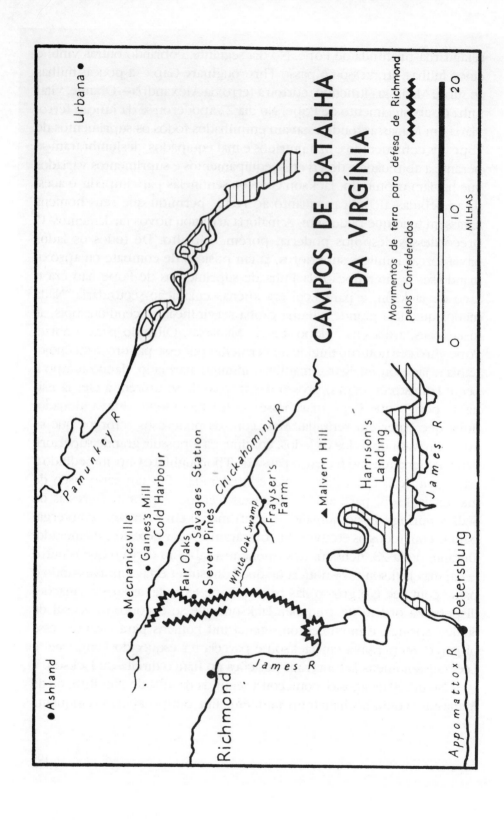

e três mil soldados nortistas, com coragem e denodo, atacaram cinco vezes os vinte mil homens de Jackson. A batalha decorria indecisa, as baixas eram iguais de lado a lado. Longstreet, embora já em posição de combate, ainda não fora percebido pelo inimigo, mas foi dolorosamente lento em iniciar a luta. Sempre desejou olhar bem antes de saltar, e esse hábito, embora sadio, não estava à altura dos acontecimentos. Era um grande guerreiro, e Lee não queria premi-la além de certo limite. No primeiro dia da segunda batalha de Manassas, Jackson teve que suportar sozinho todo o peso do ímpeto inimigo. Ao anoitecer, quando suas últimas reservas haviam contra-atacado, um sacerdote seu amigo expressou seus receios pelo enfraquecido flanco esquerdo dos Confederados. Jackson havia observado a luta em todas as suas fases e, lançando breve olhar ao campo de batalha, disse: "O pior já passou".

A batalha recomeçou na madrugada do dia 31. Pope recebera reforço de dois Corpos vindos de Aquia. Ainda ignorando a presença de Longstreet, Pope ordenou ao malfadado General Porter que envolvesse o flanco direito de Jackson. A tropa de Porter correspondeu lealmente. Mas, agora, Longstreet, vigoroso uma vez em luta, desfechou pesado golpe com o grosso do exército Confederado. O alinhamento das tropas de Pope foi rompido. Numa frente de quatro milhas de extensão, o novo e inesperado exército confederado surgiu da floresta num movimento coordenado e magnífico. Os dois Corpos do flanco esquerdo de Pope, sentindo-se envolvidos e estando em inferioridade numérica, retrocederam. Pope, cercado e vencido, foi mais tarde submetido a Conselho de Guerra. Muito embora, mesmo no fim do dia, Pope ainda comandasse setenta mil homens leais, não pensou em outra coisa senão em procurar refúgio nas fortificações de Washington, levando consigo mais um reforço de dez mil homens, que o alcançou durante a noite. Lee capturara trinta canhões, vinte mil preciosos fuzis, sete mil prisioneiros e infligira aos nortistas treze mil e quinhentas baixas. Os Confederados perderam ao todo dez mil homens. Derrotou totalmente setenta e cinco mil homens inimigos dispondo de apenas cinquenta e cinco mil. Haviam decorrido exatamente quatro meses desde que o Presidente Davis lhe havia confiado o comando. Naquela ocasião, McClellen achava-se a cinco milhas de Richmond. Agora as vedetas de Lee estavam a vinte milhas de Washington. Dessa maneira expressiva havia mudado o marcador dos tentos.

* * *

Usando como ferramenta o cauteloso e flexível General Halleck, o Gabinete e os políticos de Washington maltrataram o General McClellan. Não se pode negar que a culpa disso cabia a Lincoln. Queria um general agressivo que tivesse a energia de fazer frente ao General Lee e o vencesse. McClellan, embora possuidor de altas qualidades de liderança, não dispunha de gama superior do espírito combativo. Lincoln, astuto conhecedor de homens, sabia-o. Mas também sabia que McClellan provavelmente fosse o comandante mais capacitado de que dispunha. Seu instinto mandava dar mão forte ao general de sua escolha. Em vez de o fazer, cedeu aos gritos dos políticos. Havia mudado de montaria no meio do rio e sentiu que escolhera o cavalo inferior. Conforme desembarcavam, os Corpos do Exército de McClellan eram enviados às pressas para se unirem com as tropas de Pope, e, assim, McClellan, afinal, foi privado até de sua escolha pessoal. Entretanto, jamais foi destituído do comando de seu exército, que foi rebatizado, recebendo o nome de Exército do Potomac. Apresentou queixas verbosas e justificadas, mas não lhe deram atenção. No dia 2 de setembro, entretanto, quando Pope, com seu exército derrotado, estava prestes a inundar as ruas da capital, e o pânico começou a encrespar os rostos em redor do Presidente, surgiu atitude diferente para com McClellan. McClellan estava tomando seu desjejum naquela manhã, quando apareceu o Presidente acompanhado por seu Chefe do Estado-Maior. Halleck declarou que a capital estava perdida e ofereceu a McClellan o Comando Supremo, e este, aceitando, tomou providências imediatas para salvar a capital. Como jamais tivesse sido dispensado, não foi preciso reempossá-lo. Haviam-no privado das suas tropas — estas foram-lhe restituídas agora. A história jamais permitiu a McClellan ultrapassar a mediocridade, embora não lhe negasse coragem e competência. Não devemos esquecer, porém, que, ao reencontrar seus regimentos, foi por eles saudado com entusiasmo frenético. As compridas colunas de homens cansados, humilhados e maltratados, mas corajosos, saíram da forma, cercaram o Comandante que lhes foi restituído e quase o arrancaram da sela; chegaram a abraçar e a beijar as patas do seu cavalo. Assim revigorado, McClellan restabeleceu a ordem no exército e fê-lo voltar-se contra o inimigo.

Após a segunda vitória de Manassas, Lee fez o que deveria ter sido feito depois da primeira. Invadiu Maryland para dar-lhe oportunidade de unir-se ao Sul, caso ainda pudesse e quisesse. Sempre à procura da batalha final e decisiva, seguiu ao norte, passando por Leesburg, e chegou às vizinhanças de Frederick, na altura de Baltimore. Sabia que não lhe seria possível tomar Washington, mas havia recompensas a serem ganhas em campo aberto. Três guarnições nortistas ocupavam Martinsburg, Winchester e Harpers Ferry, no vale do Shenandoah. Em Harpers Ferry havia vasto depósito de suprimentos da União. As três guarnições somavam mais de dezoito mil homens. Quando ainda havia tempo, Halleck se recusara a recolher os destacamentos, e estes tornaram-se agora o objetivo de Lee, cuja intenção era capturar Harpers Ferry, para onde se haviam retirado as duas guarnições menores. Para atingir sua meta, Lee partiu de Frederick, marchou através das colinas chamadas Montes do Sul, mandou Jackson efetuar marcha envolvente na direção de Martinsburg e, no dia 13 de setembro, Harpers Ferry estava cercada por todos os lados. Na hora do pânico, os políticos de Washington agarraram-se a McClellan, mas não tencionavam afundar junto com ele. Inicialmente, McClellan havia recebido ordens apenas de defender as fortificações da capital. Por iniciativa própria, todavia, ou pelo menos foi o que mais tarde alegou, "com a corda no pescoço", assumiu o comando do seu velho exército, "abandonou as fortificações de Washington" e tocou em perseguição de Lee com forças que ultrapassavam as do Sul na proporção de dois para um. O relato de McClellan desse episódio foi muito discutido, pois realmente Lincoln havia discutido com ele a manobra a ser efetuada, visando ao interior de Marylalld, e verbalmente lhe dera autorização de comandar os efetivos móveis além dos com sede na capital. É bem possível que os ressentimentos políticos tivessem afetado suas recordações. Motivo tinha para sentir-se prejudicado. Seus críticos altamente colocados jamais deixaram de o importunar, e a atitude que tiveram naquela ocasião para com o Comandante das Forças de Combate era desonrosa. Na esperança de salvar Harpers Ferry, McClellan saiu em perseguição de Lee levando quase noventa mil homens, incluindo dois Corpos do Exército repousados que ainda não haviam sofrido baixas de espécie alguma. Por um incrível golpe de sorte, um soldado nortista encontrou três charutos embrulhados num pedaço de papel que não eram outra coisa senão as ordens mais secretas de Lee. Assim, McClellan soube no dia 13 que Lee havia dividido seus efetivos e que o grosso do seu exército se estava aproximando de Harpers Ferry. Pasou, pois, ao ataque confiante no sucesso. Tudo agora era questão de horas. Poderia Jackson, com a ajuda de Walner e de McLaw, caputrar Ferry antes que Lee sofresse derrota nos passos das Montanhas do Sul?

McClellan desperdiçou muitas destas horas preciosas. Considerando, todavia, que os membros do Governo na sua retaguarda só sabiam pasmar-se e gaguejar enquanto seus adversários políticos não perdiam vaza para o prejudicar, não é de admirar que ele procedese com redobrada cautela. No dia 14, forças esmagadoras obrigaram Lee a retroceder dos passos dos Montes do Sul. Cabia-lhe agora tomar uma decisão momentosa. Primeiro teve o impulso de reunir seus louros e despojos e, cruzando o Potomac, regressar para a Virgínia. Mas em seguida, sabendo quão imperioso era conseguir uma vitória, resolveu aceitar batalha atrás do córrego Antietam, protegido na retaguarda pelo Potomac e rezando para que Jackson capturasse Harpers Ferry em tempo de lhe vir em auxílio. Harpers Ferry capitulou na manhã de 15 de setembro. Os oficiais de Jackson arrebanharam setenta e três bocas-de-fogo, treze mil fuzis e doze mil e quinhentos prisioneiros. O próprio Jackson já estivera marchando toda a tarde e noite apressando-se a alcançar Lee, que, com vinte mil homens apenas, aguardava a aproximação da massa enorme comandada por McClellan. Esse valoroso general era incapaz de se livrar da obsessão que lhe inspirava Washington. Se fosse homem tão grande, ou soldado tão distinto como Lee, teria apostado tudo nessa batalha. Mas não podia impedir sua mente de contemplar as forças políticas malignas e covardes que o espeitavam da retaguarda. Querendo certificar-se de que não corria riscos, perdeu um dia e deixou de ganhar a batalha. Somente no dia 17, atacou finalmente. Enquanto isso, Jackson havia chegado e tomado posição no flanco esquerdo de Lee. As remanescentes divisões confederadas haviam terminado a limpeza de Harpers Ferry e faziam marcha forçada de encontro à nova peleja. O Potomac protegia a retaguarda de Lee, mas também, em caso de derrota era duvidoso que suas tropas conseguissem efetuar a retirada através da única ponte que havia em Sharpsburg. Essa pavorosa batalha foi o ápice da desorganização nortista. McClellan passou em revista as formações e tratou de dirigir a batalha do seu Quartel-General, baseando-se na concepção do que se chamava "método de Comandante-Chefe". Significava que fazia suas disposições e deixava que a batalha corresse seu curso, ao passo que Jackson permanecia na linha de fogo e Lee percorria o campo de batalha a cavalo, controlando a tempestade como o faziam Marlborough, Frederico o Grande e Napoleão. O flanco confederado esquerdo foi praticamente destruído, mas só depois de ter infligido ao inimigo o dobro de baixas, ou seja, dois Corpos de Exército completos. Nesse setor, houve paralisação de atividade até que Lee enviou reforços, retirando-os do flanco direito duramente atacado e do centro. Nessa altura, o centro da União atacou e a divisão da vanguarda foi destroçada, perdendo a metade dos homens. Burside teve ordens de atravessar o Antietam e cortar as vias de retirada inimigas, e o teria conseguido não fosse a última divisão confederada, comandada por A.K. Hill, que acabara de chegar de Harpers Ferry. Atacando de surpresa o flanco direito do inimigo, Hill acabou com essa ameaça. A noite lançou seu manto sobre esse campo de morticínio, onde os nortistas deixaram treze mil homens, um quarto dos efetivos empenhados e um sexto do total presente. Os Confederados perderam cerca de nove mil, ou seja, um quarto do total.

Quando escureceu, Lee convocou seus grandes auxiliares. Sem exceção, aconselharam retirada imediata pelo Potomac. Mesmo Jackson, invencível na batalha, achou melhor executar esse plano. Lee, porém, tendo ouvido a todos, não perdeu a esperança de alcançar uma vitória decisiva e comunicou sua resolução de manter as posições. Em virtude disso, os combalidos Confederados amanheceram enfrentando as incontáveis tropas inimigas, que pareciam poder esmagá-los a qualquer momento. Mas McClellan não quisera mais nada. Permaneceu imóvel. Antes que se lance contra ele a menor repreensão, é forçoso que o mesquinho Departamento da Guerra tome a si a parte que lhe cabe. Não houve combates no dia 18. Lee insistiu com Jackson que atacasse, mas esse fizera pessoalmente, em companhia do comandante da artilharia, um reconhecimento e declarou ser impossível atacar. Lee aceitou esse parecer sagaz e assim terminou sua primeira invasão do Maryland.

A guerra jamais havia alcançado tal intensidade de focalização de forças morais e físicas nos pontos críticos, como acontecera nas campanhas de 1862. O número das batalhas disputadas e o desespero com que combatiam, bem como o derramamento de sangue, ultrapassaram as características de todas as campanhas napoleônicas. Desde o dia 1º de junho, em que Lee recebera o Comando do Exército do Norte da Virgínia, ele empenhou-se em sete batalhas ferozes — a Batalha de Sete Dias, Cedar Run, Segunda Manassas, Montes do Sul, Harpers Ferry, o Antietam e mais tarde Fredericksburg. Quantas batalhas, tantos meses, Lee raramente comandava efetivos que alcançassem três quartos dos efetivos inimigos; diversas vezes os dele chegavam apenas à metade do número dos adversários. Não resta dúvida de que os corajosos nortistas sofriam os efeitos da interferência política, mas aos Confederados faltavam armas, munições, alimentos, equipamento, roupas e botas. Dizia-se até que as trilhas deixadas por colunas confederadas em marcha ficavam manchadas pelo sangue que vertia dos pés descalços daqueles heróis. Mas o exército da Virgínia do Norte "carregava a Confederação nas pontas das suas baionetas" e lutou de maneira que não teve precedentes na história.

* * *

Lincoln desejava uma vitória decisiva. Em Antietam, McClellan deu-lhe um sucesso parcial, embora não destituído de importância. Mas a fé do Presidente na causa da União nunca foi diminuída pelos reveses. Era muito sujeito a ansiedades e, quando excitado, submetia seus comandantes a interrogatórios como se ainda fosse advogado da acusação. Os generais não gostavam desse tratamento. As tropas, porém, gostavam de Lincoln e tinham fé nele. Desconheciam naturalmente a pressão política a que estava sujeito o Presidente. Sentiam, porém, haver decisão e generosidade nesse homem, e Lincoln necessitava muito dessas suas qualidades para se desincumbir do cargo. Por meio do seu gabinete de trabalho na Casa Branca, fluía uma constante corrente de políticos, jornalistas e outras pessoas influentes. A maioria clamava por uma vitória rápida sem tomar em consideração os riscos da guerra. Muitos concebiam seus próprios planos de campanha e tratavam de impingi-los ao Presidente. Muitos outros tinham predileção por certos generais e vinham para fazer seus elogios. Lincoln tratava todos esses visitantes com paciência e firmeza. Seu senso de humor ajudava-o muito a suportar essas entrevistas e seu senso irônico aliviava o peso da responsabilidade. Em situações tensas, tinha o hábito de aliviar a tensão com alguma pilhéria sizuda. Seu espírito recebia conforto da fé profunda que alimentava na Providência. Quando as perdas da guerra aumentavam ou planos falhavam, procurava reconforto íntimo apelando ao Poder que é superior ao poder humano. Não resta dúvida de que possuía grande força de caráter. Naquele pináculo da autoridade, era por vezes necessário tolerar intrigas de colegas desleais, manter a calma quando os demais se entregavam ao pânico, resistir ao clamor público quando mal orientado. Lincoln soube fazer tudo isso. Também tinha preocupações de ordem particular. Um dos seus filhos queridos faleceu na Casa Branca. Sua esposa, embora dedicada ao marido, possuía predileções por extravagâncias e pela política que muitas vezes davam causa a comentários ferinos. Lincoln emagrecia visivelmente no decorrer da guerra e as rugas nas faces e na testa tornaram-se mais fundas. Seu aspecto apresentava as características de fortaleza de ânimo.

A batalha de Antietam e a subseqüente retirada de Lee para a Virgínia deram a Lincoln a oportunidade de dar um passo momentoso. Proclamou a emancipação dos escravos em todos os Estados rebeldes. As ações resolutas e corajosas de Lee, bem como a sucessão das grandes batalhas que ganhara ou pelo menos conseguira ficassem indecisas, produziram tal impressão na França e na Grã-Bretanha que o Gabinete de Washington começou a temer houvesse propostas de mediação, e, caso os Confederados não a aceitassem, que aquelas Potências reconhecesse a Confederação oficialmente. O Norte sentia-se desencorajado pelas perdas desastrosas e fúteis e também pela sensação de que o comando confederado era mais hábil. Muitos clamavam pela paz e outros perguntavam se a União valia essa matança se a escravatura assim mesmo continuasse a existir. Derrubando esse argumento e elevando a guerra a um nível de cruzada moral, Lincoln esperava arregimentar o apoio da opinião pública da Inglaterra e renovar o entusiasmo entre seus patrícios.

Era medida premeditada de longa data. Desde que a guerra começara, os radicais vinham insistindo para que fosse declarada a abolição total da escravidão. Lincoln duvidava do efeito que a medida poderia produzir nos Estados escravagistas limítrofes que permaneceram na União.

Insistiu que o objetivo único da guerra era a preservação da Unidade. Escrevera ao editor Horacio Greeley em Nova York: "O meu principal objetivo é o de salvar a União, e não de destruir ou preservar a escravidão(..) O que faço em relação à escravatura e aos homens de cor, faço-o porque ajuda a preservar a União, e o que tolero, tolero-o porque não acredito que contribuiria para a salvação da União". Ao mesmo tempo, meditava acerca do momento oportuno para lançar sua proclamação e das dificuldades constitucionais que se interpunham. Achava não possuir autoridade para interferir na escravatura nos Estados limítrofes. Sentia que sua Proclamação só poderia ser justificada legalmente se recebesse foros de medida militar e se a pronunciasse na sua qualidade de Comandante Supremo das forças armadas terrestres e marítimas. A intenção era de subtrair da Confederação a fonte de seu poderio. Obedecendo a esse raciocínio, a Proclamação publicada e vigorando a partir do dia 1º de janeiro de 1863, só se aplicava aos Estados rebeldes. No resto dos Estados Unidos, a escravidão só foi extinta pelo Adendo Décimo Terceiro, publicado em dezembro de 1865. No Sul, a Proclamação só entrava em vigor à proporção que as tropas da União avançavam pelo território Confederado adentro. De modo geral, os resultados obtidos não corresponderam às esperanças do Presidente. Na Grã-Bretanha, não compreenderam porque não fora proclamada a abolição geral e definitiva. Suspeitavam haver simples manobra política. Na própria América, a guerra tomou caráter implacável, pois ao Sul não restava outra alternativa senão a subjugação. O Partido Democrático do Norte opunha-se inteiramente ao Edito da Emancipação. As forças armadas da União antipatizavam com a medida, e o General McClellan, que poderia ser o candidato democrata para as próximas eleições, havia dois meses enviara ao Presidente um aviso solene prevenindo-o contra esta medida. Nas eleições para o Congresso efetuadas no outono de 1862, os republicanos perderam terreno. Muitos nortistas achavam que o Presidente se adiantou demais, outros que deveria ter ido mais além. Medidas de longo alcance, que encerram grandeza e que foram maduramente estudadas, muitas vezes foram inicialmente recebidas com incompreensão. As relações entre o Governo de Washington e seu General continuaram deploráveis. McClellan tinha base para asseverar que lhes tinha prestado magno serviço intervindo no pânico que se seguiu a Manassas. Restaurou o exército, levou-o novamente ao campo e desobstruiu Maryland. Tanto quanto o Governo podia saber, ele havia salvo a capital. Realmente fez mais que isso. Naquele verão, Lorde Palmerston havia decidido oferecer mediação. As notícias acerca de Antietam fizeram-no hesitar. Isso livrou a União do perigo que haveria caso a Confederação fosse reconhecida pelas Potências Européias. Mas esse efeito não foi percebido na União naquele tempo. Gladstone, Ministro das Finanças no Governo de Palmerston, pronunciou em Newcastle um discurso que irritou a opinião pública na União. "Bem que sabemos que o povo dos Estados do Norte ainda não sorveu o cálice, ainda continua a afastá-lo dos lábios, embora o mundo inteiro esteja vendo que finalmente terá que tragar seu conteúdo. Podemos ter opiniões próprias acerca da escravatura, podemos estar a favor ou contra o Sul — mas não há dúvida alguma de que Jefferson Davis e outros líderes do Sul souberam organizar um exército; estão organizando, assim parece, uma esquadra também. Conseguiram ainda um feito que ultrapassa os outros dois: forjaram uma Nação". Gladstone não soubera na ocasião que Palmerston havia mudado suas intenções.

Nas relações entre os políticos e o Comandante-Chefe do Potomac, havia ódio e desprezo, de parte a parte. Amargas querelas políticas agravaram divergências de ordem militar. O Presidente desejava avanço imediato e decisivo. McClellan, como sempre, apresentava os efetivos conferederados maiores do que realmente eram e reduzia suas baixas pavorosas. Estava resolvido a não correr riscos que ultrapassassem os riscos normais de guerra — por um Governo que sabia ansioso de o apunhalar pelas costas. Passaram-se cinco semanas depois da batalha antes que começasse a travessia do Potomac e se iniciasse o deslocamento pachorrento de Harpers Ferry para Warrenton.

Lee retirou-se em etapas folgadas pelo vale do Shenandoah acima. Mandou "Jeb" Stuart efetuar sua segunda cavalgada romântica em torno de McClellan. Essa marcha foi efetuada em meados de outubro, perturbou as comunicações inimigas e forneceu muitas informações valiosas. Não hesitou agora a dividir seus exércitos em face das enormes hostes inimigas. Deixou Jackson no vale para inquietar Washington e dirigiu-se com Longstreet para Culpeper, onde acamparam perto do Fórum. Se atacado, poderia retirar-se para Gordonsville, onde julgava que Jackson o poderia alcançar em tempo. McClellan, porém, preparara afinal seu golpe. Tencionava fulminar Lee com forças esmagadoras antes que Jackson pudesse voltar. Nessa altura, ele mesmo foi atacado pela retaguarda — por Lincoln. Na noite do dia 7 de novembro de 1862, recebeu ordens de entregar o comando ao General Burnside, e, na mesma ocasião, seu melhor auxiliar, Porter, recebeu ordem de prisão. O Governo, quando desesperado, aproveitou-se desses homens; agora, sentia-se com força suficiente para os derrubar. McClellan estivera contra a abolição e jamais mudou de idéia. A ala radical predominante do Partido Republicano almejava sua perdição. Estava convencida de que McClellan nunca procuraria uma vitória decisiva. Suspeitava que alimentasse simpatia pelo Sul e desejasse uma paz negociada. Também receava que o General poderia tornar-se temível candidato à Presidência. Lincoln permitiu que os republicanos radicais o persuadissem de que McClellan se tornara perigoso. Por muito tempo defendera o General contra as intrigas e acusações dos políticos. Agora achou que deveria ceder. Mas fê-lo sem animosidade — essa víbora jamais residiu no seu coração.

Quase houve rebelião nas tropas da União quando a destituição de McClellan se tornou conhecida. O próprio General comportou-se com correção absoluta e usou de toda a sua influência para facilitar a tarefa de seu sucessor. Nunca mais recebeu nomeação alguma. Assim desapareceu do comando da União o General que o próprio Lee, conforme dissera a seu filho depois da guerra, considerava como seu melhor oponente. Ninguém pode ignorar as limitações de McClellan, mas aprendia continuamente no decorrer dos seus encontros com Lee e Jackson. Sua remoção foi um agravo ao Exército da União, que não concedeu sua amizade a outro comandante. McClellan dedicou-se então à acirrada luta política em que a maioria, fator preponderante nesse assunto, estava do lado oposto. O General Porter, embora tenha prestado bons serviços na Campanha de Maryland, foi submetido à Corte Marcial com base na sua atuação durante a Segunda Batalha de Manassas, foi condenado e expulso do Exército dos Estados Unidos. Essa injustiça foi reparada alguns anos depois. Foi ordenado novo julgamento e ele foi absolvido com honra.

No decorrer desta obstinada guerra, vimos diversas vezes o Presidente insistir para que houvesse batalhas e ataques frontais. "Para Richmond" era o seu lema e, na pessoa do General Burnside, encontrara afinal o homem disposto a dar marradas na barreira. Honra seja feita a Burnside, personalidade cativante mas mau general — relutou bastante antes de aceitar o comando. Uma vez empossado, seguiu um plano simples. Procurou no mapa o caminho mais curto para Richmond, escolheu um ponto que era o vau através do Rappahannock, perto de Fredericksburg, e concentrou seu exército naquele lugar. Levou uma semana para executar essa manobra da maneira melhor possível. Enquanto isso, Lee chamou Jackson e outros reforços. Até então, Lee sempre combatera em campo aberto e, mesmo contra as forças esmagadoras em Antietam, não usou a pá-cortadeira. Aproveitou agora os quinze dias que a fortuna lhe concedera para reforçar suas posições em Fredericksburg com todos os meios então conhecidos. Ergueram parapeitos revestidos com pranchas, levantaram muros de pedra protegidos por terra socada. Quase cento e cinquenta canhões foram localizados em pontos de vantagem. Ninhos para atiradores abundavam e bons caminhos laterais foram abertos na vegetação rasteira da retaguarda. No dia 11 de dezembro, Burnside ocupou Fredericksburg, cruzou o rio com o grosso do seu exército e tomou posições para a batalha. Pusera em campo cento e dezoito mil homens contra os oitenta mil Confederados. No dia 13, desfechou o assalto. Atacou em ondas sucessivas tanto o flanco esquerdo como o direito dos Confederados. Em seguida, lançou as tropas contra o cento. Os soldados nortistas portaram-se bem. Brigada após brigada, divisão após divisão, subiram a encosta sob o fogo mortífero. Ao cair da noite, o Exército da União cessou os assaltos, havia perdido quase treze mil homens. As baixas confederadas eram menos de seis mil; desse número, a maioria pertencia à brigada de Jackson. Burnside, cuja principal preocupação se tornara morrer à frente das suas tropas, desejava reiniciar a batalha ao amanhecer do dia seguinte. Desistiu do seu intento em razão da opinião geral manifestada tanto na frente da campanha como em Washington. Logo depois foi substituído por um dos seus auxiliares, General José Hooker. Lee não desejara lutar em Fredericksburg. O exército da União estava tão próximo da sua base marítima em Aquia Creek que era impossível efetuar um contra-ataque. Havia aconselhado o Presidente Davis a deixar esperar o inimigo trinta milhas mais além, nas margens do rio Ana do Norte, onde havia espaço suficiente para usar Jackson e Stuart a fim de castigar terrivelmente as comunicações do inimigo vencido. Embora as relações de Davis com os seus comandantes em campo fossem ótimas, não deixou de causar graves inconvenientes ao seu paladino, amarrando-o à instrução de ater-se a ações defensivas. Assim, o golpe terrível de Fredericksburg não teve conseqüências duradouras. Se os dois Presidentes tivessem deixado Lee e McClellan brigarem sem interferências, o fim teria sido o mesmo, mas a guerra teria sido muito mais curta, menos atrapalhada e menos sangrenta.

* * *

No Oeste, não houve acontecimentos decisivos até o fim de 1862. O General José E. Johnston restabeleceu-se em novembro dos ferimentos recebidos em Seven Pines e foi nomeado Comandante-Chefe da Frente Ocidental, mas foi-lhe conferida apenas autoridade parcial sobre os diversos exércitos que lutavam naquela frente. No Tennessee, o General Bragg, comandando quarenta e quatro mil homens nas imediações de Murfreesboro, defrontava-se com o General William S. Rosecrans, sob cujas ordens havia quarenta e sete mil soldados nortistas. O General J. C. Pemberton, encarregado do comando no Departamento do Mississipi, dispunha de tropas de campanha na casa de trinta mil homens, além das guarnições de Vicksburg e do Port Hudson. Afinal, mais para o oeste, em Arkansas, havia o General confederado Holmes, acampado perto de Little Rock, com um exército de cinqüenta mil homens, recrutado naquele Estado. Em sua frente, não havia tropas ativas da União. Quando se tornou evidente que Grant se preparava para invadir o Mississipi e atacar Vicksburg, Johnston insistiu que o exército do Arkansas atravessasse o Mississipi e se unisse com Pemberton. Essa manoba teria assegurado aos Confederados superioridade de efetivos naquele setor. Davis vetou essa medida não somente útil, mas imperativa. Sabia que hostilidade violenta suscitaria em todos os Estados do Oeste uma ordem que obrigasse as forças do Arkansas a lutarem ao leste do Mississipi. Certamente, essa objeção era fundamentada, mas a alternativa foi desastrosa. O Presidente insistiu que Bragg enviasse dez mil homens de Chattanooga para ajudar Pemberton a defender Vicksburg, e essa ordem foi executada.

Em princípios de dezembro, Grant realizou novo ataque contra Vicksburg. Mandou o General Sherman de Memphis à testa de trinta mil homens e o esquadrão naval do Almirante Porter teve ordens de subir o rio Yazoo e de ocupar as colinas ao norte da cidade. Sherman investiu contra as defesas confederadas em Chickasaw Bluff no dia 29 de dezembro. Em menos de uma hora, foi rechaçado, deixando no campo de batalha quase dois mil homens, enquanto os defensores tiveram apenas cento e cinqüenta baixas. Sherman consolou-se subindo o rio Arkansas e capturando uma guarnição de cinco mil homens em Arkansas Post. O enfraquecimento de Bragg, no Tennessee, teve como conseqüência violenta batalha em Murfreesbono. Esse combate realizou-se no último dia do ano, e ambos os lados deram mostras de bravura sublime. Os nortistas, comandados por Rosecrans, tiveram mais que nove mil baixas, perderam quatro mil prisioneiros e vinte e oito canhões. Mas o preço que Bragg pagou foi o de dez mil baixas. Não foi alterada a situação das forças nortistas do Tennessee, nem em Nashville, sua capital. Bragg levou seus homens, que se sentiam logrados, para aquartelamentos hibernais, protegendo Chattanooga. Os exércitos nos vários Estados ainda se defrontavam com razoável igualdade de potencial e, embora a Marinha da União tivesse declarado que poderia romper as defesas confederadas quando necessário fosse, o importante caminho fluvial continuava fechado ao movimento das embarcações nortistas. Murfreesboro dava a impressão de ter sido uma batalha indecisa e Chickasaw Bluff foi indiscutivelmente uma importante vitória confederada. Estava-se aproximando, todavia, alteração profunda no equilíbrio.

CAPÍTULO VI

CHANCELLORSVILLE E GETTYSBURG

A primavera de 1863 ainda encontrou os exércitos do Potomac e da Virgínia do Norte enfrentando-se através do rio Rappahannock. Hooker, apelidado "Joe o Brigão", distinguiu-se em Antietam como comandante de um Corpo do Exército. Sua patente não estava logo abaixo da do Comandante do Exército, e havia intrigado contra o seu superior. Devia sua promoção a Lincoln, que o conhecia como combatente ativo e esperava fosse bem-sucedido como Comandante-Chefe. A medida lógica de reinstalar McClellan no comando tornara-se policamente impossível e teria afetado a autoridade do Presidente. Ao ser nomeado Comandante em fins de janeiro, Hooker encontrou o exército em sérios embaraços, que, aliás, haviam sido agravados pelo seu próprio descontentamento precedente. Mais de três mil oficiais e oitenta mil soldados haviam desertado ou haviam-se ausentado em gozo de licenças, ou mesmo sem estas. Golpes como o de Fredericksburg são difíceis de ser tolerados. Abril chegara antes que a reorganização tivesse sido completada. Chegaram reforços e os licenciados, tendo passado as festas nas suas casas, regressaram. Achava-se agora à testa de mais de cento e trinta mil homens repousados, muito bem equipados e divididos em seis Corpos.

Além disso, organizou um Corpo de cavalaria de dez mil sabres e sentiu-se autorizado a declarar que comandava "o melhor exército do mundo".

Lee sabia estar próxima uma ofensiva inimiga. Suas disposições para enfrentá-la eram seriamente prejudicadas pela insistência de Davis de se manter estritamente na defensiva, bem como pela dispersão das tropas confederadas obrigadas a dar cobertura a zonas numerosas e dispersas. Embora apenas navios que rompiam o bloqueio pudessem entrar nos portos de Wilmington e Charleston na Carolina do Sul, a defesa destes era de importância vital. O Presidente achava que esses portos, bem como a estrada de ferro que os ligava com Richmond, estivessem ameaçados pela presença das tropas federais desembarcadas em New Bern, na Carolina do Norte, em março de 1862, e por outras que haviam penetrado em Suffolk, no estuário do rio James, e se achavam a setenta e cinco milhas de Richmond. As ações contra esses destacamentos inimigos haviam sido empreendidas por forças locais. Lee, porém, também considerando a dificuldade de alimentar suas tropas na zona do Rappahannock, enviou sucessivamente três destacamentos comandados por Longstreet, para resolver aquela situação. Fora um dos erros cometidos por Lee. Longstreet sempre almejou receber um comando independente e, desnecessariamente, reteve-se para assediar Suffolk. Dessa forma, as nove divisões de Lee ficaram desfalcadas de três; duas das quatro brigadas de cavalaria estavam ao sul do rio James providenciando forragem. A infantaria de que dispunha não chegava à metade dos efetivos inimigos, ao passo que a cavalaria do adversário excedia a dele na proporção de 4 x 1. Abandonou, pois, o plano de lançar uma ofensiva à Pensilvânia, passando pelo vale do Shenandoah, e ficou aguardando os acontecimentos.

A superioridade de Hooker permitiu-lhe agir com dois exércitos. Seu plano consistia e mandar sua cavalaria, quinze dias antes do início da ação principal, vadear o Rappahannock superior e contornar o flanco esquerdo de Lee. Em seguida, três Corpos do Exército deveriam seguir a cavalaria executando a mesma manobra, enquanto dois outros, comandados pelo General João Sedgwick, cruzariam o rio abaixo das posições de Lee em Fredericksburg mesmo. Assim mesmo, ainda lhe restava uma reserva de dois Corpos. Supunha que Lee seria forçado a retroceder e tencionava segui-lo, utilizando o caminho que levava diretamente a

Richmond. Os deslocamentos começaram em meados de abril. O Corpo de cavalaria estava sob o comando do General Jorge Stoneman, comandante de segunda categoria. Foram retidos por enchentes e só cruzaram o rio na mesma ocasião em que o fez o grosso das tropas no flanco direito.

De início, tudo correu bem para o General Hooker. Seus três Corpos, totalizando setenta mil baionetas, atravessaram o Rappahannock e no dia 30 de abril, cruzaram o tributário Rapidan. Marchando para o leste, encontraram-se no flanco e na retaguarda das linhas fortificadas de Lee. Os Confederados que defendiam a passagem do Rappahannock em United States Ford, tiveram que recuar, e os Corpos da reserva da União passaram sem serem hostilizados. Na noite do dia 30, o exército da União, representado por noventa mil homens, estava concentrado em Chancellorsville ou nas suas proximidades — na retaguarda das obras de defesa de Lee. A poderosa cavalaria desse exército já se achava a quarenta e cinco milhas na retaguarda de Lee e se aproximava da ferrovia Virgínia Central Railway, principal via de abastecimentos de Lee, com a ordem de destruí-la. Nessa altura, o General Sedgwick, comandando os dois Corpos em frente a Fredericksburg, atravessou o rio e desdobrou-se para atacar as três divisões de Jackson, que, comandadas pelo General Jubal A. Early, guarneciam as trincheiras que já serviram na batalha anterior. Assim, Lee foi tomado entre dois exércitos que, mesmo cada um isolado, tinham potencial suficiente para lhe oferecer batalha de envergadura. Ao mesmo tempo, sua retaguarda estava sendo danificada e suas comunicações, ameaçadas. A ofensiva de qualquer uma das forças da União impossibilitá-lo-ia de manter suas posições. Sua junção ou uma ação conjunta esmagá-lo-ia irremediavelmente. No mapa, seria impossível traçar uma situação mais desesperadora que a dele como estava na noite do dia 30, e é bem isso que eleva os acontecimentos seguintes a uma magnitude histórica. O grande cabo-de-guerra e seu lugar-tenente, observando esse cerco tremendo, permaneceram encolhidos, mas confiantes. Naturalmente, sendo atacado em ambos os flancos por exércitos, por ora, separados entre si, cabia a Lee manter um à distância enquanto desferia um golpe contra o outro. Qual deveria escolher? Jackson propunha derrubar Sedgwick no rio, mas Lee sabia que só a derrota do grosso da União poderia salvá-lo. Hooker assumira pessoalmente o comando dessas forças imponentes, e Lee, tão logo descobrira onde Hooker se achava, deixou apenas uma divisão reter Sedgwick e partiu para atacar Hooker. Enquanto isso, "Jeb" Stuart manobrava tão bem contra a cavalaria nortista, quatro vezes superior à sua, que conseguiu apoiar com perfeição os planos de Lee e impediu o General Stoneman de tomar parte na batalha.

* * *

Chancellorsville acha-se ao lado de uma região selvática de florestas e de arbustos entrelaçados que ainda hoje faz jus à denominação de matagal selvagem. Apenas os caminhos e sendas que foram abertos a machado permitiam movimentar-se naquela região. Tendo reunido suas tropas no dia 1º de maio, Hooker ordenou a ofensiva geral ao longo das estradas Turnpike e Plank. Sua numerosa cavalaria estava destruindo a ferrovia da Virgínia Central Railway em Louise Court House, a trinta milhas para o sul. Dispunha de três balões, numerosos postos sinaleiros e mesmo um telégrafo elétrico de campanha para se comunicar com Sedgwick. Mas a neblina matinal formou bancos de bruma no vale do Rappahannock. Os balões e os postos sinaleiros nada enxergavam e o telégrafo não funcionou. Avançando para dentro do matagal selvagem, encontrou numerosos destacamentos inimigos, que, de pronto, passaram a atacá-lo. Eram as tropas de Jackson manobradas com o habitual vigor. Agora Hooker, tão famoso como subordinado, arcava com a responsabilidade do comando supremo. Esperava que sua estratégia bem executada obrigasse Lee a bater em retirada. Agora se via na iminência de ser atacado por todo o contingente confederado. Efetuou imediatamente a meia-volta e retrocedeu aos entrincheiramentos que, prudentemente, havia preparado em frente a Chancellorsville. Era o fim da tarde do dia 1º de maio quando os Confederados, emergindo da floresta, viram-se diante dessa posição fortificada, guarnecida por compactas massas de tropas. Durante todo esse tempo, Sedgwick, que não recebia ordens pelo telégrafo, desconcertado pela exibição corajosa de Early, que tingiu as encostas com o sangue da União, embora ouvindo o trovejar da batalha, não foi socorrer Hooker. Como havia de saber que Longstreet poderia deixar de comparecer? Assim, anoiteceu. Lee e Jackson, recolhidos numa barraca, sabiam que dispunham de mais de um dia. Se não conseguissem derrotar Hooker no dia seguinte, apesar de sua superioridade de dois para um, seriam atacados pela frente e pela retaguarda por forças esmagadoras. Ofensiva frontal era impossível. A única chance que tinham era dividir o exército já pequeno e tentar contornar o flanco direito de Hooker. Haviam mandado procurar um caminho qualquer que permitisse a manobra e, já de madrugada, apresentou-se um oficial do Estado-Maior de Jackson comunicando ter achado uma estrada particular construída para levar lenha e gusa a um alto-forno. Achava que serviria. Jackson propôs em seguida levar todo o seu Corpo por aquela estrada e Lee concordou após breve reflexão. Essa manobra atrevida significava que vinte e seis mil homens de Jackson contornariam o flanco direito de Hooker para o atacar em seguida, enquanto Lee, com dezessete mil homens, enfrentaria os oitenta mil soldados da União. Jackson partiu às quatro horas da manhã. Parecia de importância vital que o deslocamento passasse despercebido, mas, lá pelas oito horas, uma clareira inesperada revelou às tropas nortistas a visão de uma comprida coluna inimiga em marcha. Na realidade, essa descoberta auxiliou a manobra confederada. Duas divisões do General Danil E. Sickles avançaram para dar uma surra nessa procissão e verificar suas intenções. Tomaram contato com a retaguarda de Jackson, que lutou ferozmente para, de chofre, desaparecer na floresta. Nessa altura, Sickles havia alcançado o destacamento e, julgando estar no encalço do inimigo em retirada, lançou-se em perseguição. Sickles pensava ter cortado em dois as forças inimigas, e realmente assim era. Lee e Jackson estavam separados e somente uma vitória poderia reuni-los. Se Hooker tomasse a ofensiva naquela altura, fatalmente obrigaria Lee a afastar-se cada vez mais de Jackson e aproximar-se de Sedgwick, que, afinal, havia tomado as colinas de Fredericksburg e, com seus trinta mil homens, a uma distância de oito milhas, estava obrigando Early a retroceder na direção da retaguarda de Lee. Mas Hooker, convencido de estar em segurança dentro das suas fortificações e de que seu plano se desenvolvia satisfatoriamente, não efetuou manobra alguma, enquanto as horas passavam. Eram seis horas da tarde quando Jackson alcançou seu destino. Não somente contornou o flanco de Hooker, mas achava-se na retaguarda do seu Corpo, estacionado no flanco direito. Jackson tomou posição em frente de Lee, que se achava do outro lado das forças inimigas a uma distância de quatro milhas. A surpresa foi total. Os soldados do Décimo Primeiro Corpo Federal estavam jantando e jogando baralho, protegidos por suas defesas, quando, repentinamente, nas suas costas, surgiram da floresta as linhas confederadas. Dentro de uma hora, o Décimo Primeiro Corpo, atacado nesse combate por forças superiores, embora, em conjunto, os ianques predominassem na proporção de dois para um, foi destruído.

Anoitecia, mas Jackson viu a suprema oportunidade que se oferecia. Achava-se a meia milha da estrada que levava para United States Ford, única linha de retirada do exército inimigo. Entre ele e esse objetivo mortal não havia formações inimigas. Escolheu o ponto que lhe cabia ocupar durante a noite e defender obstinadamente quando amanhecesse o dia. A recompensa não seria nada menos que a destruição total do grosso do exército da União. No dia seguinte, o inimigo teria que derrotá-lo ou passar fome entre os seus canhões de um lado e a selva intransitável do outro. Previu tudo isso. Juntou um punhado de oficiais e cavalgou pela estrada de Plank até a linha dos atiradores para reconhecer o terreno. Muitas vezes arriscava a vida dessa maneira, mas dessa vez o destino foi-lhe avesso. Quando regressava, suas próprias tropas, homens da Carolina que se orgulhavam em morrer por sua ordem, julgando na escuridão tratar-se de cavalaria inimiga, atiraram em salva. Três balas furaram o braço esquerdo e o ombro do general. Caiu do cavalo e, embora levado às pressas ao hospital de campanha, já estava tão enfraquecido pela perda de sangue que não podia concentrar os pensamentos. A mesma salva havia matado o seu ajudante de ordens, que iria levar a divisão de A. P. Hill ao ponto vital. Hill, a quem cabia assumir o comando, apressou-se a pedir instruções ao seu comandante quase inconsciente, mas também ele foi ferido em seguida. Passaram-se horas antes que Stuart pudesse comparecer, embora chamado com urgência lá onde comandava seus cavalarianos. Ninguém sabia qual fora o plano de Jackson e este estava inconsciente. É assim que os destinos da humanidade podem ser alterados por pequenos incidentes.

Stuart combateu galhardamente durante a noite e, no dia 3 de maio, os Confederados enfurecidos, aos gritos selvagens de "Recordem Jackson!" lançaram-se ao assalto das fortificações da União. Conseguiram unir-se novamente com Lee. Mas a chance daquela noite foi perdida, pois àquelas horas, Hooker já enviara contingentes maciços para proteger a sua linha de retirada. Não pensava em nada mais senão em fugir. Nem sequer tratou de manter Lee ocupado. Já fora moralmente derrotado no dia 2 e, durante a batalha do dia 3, uma bala de canhão bateu num pilar de pedra da casa onde Hooker estava encostado, estonteando-o; talvez tivesse sido um golpe misericordioso.

Agora, Lee se voltou contra Sedgwick, cuja posição ao sul do rio oferecia perigo. Sedgwick havia combatido durante todo o dia 3 e, no dia 4, encontrava-se com apenas vinte mil homens capazes, com o rio a lhe impedir a retirada e atacado por Lee à frente de vinte e cinco mil homens. Mas os soldados confederados estavam exaustos pelos esforços sobre-humanos dos dias anteriores. Sedgwick, embora derrotado e duramente castigado, conseguiu escapar atravessando o rio pela ponte flutuante que havia lançado em Fredericksburg. O Comandante-Chefe e os restos do magnificente exército encontraram-se com Sedgwick naquele ponto. O já brilhante exército que, havia nove dias apenas, vira à sua frente infalível vitória, voltara ao ponto de partida, estupefato e humilhado. Ainda superavam o inimigo na proporção de dois a um. Haviam perdido dezessete mil homens dos cento e trinta mil que entraram em luta, mas os Confederados perderam doze mil e quinhentos dos sessenta mil que venceram o inimigo.

Chancellorsville foi a mais brilhante batalha em que Lee e Jackson haviam combatido juntos. A cooperação dos dois tornara-se perfeita; "jamais o sol iluminara oficial executivo como ele", dissera Lee referindo-se a Jackson. "Executava minhas diretrizes com a mesma inflexibilidade com que a agulha da bússola aponta o pólo." "Seguiria o General Lee de olhos vendados" é uma observação atribuída a Jackson. Agora tudo terminara. "Se eu pudesse influir no destino", escrevera Lee, atribuindo toda a glória do êxito ao companheiro atingido, "para o bem do nosso país teria preferido ser vitimado em vosso lugar". Jackson viveu ainda uma semana. Amputaram-lhe o braço, sobreveio pneumonia. No dia 10, disseram-lhe que deveria preparar-se para o desenlace, o que aceitou com surpresa, mas com fortaleza de ânimo: "Está bem, está bem, está tudo em ordem". Finalmente, decorridas algumas horas, pronunciou claramente: "Atravessemos o rio e repousemos à sombra das árvores". Perder esse homem foi um golpe mortal para Lee e para a causa do Sul.

* * *

Não obstante, durante esses meses os pratos da balança da guerra pareciam pender contra a União. Uma onda de desencorajamento percorreu o Norte. Os soldados desertavam em massa. O alistamento encontrou oposição violenta em muitos Estados. Muitas tropas tiveram que ser retiradas da frente da batalha para fazer obedecida a lei. Houve centenas de mortos na cidade de Nova York durante a revolta contra o alistamento. Clemente L. Vallandigham, líder do partido de paz no Congresso, ou dos "Cabeças-de-Cobra", como os apelidaram referindo-se a uma cobra muito venenosa, declarou: "Não derrotastes o Sul e jamais o conseguireis. Gastastes dinheiro sem limites, derramastes sangue como água(..) Derrotas, morte, elevação de impostos, sepulturas(..) Eis os vossos únicos troféus". As legislações de Indiana e de Illinois ameaçavam reconhecer a Confederação. "Todo o mundo sente", escrevera Medill, editor da *Tribuna de Chicago* e amigo chegado do Presidente, "que essa guerra está chegando a um fim desastroso e desonroso. Em breve não será possível suprir dinheiro à democracia derrotada e ao exército ansioso por voltar ao lar." Realmente era uma hora negra, mas Lincoln não perdeu a coragem.

Acontecimentos nos mares e além do oceano agitavam e confundiam o Norte. A minúscula Marinha dos Confederados estava ativa e vitoriosa no Golfo do México e na Costa do Atlântico. No alto-mar, corsários confederados construídos na Grã-Bretanha causavam pesados prejuízos à navegação dos nortistas. O corsário mais famoso, o Alabama, conseguiu surgir da embocadura do rio Mersey em junho de 1862. Navegava sob nome suposto e apesar dos protestos do Embaixador dos Estados Unidos em Londres. Depois da gloriosa carreira que durou onze meses, um cruzador da União encurralou-o no Canal da Mancha. Houve valoroso combate em frente a Cherburg. Foi presenciado por diversos pintores franceses. Um deles, Manet, registrou-o numa tela notável. O "Alabama" possuía menos bocas-de-fogo e foi posto a pique. O governo da União exigiu insistentemente que a Grã-Bretanha o indenizasse pelos prejuízos causados pelos corsários confederados. As negociações foram demoradas e acaloradas. Não foram concluídas a não ser seis anos depois que a guerra havia terminado, quando o Governo de Gladstone concordou em pagar aos Estados Unidos uma indenização no valor de quinze milhões de dólares.

A ansiedade em Washington cresceu durante a primavera e o verão de 1863, porque o mesmo estaleiro que havia construído o Alabama estava construindo dois navios de guerra blindados para os Confederados. Estavam armados com canhões raiados de nove polegadas e equipados com poderosos aríetes submersos combinando assim as vantagens da Merrimac com as do Monitor. Esses navios eram conhecidos como "os aríetes de Laird" assim apelidados pelo nome do construtor. O Embaixador dos Estados Unidos bombardeava Lorde Russell, Ministro do Exterior, com exigências de impedir que esses navios pudessem escapulir, como o fizera o Alabama. Russell reconheceu afinal que a construção de tais navios por uma potência neutra poderia criar um precedente que eventualmente prejudicaria a Grã-Bretanha numa futura conflagração. Em setembro, ordenou que fossem apreendidos. Assim terminara a última controvérsia decorrente da Guerra Civil entre os Estados Unidos e a Grã-Bretanha.

* * *

A iniciativa nas ações bélicas era de Lee agora. Resolveu efetuar a invasão da Pensilvânia, que tinha planejado havia muito tempo. Mas Vicksburg na margem do Mississipi, estava sendo duramente atacada e, a não ser que Johnston recebesse reforços com urgência, a sua capitulação seria iminente. Foi feita a proposta de permanecer na defensiva, de mandar o próprio Lee à testa de duas divisões de Longstreet para o Mississipi e de mandar outras tropas para o Tennessee Central, com o fim de derrotar as tropas de Rosecrans ao sul de Nashville e de ameaçar as cidades comerciais Louisville e Cincinnati, na esperança de forçar Grant a terminar sua campanha contra Vicksburg. Lee recusou-se terminantemente a seguir. Expôs claramente ao Conselho de Guerra: dever-se-ia correr o risco de perder o Mississipi ou a Virgínia. Seu ponto-de-vista prevaleceu e, no dia 26 de maio, três semanas após Chancellorsville, foi sancionada a invasão da Pensilvânia. O Exército do Norte da Virgínia foi reorganizado. Foi dividido em três Corpos sob o comando de Longstreet, Ricardo S. Fwell e A. P. Hill, cada Corpo dividido em três divisões. O objetivo de Lee em

1863 foi o mesmo do ano anterior: forçar o inimigo a lutar em condições em que uma derrota significasse aniquilamento. Nisso via a esperança única de conseguir a independência do Sul. O movimento começou no dia 3 de junho. Longstreet concentrou o seu Corpo em Culpeper e, protegidos por ele, os outros dois passaram para o vale do Shenandoah, dirigindo-se diretamente ao Potomac. Longstreet manobrou para o oeste da cadeia Blue Ridge, enquanto a cavalaria de Stuart protegia o seu centro e flanco. Finalmente entrou também no vale do Shenandoah através dos Passos do Norte, na retaguarda dos outros dois Corpos. No dia 9, antes que as manobras se desenvolvessem, houve em Brandy Station um combate de cavalaria sem importância, mas em que a cavaria da União, comandada agora por Alfredo Pleasanton, recuperou seu moral.

Primeiro, a campanha decorreu bem para Lee. Ewell deixou Culpeper no dia 10 e, marchando com rapidez digna de Jackson, dirigiu-se para o vale. Em caminho, limpou duas guarnições federais, em Winchester e em Martinsburg, capturou quatro mil prisioneiros e vinte oito canhões. No dia 15, estava cruzando o Potomac. Esperou uma semana que o Corpo seguinte estivesse pronto para a travessia. Enquanto isso, enviou sua brigada de cavalaria até Chambersburg, na Pensilvânia, para reunir e enviar suprimentos. No dia 22, recebeu ordens de penetrar mais a fundo na Pensilvânia e de capturar Harrisburg, "se isso fosse dentro de suas possibilidades". No dia 27, Ewell estava em Carlisle e, no dia seguinte, suas vedetas estavam a quatro milhas de Harrisburg. Os outros dois Corpos confederados estavam em Chambersburg. Até Chambersburg, Lee havia seguido pelo vale do rio Cumberland, com os Montes do Sul protegendo seu flanco direito, e ainda nada conseguira saber das intenções de Hooker. Aceitou o plano de Stuart de efetuar uma reide através das montanhas e de se unir a Ewell na Pensilvânia. Stuart, ao partir no dia 25, acreditava que Hooker ainda estava no seu acampamento ao leste das montanhas e esperava poder atravessar a zona dos acampamentos e cruzar o Potomac perto de Leesburg. Hooker, havia levantado acampamento e, naquele mesmo dia, iniciara a marcha em direção ao Potomac. Stuart, por conseguinte, teve que efetuar pela terceira vez a marcha envolvente na retaguarda do inimigo, cruzou o Potomac a vinte milhas de Washington, não conseguiu estabelecer contato com a divisão direita de Ewell e só regressou para junto de Lee na tarde do dia 2 de julho, com as montadas e os homens totalmente exaustos. Assim, Lee foi privado dos "olhos do exército" durante uma semana inteira e muita coisa sucedeu nesse ínterim.

Tão logo Lee partira para o Norte, Hooker quis marchar para Richmond. Lincoln, todavia, o proibiu, motivando corretamente que seu objetivo era o exército de Lee, e não Richmond. Assim decidindo, o Presidente fez o que Lee esperava. Tendo atravessado o Potomac, Hooker estabeleceu seu Quartel-General perto de Frederick, onde defendia Washington e ao mesmo tempo ameaçava as linhas de comunicações confederadas. Depois de Chancellorsville, Halleck e Stanton haviam concordado que Hooker não deveria comandar o exército na próxima batalha. Quando, pois, recebendo recusa de utilizar a guarnição de Harpers Ferry, Hooker ameaçou demissionar, a demissão foi prontamente aceita. O General Jorge C. Meade, ex-Comandante do Quinto Corpo e agora Comandante-Chefe, no dia 28 de junho, resolveu deslocar todo o Exército em marchas forçadas para o norte até Susquehanna, para impedir que Lee cruzasse aquele rio e para proteger simultaneamente Washington e Baltimore. Meade era oficial seguro e persistente e não possuía ligações políticas. Podia-se ter a certeza de que não cometeria atos de loucura, mas tampouco feitos brilhantes. Na expectativa de que Lee viria para o sul de Susquehanna para atacar Baltimore, preparou-se para o aguardar na margem do Pipe Creek, dez milhas além de Westminster. Lee estranhou grandemente o atraso do regresso de Stuart, mas, confiando implicitamente nele, concluiu que Hooker devia estar ao sul do Potomac. Conhecendo a verdade, no dia 28 ordenou a concentração em Cashtown, ao pé da Montanha do Sul. Não se apressava, e o movimento foi efetuado "tendo em vista o conforto das tropas". No início da campanha, havia concordado com Longstreet que a estratégia deveria ser ofensiva, mas a tática, defensiva, e não tinha intenção de aceitar batalha a não ser sob condições favoráveis. Mas a sorte decidiu de outra maneira. No dia 30, uma brigada do Corpo de Hill avançou oito milhas de Cashtown para Gettysburg, em parte à procura de calçados e em parte para fazer um reconhecimento do local por onde o Corpo de Ewell possivelmente transitaria no dia seguinte. Gettysburg foi encontrada nas mãos da cavalaria da União que acabara de lá entrar. A brigada confederada retornou sem se certificar dos efetivos do inimigo. Buford, o comandante do destacamento da cavalaria, que aliás tinha os nomes de batismo Napoleão B., parece ter sido o primeiro homem em ambos os exércitos a dar valor à importância estratégica de Gettysburg, onde confluíam uma dúzia de estradas vindas de todos os pontos cardiais. Transferiu sua divisão para o oeste da cidade, onde encontrou boa posição, protegida por um riacho, e solicitou ao Comandante do Primeiro Corpo que viesse urgentemente em seu auxílio. O Primeiro Corpo foi seguido pelo Décimo Primeiro.

No dia primeiro de julho, começou um combate sério com a vantagem da guarda confederada e, logo mais, Ewell, surgindo do noroeste, atacaria o flanco inimigo e forçaria o Décimo Primeiro Corpo a atravessar a cidade e a se refugiar no terreno alto a três milhas para o sul, que, com razão, se chamava "Crista do Cemitério". Nesse primeiro dia da batalha, cinqüenta mil homens combateram e duas divisões confederadas derrotaram e infligiram sérias perdas a dois Corpos da União. Agora se iniciara uma corrida entre Lee e Meade — tratava-se de quem conseguiria primeiro concentrar suas forças. Nem Lee, nem Meade tampouco, desejavam travar batalha decisiva nessa ocasião e nesse terreno, mas as circunstâncias envolveram-nos na maior e mais sangrenta batalha de toda a Guerra Civil. Lee não podia desengajar-se, nem salvar seus suprimentos, sem imobilizar Meade, e Meade, por sua vez, foi obrigado a combater no local considerado impróprio.

Lee desejou iniciar o segundo dia por um ataque de Hill e de Ewell contra a Crista do Cemitério, que ele, com razão, considerava ser posição-chave do inimigo. Teve que ceder perante as objeções dos dois. Ao chegar Longstreet, este insistiu numa manobra contornando o flanco esquerdo de Meade, a fim de colocar o Exército confederado entre Meade e Washington. Na ausência da Cavalaria de Stuart, essa manobra seria demasiadamente arriscada e também naquela posição seria quase impossível alimentar as tropas. Afinal, Lee deu a Longstreet ordens formais de atacar o flanco esquerdo do inimigo ao amanhecer. Longstreet, que desaprovava o papel que lhe foi designado, somente entrou em ação às quatro horas da tarde. Enquanto ele esperava pela chegada de mais uma brigada, dois Corpos reforçaram o inimigo. Lee julgava que o flanco esquerdo da União repousasse na estrada de Emmetsburg e aguardava que a ofensiva de Longstreet por aquela via enrolasse a frente inimiga da esquerda para a direita. Mas, nessa altura, Sickles, Comandante de um

Corpo da União, havia tomado posição avançada por iniciativa própria, e o seu flanco não era o fim das linhas federais. Quando isso ficou aparente, Longstreet se recusou obstidamente a se afastar da letra das ordens recebidas, embora soubesse que Lee ignorava a verdadeira situação. Tudo o que conseguiu, após diversas horas de pesada peleja, foi obrigar Sickles a retroceder até as linhas principais de Meade. Naquele dia, a maior parte do Corpo de Hill não participou dos combates. Ewell, que deveria ter atacado a ponta setentrional da crista tão logo ouvisse o troar dos canhões de Longstreet, só entrou em ação às seis da tarde. Não houve nem sombra de coordenação nos ataques confederados do dia 2 de junho. Embora Lee não tivesse conseguido fazer prevalecer sua vontade, embora as ações confederadas tivessem sido desordenadas, as perdas da União foram terríveis e foi difícil dissuadir Meade, durante o Conselho de Guerra havido naquela noite, a ordenar a retirada geral.

Começou o terceiro dia. Lee ainda apostava na vitória. Resolvera lançar quinze mil homens apoiados por cento e trinta e oito canhões contra o centro esquerdo de Meade, onde uma das brigadas de Hill havia conseguido romper as linhas inimigas na véspera. Ewell atacaria ao mesmo tempo do norte e, se o ataque do General Jorge E. Pickett rompesse a frente da União, todos os efetivos confederados atacariam. Novamente, foi dada ordem de iniciar o assalto quanto mais cedo possível. Foram, no entanto, os federais que iniciaram as ações no dia seguinte, retomando ao alvorecer algumas trincheiras evacuadas na véspera e conseguindo rechaçar os Confederados do Culp's Hill antes do meio-dia. Esgotado, Ewell não fez nenhum outro movimento. Longstreet continuava a insistir num largo movimento envolvente em torno do flanco esquerdo de Meade. As pesadas perdas que seu Corpo havia sofrido no dia 2 tornaram esse movimento ainda mais difícil que já fora.

A manhã passou em silêncio. Só a uma hora da tarde os Confederados iniciaram o mais pesado bombardeio já conhecido até então. Longstreet, incapaz de aderir a um plano que julgava desastroso, deixou que o comandante da artilharia, Alexandre, desse o sinal a Pickett. Às duas e meia, as munições dos Confederados, trazidas desde Richmond em carroções cobertos, começaram a terminar. "Vinde logo", disse Alexandre a Pickett, "ou a minha munição não poderá apoiar-vos eficientemente". "General", perguntou Pickett a Longstreet, que se mantinha mudo

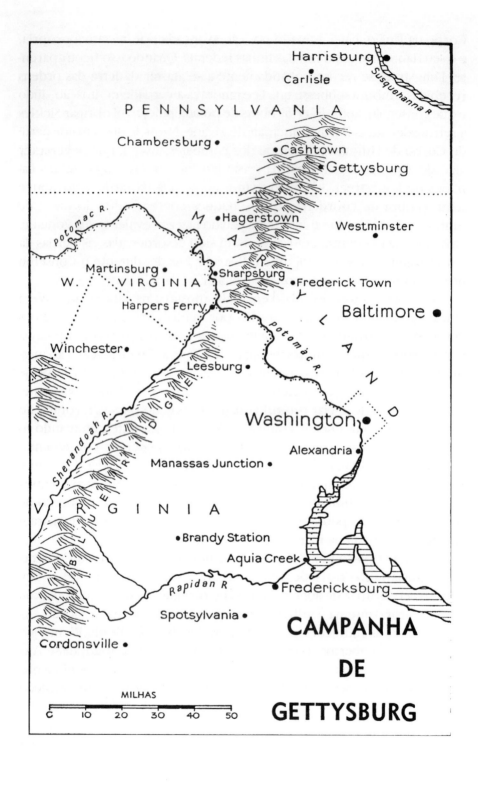

e sombrio, "devo atacar?" Após esforço intenso, Longstreet inclinou a cabeça assentindo. Pickett perfilou-se e arremessou quarenta e sete batalhões contra o centro da União. Ainda hoje em dia vemos nesse campo da batalha, piedosamente preservado tanto pelo Sul como pelo Norte, onde ainda muitos dos canhões continuam nas suas posições de batalha, as encostas suaves e lisas em cujas extensões fora efetuado o imortal assalto da infantaria. Aqueles homens corajosos marcharam em formação magnífica, bandeiras ao vento, mas, como a "Velha Guarda", no crepúsculo de Waterloo, enfrentaram uma superioridade numérica do inimigo e um poderio de fogo superior às virtudes de mortais. A artilharia raiada da União sustou o fogo, deixando-os chegarem à distância de mil jardas, e então reabriu o fogo, derrubando alamedas nas formações que, não obstante, continuaram a avançar. Avançavam sempre, sem hesitação e sem desordem; em dado momento, ouviu-se o som mortífero semelhante ao que produz o papel ao ser rasgado. Como o descreveu Lee, misturou-se primeiro com o troar do canhoneiro e, finalmente, abafou mesmo esse ruído infernal.* A divisão de Pickett não reduziu o ímpeto do avanço e finalmente atingiu a massa muito superior dos inimigos, que, embora menos ativos, também estavam prontos a morrer pela causa a que haviam aderido. Os três Brigadeiros da divisão de Pickett tombaram mortos ou mortalmente feridos. O General L. A. Armistead, com algumas centenas de homens, realmente penetrou na posição central da União, e o lugar onde tombou com a mão apoiada num canhão capturado é reverenciado hoje pelos homens dos Estados Unidos.

Mas onde estavam as reservas a quem competia levar avante esse soberbo esforço? Onde estavam os ataques simultâneos que deveriam ter agarrado e deslocado a frente inteira? Em Waterloo, Napoleão não pôde conseguir a predominância, e o mesmo se deu com Lee em Gettysburg. Os assaltantes vitoriosos foram mortos ou capturados; os que sobraram, regressaram debaixo do fogo implacável da artilharia, desviando-se dos corpos que entulham a planície. Menos de um terço voltou. Lee esperava-os montado no seu corcel Traveller e apresentou-lhes a

---

* O original é obscuro nesse ponto, mas aparentemente o ruído assim descrito era o "Grito dos Rebeldes", que os Confederados lançavam em desafio ao inimigo.

única explicação que não podiam aceitar: "Foi tudo culpa minha". Longstreet, em suas memórias escritas anos depois, deixou uma sentença que é sua melhor defesa: "Quando cavalguei retornando às baterias, aguardando um imediato contra-ataque, as balas e obuses rasgavam o chão em torno da minha montaria, e uma prece involuntária surgiu em mim solicitando que um deles me livrasse de tão terrível responsabilidade".

Mas não houve contra-ataque. A batalha de Gettysburg estava terminada. Vinte e três mil federais e mais vinte mil Confederados tinham sido dilacerados pelo chumbo e pelo aço. Como se dera depois de Antietam, Lee enfrentou o inimigo ao amanhecer do dia seguinte, pronto a combater de novo. Ninguém melhor que ele sabia que o momento era decisivo. Com todos os recursos da sua personalidade, animou seu exército. Um comboio imenso conduzia os feridos em saltitantes carroções desprovidos de molas ao longo de dezesseis milhas de estrada esburacada. "Levai-me de volta à velha Virgínia". "Pelo amor de Deus, matai-me". Na noite do dia 4, Lee começou a retirada. Meade deixou-o ir. A energia necessária para a perseguição fora gasta durante a batalha. Encontraram o Potomac em cheia; a ponte de pontões de Lee havia sido parcialmente destruída por uma surtida efetuada pela cidade de Frederick. Durante uma semana, os Confederados esperaram entrincheirados com as costas para o rio que não podiam atravessar. Longstreet estava disposto a aguardar o inimigo, mas Lee soube avaliar melhor a situação. Meade só apareceu no dia 12, e seu assalto estava marcado para o dia 14. Quando amanheceu aquele dia, Lee, após cruel travessia noturna, achava-se salvo na outra margem do rio. Trazia com ele os prisioneiros e os feridos. Havia perdido apenas cinco canhões e a guerra.

O Governo de Washington estava extremamente descontente com a inatividade de Meade e havia razão para tanto. Napoleão poderia ter efetuado o assalto final de Lee, mas certamente não teria duplicado a perseguição impotente de Meade. Lincoln promoveu Meade apenas a Major-General pelos serviços prestados em Gettysburg. Lee retrocedeu pelo vale do Shenandoah até alcançar suas velhas posições atrás do Rappahannock e do Rapidan. O Sul havia lançado seu dardo.

Até um certo ponto, Lee havia conduzido brilhantemente a campanha de Gettysburg, havia alcançado alguns dos seus objetivos; mas a derrota com que terminou a campanha pesava mais. A perda irreparável de vinte e oito mil homens que o exército composto de setenta e cinco mil sofreu durante essa operação tornou impossíveis quaisquer novas tentativas de obter a independência do Sul por meio de uma vitória no solo nortista. Lee considerava seu exército invencível e, depois de Chancellorsville, havia começado a encarar o exército do Potomac quase com desprezo. Não soube distinguir entre tropas más e boas tropas mal comandadas. Não foi o exército, foi o Comandante que fora derrotado nas margens do Rappanhannock. É possível que, tivesse Hooker permanecido no comando, Lee o derrotasse de novo. A fortuna que lhe foi favorável em Chancellorsville lhe virou as costas agora. A ausência demorada de Stuart fizera com que Lee desconhecesse os movimentos do inimigo durante os momentos críticos da campanha, e foi na ausência de Stuart que Lee cometera o erro fatal de se transferir para o lado ocidental das montanhas. O gênio militar de Lee falhara. Fora desorientado pelo silêncio de Stuart, que não estava em forma e seus subordinados sentiram essa disposição do seu espírito. Acima de tudo, faltara-lhe o apoio de Jackson. A desobediência de Longstreet havia destruído qualquer possibilidade de sucesso que poderia ter havido em Gettysburg. O Sul lançou sobre Longstreet amargas censuras.

Não houve outra batalha no Leste em 1863, e os exércitos passaram o inverno enfrentando-se pelo Rapidan.

* * *

Temos que voltar-nos agora para o Oeste, onde houvera violentas batalhas e onde morreram muitos homens. Se o exército de Lee tivesse conseguido uma vitória decisiva, ele poderia ter marchado para onde bem entendesse e teria podido obrigar Nova York ou qualquer outra grande cidade da costa do Atlântico a pagar tributo ou a render-se; por isso, esse teatro de guerra secundário, embora espaçoso, não precisa ser analisado pormenorizadamente. É verdade que foi do Oeste que veio o golpe final que rachou o Sul em dois, devastando-o. Mas sua importância em 1862 e 1863 consistia principalmente na promoção de Grant ao Comando Supremo e Unificado dos exércitos da União. O objetivo fora a limpeza ou barragem do Mississipi. Em abril de 1862, o Almirante Farragut, um sulista que aderira à União, tornara-se proeminente no comando da Marinha Federal. Em abril, com uma esquadra composta de todos os tipos de embarcações, parcialmente blindadas ou desprotegidas, passou em frente aos fortes que protegiam Nova Orleans, a maior cidade e a capital comercial da Confederação, que caiu no dia seguinte. Continuou então a subir o rio e alcançou Vicksburg no dia 18 de maio. Não encontrando tropas federais para o apoiar, retrocedeu, forçou as baterias novamente no dia 25 de junho e efetuou a junção com a flotilha federal em Memphis. Sabia-se, pois, ao findar o ano de 1862, que as baterias confederadas não podiam fazer parar os navios da União. Quanto aos torpedos, palavra nova muito discutida naquela época, Farragut havia de dizer: "Para o diabo os torpedos", e tinha razão. De então em diante, as flotilhas da União podiam subir e descer o rio em toda a extensão, embora sofrendo algumas perdas. Isso oferecia ajuda substancial ao exército federal em ambas as margens. Aqui, no vale do Mississipi, havia quase que uma guerra à parte. Os Estados Ocidentais da Confederação reclamavam de Jefferson Davis e do seu governo em Richmond grande liberdade de ação, exigindo, todavia, continuamente sua ajuda. Washington encarava o Teatro Ocidental quase da mesma maneira como o Teatro Oriental foi encarado pelos Aliados e pelas Associadas durante a Primeira Guerra Mundial. Era secundário; entretanto, indispensável. Não era o caminho para a vitória, mas, se deixassem de trilhar esse caminho a vitória seria retardada.

Após o malogro da expedição fluvial de dezembro de 1862, Grant reuniu o seu exército na margem do Mississipi. Vicksburg continuava seu principal objetivo, mas as enchentes na bacia do Yazoo impediam quaisquer operações nessa época do ano, a não ser as fluviais. Por meio de inúmeras fintas, Grant conseguiu enganar o General confederado Pemberton, que defendia Vicksburg. Assim, Grant pôde transferir em balsas quarenta e cinco mil homens pelo Mississipi abaixo das baterias de Grand Gulf, trinta e seis milhas abaixo de Vicksburg. Surpreendeu e rechaçou as tropas de Pemberton e, no dia 3 de maio, estabeleceu-se em Grand Gulf numa posição segura, com o flanco esquerdo protegido pelo violento rio Negro e mantendo contato com as flotilhas da União. Quatro dias depois, uniu-se com ele o Terceiro Corpo comandado por Sherman. Iniciara então um movimento cauteloso em direção a Vicksburg e à ferrovia que a ligava com Jackson. O General José E. Johnston, tardiamente reforçado pelo Presidente Davis, embora adoentado, foi despachado com urgência para aquele teatro. Sua preocupação única era de salvar o exército de Pemberton. Ordenou-lhe marchar imediatamente ao seu encontro antes que Grant pudesse encaixar entre eles a cunha dos seus três Corpos. Pemberton houve por bem desobedecer a essa ordem. Imaginou que o movimento através das comunicações de Grant com o Grand Gulf obrigaria os federais a retrocederem. Não apenas desobedeceu, mas errou; Grant, como acontecera com McClellan em frente de Richmond em 1862, dono das comunicações fluviais, não dependia de determinada base. Abandonando suas ligações com Grand Gulf, obrigou Johnston a retroceder e, em seguida, voltou-se contra Pemberton com grande superioridade numérica. Após considerável batalha em Champion's Hill, durante a qual tombaram seis mil homens, Pemberton foi rechaçado para Vicksburg. Auxiliado pela flotilha, Grant estabeleceu nova base ao norte da cidade e, após duas tentativas de tomar suas defesas de assalto, uma das quais lhe custou seis mil homens, iniciou formal assédio. Generosos reforços aumentaram seu exército para setenta mil homens. Johnston, dispondo de apenas vinte e quatro mil, nada podia fazer para ajudar Pemberton. Vicksburg foi reduzida pela fome, e sua guarnição confederada, bem como o exército de campanha, mais de trinta mil homens, capitularam no dia 4 de julho, no mesmo dia em que Lee sofrera a derrota em Gettysburg. Cinco dias depois, Port Hudson, na Louisiana, também reduzido pela fome, capitulou com sete mil homens entregando-se ao General Banks, e, assim, todo o curso do Mississipi caiu nas mãos da União. "O Pai das Águas", disse Lincoln, "corre novamente para o oceano sem ser molestado". Eram golpes estonteantes que o Sul recebera.

* * *

A fúria da guerra fora transferida para o Oeste. Antes de tornar-se certa a queda de Vicksburg, Rosecrans, General muito competente, que, à testa de sessenta mil homens, constituía o Exército da União em Cumberland, após o sucesso obtido em Murfreesboro, contentava-se em observar Bragg estacionado do outro lado da ferrovia, entre Rosecrans e

Chattanooga. Esta cidade e centro ferroviário era protegida pelo lado norte pelo profundo e largo rio Tennessee e pelo lado sul pelas altas cadeias das Appalachian Mountains, cadeia ocidental dos Alleghanies. Esta cidade não era apenas a chave para o domínio do Vale do Mississipi, mas também para a invasão da próspera, poderosa e até então inviolada Geórgia.

O período da expectativa foi marcado por ferozes reides da cavalaria confederada com o fim de destruir as ferrovias na retaguarda da União e por contragolpes federais contra importantes usinas e fábricas de munições na parte meridional do Tennessee. Nessas ações, os Confederados tinham a supremacia. Mas, quando Rosecrans, em fins de junho, avançou ao longo da ferrovia em direção a Chattanooga, e Burnside, com outro exército de quarenta mil homens a cem milhas para o leste, atacou Knoxville, iniciaram-se grandes operações que haveriam de ter importantes conseqüências. Burnside capturou Knoxville cortando, assim, uma das importantes ferrovias confederadas. Rosecrans iludiu Bragg, fazendo-o sair das suas linhas fortificadas estendidas por meio da ferrovia Nashville—Chattanooga e, no dia 4 de setembro, ocupou Chattanooga sem que houvesse combate.

Até então, Rosecrans havia dado mostras de grande habilidade estratégica. Agora, cometera o terrível engano de supor que o exército ágil e resoluto que tinha pela frente estivesse atemorizado. Bragg, um dos piores generais, detestado pelos subordinados, geralmente tomava as decisões erradas; era, todavia, lutador decidido. Ao sul de Chattanooga, os contrafortes da serra espraiavam-se como os dedos da mão. Bragg mantinha-se quieto em Lafayette, com efetivos aumentados para sessenta mil homens. Lá pelo dia 12 de setembro, Rosecrans deu pelo fato pavoroso de seus três Corpos terem-se espalhado numa frente que atingia sessenta quilômetros de extensão e de que Bragg confrontava o centro com efetivos três vezes superiores a cada um deles. Bragg, arrogante e mal servido, deixou passar essa oportunidade que tanto Lee como Jackson teriam sabido tornar decisiva para todo o Oeste. Rosecrans retraiu-se e concentrou-se em direção de Chattanooga, mas foi tarde, mesmo em face de Bragg, para escapar à batalha em local e condições bem outras que as teria escolhido.

Em Chickamauga, além da divisão da Geórgia, Bragg lançou-se sobre o inimigo. Longstreet, vindo da Virgínia, trouxe-lhe artilharia e duas divisões, e Bragg havia recebido outros reforços, de modo que tinha a sorte, para um general confederado, de dispor de superioridade numérica. Setenta mil Confederados atacaram cinqüenta e cinco mil federais. A batalha que durou dois dias foi travada com mostras de muita coragem de ambos os lados. Bragg tentou insistentemente contornar o flanco esquerdo do inimigo e assim cortar o caminho para Chattanooga. Mas essa ala da União, comandada pelo General George H. Thomas, chamou a si reforços do centro e do flanco direito. Nessa altura, Longstreet, à frente de vinte mil veteranos da Virgínia, atacou os pontos enfraquecidos da União e infligiu derrota total a dois terços das forças inimigas levando-as de roldão, inclusive o próprio Rosecrans e os comandantes dos Corpos, com exceção de Thomas. Longstreet pediu que Bragg utilizasse o resto das tropas para efetuar poderoso golpe com o punho esquerdo. Mas o Comandante-Chefe não quis abandonar sua idéia primitiva. Continuou a dar marradas contra Thomas, que, durante a noite, havia levantado parapeitos de toros e trilhos de estrada de ferro. A noite cobriu a cena da carnificina que só fora ultrapassada pela que houve em Gettysburg. Thomas, "a Rocha de Chickamauga", desvencilhou-se dos atacantes e foi encontrar-se com o resto das tropas da União em Chattanooga.

As baixas havidas nessa batalha foram terríveis. Foram mortos dezesseis mil homens da União e mais de vinte mil Confederados tombaram, foram feridos ou desapareceram. Os Confederados haviam capturado quarenta canhões e o campo da batalha — quem destrói, mesmo por algum tempo, o poderio inimigo, ganha a batalha. Poderia ter sido Ramillies, ou Waterloo, ou mesmo Tannenberg. Mas fora Malplaquet.

Bragg bloqueou e quase cercou Rosecrans e o exécito de Cumberland em Chattanooga. Apoderara-se de duas elevações dominantes — Lookout-Mountains e Missionary Rigde. Por certo período, impediu a chegada de suprimentos pelo rio Tennessee. Em princípios de outubro, parecia que o Exército da União iria capitular, reduzido pela fome. No entretempo, a situação de Burnside em Knoxville, contra quem Longstreet havia sido enviado, parecia igualmente séria.

O Governo de Washington começou a se apoiar no General Grant. Seus defeitos e fraquezas eram aparentes, mas de igual maneira eram visíveis suas qualidades. No campo da União, frustrado, desorientado, desiludido, cansado pelo derramamento de sangue e pelas despesas, Grant, visto através dessa névoa, começou a parecer grande e sólido. A vitória foi-lhe fiel desde o Forte Donelson até Vicksburg. Eis onde houve capitulações maciças dos Confederados — tropas, artilharia, territórios. Quem podia apresentar resultados semelhantes? No dia 16 de outubro, Grant recebeu o Comando Supremo dos Departamentos dos rios Ohio, Cumberland e Tennessee e seu lugar-tenente Sherman foi colocado à frente do Exército do Tennessee.

Rosecrans foi demitido. Perdera uma grande batalha e, sob as ordens de Washington, nenhum general sobrevivia a uma derrota. Havia, porém, prestado bons serviços no Oeste e sua ficha militar estava limpa. Muito antes de Chickamauga, havia perdido as boas graças de Halleck. Essa triste figura estacionada nos portais da politicagem ferrenha daqueles dias, que tentava transmitir aos exércitos o que os políticos desejavam e tentava comunicar aos políticos o que podiam entender das necessidades militares, dera mostras claras do seu nível moral ao escrever, em fevereiro de 1863, a Grant e a Rosecrans que o general que primeiro apresentasse um notável sucesso receberia a investidura na vaga de Vice-Comandante-Chefe. Grant não respondera à carta. Rosecrans, porém, escreveu em resposta, repreendendo Halleck, que "um patriota e um homem de honra não deve necessitar de incentivo adicional para cumprir o seu dever". Assim, ao tropeçar, caiu em chão pedregoso.

Por uma série de medidas complicadas, Grant libertou o rio Tennessee, tomou de assalto tanto Missionary Ridge como Look-out-Montain e tocou Bragg e o Exército Confederado em total desordem das proximidades de Chattanoga. Ao mesmo tempo, socorreu Burnside em Knoxville. As fronteiras confederadas encolheram-se de chofre. Vicksburg produzira uma fenda ao longo do Mississipi. Chattanooga produziu outro corte pela parte oriental do território, acompanhando a cadeia dos Alleghanies. Em dezembro de 1863, os Confederados tiveram que retroceder até a Geórgia, e todo o vale do Mississipi fora recuperado para a União. Todos esses acontecimentos convulsivos poderiam ter tomado um rumo bem diferente, se o Presidente Davis tivesse nomeado Lee Comandante Supremo das Forças Armadas da Confederação, pelo menos após Chanchellorsville, mas melhor ainda em 1862, e tivesse dedicado suas indiscutíveis habilidades à tarefa de reunir em apoio do Comandante Supremo as energias indomáveis, leais, mas lamentavelmente bairristas do Sul.

Em fins de 1863, todas as ilusões haviam desaparecido. O Sul sabia que havia perdido a guerra e que seria conquistado e subjugado. Constitui uma das glórias indeléveis da História dos Estados Unidos que essa convicção não enfraqueceu a resistência dos Confederados. No Norte, onde havia certeza da vitória, podiam dar-se ao luxo de permitir divisões amargas. No lado dos vencidos, a perda das esperanças deixou atrás de si apenas a decisão de morrer empunhando as armas. Antes que fosse destruída toda uma geração, preferiram fosse devastado todo o vasto território. Era melhor que todas as fazendas fossem destruídas, todas as cidades bombardeadas, todos os combatentes mortos, do que permitir que a história registrasse que haviam cedido. Qualquer homem pode ser espezinhado por uma força superior e pela morte; qualquer que seja a forma que adote, é, a morte apenas, que, cedo ou tarde, será o quinhão de todos. Observando as conseqüências militares de 1863, parece incrível que as tormentas da guerra se estendessem ainda através dos anos de 1864 e 1865. "Matem-nos se puderem; destruam tudo o que temos", gritava o Sul. "Como quiserem", respondia a maioria resoluta do Norte.

CAPÍTULO VII

VITÓRIA DA UNIÃO

A Confederação fora derrotada e a última, prolongada fase da guerra foi de conquista e de subjugação. Durante o inverno do ano que presenciara Chancellorsville e Gettysburg, Vicksbur, Chattanooga e Chickamauga, houve uma pausa. O Norte reunia sua força esmagadora para uma tarefa sombria. A liderança militar de Davis foi gravemente discutida no Sul. Mantivera em suas mãos apenas o trabalho imenso de manter a Confederação unida e de administrar sua vida política e econômica, mas também exerceu controle absoluto das operações militares. Obstinadamente, prosseguiu com a política e estratégia defensivas enfrentando desvantagens que só uma vitória decisiva conseguida em batalha campal poderia ter reduzido. Isso levou lógica e inexoravelmente à ruína. Agora solicitaram a Lee e a Longstreet formarem um plano geral para o ano de 1864. Estes propuseram que Beauregard, com vinte mil homens retirados dos fortes da Carolina do Sul, fosse reforçar o exército de Longstreet no Tennessee Oriental e, invadindo o Kentucky, procurassem juntos atingir a ferrovia de Louisville, linha única de suprimentos do grosso das tropas da União, que se esperava avançasse de Chattanooga para o sul a fim de atacar Johnston. Concluída essa fase,

Johnston e todas as forças confederadas deveriam reunir-se e prosseguir para o Ohio, efetuando no percurso as ações que as necessidades exigissem. Isso, declararam, poria a perder quaisquer planos que o Comando da União tivesse previsto para as operações no Oeste. Quanto ao Leste, Lee e o Exército da Virgínia do Norte ficariam encarregados dele. Quando esse plano grandioso foi exposto a Davis e ao Conselho de Guerra, Bragg, justamente Bragg, insistiu num outro plano, e o resultado foi que nehum foi adotado. Johnston tinha que se arranjar no Leste tão bem como pudesse e Lee continuaria a defender Richmond.

No dia 9 de março, o Presidente Lincoln concedeu a Grant a patente de General-Tenente e deu-lhe o Comando Supremo de todos os Exércitos dos Estados Unidos. Afinal, a União possuía unidade de comando e um homem capaz de a exercer. O plano de Grant era simples e brutal. Reduzia-se à palavra "atrito". Em combates violentos e na troca de vidas, a superioridade numérica haveria de prevalecer. A Meade, que nominalmente conservara o comando do Potomac, deu a seguinte ordem: "Aonde quer que vá o Lee, também ireis". A Sherman, seu companheiro de armas e amigo, deu instruções semelhantes para as operações no Oeste, com a seguinte variante: "Atingir o Exército de Johnston, destruí-lo, avançar para o interior do território inimigo quanto mais profundamente puder e infligir aos seus recursos bélicos o maior estrago possível". Se Johnston ou Lee tentasse utilizar as vias de comunicações internas para se unir ao outro, nenhum esforço deveria ser poupado para o seguir.

Grant também determinou três operações secundárias: atacar Mobile no Golfo do México com o auxílio da Marinha; fazer pressão sobre Richmond, partindo da fortaleza de Monroe; devastar o vale do Shenandoah, celeiro do Sul e caminho de invasão tantas vezes utilizado nas incursões contra Maryland e Washington. Dessas três ações, as duas primeiras falharam, e a terceira só conseguiram executar já pelo fim do ano, quando enviaram para esse fim dois Corpos do Exército e três divisões de cavalaria sob o comando do General Filipe H. Sheridan. Ao se aproximar a primavera, Grant pôs o Exército da União em marcha e chocou-se com Lee nos velhos campos de batalha no Rappahannock e Rapidan, onde ainda restavam traços de Chancellorsville e onde recordações de Jackson projetavam suas sombras. Grant pôs em campo, no começo de maio, cento e vinte mil homens contra sessenta mil de que dispunha Lee. Cruzou o Rapidan pelos mesmos vaus que Hooker havia utilizado no ano anterior. Lá, nas extensões brutais da selva inóspita, houve uma batalha digna do local onde foi ferida. Em dois dias de combates ferozes e complicados, Grant foi rechaçado com a perda de dezoito mil homens, enquanto Lee sofria dez mil baixas, sendo que o maior número tombou durante um violento contra-ataque. Grant então transferiu-se para o flanco esquerdo dos Confederados e, numa série de escaramuças confusas, efetuadas no decorrer dos dias 8 a 19, tentou cortar as vias de retirada para Richmond. Essa ação foi chamada a Batalha de Spotsylvania Court House e custou aos nortistas novamente mais de dezoito mil baixas, o dobro das perdas confederadas. Desprezando a canificina anterior, Grant repetiu seu movimento canhoto. Seguiu-se luta prolongada e pesada na região selvática do riacho de Ana do Sul e, mais tarde, nas marges do rio Pamunkey. Apesar da indiscutível coragem dos seus comandados, Grant nunca conseguiu contornar o flanco de Lee, ao passo que este, apesar da devoção dos seus soldados, não pôde sobrepujar a superioridade numérica do adversário. Só podiam infligir ferimentos e morte na relação das bocas-de-fogo de que dispunham. De acordo com os dispositivos de Grant, embora fosse um processo custoso, bastava fosse continuado por bastante tempo para alcançar o resultado almejado. "Proponho continuar essa maneira de combater, embora leve todo o verão para terminarmos a tarefa", escrevera Grant a Halleck. Mas surgiram outros fatores menos ligados à aritmética.

Nas imediações de Cold Harbour, na zona dos Sete Dias de 1862, o Comandante Supremo Federal arremessou seus homens através do terreno ondulado, cheio de cicatrizes, contra as fileiras dos homens magros, semi-esfomeados, mas de alto moral — que eram as tropas confederadas. Foi nessa batalha que Lee conversou com o Chefe dos Correios Confederados, que viera para assistir ao combate e perguntou: "Em caso de romperem vossas linhas, de que reservas dispondes?" "Nem um regimento", respondeu Lee, "e é nestas condições que combatemos desde que começaram os movimentos inimigos. Se eu encurtar a minha frente para separar as reservas, ele contornará meu flanco. Se eu deixar minhas linhas débeis com o mesmo fim, esmagar-me-á". Mas o resultado final do dia obrigou Grant a mudar suas táticas de morticínio implacável. Quando sete mil bravos unionistas tombaram no decorrer de uma hora, as tropas se rcusaram a renovar o ataque. Um cabo-de-guerra deve possuir qualidades outras além da determinação de mandar seus comandados para a morte certa. Os mortos e feridos da União jaziam entre as linhas dos combatentes; os mortos logo começaram a feder sob a ação do sol causticante, os vivos clamavam por água. Grant, porém, pedia armistício para sepultar os mortos e socorrer os feridos. Foi só decorridos três dias depois da batalha, depois que Lee enviara uma carta dizendo que concederia o armistício se recebesse o respectivo pedido, que Grant providenciou um pedido formal e o tiroteio cessou por algumas horas. Durante as Guerras Mundiais que nós presenciamos, não havia dessas indulgências, e pereceram em agonia impotente na "Terra de ninguém", onde haviam tombado, quantidades de homens que fazem parecer insignificantes as baixas da Guerra Civil. Mas naquela época comparativamente civilizada e refinada, Cold Harbor foi considerado um horror indescritível.

No prazo de trinta dias, o Exército da Virgínia do Norte infligiu ao Exército da União baixas iguais aos próprios efetivos. Grant viu-se obrigado então a recorrer às manobras. Fez exatamente o que McClellan dois anos antes havia feito no mesmo terreno. Efetuando movimento ousado e eficaz, atravessou a península. Lee estava fraco demais para interferir. Utilizando o auxílio da Marinha, Grant estabeleceu nova base na margem direita do rio James. Dispôs-se a atacar Richmond pela "porta dos fundos", como McClellan o tencionara fazer. Rechaçado em Petersburg iniciou o assédio das trincheiras que defendiam aquela praça fortificada e as linhas ao leste de Richmond. Dispunha para isso de cento e quarenta mil homens. Fracassou ao tentar novamente contornar o flanco de Lee e, em fins de junho, resignou-se à guerra de trincheiras, aos ataques por meio de pás-cavadeiras, minas terrestres e fogo de artilharia. Não houve tentativa de contra-ataque, porque o flanco ocidental de Lee continuava desguarnecido. Essas condições estacionárias continuaram até abril de 1865. Embora essas ações tenham finalmente alcançado sua finalidade, elas não podem ser encaradas de outra maneira que não seja negação completa de habilidade militar. Não obstante, era maneira mortífera de conduzir uma guerra.

* * *

Enquanto isso, no Oeste, Sherman, dispondo de superioridade de dois para um, começou em maio a abrir caminho combatendo ao longo da ferrovia Chattanooga—Atlanta e penetrou profundamente na Geórgia. Lutava contra Johnston, e segui-se notável duelo entre dois adversários peritos. Sherman evitava ataques frontais e, utilizando manobras de flanco, obrigara Johnston a abandonar as posições fortificadas uma após outra. Escaramuças entre os postos avançados eram incessantes, e num combate foi morto a bala de canhão um dos comandantes de Corpo do Exército de Johnston, o General Leônidas Polk. Somente em Kenesaw Mountain, Sherman atacou e foi repelido com a perda de dois mil e quinhentos homens. Ao mesmo tempo, a visão desse impiedoso avanço do inimigo e a má vontade de Johnston em forçar batalha custaram-lhe a confiança de Davis. Quando, afinal, resolvera firmar-se em Peach Tree Creek, foi substituído pelo General Hood. O Exército confederado, avesso a prolongadas retiradas, aclamou a mudança de comando, mas as opiniões dos peritos em assuntos militares sempre consideraram a substituição de Johnston como um dos erros mais graves que Davis cometera durante seu exercício como Presidente. Rood sentia-se moralmente obrigado a atacar e, em Peach Tree Creek, Decatur e East Point, deu curso livre à paixão da ofensiva que lhe valeu aplausos do Governo a quem servia e do Exército que comandava. Os Confederados que defendiam seu chão natal arremessavam-se contra o inimigo e sofriam perdas irreparáveis. Em Decatur, perderam dez mil homens sem destruir sequer um terço do inimigo. Depois de East Point, onde tombaram cinco mil Confederados, tanto o Governo de Richmond como o exército chegaram à conclusão de que Johnston devia ter estado com a razão. Hood recebeu instruções de voltar à defensiva, e, após um assédio de algumas semanas a que foi submetido em Atlanta, teve que se retirar de lá. Em quatro meses de combates contínuos, Sherman levou a bandeira da União a cento e cinqüenta milhas território inimigo adentro e perdeu trinta e dois mil homens. As baixas confederadas excediam a trinta e cinco mil. Sherman pode gabar-se de ter obtido sólidos resultados.

Essa vitória preparou o caminho a uma outra. Realmente, a batalha mais importante de 1864 foi ganha nas urnas. É de estranhar que, no meio de uma guerra civil impiedosa, tenha sido mantido rigidamente o gabarito das eleições. Terminava o primeiro termo presidencial de Lincoln e cabia-lhe submeter-se à votação popular nas regiões que se achavam sob seu controle. Nada ilustra melhor a pujança das instituições que ele defendia do que esse episódio incongruente. O General McClellan, que Lincoln havia maltratado, era candidato democrata. Sua plataforma em Chicago, segundo discurso pronunciado em agosto, era: "Não tendo conseguido restaurar a União no decurso de quatro anos de guerra(..), devem ser feitos esforços imediatos para conseguir a cessação das hostilidades(..), e a paz deve ser restaurada na base de União Federalizada de Estados". Essa proposta foi conhecida como a "Prancha de Paz". Não foi difícil aos republicanos tachá-la de desleal. Realmente, representava o ponto de vista de uma parte dos democratas apenas. O epíteto pior que lhe pôde ser atribuído é o de ter sido absurdo. Todos sabiam que o Sul jamais consentiria na restauração da União Federal enquanto lhe restasse vida e alento. No próprio Gabinete de Lincoln, surgira um candidato para a sucessão, seu Secretário de Finanças, Salmon P. Chase, republicano de comprovada competência. Isso fora uma das manobras dos republicanos descontentes que desejavam deslocar seu líder por alguém que imaginavam desse um Presidente mais vigoroso. Os adversários políticos de Lincoln, observando-o, não sabiam reconhecer vigor quando o enxergavam. Eram condições difíceis sob as quais devia ser levada avante uma luta à morte. O pavoroso morticínio a que Grant havia conduzido o exército nas margens do Potomac e a demorada inatividade em frente a Richmond produziam no Norte impressão sinistra. Mas a conquista de Atlanta e a investida contra Mobile efetuada por Farragut contra esse derradeiro porto aberto dos Confederados deram encorajamento que os homens do partido souberam aproveitar. Quatro milhões de cidadãos votaram em novembro de 1864, mas Lincoln foi reeleito apenas por uma maioria de quatrocentos mil. Realmente foi magra a maioria com cujo apoio o Presidente levava avante a coerção impiedosa dos Estados do Sul, obrigando-os a se reintegrarem na União. Isso não significava que todos os Democratas desejassem paz a qualquer preço. McClellan tornou isso aparente ao aceitar a ressalva de que o Sul deveria solicitar a reintegração antes que negociações de armistício pudessem ser iniciadas. Mas os fundadores da Constituição da América, onde imperava o sufrágio universal masculino, haviam estudado a máquina eleitoral de maneira que o Presidente fosse eleito indiretamente. No colégio eleitoral que se compunha de todos os Estados da União, Lincoln, tendo obtido maioria em todos os Estados da União com exceção de Nova Jersey, Delaware e Kentucky, recebeu o voto favorável de duzentos e doze delegados e somente vinte e um votos contrários.

Para aplacar e confundir os eleitores pacifistas, Lincoln havia encorajado negociações não oficiais de paz com o Sul. Horácio Greeley, da *Tribuna de Nova York*, era o representante do Presidente. Encontrou-se com os comissários do Sul no Canadá, nas quedas do Niágara. Greeley logo descobriu que eles não traziam credenciais para negociar a paz. De qualquer modo, as negociações teriam falhado, já que as condições de Lincoln incluíam a abolição da escravatura e a Reintegração. Começou o quarto inverno dessa inexorável luta moral e física entre comunidades que já se respeitavam mutuamente e entre os exércitos que já há muito professavam admiração recíproca.

Embora Atlanta tivesse sido capturada, o exército de Hood, composto de quarenta mil homens amargurados, continuava ativo e tinha a possibilidade de agir contra as comunicações de Sherman. Hood contava também com o destacamento de cavalaria de dez mil sabres comandados por Nathan B. Forrest, novo astro que começou a brilhar no crepúsculo da Confedcração. Forrest era quase analfabeto, mas, segundo a opinião geral, possuía habilidade militar de primeira ordem. Tornou-se clássica sua definição da arte militar: "Co be firstest with mostest".* Esses efetivos movimentavam-se na retaguarda de Sherman. Embora relutando, o Gabinete de Washington permitiu a Sherman abandonar suas linhas de comunicações com a capital, e, no dia 12 de novembro, esse general iniciou sua terrível marcha através da Geórgia, em demanda das costas do Atlântico. Quando o bloqueio da União praticamente sustou a exportação do algodão confederado, as mulheres, ajudadas pelos escravos que as respeitavam e lhes obedeciam, plantaram cereais nos campos que se tornaram vagos. Abundavam, pois, alimentos na Geórgia. Sherman traçou e executou o plano de atravessar a Geórgia em forma-

---

* N.T. Esta frase demonstra seu restrito conhecimento formal da língua inglesa. Em português, soaria como "ser o mais primeiro com o mais maior número".

ção aberta,cobrindo a maior extensão possível de terreno, mantendo a tropa à custa da população, devorando tudo o que fosse possível, destruindo as fazendas, vilas, povoados, cidades, ferrovias, obras públicas, enfim, tudo o que se encontrasse dentro do amplo perímetro coberto por suas tropas. Deixou atrás de si um trilho carbonizado e, o ódio que é votado ao seu nome até os dias de hoje. "A guerra é um inferno", disse esse homem, e certamente tratou de o provar. Ninguém, entretanto, deve supor que as depredações e saques que ele cometera podem ser comparados às atrocidades cometidas durante as duas Guerras Mundiais do século XX ou às barbaridades comuns nos tempos da Idade Média. Investigações cuidadosas descobriram poucos casos de assassínios ou de defloramentos. Não obstante, paira uma nuvem negra sobre aquela parte do mapa dos Estados Unidos.

Paralelamente, Hood, à testa de sessenta mil homens, não se contentou em destruir as comunicações de Sherman a ponto de que Washington não tivera notícias dele durante um mês, mas tratou de avançar profundamente nas terras conquistadas pelo Norte. Invadiu o Tennessee, enquanto Thomas, deixado por Sherman para observar Hood, recuava. Os soldados, enfurecidos pelo que acontecia na Geórgia, desalojaram os nortistas de Franklin, embora perdessem nessa ocasião sete mil homens. Parecia que os Confederados poderiam mais uma vez forçar caminho até Ohio. Foram, porém, derrotados e rechaçados por Thomas no decurso da batalha havida em Nashville no dia 15 de dezembro daquele ano. Hood, desorganizado, teve que regressar ao Sul. Sherman atingiu Savannah, na costa do oceano, em tempo para enviar essa notícia ao Presidente reeleito como "presente de Natal".

* * *

Aproximava-se o fim. Sherman planejara submeter a Carolina do Sul a castigo mais severo ainda que o descarregado contra a Geórgia. Eis o Estado que, por sua arrogância, impusera ao povo dos Estados Unidos esses anos de sofrimentos. Ali estavam os homens que abriram fogo contra a bandeira da União. No Gabinete de Lincoln, havia ministros que falavam em arrasar Charleston e em espalhar sal sobre as ruínas. Portanto, Sherman agiu com rigor sem par. Enquanto isso, nas imediações de

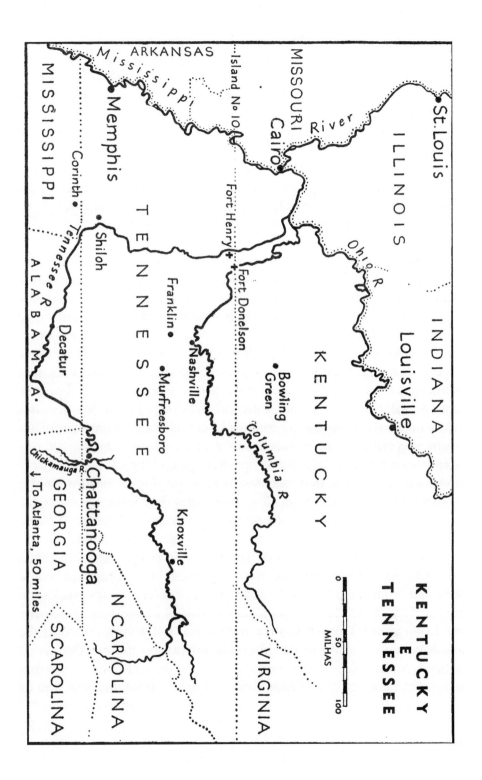

Richmond, Lee havia despendido as derradeiras possibilidades de resistência. O aparecimento de Grant na margem sul do rio James não o havia impedido de enviar o General Early com poderoso destacamento para o Vale do Shenandoah. Fiel às tradições de Jackson, Early derrotou os comandantes ianques, e mais uma vez Washington ouviu o troar dos canhões da ofensiva inimiga. Mas Shenandoah havia sido devastada por Sheridan, que a invadira com forças esmagadoras. Por muito tempo, as defesas de Petersburg haviam resistido a todos os assaltos dos federais. A explosão de gigantesca mina que os nortistas deflagraram debaixo das fortificações só teve como efeito que se seguira intensa luta dentro da cratera, luta que custara aos ianques quatro mil homens. Mas o peso que Lee tinha que suportar se tornara intolerável.

Somente em fevereiro de 1865, nessas circunstâncias desesperadoras, Davis nomeara Lee Comandante-Chefe. No decorrer do mesmo mês houvera outra tentativa para entabular negociações. O Vice-Presidente da Confederação, A. H. Stephen, recebeu poderes para se encontrar com o Presidente dos Estados Unidos, a bordo de um navio, na Passagem Hampton Roads, na embocadura do rio James. Oferecia singular espetáculo, nunca mais repetido, esse encontro de líderes de duas entidades beligerantes, em pleno desenrolar das ações bélicas. Aliás, o representante do Sul, não havia muitos anos, privara com Lincoln. Nenhum dos lados, todavia, demonstrava a mínima intenção de ceder em relação aos problemas básicos. Das instruções de Davis constava "um tratado que permitia aos respectivos países viverem em paz recíproca". Lincoln fizera promessas generosas, dependentes, porém, de que os Estados Unidos fossem novamente restabelecidos como antes da guerra. Deu-se o que havia previsto. O Sul não podia reintegrar-se voluntariamente, o Norte não podia consentir voluntariamente que a União fosse cindida.

Uma das primeiras ações de Lee fora a de reintegrar Johnston ao Comando do Exército do Oeste. Não se pode estabelecer regras de como deve agir o Supremo Comando de Estados e, exércitos empenhados em guerra. Tudo depende das condições e do material humano. Mas aparecendo um grande Cabo-de-Guerra, o governo civil deveria conceder-lhe imediatamente a mais ampla libertade no campo militar. Depois da Segunda Manassas, ou o mais tardar depois de Chancellorsville, tornara-se aparente que Lee era o maior Cabo-de-Guerra do Sul. Mas isso fora na primavera de 1862, agora, era primavera de 1865. Todas as contra-ofensivas confederadas haviam sido esmagadas. Os soldados da União devastaram a Confederação condenada e, afinal, Grant avançava resoluto contra a capital obstinada.

Era domingo, dia 2 de abril. Já havia sido travada a batalha de Five Forks, e Grant havia contornado as fortificações de Petersburg. O Presidente Davis achava-se no seu banco de igreja em Richmond, quando um mensageiro subiu pela passagem entre os bancos. "O General Lee solicita evacuação imediata". O Governo tinha que se embrenhar mais para o sul; existiam ainda algumas centenas de milhas onde ele exercia sua soberania. Nada desmoronara. Ninguém desertou. Tudo fora vencido à força bruta, homem por homem, polegada por polegada. Lee ainda reservava um plano. Marcharia rapidamente para o sul, reunir-se-ia com Johnston, derrotaria Sherman e, em seguida, voltaria para enfrentar Grant e o imenso exército do Potomac. Mas tudo isso seria executado apenas para salvar a honra, e a misercórdia impediu que essa agonia final se realizasse. Ao se desengajar de Richmond, Lee foi perseguido por efetivos seis a sete vezes superiores aos seus. Sheridan comandava um Corpo de Cavalaria que só ele quase igualava em efetivos todo o exército conferado. Surgiu na linha de retirada de Lee e atacou seus comboios. Quando as tropas confederadas ficaram reduzidas a meias rações de trigo verde e achavam-se cercadas de três lados, Grant aventurou-se a apelar para que Lee reconhecesse estar numa situação sem esperanças. Lee curvou-se perante a necessidade física. Montou o Traveller e transportou-se até Appomattox Court House para tomar conhecimento dos termos que lhe seriam oferecidos. Grant escreveu-os em pouca sentenças. Os oficiais e os soldados do Exército da Virgínia do Norte deveriam entregar suas armas e regressar sob palavra aos seus lares, onde não seriam molestados contanto que obedecessem às Leis dos Estados Unidos. Os oficiais de Lee conservariam suas espadas. Alimentos seriam distribuídos pelos comboios da União. Grant ainda disse: "Vossos homens devem conservar os cavalos e as mulas, precisarão deles para arar as terras na primavera". Esse dia foi o clímax da carreira de Grant e merece lugar de honra na história dos Estados Unidos. O Exército do Norte da Virgínia, que por tanto tempo "carregou a Confederação nas pontas das suas baionetas", composto naquele dia de vinte e oito mil homens, capitulou afinal. Quinze dias mais tarde, Johnston, apesar dos protestos de Davis, aceitava de Sherman condições semelhantes às concedidas a Lee. O próprio Davis foi capturado por um esquadrão da cavalaria inimiga. Assim foi inteiramente subjugada a resistência armada do Sul. Lincoln havia entrado em Richmond junto com Grant e, ao retornar a Washington, recebeu a notícia da capitulação de Lee. Vencedor e conquistador — seu vulto elevava-se acima de todos os outros; quatro anos de poder assegurado pareciam estender-se à sua frente. Pela constância que não havia vacilado no meio das provações e dos variados problemas para cuja solução seu preparo não lhe fornecia a chave —, salvou a União pela força do ferro e do fogo. Concentrara-se na tarefa de curar as chagas do seu país. Para isso, possuía qualidades de espírito e sabedoria. Aliás, possuía autoridade incomparável. Aos que falavam em enforcar Davis, disse: "Não deveis condenar para não serdes condenados". No dia 11 de abril, proclamou a necessidade da aplicação de uma disposição compreensiva e generosa; insistiu na reconciliação com os vencidos. Durante a reunião do Gabinete, no dia 14, referiu-se gentilmente a Lee e a outros chefes confederados e apontou caminhos de perdão e da boa vontade. Naquela mesma noite, Lincoln estava no Teatro Ford quando um ator fanático, membro de uma quadrilha de assassinos, aproximou-se sorrateiramente e, atirando pelas costas, varou-lhe a cabeça com um tiro de pistola. O malvado saltou sobre o palco e bradou "Sic semper Tyrannis" e, embora partisse o tornozelo ao engatar a espora numa bandeira americana, conseguiu fugir para a Virgínia, onde foi encontrado pelos perseguidores, que o mataram a tiros num celeiro. Membros da mesma quadrilha esfaquearam Seward, o Secretário do Estado, na casa dele, mas ele não morreu.

    Lincoln morreu no dia seguinte sem ter recuperado os sentidos. Com ele, desapareceu o único protetor com quem o Sul prostrado poderia ter contado. Outros poderiam tentar imitar sua magnanimidade, mas nenhum outro poderia controlar o amargo ódio político que havia amadurecido. A bala do assassino prejudicou os Estados Unidos mais que todo o canhoneio da Confederação. Mesmo no paroxismo da raiva, os nortistas não efetuaram represálias contra os chefes confederados. Davis e alguns outros foram recolhidos a fortalezas por algum tempo, mas depois libertados e deixados em paz. Mas a morte de Lincoln privou a

União da mão que teria sido e única capaz de resolver os problemas da reconstrução e que, à vitória pelas armas, poderia ter adicionado o triunfo muito mais duradouro que se ganha conquistando os corações dos vencidos.

"Quem vence o inimigo pela força não ganha senão meia vitória".

Assim terminara a Grande Guerra Civil da América, que, no seu conjunto, deve ser considerada entre os grandes conflitos armados registrados pela história, o mais nobre e o que mais dificilmente poderia ter sido evitado. Setecentos e cinquenta mil homens pereceram nos campos de batalha. O Norte estava endividado; o Sul, arruinado. O progresso material dos Estados Unidos retrocedeu por algum tempo. O gênio da América foi empobrecido pelo afastamento de muitos elementos a quem se devia o desenvolvimento da vida cultural e histórica do país. Mas foi como disse John Bright, falando a uma reunião de tralhadores britânicos: "Afinal, quando se dissipou a fumaça sobre os campos de luta, o vulto medonho que havia lançado sua sombra sobre todo o continente havia desaparecido para sempre".

Livro XII

Época Vitoriana

CAPÍTULO I

SURGIMENTO DA ALEMANHA

Enquanto a República da América encetava o seu ordálio e o irriquieto Napoleão III consolidava seu poder na França, amadurecia além do Reno um acontecimento de momentosa importância. Em 1861, Guilherme I da Prússia ascendeu ao trono de Frederico o Grande e, nos primeiros anos de seu governo, efetuou três nomeações cuja influência na história da Europa e nos acontecimentos modernos é incalculável. O Conde von Moltke tornou-se Chefe do Estado-Maior, o Conde von Roon foi nomeado Ministro da Guerra e — o mais importante de todos — o Conde Otto von Bismarck foi desligado da Embaixada em Paris para se tornar Ministro-Presidente da Prússia. Primeiro na qualidade de Chanceler da Federação da Alemanha Setentrional, mais tarde como o do Império Germânico, esse gênio singular com gélida paixão presidiu à unificação e prussianização da Alemanha, à eliminação dos rivais mais próximos da Prússia e à elevação de Guilherme ao trono de Imperador Alemão, que se deu em 1871. Haveria de servir e de dominar Guilherme I e os dois sucessores ininterruptamente até que, em 1890, seus atritos com o jovem Guilherme II pusessem fim desarmonioso à sua investidura.

O físico, o temperamento e a educação de Bismarck contribuíram para o tornar apto a desempenhar o gigantesco papel que o destino lhe havia reservado. Fora funcionário do governo prussiano, prestou serviços no Parlamento Provincial da Pomerânia, foi representante da Prússia na Dieta de Francforte. Viajara muito e acumulou também experiência administrando os vastos domínios de sua família na Pomerânia. Os dois últimos cargos desempenhados antes de sua nomeação como Ministro-Presidente foram os de embaixador em Petersburgo e Paris. Do início de sua carreira, conservara convicções enraizadas sobre fins e os meios de os alcançar que costumava expressar francamente e por vezes com brutalidade. Monarquia absolutista era seu ideal e seu alvo. Detestava liberalismo e parlamentarismo. A Prússia haveria de ser purgada dos elementos fracos e liberais a fim de poder cumprir seu destino — o de liderar e controlar os povos de língua alemã. Seria inevitável uma luta decisiva com a Áustria.

Por meio de atividade diplomática intensa, brilhante e desprovida de escrúpulos, preparou e desferiu as três marretadas que forjariam a Alemanha. A primeira foi a guerra contra a Dinamarca, que serviu para anexar à Prússia os Ducados da Silésia e Holstínia. A outra foi a Guerra das Sete Semanas, em 1866, em que esmagou a Áustria e seus aliados na Alemanha. A culminância foi a guerra de 1870 contra a França.

Para assegurar sua liberdade de ação, Bismarck sempre teve a convicção de que as fronteiras orientais da Prússia tinham que ser protegidas. "A Prússia nunca deve deixar esfriar sua amizade com a Rússia. Essa aliança é a mais barata entre todas as alianças continentais", dissera em Francforte. A Prússia manteve-se afastada da Guerra da Criméia e dentro em breve teria outra oportunidade de demonstrar sua amizade calculista pelo Czar. Em 1863, os poloneses revoltaram-se contra a Rússia numa demonstração de denodo sem esperança que tantas vezes caracterizava a história desse povo infeliz. Bismarck deu à Rússia seu apoio, encorajou-a e mesmo permitiu que tropas russas perseguissem os rebeldes em território da Prússia. A independência da Polônia, que Bismarck sempre temera e que sempre o desgostara, foi assim novamente extinguida. A Rússia recebera prova da boa vontade da Prússia e indicação de futuras provas a se concretizarem.

No mesmo ano, Bismarck aproveitou a oportunidade para expandir a Prússia em direção noroeste e para assegurar o controle do porto de Kiel e do istmo da península da Dinamarca. O Rei da Dinamarca morrera sem deixar herdeiro direto, e ressurgira a velha disputa sobre a sucessão nos Ducados da Silésia e da Holstínia. Durante séculos, os reis da Dinamarca haviam governado esses Ducados como vassalos do sacro Império Romano. O Império desaparecera, mas os Ducados continuaram a existir como parte mal definida da Confederação dos Estados Alemães, criada no Congresso de Viena. Parte da população da Silésia era dinamarquesa, e a Dinamarca desejava incorporar o Ducado. A população da Holstínia, porém, era inteiramente alemã. O conflito de fundo nacionalista foi inflamado por questões dinásticas. Teria o rei da dinastia novos direitos de sucessão nos Ducados? Havia um sucessor rival. O crescente patriotismo alemão opunha-se à separação dos Ducados da Alemanha. Bismarck soube pescar nessas águas turvas. A Confederação da Alemanha já havia discutido com os dinamarqueses a esse respeito, e, quando o Rei da Dinamarca assumiu a soberania sobre os Ducados, os Hanoverianos e os saxões uniram-se num Exército Federal e ocuparam a Holstínia. Nesse ponto, Bismarck interveio arrastando também a Áustria. A Áustria ainda era membro da Confederação Alemã e, pensando nas suas possessões na Itália que ainda conservava, antipatizava com o triunfo do nacionalismo nas províncias afastadas. Em janeiro de 1864, foi despachado um ultimato austro-prussiano a Copenhague, e, em julho, derrotada a Dinamarca, a Silésia foi ocupada. A soberba arma que era o novo exército prussiano teve pouca evidência, e suas futuras vítimas malmente perceberam seu poderio.

A Grã-Bretanha não teve participação ativa nesta refrega. Palmerston quis intervir, porque a Grã-Bretanha havia garantido a integridade da Dinamarca pelo Tratado de Berlim, assinado em 1852 e que o próprio Palmerston havia ajudado a negociar. Antes que a marretada fosse assestada, Palmerston declarou no Parlamento: "Estamos certos, pelo menos eu estou, de que, se houver tentativa de destruir os direitos da Dinamarca e de interferir na sua independência, quem fizesse essa tentativa teria que enfrentar forças outras que não as da Dinamarca somente". Mas o Gabinete hesitante e dividido não estava preparado a concretizar essas afirmações vagas. A Rainha Vitória, fiel aos pontos de vista do falecido

Consorte, protegia o desenvolvimento da Prússia. Aliás, o próprio Palmerston, que iniciara sua carreira ministerial durante as guerras napoleônicas, desconfiava da França. Receava que, se houvesse uma conflagração geral, Napoleão seria capaz de assenhorear-se da Renânia e, assim, aumentar perigosamente seu poderio na Europa. Na realidade, a Grã-Bretanha fez indagações preliminares na França acerca de uma ação conjunta, e a França não as aceitou, pois sabia que a Inglaterra só poderia enviar ao continente vinte mil homens e que, no caso de uma guerra contra a Prússia e a Áustria, a contribuição da Grã-Bretanha seria limitada à tarefa fácil e incerta do controle naval no Báltico. Napoleão III nutria a esperança de conseguir da Prússia compensações sem recorrer à guerra. Foi mal-sucedido nessa diplomacia de duplicidade. A Rússia, sentindo-se devedora de Bismarck e com vistas ao futuro, recusou-se a ser envolvida no caso. Nessas circunstâncias, Palmerston achou não poder fazer mais que insistir em conferências e ações mediadoras. Não foi a única vez na história da Grã-Bretanha em que faltou força para dar ênfase a palavras audazes. As palavras de Palmerston haviam dado aos dinamarqueses um falso senso de segurança e levaram-nos à obstinação numa disputa em que a legalidade não se achava inteiramente do lado deles, embora alguma justiça houvesse nas suas pretensões. Assim, estabelecera-se um precedente de mau agouro para o que os alemães chamavam gentilmente de "Realpolitik". "Realpolitk" significava que, nas relações políticas internacionais, podiam-se ignorar os padrões da moralidade desde que assim houvesse possibilidade de obter ganhos materiais. Nesse caso particular, a pequena Dinamarca não foi extinguida e as condições da paz não foram muito onerosas. Naquela ocasião, bem como em outras, Bismarck soube reconhecer o valor da magnanimidade para com o vencido.

O resultado da guerra contra a Dinamarca haveria de fornecer em breve o pretexto e a oportunidade para o passo muito mais importante de eliminar a Áustria da Confederação Alemã e assegurar à Prússia a liderança dentro da Confederação. A Silésia e a Holstínia tornaram-se um condomínio da Prússia e da Áustria. Bismarck reforçou a inconveniência desse arranjo mantendo uma cortina de protestos contra os indignados, mas pacientes, austríacos. Ao mesmo tempo, procurava apoio em outra parte. Em 1865, visitou Napoleão III em Biarritz. Não existe relatório correto sobre essas conversações, mas provavelmente Bismarck insistiu sobre o tema que já de algum tempo tratava de fazer sentir na Embaixada da França na Prússia: se a Prússia recebesse liberdade de ação contra a Áustria, em troca a França poderia contar com a simpatia da Prússia se quisesse expandir-se "nas regiões onde falassem francês"; com isso, indicava claramente a Bélgica. Ademais, a França poderia ser mediadora nos estágios finais e contar com compensações na Alemanha meridional. Napoleão nada prometera, mas mostrou-se compreensivo, e Bismarck voltou para casa contente. Não assumira compromissos por escrito.

A Itália caminhava para a união, e a amizade com ela era de igual importância. Como já fora mencionado, Cavour e Garibaldi haviam conseguido reunir quase toda a Itália sob a coroa dos Savoias. Veneza, Trieste e o sul do Tirol, todavia, continuavam em poder da Áustria. Os italianos almejavam aqueles territórios. Em abril de 1866, o Rei Vitor Emanoel assinou um tratado secreto com a Prússia, concordando em atacar a Áustria se houvesse guerra dentro de três meses.

O palco estava preparado. A França foi neutralizada, a Rússia mantinha-se benevolente, a Itália era um aliado. A Grã-Bretanha não pensava muito nesse caso, mas de qualquer modo simpatizava com o Movimento Libertador Italiano e já fazia anos que suas relações com a Áustria não eram das melhores. No devido tempo, seguiu-se a provocação para a guerra, induzindo a Áustria e seus associados na Alemanha a agirem.

Dentro de dez dias após a declaração da guerra, Hannover, a Héssia e a Saxônia estavam ocupadas. O Rei de Hannover, neto de Jorge III, refugiou-se na Inglaterra, e seu país foi incorporado à Prússia. Assim desaparecia o velho eleitorado que fornecera à Grã-Bretanha, em 1714, sua dinastia protestante. Os fundos estatais de Hannover foram mais tarde distribuídos entre os círculos governantes dos outros Estados da Alemanha, a fim de mitigar os ressentimentos existentes contra a Prússia. Em seguida, o grosso do exército prussiano marchou para o sul, penetrando na Boêmia, enquanto agentes de Bismarck tratavam de sublevar os húngaros na retaguarda austríaca. Decorrida uma semana de manobras, em cujo desenvolvimento o Estado-Maior prussiano fez uso notável das ferrovias como fator auxiliar para a concentração estratégica de suas forças, houve a batalha de Sadowa. Mais de duzentos mil homens

pelejaram de cada lado. Os prussianos usaram um novo mosquete carregado pela culatra, e sua rapidez de tiro foi decisiva. Para minorar sua desvantagem, os austríacos trataram de chegar ao corpo-a-corpo, mas a certeza de superior manejo da baioneta, vaidade alimentada por muitas nações, foi desmentida. Os anos de esforços de Moltke e de seus generais frutificaram e o Exército da Áustria foi desbaratado.

Três semanas depois, os prussianos estavam ao alcance de Viena. Bismarck insistiu com veemência que a capital fosse poupada à humilhação de ser ocupada, e os termos do tratado de paz foram novamente brandos. Bismarck já previa o movimento seguinte e desejava assegurar-se da futura amizade da Áustria. "Assim sendo, limitar a vitória não é apenas política generosa, mas sábia. Mas, para que o vencedor possa tirar proveito dessa política, o paciente deve merecê-la". A única perda territorial da Áustria foi Veneza, que foi entregue aos italianos, mas ela foi definitivamente excluída da Alemanha, e quaisquer ambições futuras dela deveriam dirigir-se para o sudeste, na direção dos eslavos. Assim terminou a Guerra das Sete Semanas. A Prússia ganhou cinco milhões de habitantes e vinte e cinco mil milhas quadradas de território alemão. O equilíbrio do poderio continental havia mudado radicalmente. A França sentiu calafrios de premonição.

Napoleão III tentou em vão obter da Prússia alguma recompensa por sua neutralidade; "política de pedir gorjetas" foi o apelido desdenhoso que deram às suas tentativas. À exigência de concessão de territórios na Alemanha meridional, Bismarck opôs recusa categórica, publicou a nota de Napoleão, e sua resposta, consolidando assim a própria posição na parte não-prussiana da Alemanha. Embora tarde, a França compreendeu o perigo em que incorria. Dentro da lógica dos planos metódicos de Bismarck, a guerra franco-prussiana aparecia no horizonte. Com pressa desesperada o Marechal Niel, Ministro da Guerra da França, deu andamento à reforma do Exército, enquanto Napoleão tratava de conseguir aliados para a luta próxima. Tudo foi inútil. A França, confusa por causa da indisposição crescente de Napoleão e por sua decrescente habilidade de tomar resoluções, bem como pela arrogância de sua imprensa e do seu Parlamento, desabou em carreira doida de encontro ao seu destino.

Os quatro anos seguintes passaram sob o signo de tensão crescente, de constante aumento de armamentos em ambos os países e de incidentes que sabiam à guerra. Os estadistas da Grã-Bretanha distinguiam a situação claramente e faziam o possível para mediar. Sem se comprometer positivamente com a França ou com a Prússia, tais mediações estavam necessariamente fadadas ao fracasso. Para influenciar a Grã-Bretanha, não havia no caso interesses nacionais suficientemente pronunciados nem simpatias com nenhum dos contendores. Londres encarava com suspeitas as ambições instáveis de Napoleão; quanto a Bismarck, usando palavras do Embaixador da Grã-Bretanha em Berlim parecia ter optado pela "Política de Banditismo".

Novamente o Chanceler da Alemanha conseguiu privar seu adversário de aliados. Apesar das adulações da França, a Áustria manteve-se desinteressada. A Itália não tinha motivos para se voltar contra o seu aliado de 1866. Tropas francesas ainda ocupavam Roma em nome do Papa, e, se a França fosse derrotada, ela teria que retirá-las. Instigada por Bismarck, a Rússia aproveitou a ocasião para romper o tratado que restringia seus movimentos no Mar Negro. Bismarck não se preocupava muito com a Grã-Bretanha. "Que tenho eu com a Grã-Bretanha? A importância de um país é medida pela quantidade dos soldados que pode pôr em campo", havia dito pouco antes. Não obstante, enviou ao *Times* de Londres o texto de um projeto de tratado que os franceses teriam proposto havia quatro anos, segundo o qual a França oferecera apoio à Prússia, em troca de liberdade de ação na Bélgica. A Inglaterra, sendo protetora da inviolabilidade da Bélgica, sentiu-se ainda menos atraída a intervir ao lado da França.

Durante aquele verão, Bismarck desferiu a marretada. A revolução da Espanha havia expelido a dinastia dos Bourbons, e o trono permaneceu vago durante dois anos. O governo interino da Espanha estivera à procura de um candidato real entre as principais casas reais da Europa. Sua escolha recaiu finalmente sobre o Príncipe Leopoldo de Hohenzollern-Sigmarinden, membro do reino mais antigo da família do Rei Guilherme da Prússia. O Príncipe declinou a oferta. Não obstante, por sugestão de Bismarck, os espanhóis repetiram o oferecimento, e, desta vez, ele foi aceito. A reação dos franceses foi violenta. Houve discursos tempestuosos no Parlamento da França, e o Embaixador na Prússia recebeu instruções de exigir a revogação da aceitação pelo Príncipe Leopoldo. O Primeiro-Ministro da França descreveu a aceitação como sendo "destruição do equilíbrio de potência na Europa, com prejuízo para a França, e um perigo para os interesses e para a honra desse país". Na época atual certamente teria falado em cerco. O Rei Guilherme recebeu esses protestos com bastante paciência. Aconselhou particularmente o Príncipe a desistir, e este obedeceu dentro de quarenta e oito horas. A imprensa da França exultou. Foi fatal impertinência instruírem o Embaixador a exigir garantias de que a candidatura nunca seria renovada. Fora demais mesmo para o Rei Guilherme. Despediu o Embaixador com cortesia, mas com firmeza, e tão logo foi informado oficialmente da renúncia do Príncipe, enviou ao Embaixador mensagem declarando o assunto liquidado. A diplomacia do Soberano foi fel para Bismarck. Parecia-lhe que os frutos do seu trabalho lhe escapavam e que o país entrara num rumo humilhante. Deprimido, jantava em Berlim com Moltke e Roon quando recebeu um telegrama do Rei, que se achava em Ems, comunicando-lhe os últimos acontecimentos. O telegrama autorizava-o a publicar a história caso achasse conveniente. Bismarck aproveitou a oportunidade e, sem falsear os acontecimentos, abreviou o relato de maneira a provocar a impressão de que as exigências teriam sido repelidas da maneira mais brusca e de que o Embaixador fora reprovado. Certos de que o comunicado, nas palavras de Bismarck, "pano vermelho para o touro galês" tornaria um conflito inevitável, os comensais despediram-se. Roon exclamou exultante: "O nosso Deus de outrora ainda vive e não permitirá que pereçamos indignamente". Dentro de uma semana, a França declarava a guerra. A qualidade pitoresca do incidente perde um tanto suas cores ao sabermos que o Gabinete da França havia decidido declarar a guerra de qualquer maneira, caso a atitude de Guilherme fosse qualquer outra senão capitulação completa. O serviço secreto deficiente havia levado alguns líderes da França a acreditar que os preparativos bélicos franceses ultrapassavam os da Prússia. Os quarenta dias seguintes haveriam de lhes provar o contrário de maneira pavorosa. A Prússia colocou em campo quinhentos mil homens, mantendo na reserva outro tanto. A Baviera, que durante duzentos anos deu apoio à França, colocou agora cento e cinqüenta mil homens contra ela. O desenrolar da luta foi rápido e violento. Os franceses lutaram com a coragem e o denodo que lhes são próprios, e suas armas da infantaria estavam inteiramente à altura das do inimigo. Estavam, porém, obsoletos em relação à moderna dialética de guerra, em transportes, sistema de abastecimentos e, principalmente, no preparo e funcionamento do serviço do Estado-Maior.

Desde o começo, as coisas correram mal para a França. O esquema da mobilização fora revisado pelo próprio Imperador, mas, na prática provou ser lento e confuso. Oficiais procuravam unidades inexistentes, reservistas da Alsácia eram enviados aos Pirineus para receberem equipamentos e regressavam novamente para serem incorporados a unidades estacionadas a poucas milhas do ponto de onde haviam partido; muitos só conseguiram alcançar os respectivos regimentos semanas depois, quando estes já estavam dispersos ou em retirada.

Os alemães avançaram com três exércitos principais. Dois, totalizando trezentos e cinqüenta mil homens, por estradas convergentes; avançaram contra a fortaleza francesa de Metz. O Príncipe Herdeiro da Prússia, à testa de duzentos e vinte mil homens, marchou contra Estrasburgo. Bem à frente dos exércitos, moviam-se nuvens de cavalaria confundindo o inimigo e fornecendo informações exatas ao comando alemão. A maior parte dos combates em campo aberto foram travados sem intenção prévia, como decorrência do avanço impetuoso da vanguarda prussiana. Mas a excelente organização das forças principais permitia-lhes explorar rapidamente as vantagens obtidas. No dia 4 de agosto, nas proximidades de Wissemburg, o Príncipe Herdeiro derrotou parte do Exército da Alsácia, comandado pelo Marechal MacMahon. Dois dias depois, após batalha de envergadura travada em Worth, tocou o grosso das forças francesas para o sul, em direção de Chalôns. Ao mesmo tempo, o Exército do Reno, comandado pelo Imperador Napoleão, foi compelido a retirar-se para Metz. Chegando na fortaleza, o Imperador entregou o comando ao Marechal Bazaine e foi reunir-se com MdcMahon em Chalôns.

Em meados de agosto, o Primeiro e o Segundo Exércitos alemães conseguiram penetrar entre Metz e Paris. Bazaine ofereceu batalha três vezes. Foram sangrentas e atingiram seu clímax em Gravelotte, no dia 18 de agosto, quando a cavalaria alemã, embora sofrendo pesadas baixas, inverteu o marcador. Bazaine regressou então para Metz, onde, em companhia de cento e oitenta mil homens que representavam a elite do Exército da França, passou a ser expectador passivo e inglório do rápido desenvolvimento dos planos de Moltke. MacMahon e o Imperador marcharam para socorrer Metz. O Príncipe Herdeiro, tendo passado ao largo de Estrasburgo, encontrou os franceses perto de Sedan e obrigou-os a se refugiarem nessa antiga cidade fortificada na fronteira da Bélgica. A artilharia alemã já havia dado mostras de pronunciada superioridade. Agora cercou as posições do inimigo com um cinturão de fogo. Sedan estava mal aparelhada para se defender numa guerra moderna. Quando os alemães conquistaram as alturas que dominavam a cidade, a situação se tornou insustentável. Após violentos combates, Napoleão foi obrigado a capitular com cento e trinta mil homens. Seis semanas após o início das hostilidades, entregava a espada ao Rei da Prússia. Bismarck estava presente. Era o primeiro encontro depois daquele em Biarritz, quando conversaram como diplomatas.

Três semanas depois, os alemães cercaram Paris e, dias depois, Bazaine, na opinião dos franceses, num acesso de loucura, por cansaço ou por motivos piores quiçá, entregava a poderosa fortaleza de Metz. Em 1876, uma corte francesa, incapaz de acreditar que ele tivesse agido por motivos outros que não covardia ou traição, condenou-o à morte, embora essa sentença nunca viesse a ser executada.

* * *

A guerra parecia terminada. O Imperador da França era prisioneiro. A Imperatriz havia fugido para a Inglaterra. Paris estava firmemente cercada por tropas inimigas. Um "Governo da Defesa Nacional" mantinha-se em Paris. Apesar dos esforços corajosos de um membro desse governo, Gambetta, que escapara de Paris num balão para incentivar a resistência nas províncias, os remanescentes exércitos do Loire e o que estava na fronteira suíça não puderam efetuar nada de positivo. Em janeiro de 1871, terminou o cerco de Paris.

Iniciaram-se em Versalhes negociações de armistício. Dessa vez, Bisrmarck foi bastante inflexível e exigiu preço alto a cada concessão com que concordava. O tratado de paz foi considerado severo. Foi exigida uma indenização no valor de cinco milhões de francos-ouro; acreditava-se que ela prejudicaria por muito tempo a situação econômica da França. Foi paga no decorrer de três anos. O exército vitorioso desfilou pelas ruas de Paris. A Alsácia e a Lorena Oriental foram cedidas à

Alemanha. Haveriam de ser amargos os frutos que nasceriam dessas sementes.

O texto final do tratado não foi assinado durante diversos meses. Enquanto isso, a França sofria numa das conseqüências das grandes e desintegradoras derrotas. Em março, revolucionários apoderaram-se de Paris, cuja guarnição havia sido reduzida de acordo com as cláusulas do tratado. De início, o movimento, a que chamaram de Comuna, estava inspirado por motivos patrióticos e apelou para o povo de Paris, humilhado pela presença do exército vitorioso prussiano, instigando-o a pegar em armas e a continuar a luta. Foi feita uma tentativa para dominar o movimento, mas, falhando esta, o Governo Provisório retirou-se para Versalhes, deixando Paris sob a bandeira vermelha. Bismarck libertou prisioneiros de guerra para ajudarem a subjugar a capital revoltada, visto que, para isso, necessitava-se agora de uma ação militar de envergadura. Quando as tropas governamentais comandadas pelo Marechal MacMahon avançaram, o caráter do movimento modificou-se. Os membros da Comuna perderam o interesse em repelir os invasores prussianos e tornaram-se rapidamente revolucionários agressivos e sedentos de sangue. Fuzilaram reféns, inclusive o Arcebispo de Paris e muitos padres, incendiaram prédios de valor histórico. As tropas de MacMahon, aproximando-se do centro de Paris, tiveram que abrir caminho através de numerosas barricadas, em meio aos horrores da guerra civil. Contra os membros da Comuna, foram aplicadas severas represálias. Calcula-se que durante o prosseguimento da luta, cerca de vinte e cinco mil foram executados. O movimento não chegou a se alastrar a outras cidades de maneira apreciável, tendo sido aclamado por comunistas no estrangeiro, e Karl Marx, que vivia na Inglaterra, viu nele a prova material das teorias das lutas sociais que pregara durante a metade de sua vida. O movimento descendia das revoluções de 1789 e 1848, e a Comuna deixou na política francesa cicatrizes visíveis até os dias de hoje.

* * *

Durante o mês do armistício, deram-se os últimos retoques no Edifício da Unidade Germânica. Desde outono, os efetivos diplomáticos da Alemanha estiveram trabalhando em Versalhes, e, no dia 18 de janeiro de 1871, na Sala de Espelhos, Guilherme I da Prússia recebeu os soberanos alemães o título de Imperador Alemão. Houve discussões sobre as palavras exatas do título. Bismarck, sempre disposto a ceder nas questões da forma, contando que fosse guardada a substância, decidiu-se pela versão que teria menos probabilidade de ofender a suscetibilidade dos Estados menores. Ao deixar a sala, Guilherme ignorou propositalmente o titã que construiu a sua fortuna — desejara ser Imperador da Alemanha e não Imperador Alemão como ficara decidido.

No dia da batalha de Sadowa, Disraeli falou aos seus eleitores acerca das virtudes do alheamento sereno dos negócios da Europa. Não se pode negar, como a continuação vai demonstrar, que esse homem previu corretamente os acontecimentos. Cinco anos depois, a Grã-Bretanha ainda podia continuar no papel de espectador benevolente aflito, mas alheio à luta. Durante o decênio que terminou em 1870, a Real Marinha fora poderosamente reequipada, recebendo navios de guerra a vapor, blindados e armados com canhões raiados que lançavam obuses em vez de balas. A época da madeira e das velas, sobre os mares, havia terminado. As aulas navais ministradas pela Guerra Civil da América foram apreendidas. Mas, em terra, o Exército regular da Grã-Bretanha, considerando-o do ponto de vista continental, continuava sendo uma quantidade negligível. As guerras do século XIX não duraram o suficiente para que ficasse demonstrado o desdobramento militar de que era capaz um país industrializado.

A tarefa a que Bismarck havia dedicado sua vida atingira o seu ponto máximo em Versalhes. Apesar de todos os obstáculos encontrados no próprio país, à custa de três guerras deliberadamente provocadas, a Prússia governava a Alemanha e esta tornara-se uma das duas mais poderosas nações do continente. O custo foi enorme. A França estava amargurada, decidida a tirar desforra e ansiosa para conseguir aliados que a ajudassem. A Cooperação Européia, fundada em Viena, rachara fatalmente e derretera-se. No decorrer dos anos seguintes, fizeram-se diversas tentativas para a reanimar, e elas tiveram às vezes sucesso temporário. Gradualmente, as potências da Europa se dividiram em dois campos separados, enquanto a Grã-Bretanha continuava sendo espectador alarmado, mas sem compromisso. Dessa divisão, que se transformara num abismo intransponível, surgiram as erupções do século XX. A Grã-

Bretanha levou muito tempo até perceber a transformação do cenário. Disraeli, embora exagerasse, havia tomado a dianteira da sua época ao declarar que as vitórias das armas prussianas significavam a Revolução Germânica, "acontecimento político de maior envergadura", e previu então "a Revolução Francesa do século passado". Começara a era da paz armada. Na época de Gladstone e Disraeli, a Grã-Bretanha estava absorvida nas preocupações domésticas e nos problemas da Irlanda e do Império. Mas os dias do aparente desligamento entre os negócios da Europa e os das Colônias estavam chegando rapidamente ao fim. Sem embargo, Bismarck, enquanto conduzia a Alemanha, tratou de evitar tudo que pudesse provocar a hostilidade da Grã-Bretanha. Enquanto isso, disputas coloniais obscureciam gradualmente as relações da Ilha com a França. Foi só quando o Imperador Guilherme II dispensou o grande chanceler e mergulhou em políticas provocativas, que a Grã-Bretanha percebeu claramente a ameaça teutônica.

CAPÍTULO II

GLADSTONE E DISRAELI

Penetramos agora num período longo, progressivo e uniforme da história da Grã-Bretanha — época em que Gladstone e Disraeli se revezaram no cargo de Primeiro-Ministro. Esses dois grandes parlamentares governaram o país alternadamente de 1868 a 1885. Durante quase vinte anos, ninguém disputou seriamente a liderança dos dois, e, até sobrevir a morte de Disraeli, em 1881, o cenário político foi dominado por um duelo entre esses personagens, travado em grande estilo. Ambos se achavam no pico das suas qualidades e suas habilidades — suas qualidades de oratória nos debates faziam com que todos acompanhassem atentamente os trabalhos na Câmara dos Comuns. Cada ataque e resposta eram discutidos por todo o país. As diferenças políticas entre eles não eram mais profundas do que sói ser geralmente quando existe sistema bipartidário. O que, entretanto, tornava os conflitos mais ásperos e produzia antagonismo profundo era sua absoluta diferença em caráter e temperamento. "A posteridade fará justiça a esse maníaco sem princípios chamado Gladstone", escrevera Disraeli particularmente, "mistura extraordinária de inveja, vingança, hipocrisia e superstição; com uma característica predominante — seja ao pregar, ao rezar, discursando ou escrevinhando, nunca é um cavalheiro!" O julgamento que Gladstone pronunciara do seu rival não era menos mordaz. Sua doutrina era "falsa, mas o homem era mais falso que a sua doutrina(...) Desmoralizava a opinião pública, tinha relações com apetites doentios, estimulava paixões, idéias preconcebidas e desejos egoístas, contanto que o ajudassem a manter sua influência(...) Enfraquecia a Coroa dando aprovação às suas inclinações inconstitucionais e enfraquecia a constituição oferecendo qualquer preço para conseguir popularidade democrática". Assim enfrentavam-se na Câmara dos Comuns olhando um ao outro por cima das suas respectivas pastas de despachos: a voz autoritária de Gladstone, seus olhos de águia, sua grande capacidade de movimentar as emoções; contra o aspecto romântico de Disraeli e sua eloqüência polida e flexível.

Quando Gladstone se tornou Primeiro-Ministro em 1868, era considerado um administrador cuidadoso e parcimonioso que se tornara reformador liberal sadio. Mas isso era apenas um lado do seu gênio. O que o tornou a figura mais discutida do século foi sua capacidade de provocar indignação moral tanto em si próprio como no eleitorado. Nas duas cruzadas que organizou em relação aos Balcãs e à Irlanda, seu tema predominante foi de que a consciência e as leis morais devem predominar nas resoluções políticas. Tal exigência, proferida em altas vozes, estava sujeita a acusações de hipocrisia, quando, como acontecia muitas vezes, as diretrizes políticas de Gladstone coincidiam abertamente com o bem-estar do Partido Liberal. Mas essas acusações eram falsas. O espírito do pregador transparecia nos discursos de Gladstone. Preferia arruinar o seu partido antes de negar sua consciência. Pouco tempo depois da sua conversão para a concessão da autonomia à Irlanda, disse ao seu auxiliar imediato, Sir Guilherme Harcourt: "Estou pronto a prosseguir sem ninguém". Era um espírito que maltratava homens e que produziu cisões no Partido Liberal, mas que lhe granjearam um lugar nos corações dos seus seguidores como a Grã-Bretanha nunca vira igual.

Para enfrentar Gladstone, Disraeli necessitava de toda a coragem e de toda a agilidade intelectual com que fora tão generosamente aquinhoado. Muitos "tories" não gostavam das suas intenções reformadoras e desconfiavam delas, mas sabia manejar seus colegas com rara habilidade. Ninguém soube melhor que ele administrar um partido político. Em todas as suas atitudes, havia um quê de cinismo; na sua formação, não havia sequer traços de fervor moral. Obtinha apoio de grandes grupos operários, de uns, por meio da sua lealdade à Igreja; de outros; à Coroa, e de outros, ainda ao Império. Atraía a aristocracia por meio de interesses materiais que podiam ser transformados em vantagens para o partido. Pelo menos assim o via. Nunca assimilou totalmente a maneira inglesa de viver, e conservou até a sua morte o alheamento que o levou, quando jovem, a fazer a sua própria análise da sociedade inglesa. Foi possivelmente isso que lhe permitiu diagnosticar e utilizar as profundas correntes políticas da sua geração. Embora o seu próprio partido lhe causasse incômodos havia muito tempo, conseguiu levá-lo finalmente ao triunfo eleitoral, e conseguiu para si, embora por pouco tempo, o poder qu sempre desejou.

Nada produzia tanta amargura entre os dois como a convicção de Gladstone de que Disraeli havia capturado a Rainha nas malhas do Partido Conservador e que punha em perigo a Constituição fazendo uso do feitiço de sua personalidade. Quando Gladstone se tornou Primeiro-Ministro, a Rainha Vitória ainda estava de luto e semi-retiro pelo Príncipe Alberto, que havia falecido em 1861. Ela ressentiu-se profundamente com os seus esforços de provocar o retorno da monarquia à vida pública, tentativas que culminaram com o esquema bem-intencionado de fazer do seu primogênito Vice-Rei da Irlanda. Gladstone, embora sempre respeitoso, foi incapaz de introduzir qualquer calor nas suas relações com a Rainha. Consta que ela dissera uma vez que ele lhe falava como se ela fosse um comício político. Disraeli jamais cometeu esse engano. "As bases da Constituição Inglesa", declarou, "não se preocupam com a ausência da influência pessoal por parte do Soberano, e, se eles assim fizessem, os princípios da natureza humana seriam preventivos contra a execução de tal teoria". Escrevia constantemente à Rainha. Tratava de acordá-la da solidão e apatia que a absorveram depois do falecimento de Alberto. Lisonjeava sua inclinação de participar na formação da política. No ápice da crise oriental, em maio de 1877, terminou um relatório em que expunha vários pontos-de-vista do Gabinete dizendo: "As diretrizes são as de Vossa Majestade e serão introduzidas e levadas a efeito pelo Primeiro-Ministro com toda a energia". Vitória achava isso irresistível. Queixava-se que Gladstone, quando Ministro, nunca lhe confiava coisa alguma. Tivesse ele assim procedido depois de 1880, isso poderia ser transmitido à oposição conservadora. Desde aí, ela não estava em termos de amizade com os seus Governos Liberais; não gostava de Gladstone e detestava o crescente radicalismo do seu partido. Na realidade, pouco dano foi causado; Gladstone tinha o cuidado de manter o nome da Rainha longe das disputas políticas, e nenhum dos desentendimentos que houve entre eles transpirou. Queixava-se de que "a Rainha basta para matar qualquer homem", mas servia-a pacientemente e com compreensão. De qualquer modo, o desenvolvimento do Governo popular, baseado nas eleições populares, havia de diminuir o poder individual da Coroa. Apesar das suas predileções ocasionais Vitória não deixou de ser monarca constitucional.

* * *

Gladstone sempre dizia que seu Gabinete, com que trabalhou de 1868 até 1874, era "um dos melhores instrumentos de governo jamais forjados". Impelido por sua energia ilimitada, esse Gabinete efetuou uma avalanche de reformas há muito retidas. Aquela era a Era de Ouro em que o Liberalismo ainda era uma força agressiva, uma força que tirava os grilhões, em que a doutrina de individualismo e da filosofia de "laissez-faire"* catavam e destruíam as últimas relíquias dos governos do século XVIII. O funcionalismo, o exército, as universidades, as leis, tudo foi atacado, e o poderio dos interesses latifundiários começou a desmoronar. A força daquilo que James Mill chamara "interesses sinistros" desaparecia de pouco em pouco, ao passo que os portais do funcionalismo se abriam de par em par, admitindo o talento e as habilidades. Liberdade de ação era a palavra-chave; "Laissez-faire", o método; não havia necessidade de estender indevidamente a autoridade governamental. Afinal, as classes médias receberam seu quinhão nas esferas políticas que correspondia ao seu potencial econômico. Gladstone navegou na crista da enchente. Vitória eleitoral decisiva e o país maduro para as reformas deram-lhe as oportunidades. O Partido Liberal, excepcionalmente equilibrado, cerrou fileiras em seu redor. A amplitude e as finalidades de sua

---

* Francês no original: deixar à vontade.

orientação dirigida contra uma série de evidentes abusos valeram-lhe o apoio dos liberais moderados, dos radicais e mesmo de alguns "whigs". Começou pela Irlanda. "Minha missão", disse, quando, na sua casa de campo em Hawarden, recebera uma convocação da Rainha, "é de pacificar a Irlanda". Apesar da oposição amarga, em desafio aos seus próprios princípios anteriores, que haviam sido a defesa da propriedade e da fé anglicana, promoveu, em 1869, a abolição dos privilégios da Igreja Protestante da Irlanda. Essa medida foi seguida um ano depois pela Lei de Terras, cuja finalidade era proteger os arrendatários contra despejos injustos. Mas pacificar a Irlanda não era tão fácil assim. O Governo não achou falta de que fazer na Inglaterra. Após a reforma eleitoral de 1867, Robert Lowe, ora Ministro das Finanças, havia dito: "Cabe-nos agora educar nossos patrões". Os eleitores deveriam pelo menos saber ler e escrever, e dever-se-ia facilitar-lhes o prosseguimento nos estudos. Assim, a extensão da liberdade de votos e o gosto liberal pelas letras abriram caminho para o início do ensino primário em escala nacional. Isso foi conseguido pela Lei de Ensino de W. E. Foster, publicada em 1870, embora essa lei, como outras do mesmo campo a serem publicadas nos decênios seguintes, estivesse obscurecida por controvérsias e paixões sectárias. Afinal, conseguiu-se destruir a patronagem no serviço público da Inglaterra. A admissão ao serviço público dependia, de ora avante, de rigorosos concursos, que davam valor preponderante às qualidades intelectuais. Habilidade, e não riqueza, nem relações, seriam os fatores para a promoção. No ano seguinte, aboliram todos os testes religiosos em Cambridge e Oxford. Abriram as universidades aos judeus, católicos romanos, mesmo aos jovens ateístas. As complexidades do sistema judiciário, que por tanto tempo foram o pavor dos litigantes e o pasto predileto dos advogados, foram simplificadas e modernizadas pela fusão das cortes de justiça e pela igualdade perante a lei. A Lei de Judicatura marcou o ponto culminante de uma reforma que havia sido uma necessidade há muito tempo. Durante séculos, os querelantes eram amiúde obrigados a recorrer simultaneamente a duas cortes para demandarem um só processo. Agora, foi instituída uma só Corte Suprema, subdividida de maneira apropriada; ao mesmo tempo, tanto os procedimentos como os métodos da apelação foram simplificados. Cargos que haviam sobrevivido desde o reino de Eduardo I foram sumariamente extintos no decurso das remodelações. Tudo isso era acompanhado de administração geral sadia e, o que talvez tenha sido a característica mais apreciada por Gladstone, de redução de despesas e de impostos.

Os sofrimentos e as desditas ocorridos na Criméia demonstraram que as práticas do grande Duque de Wellington, quando em mãos de homens menos ilustres, falharam. As vitórias dos prussianos na França produziram um choque na opinião dos civis e militares. Há muito deveria ter havido reformas no Ministério da Guerra. Foram efetuadas por Eduardo Cardwell, o Secretário de Gladstone, um dos mais notáveis reformadores do Exército. O Duque de Cambridge, Comandante-Chefe, opunha-se a qualquer reforma que fosse, e, por conseguinte, a primeira medida que seria tomada foi quando a Rainha, com forte relutância, assinou uma ordem do Conselho, subordinando-o ao Secretário do Estado. Aboliu-se o açoitamento. Uma Lei de Alistamento introduziu períodos curtos de serviço militar, criando uma reserva eficiente. Em 1871, Cardwell deu mais um passo avante, e, após violenta discussão com os círculos militares, foi proibida a compra das patentes. A infantaria foi rearmada com fuzis Martini-Henry, e o sistema regimental foi reorganizado em bases de condados. Efetuou-se uma reforma do Ministério da Guerra, embora ainda não se tivesse organizado um Estado-Maior.

Tudo o que descrevemos acima foi conseguido em seis anos de intensa labuta. Em seguida, como já acontecera muitas vezes na história da Grã-Bretanha, o pêndulo oscilou para o lado oposto. Amplas reformas prejudicaram interesses igualmente amplos. Os anglicanos foram atingidos por divesas medidas. Os inconformados encontraram pouca coisa que lhes agradasse na Lei do Ensino. O Exército e a Corte ressentiram-se com as medidas enérgicas de Cardwell. As classes trabalhistas pouco ganharam a não ser a Lei Eleitoral, que lhes facilitou exercerem secretamente e livres de intimidações o recém-adquirido direito de voto. O acordo em pagar quinze milhões de indenização na disputa com os Estados Undos em relação ao caso do Alabama, embora sensato, produziu descontentamento na opinião pública, habituada com os métodos enérgicos de Palmerston. Começaram a suspeitar que Gladstone não levasse a peito a defesa dos interesses da nação. Uma Lei de Concessão de Licenças mal-sucedida, que fora passada por insistência da ala de temperança do Partido Liberal, ofendeu os interesses dos produtores e comerciantes de bebidas e levou os cervejeiros a fazerem aliança com o Partido Conservador. Chegaria o momento em que Gladstone se queixaria de ter sido arrancado do seu cargo "por uma enxurrada de cerveja e de gim". Disraeli, naquela época no ápice de sua habilidade oratória, pintou esse retrato do Gabinete: "Os novos Ministros de Sua Majestade agiam nos seus cargos como um grupo de homens sob a ação de alguma droga desmoralizadora. Não lhes bastou a espoliação e introdução da anarquia na Irlanda — começaram a atacar todas as instituições do país, todos os interesses, todas as classes sociais, todas as profissões(...) Ao passar do tempo, tornou-se fácil perceber que no seio do Governo a extravagância substituiu a energia. O estímulo desnatural começou a se esgotar: o paroxismo teminou em prostração. Alguns refugiaram-se na melancolia e o líder ilustre alternava ameaças com suspiros profundos. Observando-os da minha bancada, fronteira à do Tesouro, os Ministros fizeram-me lembrar a paisagem marinha, comum nas costas da América do Sul. Vedes uma sucessão de vulcões extintos. Nem uma chamazinha sequer aparece num dos picos pálidos. Mas a situação não deixa de ser perigosa. Dão-se terremotos de vez em quando e não é raro ouvirmos surdos ribombos no fundo do mar".

Nem por isso o primeiro Governo de Gladstone ocupa lugar de relevo na história da Grã-Bretanha; na ocasião em que o Parlamento foi dissolvido em 1874, sobravam poucos ideais do Partido Liberal que não tivessem sido executados. Gladstone disputou as reeleições, prometendo abolir o Imposto sobre a Renda, que naquele tempo equivalia a três pence em cada libra. Até a sua morte, lamentava não ter conseguido essa medida. Mas, então, o país estava contra ele, e perdeu. Retirou-se e viveu semi-recluso, acreditando que o Partido Liberal havia concluído o trabalho das reformas necessárias. A maioria dos seus amigos "whigs" concordava. Os radicais, porém, achavam o contrário. Todos enganavam-se. O "Grande Velhote" não demoraria a voltar à vida política, e, quando esse momento chegasse, seria num ambiente tal e no meio de tormenta tamanha que muitas tradições e lealdades históricas da vida pública inglesa seriam varridas de maneira muito mais drástica que jamais imaginaram.

* * *

    Enquanto seu grande adversário dedicava seu lazer ao trabalho de lenhador na sua propriedade em Hawarden e escrevia artigos sobre Homero, Disraeli aproveitou a chance. Havia esperado por muito tempo a ocasião de chegar ao pináculo do Poder. Durante vinte e cinco anos, foi líder do Partido Conservador na Câmara dos Comuns; já passara dos setenta naquela ocasião. Nunca fora de compleição robusta, e, nos últimos anos, solitário após o falecimento de sua esposa, sofria de gota e de outras indisposições. "Poder — alcançou-me tarde demais(..) Dias havia em que, ao acordar, sentia-me capaz de deslocar dinastias e governos; mas isso foi no passado". Jamais, todavia, seus problemas haviam sido simples. Descontando um curto período, de 1841 a 1846, em que Peel fora Primeiro-Ministro e que terminara em desastre, os "tories" estiveram em oposição durante quase cinqüenta anos. Considerados como partido reacionário, apelidados escarnecedoramente como herdeiros de Eldo, Sidmouth e outros "tories" de casca dura — tinham que enfrentar agora um eleitorado democrático. O fato de que a ampliação dos direitos eleitorais tinha sido promovida por um líder "tory" não alterava a situação atual, para eles, era um "salto no escuro". Mas Disraeli não alimentava dúvidas, permanecia fiel ao movimento da jovem Inglaterra que havia organizado cinqüenta anos antes, e nunca acreditou que o trabalhador britânico fosse radical ou destruidor em potencial da ordem estabelecida. Via claramente que, embora muitos eleitores gostassem da tradição, da continuidade e do progresso social ordenado, tais sentimentos eleitoreiros nunca haveriam de amadurecer a ponto de se tornarem uma vantagem enquanto persistisse o conservadorismo inerte dos seus companheiros de bancada. Não lhes cabia apenas ganhar o apoio do eleitorado — tinha que converter o seu próprio partido também.

    A campanha de Disraeli havia começado muito antes da queda de Gladstone. Concentrou sua campanha na reforma social e numa nova concepção do Império. Os mordentes dessa torquês alcançaram Gladstone nos seus pontos mais fracos. O Império em si jamais captou seu interesse e, embora defendesse calorosamente os direitos políticos da classe operária, pouco se preocupou com suas exigências materiais. Disraeli, por seu lado, proclamou que: "A preocupação básica de um Ministro deve ser a saúde do povo". Os liberais tentaram destruir esse slogan apelidando-o jocosamente "política dos esgotos". Na primeira Sessão Plenária após ter sido empossado, Disraeli tratou de cumprir sua promessa. Fora afortunado com seus colaboradores. Entre eles, Ricardo Cross, Ministro do Interior, era homem de capacidade fora do comum. Uma Lei de Sindicatos deu liberdade de ação quase absoluta às agremiações trabalhistas; a Lei de Habitações do Artesanato foi a primeira tentativa para resolver o problema das moradias; a Lei de Vendas de Alimentos e de Drogas, em conjunto com a Lei da Saúde Pública, estabeleceram finalmente as leis sanitárias numa base sólida. Disraeli não somente persuadiu a maioria dos conservadores de que as necessidades do eleitorado incluíam condições de vida mais sadias, melhores casas, liberdade de se organizarem dentro das condições da industrialização — conseguiu convencê-los também de que o Partido estava em condições de prover estas necessidades. Alexandre Macdonald, líder dos mineiros, tinha motivos para declarar: "Em cinco anos, o Partido Conservador fez mais pelas classes operárias que os liberais haviam feito em cinqüenta". Gladstone havia preparado a base administrativa para essas grandes inovações, mas foi Disraeli quem ensaiou os primeiros passos decisivos nesse caminho do bem-estar público.

A segunda parte do programa conservador, o Imperialismo, também fora iniciada antes que Disraeli atingisse o Poder. A paixão de economia de Gladstone em tudo que se referia às necessidades militares, sua cautela nos problemas referentes aos assuntos europeus, a indiferença para com o Império — tudo isso irritava a opinião pública, cuja consciência da glória do Império se ampliava constantemente. O apelo de Disraeli adaptava-se perfeitamente a esse sentimento. "Acho que a autonomia", disse a respeito das colônias, "quando concedida, deveria ter sido submetida à consolidação do Império; deveria ter sido acompanhada pelo estabelecimento de tarifas de âmbito imperial; deveria ter assegurado ao povo da Inglaterra a posse das terras devolutas que pertenciam ao Soberano na qualidade de curador; deveria ser acompanhada também por um código militar que estabelecesse exatamente as responsabilidades e os meios pelos quais as colônias seriam defendidas quando necessário e que permitisse também que o país pudesse apelar para a ajuda das colônias quando precisasse; deveria ter previsto, afinal a instituição de algum Conselho representativo na Metrópole que teria facilitado às colônias um estreito e contínuo contato com o Governo Central. Tudo isso foi omitido, todavia, porque os que aconselharam aquela autonomia acreditavam, e creio que sinceramente, que as colônias, que mesmo a nossa ligação com a Índia, representavam um peso a esse país. Encaravam tudo do ponto de vista de finanças e desconsideravam o aspecto moral e político que contribui para engrandecer as nações e por cujas influências somente os homens se distinguem dos animais.

Bem, qual foi o resultado dessa tentativa de desintegração do Império efetuada durante o reinado do Liberalismo? Falhou inteiramente. Mas falhou de que maneira? Por causa da simpatia que as colônias conservam pela Pátria-Mãe. Decidiram que o Império não haveria de ser destruído. Na minha opinião, nenhum ministro terá cumprido sua obrigação se ele não tentar reconstruir o que ainda for possível do nosso Império Colonial, e se não tiver correspondido àquelas simpatias distantes que podem tornar-se fonte de força incalculável e de felicidade para o nosso país".

No começo, Disraeli foi brilhantemente bem-sucedido. Fazia seis anos que o Canal de Suez fora aberto à navegação e a situação estratégica da Grã-Bretanha ficara transformada. O Cabo da Boa Esperança já não era a chave da rota para o Oriente. O Ministério do Exterior foi curiosamente lento em perceber esse fato óbvio e deixou mais de uma oportunidade de ganhar o controle desta passagem marítima. Em 1875, Disraeli comprou em nome do Governo as ações da Companhia do Canal, pertencentes ao Khedive Ismael do Egito, pela importância de quatro milhões de libras. Esse sátrapa turco estava falido e vendeu as ações com prazer; suas ações perfaziam quase a metade da emissão total. A rota à Índia foi assegurada, foi removida possível ameaça à supremacia marítima da Grã-Bretanha e — fato prenhe de conseqüências futuras — a Grã-Bretanha foi inexoravelmente envolvida nas questões políticas do Egito. No ano seguinte, a Rainha Vitória teve a grande satisfação de ser proclamada Imperatriz da Índia. Tal golpe nunca teria ocorrido a Gladstone, nem à geração vindoura de imperialistas. Mas a maneira oriental e quase mística com que Disraeli encarava o Império, sua predileção por símbolos imperiais, sua convicção de que demonstrações vistosas do aparato eram importantes, deram às suas iniciativas um colorido imaginativo que nunca chegou a ser igualado por seu sucessores. Tencionava que as colônias que ele próprio havia descrito como "mós penduradas aos nossos pescoços" chegassem a brilhar como diamantes. Novas tempestades na Europa distraíram a atenção dessas cintilantes perspectivas.

* * *

Em 1876, houve nova erupção do Problema Oriental. A Guerra da Criméia foi malconduzida pelos militares, mas os diplomatas não deram desempenho melhor nas negociações da paz. A maior parte dos Balcãs continuava sob o domínio turco, e todas as tentativas de melhorar a administração otomana das províncias cristãs haviam malogrado em parte em razão da obstinação do sultão e também por causa da magnitude da tarefa. Eslavos, romenos e gregos aliavam-se no sentimento de ódio que dedicavam aos turcos. A revolta oferecia poucas possibilidades de sucesso durável; havia muito tempo, pois, olhavam o Czar da Rússia como seu libertador em potencial. Eis um dilema para o Governo da Grã-Bretanha. Não contemplavam seriamente a criação de Estados balcânicos independentes, apesar do exemplo que Canning havia dado com o pequeno Reino da Grécia. Parecia não haver escolha a não ser entre o fortalecimento do poderio turco ou o consentimento de que a influência russa, passando por Constantinopla, atravessasse os Balcãs atingindo o Mediterrâneo. A ameaça sempre existira e a insurreição que ora eclodira confrontou Disraeli com a situação mais difícil e mais perigosa que já houve depois das guerras napoleônicas.

A rebelião começara na Bosnia Herzegovina onde a quarenta anos depois, a bala de um assassino daria início à Primeira Guerra Mundial. A Rússia, a Alemanha e a Áustria, reunidas numa Liga Imperial Tríplice, propuseram que se obrigasse a Turquia a efetuar reformas de base. Disraeli e seu Secretário do Exterior Lorde Derby opuseram-se a esse plano, argumentando que "ele contribuiria rapidamente para desintegrar a Turquia"; para realçar o apoio que davam aos turcos, enviaram uma esquadra aos Dardanelos. Mas essas manobras diplomáticas foram sobrepujadas pela notícia de terríveis atrocidades turcas na Bulgária. Disraeli, mal informado pelo seu Embaixador na Turquia, que era admirador dos turcos, não soube avaliar a impressão profunda que aquela notícia havia causado na opinião pública. Respondendo a uma interpelação no Parlamento, em julho, Disraeli achou que podia "duvidar de que torturas em larga escala tenham sido praticadas por um povo oriental que raramente, creio, recorre à tortura, preferindo terminar suas relações com os criminosos de modo mais despachado". Essa maneira escarnecedora de tratar do assunto pôs em atividade furiosa o profundo senso moral que sempre bruxoleava abaixo da superfície calma da mente de Gladstone.

No seu panfleto famoso "Os Horrores Búlgaros e a Questão do Oriente", Gladstone descarregou seu ataque aos turcos e ao Governo de Disraeli. "Deixem que os turcos redimam os abusos praticados da única maneira possível — isto é, retirando-se daquelas províncias. Seus Zapties e seus Mudires, seus Bimbashis e Yusbachis, seus Kaimakams e Paxás, todos eles com malas e bagagens, assim espero, hão de abandonar as províncias que desolaram e profanaram esse desembaraço completo; essa libertação bendita é a única reparação que podemos oferecer àqueles montes de mortos: à pureza violentada das mulheres, moças e crianças igualmente profanadas(..) Não há criminosos nas cadeias da Europa, não há canibal nas Ilhas dos Mares Sulinos, cuja indignação não fosse provocada e exasperada ao ouvirem os relatos daquilo que foi cometido, que foi examinado com tardança e que continua impune; que deixou atrás de si todas as paixões sórdidas e ferozes que o produziram e que a qualquer momento podem produzir outra safra igualmente mortífera, safra que brotará do solo impregnado e fedorento com o sangue derramado, do solo manchado com inimagináveis atos de crimes e de vergonha(..) Governo algum jamais pecou tanto, nenhum se mostrou tão incorrigível nos seus pecados — e o que vem a ser o mesmo tão incapaz da redenção".

Depois que Gladstone desferiu essa salva, as relações entre os dois grandes estadistas tornaram-se a tal ponto tensas que Lorde Beaconsfield (que viera a ser o nome de Disraeli depois de sua nobilitação) chegou a dizer publicamente que Gladstone era pior que qualquer horror da Bulgária.

Em fins daquele ano, houve em Constantinopla uma conferência das Grandes Potências. Lorde Salisbury representou a Grã-Bretanha e esta foi a primeira oportunidade em que exibiu seus talentos diplomáticos. Salisbury foi descendente direto do grande auxiliar da Rainha Elisabete, Guilherme Cecil, e de Roberto Cecil, que serviu ao Rei Jaime I. Salisbury serviu durante mais de vinte anos em ambas as Câmaras e sempre criticou seu chefe. Somente com grande relutância aceitou a incumbência de participar do Gabinete de Disraeli, mas, uma vez estabelecida a cooperação, os dois homens ficaram intimamente ligados. O senso comum cáustico e amplo de Salisbury completava as qualidades instáveis e visionárias de Disraeli. Exercendo os cargos de Secretário do Estado para os Negócios da Índia e, mais tarde, o de Ministro do Exterior, Salisbury provou ser o sucessor predestinado na liderança do partido "tory". Em Constantinopla, foram expostas as reformas a serem efetuadas, mas os turcos, em parte porque não acreditavam que o zelo de Salisbury refletisse fielmente as idéias do seu Primeiro-Ministro e do Gabinete Britânico, rejeitaram-nas. Os delegados regressaram aos respectivos países, e a Europa passou a aguardar o início das hostilidades entre a Turquia e a Rússia. Quando, no verão de 1877, a guerra realmente começou, as disposições de ânimo na Grã-Bretanha modificaram-se rapidamente. Gladstone, cujo ataque aos turcos entusiasmou a opinião pública, passou a ser apontado como russófilo. Os ânimos alteravam-se à proporção que, mês após mês, as tropas russas avançavam, apesar da resistência heróica dos turcos, de que deram provas especialmente em Plevna, na Bulgária. Os russos aproximavam-se dos Dardanelos e, em janeiro de 1878, estavam sob os muros de Constantinopla. Nessa altura, a opinião pública alcançou o grau de fervura. A canção predileta nos teatros de variedades naquele tempo era:

> "Lutar não queremos, mas para a luta iremos
> Temos navios, temos soldados e temos dinheiro também;
> Já lutamos contra o Urso e enquanto formos ingleses
> Os russos nunca hão de chegar a Constantinopla..."

Em fevereiro, após uma série de declarações insinceras, uma frota de encouraçados britânicos entrou no Corno de Ouro a todo vapor. A frota permaneceu no Mar de Mármora, em frente ao exército russo, durante seis longos meses de armistício inquietante; na expressão de Bismarck: "a baleia olhando o elefante".

Em março, a Turquia e a Rússia firmaram o tratado de paz de Saint Stefano. Andrassy, o furibundo Ministro do Exterior da Hungria, chamou o tratado de "Sermão eslavo ortodoxo". O tratado dava à Rússia o controle efetivo dos Balcãs, e, portanto, era evidentemente inaceitável às demais Grandes Potências. Novamente, pareciam estar às portas da guerra, e Lorde Derby, que se opunha a quaisquer preparativos bélicos, pediu demissão. Foi substituído por Lorde Salisbury, que imediatamente tratou de convocar uma conferência das Grandes Potências. Encontraram-se no Congresso de Berlim em junho e julho. As negociações eram dominadas por Andrassy, Beaconsfield, Bismarck e o Ministro russo Gortchakov. Os talentos diplomáticos desse quarteto dificilmente poderiam ser igualados. O resultado foi que a Rússia teve que ceder a maior parte das vantagens que havia obtido em Sant Stefano.

Conservou a Bessarábia rumena, cujos territórios chegavam à embocadura do Danúbio, mas a Bulgária, que ela tencionou dominar, foi dividida em três partes e só a uma delas foi concedida independência real. O resto foi devolvido ao Sultão. Em compensação, a Austro-Hungria, como devemos chamar agora o Império dos Habsburgos, obteve a administração da Bósnia e Herzegovina. Houve um tratado em separado entre a Grã-Bretanha e a Turquia, segundo o qual a Grã-Bretanha recebia a ilha de Chipre e, mediante compromisso da parte do Sultão de introduzir uma série de reformas, prometia garantir a integridade territorial turca na Ásia. Beaconsfield voltou de Berlim afirmando ter trazido "paz com honra". Realmente havia evitado a guerra e, no momento, a Rússia, bloqueada nos Balcãs, lançou suas vistas para o Extremo Oriente. O resultado das conversações de Berlim foi muito criticado, argumentando-se que abrira caminho à guerra de 1914, mas a questão do Extremo Oriente, como fora então apresentada às nações, estava virtualmente insolúvel. Nenhum arranjo poderia ter sido mais que temporário e, realmente, o Congresso de Berlim garantiu a paz durante trinta e seis anos.

As semanas seguintes viram o ápice da carreira de Beaconsfield. Mas a fortuna logo cessou de lhe sorrir. Medidas arbitrárias no Afeganistão e na África do Sul provocaram, em 1879, a destruição de um batalhão britânico pelos zulus em Isandhalawana e o massacre dos camponeses da legação em Kabul. Esses desastres, embora de pequenas proporções e prontamente vingados, emprestaram ímpeto aos ataques veementes contra o Governo em que se empenhava Gladstone, ataques que chegaram ao clímax no outono de 1879, por ocasião da Campanha da Midlótia. Gladstone vituperava contra a "política externa vigorosa, o que quer dizer míope, turbulenta, estrondosa e egoísta(..) que faz apelo ao amor-próprio e ao orgulho da comunidade". Argumentava que a Grã-Bretanha deveria seguir o caminho da moralidade e da justiça, livre da nódoa egoísta. Deveria procurar alcançar autonomia para os povos subjugados e a organização de uma real União Européia. Seu tema constante era a necessidade de que a orientação da Grã-Bretanha obedecesse às leis da moral. "Lembrai", disse em Dalketih, "que, aos olhos de Deus Todo-Poderoso, o direito à vida nos povoados cobertos de neve nas montanhas do Afeganistão é tão inviolável como as vossas". Esse apelo à moralidade enfurecia os conservadores, que defendiam sua causa pondo à frente a necessidade e a importância de defender e de fomentar os interesses britânicos e suas responsabilidades onde quer que se encontrassem. Afirmavam que a política de Beaconsfield havia elevado o prestígio da nação e seu poderio a alturas jamais alcançadas.

Mas o poder oratório de Gladstone era demasiado para o Ministério exausto. Aliás, os últimos anos daquele Ministério coincidiram com uma depressão econômica já bastante séria para a indústria, mas simplesmente ruinosa para a agricultura. Quando o Ministério de Beaconsfield se dissolveu em março de 1880, o resultado eleitoral fora inequívoco, e a Rainha foi obrigada pela segunda vez a aceitar como Primeiro-Ministro o homem que ela descreveu numa carta confidencial escrita ao seu secretário particular, Sir Henrique Ponsonby, como: "aquele incendiário semilouco que logo porá tudo a perder".

* * *

Enquanto o duelo entre Gladstone e Disraeli ocupava o centro do palco, movimentos de longo alcance formavam-se sob a superfície da política parlamentar. A Lei da Reforma que concedia o direito de voto a praticamente todos os homens, residentes que fossem numa vila, contanto que essa tivesse direito a sufrágio, havia modificado o regime do século XVIII o que havia persistido desde 1832. O aparecimento da massa eleitoral exigia nova orientação política. A quantidade dos votantes tornava impra-

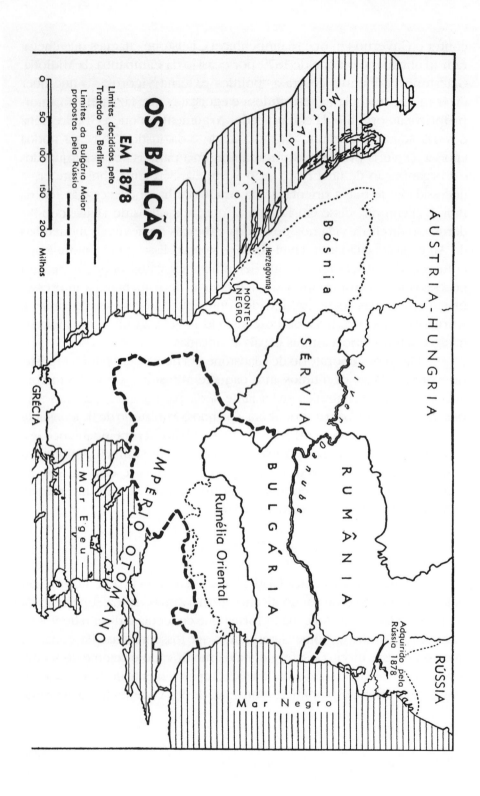

ticável a técnica antiga. Havia necessidade de dois fatores: orientação partidária capaz de persuadir os eleitores a votarem e uma organização eficiente para controlar se eles o faziam realmente. Dos dois líderes, Gladstone fora o único a perceber as significações da nova era. O grande demagogo sentia-se enfastiado pelas minúcias da vida normal do partido. Disraeli, porém, havia criado tanto a orientação como a organização. Fazia doze anos que nomeara João Gorst administrador do Partido, e, sob sua orientação, o Partido Conservador foi inteiramente reorganizado. Abriram um Escritório Central e organizaram uma rede de associações locais reunidas numa União Nacional. A transição foi notavelmente suave e, embora tenha havido tempestade no começo do decênio de 1880, o sistema criado por Disraeli existe até hoje quase sem alterações. No campo liberal, a situação era bem outra. A lassidão de Gladstone e a hostilidade dos "whigs" impediram a construção de um partido centralizado. O impulso e o ímpeto não vieram do centro, mas das províncias. Em 1873, José Chamberlain tornou-se Prefeito de Birmingham. Auxiliado por um conselheiro político muito competente, Schnadhorst, construiu uma máquina partidária que, embora baseada na participação popular, foi logo condenada pelos adversários políticos como sendo um "caucus".* A orientação do "Socialismo Municipal" trouxe a Birmingham grandes benefícios, como instituições de utilidade pública, eliminação das favelas e outros melhoramentos de interesse público. O movimento alastrou-se a outras cidades, e, assim, nasceu a Federação Liberal Nacional. A intenção dos organizadores foi a de transformar a Federação num parlamento do movimento liberal, cuja finalidade seria elaborar um programa radical e preparar líderes próprios que poderiam com o tempo substituir os "whigs". Era um fenômeno novo. Diferenciando-se do cartismo e da Liga pela Abolição das Leis do Trigo, os grupos sedentos de reformas já não precisavam agir nos bastidores dos partidos. O Radicalismo já se fortalecera a ponto de poder tentar alcançar a liderança. Essa mudança foi muito facilitada pelo agrupamento dos partidos em torno dos pólos opostos, processo já iniciado em 1880 e que Gladstone reconheceu durante suas eleições. "Lamento", disse Gladstone, "não podermos contar com a aristocracia. Tampouco podemos contar com o que é designado como interesses latifundiários. Não podemos contar com a

---

* N.T. — Núcleo dentro de um partido que tenta impor-lhe suas idéias.

Igreja oficial tanto na Inglaterra como na Escócia(..) Não podemos contar nem com as classes abastadas, nem com as médias(..) De modo geral, essas potências estarão contra nós(..) Cabe-nos considerá-las como nossos inimigos decididos".

Durante as eleições, Chamberlain e seus correligionários apresentaram um programa de reformas inaceitável pelo "whigs" e também por Gladstone. O sucesso que obtiveram demonstrou e alardeou as profundas alterações que a ampliação do sufrágio produziu na estrutura do sistema partidário.

* * *

Gladstone e Disraeli muito contribuíram para lançar pontes entre a democracia e a maneira de governar aristocrática. Ambos achavam que os Governos tinham que se mostrar ativos, e os registros dos Estatutos estão repletos de medidas reformadoras. Pouco a pouco, as eleições tornaram-se um julgamento pronunciado pelo povo sobre as atividades passadas do respectivo Governo bem como um registro das promessas para o futuro feitas por ambos os partidos. A "Campanha Midlothiana", durante a qual Gladstone, candidato a Primeiro-Ministro, fez um apelo ao povo, tornou a mudança mais aparente. A Rainha ficou chocada quando Gladstone fez, da janela de um vagão ferroviário, um discurso tratando de problemas inerentes à política do exterior; seus protestos, entretanto, eram ecos de épocas superadas. Era a maneira de se tornar "Guilherme do Povo".

Beaconsfield faleceu um ano depois. A tarefa enorme que cumpriu praticamente sozinho foi a de arrancar o Partido Conservador do período de desespero em que ameaçava submergir no ano de 1846; de persuadir o Partido de que a democratização era inevitável e de reorientá-lo de maneira a poder enfrentar as responsabilidades das novas condições de vida. O sucesso obtido é prova da sua habilidade em todos os assuntos relacionados com a vida do Partido. Transformou os conservadores numa potência dentro dos moldes da política democrática. Deu início ao sistema bipartidário em grande escala com sua característica do movimento pendular. A democracia "tory", centenas de milhares de operários votando a favor dos conservadores, tornou-se fator predominante. A ampliação do sufrágio, que até então ameaçava tragar as formas do passado, avançou orgulhosamente. Os "whigs" desapareceram, enquanto os "tories" desabrocharam para uma vida nova, vigorosa, que lhes prometia um futuro radiante — embora os próprios "tories" levassem tempo para se aperceber dessa renovação. Esse foi o trabalho de Disraeli, e seu nome será honrado de acordo.

CAPÍTULO III

"Reconstrução" da América

Do outro lado do oceano, a vitória das armas nortistas preservou a unidade da América. Mas urgia agora enfrentar problemas imensos. O mais urgente era o de restaurar ordem e prosperidade na Confederação derrotada. Grandes áreas do Sul haviam sido devastadas, principalmente onde Sherman passara com suas tropas, e o vale da Virgínia, Atlanta, Colúmbia, Charleston, Richmond e outras cidades haviam sofrido dolorosamente com os bombardeios e incêndios. A vida sulina ficou paralisada. A agricultura, privada dos mercados pelo bloqueio da União estagnou — apesar dos esforços heróicos das mulheres e dos escravos fiéis que tudo fizeram para não interromper as culturas. O bloqueio também havia provocado graves faltas em muitos artigos de primeira necessidade, situação que, agravada pelo desmoronamento do sistema de transportes na área confederada, levou a população à beira da fome. O sistema bancário inflacionado do Sul sofreu completo colapso. O papel-moeda e as obrigações sulinas perderam seu valor. Toda a região foi reduzida à penúria. Ao regressarem para seus lares depois de Appomattox, os soldados confederados, esfarrapados e famintos, topavam em toda a parte com desolação e ruínas.

Reconstrução era a palavra de ordem. A maior dificuldade para a reconstrução no Sul era o futuro dos negros. Apesar da proclamação de Lincoln, em 1863, que nominalmente havia emancipado os escravos nos Estados rebeldes, milhões de escravos continuaram durante toda a guerra ao trabalhar lealmente para os seus antigos donos. Ao terminar a guerra, muitos deles entendiam por emancipação que já não precisavam trabalhar. Abalaram, pois, para a cidade mais próxima ou para os acampamentos militares; privaram, assim, as fazendas de mão-de-obra e fizeram as autoridades da União enfrentarem um alarmante problema. Havia mais uma razão para tratar de resolver o problema do negro — em diversas regiões da União, ele ainda continuava escravo.

A proclamação de Lincoln havia abolido a escravatura somente nas áreas sob controle confederado. Não se referia aos territórios confederados ocupados por tropas da União, nem aos quatro Estados escravistas onde haviam permanecido leais à União. Somente dois deles — Maryland e Missouri — haviam elaborado legislação eliminando a escravatura dentro das suas fronteiras. Tornava-se necessária urgente ação para resolver esse problema, mesmo porque, muitos duvidavam da constitucionalidade da Proclamação e da Lei aprovada pelo Congresso, em 1862, extinguindo a escravidão nos territórios da União. Foi então proposto estabelecer um adendo, o décimo-terceiro, à Constituição, proibindo escravatura em todas as áreas sujeitas à jurisdição dos Estados Unidos.

Mas havia uma complicação. A Constituição da América previa que nenhum adendo era válido enquanto três quartos dos Estados não o ratificassem. Desde que a União agora consistia em trinta e seis Estados, tornava-se necessário que pelo menos alguns dos Estados que haviam pertencido à Confederação ratificassem o adendo para que este pudesse entrar em vigor. Tornou-se necessário, portanto, definir a situação em que se achavam os Estados que se haviam separado da União. Se realmente se haviam separado, deveriam agora retornar em igualdade de direitos com os seus vencedores? Caso assim fosse, quais seriam as condições?

Enquanto durou a guerra, Lincoln desconsiderou a definição da situação legal dos Estados Confederados, tachando essa preocupação de "abstração perniciosa". Preocupava-se apenas em reconduzi-los a sua "relação para com a União prática e apropriada". Em dezembro de 1863, havia preparado um plano para a readmissão. Com poucas exceções, deveria ser oferecida anistia a todos os que jurassem fidelidade à União. Desde que dez por cento dos eleitores em cada Estado prestassem aquele juramento, restaria apenas instituir governos estatais dispostos a proclamar a emancipação dos escravos. Em seguida, seriam readmitidos. O "Plano dos dez por cento" nunca foi posto em prática. Em 1864, estabeleceram Governos Reconstruídos em três Estados confederados que recaíram sob o domínio da União, mas o Senado se recusou a admitir os senadores e representantes que eles haviam mandado a Washington.

* * *

O Congresso mantinha a tese de que a reconstrução era de sua alçada, e não do Presidente. Os republicanos radicais que predominavam no Congresso não queriam aplainar o caminho de regresso dos sulistas. Desejavam a adoção de uma atitude áspera e vingativa e, sobretudo, exigiam a emancipação imediata dos negros. O espírito vingativo dos radicais brotava de várias fontes. A mais decente dentre elas era a preocupação humanitária com o bem-estar dos negros. Mas esse sentimento era compartilhado por uma minoria apenas. Motivos mais ignóbeis animavam líderes radicais como Zacarias Chandler e Tadeu Stevens. Seu amor pelos negros era decididamente inferior ao ódio que dedicavam aos seus donos e desejavam sobretudo humilhar a altiva aristocracia sulista a quem sempre detestaram e a quem atribuíam a responsabilidade exclusiva pela provocação da Guerra Civil. Havia mais um motivo aparente. Os radicais viam que, se o negro recebesse o direito do voto, então os radicais poderiam destroçar o que restava da influência do plantador sulista e conservar dentro do Governo Federal a predominância que os interesses comerciais do Norte haviam alcançado desde 1861. Permitir que os sulistas, aliando-se com os democratas, readquirissem a influência que possuíram nos negócios do Estado, na opinião dos radicais, seria absurdo e incongruente. Também poria em perigo toda a massa da legislação relativa a tarifas, sistema bancáro e terras devolutas, massa essa que os capitalistas do Norte conseguiram fazer aprovar durante a guerra para favorecer seus próprios interesses. Para defender todas essas vantagens os Radicais clamavam pelos votos para os negros, dispostos a usá-los para garantir a predominânia de seu partido.

Mesmo que Lincoln tivesse vivido o suficiente para governar durante o segundo termo, teria encontrado muita oposição no seio do próprio partido. As diretrizes magnânimas que proferira em abril de 1865 ao pronunciar o discurso clássico na Casa Branca, foram destroçadas pela bala que o vitimara poucos dias depois. O novo Presidente, André Johnson, do Tennesse, embora partilhasse dos pontos-de-vista sobre a reconstrução que Lincoln professava, mostrava-se decididamente deficiente em habilidade política. Não obstante, no perído entre o falecimento de Lincoln e o fim do ano, enquanto o Congresso estava em férias, Johnson pôde mandar executar um plano de reconstrução que muito se assemelhava ao de Lincoln. Cada Estado do Sul deveria estabelecer Convenções eleitas por cidadãos leais, e estas Convenções poderiam solicitar readmissão na União, contanto que repudiassem a Declaração da Separação e a dívida de guerra confederada e abolissem a escravatura. O Sul, ansioso, como o expressou o General Grant: "para retornar ao autogoverno dentro da União o quanto antes", obedeceu prontamente. Em seguida, os sulistas trataram de estabelecer legislaturas estatais, de eleger o executivo, os senadores e representantes que deveriam seguir para Washington, e ratificaram o Décimo Terceiro Adendo, que entrou em vigor em dezembro de 1865.

Quando o Congresso reiniciou suas atividades no mesmo mês, declinou admitir os representantes do Sul. O Congresso não tomou conhecimento do trabalho efetuado por Johnson e passou a pôr em prática suas próprias idéias. O primeiro passo foi a nomeação de uma Comissão Mista para a Reconstrução, encarregada de reunir dados sobre as condições no Sul. Em princípios de janeiro, a comissão, que se achava sob controle dos radicais, apresentou um relatório aconselhando medidas drásticas para proteger os negros emancipados. O Congresso agiu imediatamente. Primeiro apareceu o Decreto do Escritório dos Homens Libertos, que prolongava a vigência e ampliava os poderes de uma agência já anteriormente organizada e cuja finalidade era auxiliar os negros na transição para a liberdade. Isso foi seguido por um Decreto dos Direitos Civis, que conferia a cidadania aos negros e lhes assegurava a igualdade perante a Lei. Ambas as medidas foram vetadas por Johnson por serem violações inconstitucionais dos Direitos dos Estados. O Decreto dos Direitos Civis transitou, apesar do veto presidencial, e tornou-se Lei. Os radicais, visando a obter mais uma garantia para os seus desígnios, trataram de incorporar essa lei a um novo adendo à Constituição.

A disputa entre Johnson e os radicais tornou-se aberta e amarga; as eleições para o Congresso de 1866 presenciaram luta feroz entre eles. Os radicais foram muito astutos ao apresentar sua causa ao eleitorado. Exploraram desordens raciais que houvera recentemente em Nova Orleans, afirmando que elas eram provas dos maus tratos que os sulistas dispensavam aos pretos. Apontavam os recém-instituídos Códigos de Pretos como indicação segura de que os sulistas queriam reescravizar os negros. Os líderes radicais convenciam os ouvintes mais que os discursos de Johnson que perdera o apoio de muitas pessoas por causa de diversas erupções emotivas pouco dignas que ele se permitiu durante a campanha eleitoral. O resultado foi uma vitória retumbante dos radicais que obtiveram em ambas as Câmaras a maioria de dois terços. Estava aberto o caminho para que executassem a Reconstrução à maneira pela qual queriam, pois tinham força de sobra para agir apesar dos vetos do Presidente. No decorrer de 1867, foi passada uma série de Leis de Reconstrução vingativas e severas. O Sul foi dividido em cinco distritos militares, cada um sob o comando de um Major-General Federal. O que já fora a Confederação ia ser submetido a um Governo Militar como o fora a Inglaterra no tempo de Cromwell. Para serem readmitidos na União, exigiram que os Estados do Sul ratificassem o Adendo Décimo Quarto e instituíssem leis estaduais que previssem o sufrágio dos negros e isso apesar do fato de muito poucos Estados do Norte até então terem concedido aos negros o direito do voto.

Ainda não satisfeitos com essas vitórias, os radicais trataram em seguida de obter o afastamento do Presidente por meio do "impeachment". Isso, sim, ser-lhes-ia útil, pois, de acordo com as leis vigentes, o Presidente seria substituído pelo presidente do Senado, e esse era um dos líderes poeminentes dos radicais. De acordo com a Constituição, o Presidente podia ser afastado caso houvesse provas de traição, suborno ou de outros crimes importantes e delitos. A oposição de Johnson às diretrizes radicais, todavia, nunca ultrapassara os limites constitucionais, e seus inimigos tiveram dificuldade em formular as acusações. Baldados os esforços de encontrar provas de traição ou de corrupção, os radicais apresentaram como pretexto para o "impeachment" a tentativa de Johnson, em agosto de 1867, de se ver livre do seu Secretário da Guerra, Edwin M. Stanton. Esse político inescrupuloso havia muito merecia ser demitido. Esse homem tinha o hábito de comunicar aos radicais segredos de Estado do Gabinete, enquanto fazia protestos de lealdade absoluta ao Presidente. Mas, quando Johnson exigiu que Stanton se exonerasse, ele recusou-se a obedecer. Durante diversos meses, continuou a dirigir o Departamento da Guerra, em que, afinal, levantou barricadas. Stanton justificou sua conduta com base na Lei de Concessão de Cargos, medida recentemente adotada, apesar do veto de Johnson, como parte do esforço radical, visando a diminuir os poderes presidenciais. A lei declarava que nenhum componente do Gabinete podia receber a demissão sem que houvesse o consentimento do Senado. A impossibilidade de obter esse consentimento seria castigada como crime de lesa-pátria.

Assim, em março de 1868, os líderes radicais puderam induzir a Câmara a adotar onze artigos de acusação contra Johnson a serem apresentados perante o Tribunal Senatorial. A única acusação concreta contra ele foi a alegação de ter violado a Lei de Concessão de Cargos. Essa lei, entretanto, era constitucionalmente duvidosa, e sua violação tornava-se crime apenas porque os radicais assim diziam. Apesar da fraqueza de suas acusações, por um triz não conseguiram o seu intento. Faltou-lhes um único voto para conseguir a maioria de dois terços de que necessitavam para condenar o Presidente. Sete senadores republicanos, resistindo a prolongada e violenta pressão contra eles exercida, recusaram-se a consentir que a instituição do "impeachment" fosse aviltada pelo uso para fins partidários. Votaram pela absolvição.

Assim, por margem mínima, foi salvo um princípio cardinal da Constituição da América, o da separação dos poderes. Se o "impeachment" tivesse sido pronunciado, todo o desenvolvimento constitucional da América teria sido alterado. O Poder concentrar-se-ia doravante exclusivamente na divisão legislativa do Governo, e nenhum Presidente poderia ter tido a certeza de permanecer no cargo desde que houvesse maioria congressional inamistosa. Não obstante, os radicais continuaram a ter, durante todo o resto do exercício de Johnson, força suficiente no Congresso para ignorar os seus desejos. Mais uma vitória eleitoral do Partido

Republicano, em 1868, levou o General Ulisses S. Grant à Casa Branca. O triunfo dos radicais era completo, pois a inépcia no alto cargo do vitorioso comandante da União transformou-o em joguete daqueles políticos.

A reconstrução política do Sul arrastava-se nos moldes da severa legislação de 1867. Houve eleições presididas pelos comandantes militares federais e, pela primeira vez, os negros foram às urnas. Quase um milhão de homens de cor haviam sido registrados nas listas eleitorais. Ao mesmo tempo, mais de cem mil sulistas brancos haviam perdido o direito do voto por terem participado da rebelião. Os eleitores negros tinham a maioria em cinco Estados. Mas os negros eram apenas joguetes nas mãos dos seus líderes brancos, e estes eram homens de baixo teor moral. Consistiam de aventureiros ianques conhecidos como "carpet baggers"*, cuja finalidade principal ao virem para o Sul fora a de pescar nas águas turvas e de mobilizar o voto dos negros para as finalidades do Partido Republicano. Alguns eram "scalawag"* sulistas, que, ansiosos para obter cargos políticos, estavam dispostos a cooperar com o regime que a maioria dos sulistas brancos detestava. Entre 1868 e 1871, governos de características "carpet bag"* e "scalawag" foram instituídos na maioria aos Estados do Sul, apoiados pelo voto negro e pelas baionetas das tropas federais. Quando acharam que os Estados haviam cumprido as exigências radicais, foi-lhes permitido retornarem para o seio da União.

A administração radical impôs ao Sul a fraude, a extravagância e diretrizes raciais humilhantes. Só podia ser mantido pelo uso drástico das forças militares federais. Para reforçar a autoridade dos governos "carpet bag", o Congresso providenciou o Adendo Décimo Quinto, estabelecendo que o sufrágio não podia ser denegado a nenhum cidadão com base em "raça, cor ou anterior estado de servidão". Uma série de leis submeteu as eleições para o Congresso ao controle federal e autorizou o uso da força militar para subjugar violências nos Estados do Sul. Essas medidas foram tomadas por causa dos esforços vigorosos de sulistas brancos de

---

* N.T. — "Mendigos de tapete", apelido dado a esses elementos vindos do Norte sem recursos e que usavam malas de pano semelhantes a tapetes.

* N.T. — Marotos. Elementos sulistas, geralmente de posição social baixa, que, para obter vantagens, traíram os conterrâneos aderindo à causa nortista. Honra seja feita ao Sul: homens desse quilate houve muito poucos.

derrubar os governos "carpet bag" e de restaurar a supremacia dos brancos, esforços esses canalizados tanto dentro dos moldes legais como também utilizando intimidação dos eleitores negros por meio de sociedades secretas como a Ku Klux Klan e outras. A repressão foi bem-sucedida durante algum tempo, mas, aos poucos, Estado após Estado, a supremacia foi recapturada pelos eleitores brancos. Esse sucesso foi devido em parte à obstinação da resistência sulista e em parte à modificação dos sentimentos do Norte. Em princípios de 1870, o nortista comum convenceu-se da incapacidade política do negro e sentiu-se escandalizado pela corrupção imperante nos governos "carpet bag." O comerciante nortista desejava fosse posto fim às condições instáveis que prejudicavam o comércio. Mas, acima de tudo, os nortistas cansaram-se de apoiar governos minoritários, à força de armas. Começaram a retirar seu apoio ao programa radical.

Em 1875, os radicais republicanos perderam o controle na maioria dos Estados, e só a Carolina do Sul, a Flórida e a Louisiana ainda continuavam em poder dos "carpet baggers". No ano seguinte, foi aberto um caminho facilitando àqueles Estados recapturar o controle dos seus negócios. Após a eleição presidencial de 1876, surgiram disputas naqueles três Estados sobre a validez da contagem dos votos. O assunto foi extremamente importante, pois os dezenove votos eleitorais em disputa seriam suficientes para decidir a sucessão presidencial. O candidato democrata, Samuel J. Tilden, obteve cento e oitenta e quatro votos eleitorais, ou seja, um a menos para obter a maioria. O republicano Rutheford B. Hayes, portanto, necessitava dos dezenove votos em disputa. Quando a controvérsia foi submetida à Câmara dos Representantes para ser decidida, tornou-se óbvio que os republicanos, possuindo a maioria naquela Assembléia, iriam decidir em favor de Hayes. Para aplacar a opinião pública democrática em geral e a do Sul em particular, os correligionários de Hayes prometeram retirar as tropas federais do Sul tão logo Hayes fosse empossado. Induzido por essa concessão, o Sul retirou sua oposição a Hayes. Em abril de 1877, um mês após a posse de Hayes, doze anos após a capitulação de Lee em Appomattox, a última guarnição federal retirou-se do Sul. Os governos "carpet baggers" restantes ruíram rapidamente, a supremacia dos brancos foi restabelecida em toda parte e o período da "Reconstrução Radical" terminara.

Não havia sido totalmente um mal, pois as legislaturas do tipo "carpetbag" haviam promovido uma série de reformas necessárias e fizeram algumas obras boas, construindo estradas e pontes. Mas no seu total, fora um episódio vergonhoso e infame. Um historiador americano escreveu: "Os governos negro-carpet-baggers" eram os piores já conhecidos em terras de língua inglesa". O período da "reconstrução" deixou no Sul um legado de amargura e ódio mais violentos que os que foram produzidos por quatro anos de guerra. Conservando na memória os republicanos como partido negróide, o Sul branco, durante os cinquenta anos seguintes, votava quase unanimimente pelo Partido Democrático. Os próprios negros obtiveram da reconstrução poucas vantagens duradouras. Seu progresso constituíra o brinquedo de homens cínicos e egoístas, e, como conseqüência daquele período, foi relegado ao atraso por um tempo imprevisível.

* * *

Desde o fim da reconstrução até o último decênio do século, a política americana oferece pouco interesse. As recordações da Guerra Civil continuaram frescas, especialmente no Sul, e as paixões por ela despertadas podiam ser reanimadas a qualquer momento. Realmente, assim muitas vezes acontecera, especialmente pelo Partido Republicano, que formara o hábito de, durante as eleições, "acenar com a camisa ensangüentada" e denunciar seus oponentes democratas como rebeldes e traidores. Os problemas que originaram a guerra, porém, estavam mortos e não foram substituídos por outros. Não havia questões importantes a separar os dois partidos, não foram iniciadas orientações políticas novas e quase nenhuma medida merecedora da atenção do historiador foi registrada no Livro dos Estatutos. Também as personalidades políticas daquele tempo não eram mais excitantes que os acontecimentos em que tomaram parte. Uma sucessão de homens medíocres, embora dignos, ocupou a presidência, e a principal virtude dos seus governos foi a ausência da corrupção que fora a vergonha dos dois termos presidenciais do infortunado General Grant.

Com poucas exceções, o Congresso estava repleto de homens que um historiador chamou de "rapazes tristes e solenes".

Embora a situação política daquele período fosse insignificante, o desenvolvimento econômico fora de grande importância. Durante a vida da geração que se seguiu à Guerra Civil, o ritmo das mudanças econômicas aumentou e delinearam-se as principais características da América moderna. Entre os anos de 1860 e 1900, a população da União deu o salto de trinta e um milhões a sessenta e seis milhões. Esse aumento era devido, em parte, ao influxo sólido de emigrantes europeus, que, durante aqueles quarenta anos, totalizaram quinze milhões. As cidades cresciam rapidamente. Ricas minas de minérios foram descobertas e exploradas, provocando o crescimento de novas indústrias. Já foi observado que: "nenhuma outra geração na história da América presenciou alterações tão rápidas ou tão revolucionárias como as que transformaram a república rural de Lincoln no império urbano e industrial de McKinley e Roosevelt".

As mudanças econômicas transformaram não somente as regiões que se tornaram importantes centros industriais, mas o país como um todo. Mesmo no Sul, essa revolução estava caminhando. A modificação da agricultura sulina era inevitável, em razão da desorganização provocada pela guerra e pelo fim da escravatura. Quase todos os grandes plantadores, empobrecidos pela guerra e esmagados pelos impostos instituídos durante a reconstrução, foram compelidos a lotear suas plantações e as vender, muitas vezes por preços absurdamente baixos. Milhares de sitiantes foram assim habilitados a aumentar as suas propriedades. Número maior ainda de sulistas brancos tornou-se dono de terras pela primeira vez na vida. As antiga e vastas plantações desapareceram, dando lugar a um número infinitamente maior de sítios produzindo, na sua maioria, as mesmas safras que produziam antes da guerra. Os negros, porém, continuaram, como nos dias da escravatura, a fornecer a maior parte da mão-de-obra para o cultivo do algodão. Poucos dos libertos, por falta de capital, puderam comprar sítios ou pagar arrendamento. Isso deu início a uma novel forma de contratos de trabalho: participação nas safras. Os sitiantes forneciam a terra e o equipamento; os negros, e mais tarde brancos que não possuíam terras próprias, davam a mão-de-obra em troca de participação de um terço nas safras que produziam. Dessa maneira, a agricultura sulina reviveu lentamente. Mas decorreram vinte anos antes que as safras de algodão dos Estados ex-Confederados atingissem os níveis de 1860. Daí por diante, a expansão foi rápida e, por volta de 1900, os números de antes da guerra haviam sido mais que duplicados.

Esse período viu também o início da industrialização do Sul. A indústria têxtil, que fora muito reduzida em 1860, conseguiu recuperar-se no decorrer do tempo e expandir-se em seguida. No fim do século, o Sul, que possuía matéria-prima e mão-de-obra barata, passou a trabalhar com dois milhões de fusos e teve a coragem de desafiar a posição da Nova Inglaterra nos mercados internos. Ao mesmo tempo, a indústria de fumo florescia na Carolina do Norte e na Virgínia, ao passo que a descoberta de minas de carvão e de ferro no Tennessee e no Alabama proporcionou o incremento da indústria metalúrgica sulina. Entretanto, o Sul continuou a ser essencialmente agrícola, e o desenvolvimento da indústria sulina foi insignificante comparando-o com o do Norte.

A Guerra Civil havia dado ímpeto notável à produção do Norte. Os exércitos federais necessitavam de quantidades enormes de armas, equipamentos, roupas e calçados. Revigorados pelos contratos governamentais, os fabricantes nortistas atiraram-se à produção em massa. Além disso, a ausência dos representantes sulinos no Congresso permitiu estabelecer as Leis de Proteção que os capitalistas e industriais do Norte exigiam. Mas o auxílio assim obtido não fez mais que apressar o advento da Revolução Industrial Americana. Os Estados Unidos eram e ainda são extraordinariamente ricos em depósitos minerais. Possuíam aproximadamente dois terços dos depósitos de carvão conhecidos, quantidades imensas de ferro-gusa de alta qualidade, recursos igualmente imensos de petróleo e, no Oeste, enormes tesouros em ouro, prata e cobre. Ajudados por sua capacidade inventiva e pela aptidão de melhorar as invenções de outros, os americanos desenvolveram a capacidade de transformar suas matérias-primas em mercadorias. Adicionaram um magnífico sistema de transportes, ferroviários e por canais, que alimentava suas indústrias e facilitava o escoamento dos seus produtos. De mais a mais, a América podia recorrer aos capitais da Europa, bem como à sua mão-de-obra. A maior parte de seu capital industrial provém de capitalistas britânicos, holandeses e alemães. Grande parte dos músculos e uma boa parte do cérebro que serviu para fazer da América o que ela é foi fornecida pela numerosa imigração européia.

Favorecida por essas circunstâncias, a indústria americana progrediu rapidamente. Cada ano que passava, mostrava os índices crescentes de produção de ferro e aço da área de Pittsburg, das refinarias de petróleo em Ohio, na Pensilvânia e em outras partes, dos moinhos de trigo de Minneapolis e Sant Paul, das fábricas de conservas de carne de Chicago e Cincinnati, da indústria de calçados e têxteis da Nova Inglaterra e da indústria de bebidas de Milwaukee e Santi Louis, isso para mencionar só os maiores empreendimentos industriais da América. Em cada um desses campos, surgiram grandes capitães da indústria, dos quais os maiores foram Rockfeller na indústria petroleira e Carnegie na do aço. Com grande habilidade e energia incansável, com implacável descaso pelos concorrentes, esses homens construíram impérios financeiros que, além de lhes proporcionarem imensas fortunas, lhes conferiram poder formidável sobre a vida da comunidade. Inegavelmente, Carnegie e Rockfeller, junto com Morgan nos círculos financeiros e com Vanderbilt e Harriman no campo das ferrovias, tornaram-se figuras representativas daquela época — em contraste flagrante às figuras apagadas do cenário político. Embora tenham existido dúvidas quanto à moralidade dos métodos comerciais desses homens, o que não deixa margem alguma para dúvida é o fato de que foram eles que do caos fizeram um império industrial organizado. Levaram aos mais modestos lares os benefícios da produção em massa. Graças aos esforços desses homens, em 1900 a indústria americana havia-se concentrado em corporações gigantescas que, cada uma no seu campo, possuíam praticamente o monopólio da respectiva manufatura. O Governo Federal, muito em breve, lançaria o desafio a esse estado de coisas. Enquanto isso, os Estados Unidos haviam cessado de depender da manufatura estrangeira; pelo contrário, começaram a invadir os mercados da Europa com produtos americanos. A América vivia uma época dourada, cujos representantes característicos pareciam ser, pelo menos aos observadores europeus, os milionários americanos. Mas essa época também era de desassossego e fortes dores de crescimento. Havia muita miséria nas grandes cidades, principalmente entre os imigrantes recentes. Havia repentinos pânicos financeiros causando perdas enormes e mesmo bancarrotas; havia muitas greves que degeneravam em violências. Os operários começaram a organizar sindicatos, que, por sua vez, começaram a enfrentar os capitalistas com sua capacidade de impor exigências e condições. Esses desenvolvimentos levariam, no começo do século XX, a um período de protestos e reformas. Os ganhos conferidos pela produção em massa foram permanentes, mas levou tempo para curar os males causados durante o seu desenvolvimento. Tudo isso contribuiu para preparar um futuro vivaz, ativo e permeado de controvérsias.

CAPÍTULO IV

AMÉRICA COMO GRANDE POTÊNCIA

Enquanto a América prosseguiu no caminho para se tornar Líder das Potências Industriais, seu povo estava empenhado em completar o povoamento do continente. No começo da Guerra Civil, decorridos duzentos e cinqüenta anos de avanço para o Oeste, a divisa das terras habitadas havia alcançado *grosso modo* o meridiano 97, que atravessa Nebraska, Kansas, Oklahoma e o Texas. Entre essa divisa e as cidades costeiras do Pacífico, havia umas mil milhas de selva. Era lá que estavam as Grandes Planícies onde transitavam as tribos índias nômades e os imensos rebanhos de búfalos que forneciam aos índios o alimento, as roupas, as barracas e utensílios, enfim, tudo de que precisavam. As chuvas escassas e a falta de florestas nas Grandes Planícies fizeram-nas parecerem impróprias para a agricultura e, portanto, pouco provável de serem colonizadas. Em menos de cinqüenta anos, entretanto, uma área enorme já estava sendo habitada e a divisa natural desapareceu. Durante trinta anos, a população ao oeste do Mississipi, de cinco milhões em 1860, aumentou para quase dezoito milhões, enquanto, em diversos Estados da União, houve um acréscimo de 33 para 44. Em 1890, só faltava organizar quatro Estados, Utah, Oklahoma, Novo México e Arizona, todos admitidos na União até 1912, quando o aspecto político do país ficou completo.

A colonização branca nas Grandes Planícies teve sua origem na descoberta de metais preciosos. Em 1859, fora descoberto ouro no Pike's Peek, nas fraldas ocidentais dos Montes Rochosos. Mineiros começaram a invadir o Colorado. Quando vieram à luz novos depósitos de ouro, prata e cobre, houve uma corrida para Nevada, Arizona, Idaho e Montana e, afinal, às Montanhas Negras em Dakota do Sul. Essas migrações repentinas à procura de riquezas nem sempre criaram povoamentos duradouros, pois muitas minas duraram pouco tempo. Quando o rendimento dos minérios preciosos diminuía, toda a população de mineiros mudava-se para outro local, deixando no lugar cidades-fantasmas marcando o sítio das "cavações". Mas, apressando a organização política de ouro e prata ajudou muito o aproveitamento das Grandes Planícies.

Eram, realmente, as ferrovias, mais que qualquer outro fator, que facilitaram a colonização das Planícies. Aquela fora a grande época americana das construções ferroviárias. No fim da guerra civil, os Estados Unidos possuíam cerca de trinta e cinco mil milhas de ferrovias, mas, em menos de dez anos, esses números foram duplicados e, por volta de 1890, dobraram de novo. Os feitos mais prodigiosos foram as construções de diversas estradas de ferro transcontinentais. A primeira a cruzar o continente foi completada em maio de 1869, quando, em Utah, foi efetuada a ligação dos trilhos de Union Pacifc, que, partindo de Iowa, corria para o Oeste, e da Central Pacific, que, partindo da Califórnia, estendia seus trilhos para o Leste. Para financiar esse projeto, o Congresso havia concedido àquelas duas companhias milhões de acres de terras devolutas, método que já fora aplicado em outras partes. Para o fim do século, mais três rotas transcontinentais foram adicionadas e outras linhas grandes haviam contribuído para tornar o país acessível. Muitas companhias ferroviárias contribuíram diretamente para a colonização do Oeste, pois compreendiam que suas empresas dificilmente seriam lucrativas enquanto as terras de ambos os lados das vias não fossem habitadas. Campanha extensa de popularização do Oeste foi lançada tanto nos Estados orientais da América como na Europa. O transporte sendo barato e as terras podendo ser compradas a crédito, milhares de colonos foram levados a procurar novos lares nas Grandes Planícies.

Emigrantes que partiam para o Oeste também podiam comprar terra por preços muito baratos dos governos dos respectivos Estados, pois cada um deles havia recebido do Governo Federal grandes áreas dos domínios públicos. A Lei do Lar Próprio facilitava mesmo a obtenção gratuita de terras, pois concedia cento e sessenta acres de terras públicas a qualquer adulto branco que se comprometesse a se estabelecer naquele lote. Embora existisse naquela lei uma falha que facilitava aos especuladores tirarem proveito da situação, essa medida possibilitou a muitos colonos obterem fazendas de graça. Em 1890, calculava-se que mais de um milhão de homens se estabeleceriam dessa maneira, a maioria deles no ocidente do Mississipi.

A colonização do Oeste só podia ser realizada caso fosse removida a barreira formada pelos índios. Já na época da Guerra Civil, o índio havia sido obrigado a retroceder, impelido pelo avanço dos brancos, através da metade do continente. Agora, quando o Pele Vermelha foi expelido do seu derradeiro refúgio, mais um capítulo trágico foi acrescentado à sua história. Vendo seus campos de caça, toda a sua existência, ameaçados pela avalanche da civilização, as tribos nômades das Grandes Planícies foram obrigadas a resistir aos invasores com determinação e selvageria. Desde os sioux e os crows no norte até os comanches e apaches no sul, essas tribos guerreiras eram cavaleiros magníficos e lutadores corajosos. Seus arcos e flechas eram muito mais efetivos que os mosquetes carregados pela boca com que as tropas federais foram inicialmente armadas. Sua derrota final, entretanto, era inevitável. A introdução do fuzil de repetição Winchester e do revólver Colt deu aos brancos a supremacia em armas, aliando a essa supremacia a organização, o maior número e a estratégia que já possuíam. Mas o golpe fatal foi a devastação dos rebanhos de búfalos efetuada principalmente por caçadores profissionais que agiam por conta dos curtumes do Leste. Em princípio do decênio de 1870, de dois a três milhões de búfalos estavam sendo sacrificados anualmente para se obter os seus couros. Dez anos depois, uma expedição organizada por um museu, enviada para encontrar espécimes, só pôde encontrar duzentas cabeças em todo o Oeste. O índio das Planícies dependia do búfalo não somente para se alimentar, mas para uma grande variedade de outras coisas, desde roupas até combustível. Quando o búfalo foi virtualmente exterminado, a vida nômade tornou-se impossível. Os índios tiveram que sujeitar-se aos planos do Governo e deixar-se levar para reservas.

Ainda faltava encontrar meios de tornar rendosa a agricultura no Oeste semi-árido. Primeiro, o minerador foi seguido pelo criador, e não pelo agricultor. Durante vinte anos depois da Guerra Civil, o criador usava as Grandes Planícies como pasto para o seu gado em toda a extensão entre o Texas e o Meio-Oeste. Embora o percurso passasse por territórios habitados por índios hostis que freqüentemente faziam estourar as boiadas, vastos rebanhos eram levados anualmente das pastagens no sudoeste para os centros pecuários de Kansas e de Nebraska. Em seguida, após a engorda, o gado era embarcado para os currais e fábricas de conservas da cidade de Kansas ou de Chicago. O agricultor mantinha-se ainda afastado das Grandes Planícies. Nesses extensos capinzais, havia poucas árvores e, portanto, pouco material para a construção de casas, celeiros e cercas. Mais sério ainda era que o índice das chuvas entre o meridiano 98 e as Montanhas Rochosas se mantinha geralmente abaixo do índice de 20", que é o mínimo exigido para a agricultura.

A ciência ocupou-se do problema. Desenvolveu-se a técnica conhecida pelo termo agricultura a seco. Aragem profunda afofava as terras o suficiente para permitir que a água do subsolo chegasse à superfície; gradeamento freqüente evitava a evaporação. Novas qualidades de trigo importadas da Rússia resistiam às secas e à doença da ferrugem, comum nas Planícies. Mas foi a indústria em massa que tornou realmente possível a agricultura. Grande sortimento de máquinas e ferramentas mecânicas, tais como cegadoras, colhedeiras, debulhadeiras e tipos especiais de arados permitiram ao fazendeiro do Oeste cultivar trechos suficientemente grandes para compensar a baixa produção por área cultivada. A invenção do arame farpado impossibilitou o trânsito das grandes boiadas, mas resolveu o problema das cercas.

Durante o último quarto do século, um extenso número de emigrantes veio para as Grandes Planícies. Em 1890, a "fronteira" que oficialmente significava uma região habitada por mais de dois, mais ou menos seis habitantes por milha quadrada, havia desaparecido. O superintendente do censo explicou que a área não habitada anteriormente "foi invadida por grupos isolados de habitantes, de maneira que já não se pode designá-la como linha de fronteira". A colonização iniciada em Jamestown, na Virgínia, havia quase três séculos, fora completada. Até então, a fronteira tinha sido a válvula de segurança da América. Por meio dela, escapavam as ambições ardentes e os espíritos irrequietos e atrevidos. Agora, a válvula de segurança foi fechada, e os problemas, bem como as pressões, produzidos pelo crescimento interno dos Estados Unidos foram grandemente intensificados.

* * *

A política da América, dormente desde a "Reconstrução", acordou de repente. O despertador, no caso, foi o Populismo. Esse movimento teve seu início no descontentamento profundo dos agricultores e teve desenvolvimento muito rápido. Alcançou-se um clímax em 1896, quando os Populistas, já então aliados ao Partido Democrático, fizeram um esforço supremo nas eleições. A campanha presidencial daquele ano foi uma das mais violentas e espetaculares da história da América. As disputas concentraram-se num único problema: se deveria haver moedas correntes de ouro e prata ou se haveria monometalismo contra bimetalismo. Essa luta ficou conhecida como a Batalha dos Padrões e não era outra coisa senão uma tentativa apaixonada dos interesses agrícolas em arrancar o Governo Federal da influência dos financistas e industriais que o controlavam desde o fim da Guerra Civil.

A agricultura, como todas as outras manifestações da vida da América, desenvolvera-se de maneira fabulosa desde a Guerra Civil. No período de quarenta anos, o número de fazendas e de áreas cultivadas triplicara. A produção de trigo, centeio, algodão e outros produtos cresceu proporcionalmente. Mas também a vida do agricultor tornou-se mais difícil. A produção crescia, ao passo que os preços obtidos pelo produtor diminuíam constantemente. Ao mesmo tempo, o custo da produção aumentava, e muitos fazendeiros lutavam com dificuldades. Muitos passavam a ser arrendatários; proliferavam as hipotecas.

Havia diversos motivos para esse declínio. Em algumas áreas, especialmente no Velho Sul e no Meio-Oeste, o solo foi exaurido pelos métodos destrutivos da cultura. Em outras partes, como nas Grandes

Planícies, o fazendeiro tinha que enfrentar os perigos inerentes à natureza, mas isso eram dificuldades que estava habituado a sofrer, e a explicação real da sua luta achava-se em outra parte. Apesar do aumento da população, do crescimento das cidades, da enorme procura de alimentos, sempre se produzia demais. O Canadá, a América do Sul e a Austrália achavam-se todos no estágio da alta produção agrícola e competiam com o fazendeiro americano no mercado mundial. Dentro do seu país, porém, ele era obrigado a comprar o seu equipamento e outras necessidades da vida num mercado protegido. A orientação alfandegária do Governo Federal e o poderio dos monopólios e trustes mantinham os preços das mercadorias manufaturadas de que ele necessitava em alta artificial. Era explorado não somente pelos manufatureiros, como também pelas companhias de estradas de ferro. O agricultor do Oeste dependia de uma só ferrovia, e obrigavam-no a pagar pelos prejuízos que as companhias sofriam transportando cargas da indústria. Os fretes para os produtos agrícolas eram tão esmagadores que tempo houve em que se tornava mais barato usar trigo como combustível do que vendê-lo. Isso e outros métodos das estradas de ferro produziam crescente ressentimento. Afinal, e isso era o fardo mais pesado, o alto custo do dinheiro pesava enormemente numa classe que consistia, na sua maioria, de devedores. Necessitava-se de produção cada vez maior para pagar pela mesma importância de dinheiro. O sistema bancário do Oeste era inadequado e, assim, o fazendeiro via-se obrigado a emprestar de financistas do Leste, cujas taxas de juros variavam entre 8 e 20 por cento. Suas queixas foram agravadas pela política deflacionária do Governo Federal. Numa época de expansão econômica sem precedentes, o Governo, atendendo aos interesses comerciais que desejavam estabilidade monetária, resolveu reduzir o dinheiro em circulação, deixando de cunhar moedas de prata e retirando da circulação parte do papel-moeda emitido durante a Guerra Civil.

Tal negligência pelos interesses dos agricultores por parte do Governo Federal é de estranhar, pois eles representavam a metade da população da América. Mas estavam politicamente desunidos e, além disso, havia um precipício separando o povo do Oeste do povo do Sul, pois ainda persistia a animosidade criada pela Guerra Civil. O Sul era quase exclusivamente democrata, e a maioria do Oeste, republicana. Enquanto os problemas agrários não pudessem ser isolados dos outros problemas políticos, haveria pouca esperança de que os fazendeiros pudessem obter do Governo Federal qualquer atenção para suas exigências. Somente formando organização própria em base de "grande negócio", como os operários já o haviam feito, poderiam salvar-se de serem explorados por grupos econômicos mais possantes. Assim, começaram a crescer organizações de fazendeiros de âmbito nacional. A primeira dessas, uma ordem chamada os "Patrocinadores da Economia", ou popularmente conhecida como os "Granjeiros", foi estabelecida em 1867. Durante alguns anos, contaram com poucos associados. Mas, após a depressão de 1873, o movimento ganhou terreno rapidamente. Dois anos depois, "Granjas" foram estabelecidas em quase todos os Estados; havia vinte mil filiais e oitocentos mil associados. Nessa altura, o movimento perdera o seu caráter puramente social, como era no começo. Em muitos Estados, as "Granjas" mantinham cooperativas que vendiam os produtos e compravam mercadorias manufaturadas. Havia a esperança de reduzir os lucros dos intermediários, organizando indústrias de laticínios na base de cooperativismo, silos para cereais, armazens, agências de financiamento e indústrias. Em muitos Estados, as "granjas" desenvolveram organizações políticas autônomas, e, no Vale Superior do Mississipi, surgiram partidos agrícolas de várias denominações. Tudo isso pode parecer muito afastado das regiões da alta política, mas acontece que a América foi o primeiro país a mostrar abertamente, nos seus negócios internos, que grandes decisões de uma nação devem depender da coordenação e do acasalamento dos pequenos problemas locais. Quando ganharam influência em algumas legislaturas estatais, foram proclamadas leis que se destinavam a reduzir os abusos das estradas de ferro. Mas essas assim chamadas "Leis de Granjeiro" não foram muito eficientes; verificou-se que era impossível redigir regulamentos que as estradas de ferro não pudessem contornar. Era difícil conseguir que fossem obedecidas, porque o judiciário simpatizava com as estradas de ferro, e, em 1880, uma série de acordãos da Corte Suprema reduziu grandemente os poderes dos Estados no tocante a instituir regulamentos.

A "Granja" declinou rapidamente quando melhoraram as condições agrícolas, em fins de 1870. Assim terminou em fracasso a primeira tentativa da unificação dos agricultores. Quando os maus tempos voltaram, o que não demorou a acontecer, apareceram novas organizações, conhecidas pelo nome de Alianças Agrícolas; apareceram primeiro no Noroeste e no Sul. As Alianças seguiram quase as mesmas diretrizes sociais e econômicas da "Granja"; de fato, aquela organização servira-lhes de modelo. A diferença entre as Alianças e a "Granja" era que desde o começo as primeiras adotaram um programa político que exigia redução das taxas aduaneiras, da inflação da moeda corrente, e a regulamentação, mais estrita das estradas de ferro. No decorrer do tempo, o caráter político do movimento tornou-se mais aparente, até que, finalmente, nasceu o Populismo.

A erupção do Populismo foi conseqüência da penosa depressão agrícola que, começando em 1887, continuou a ganhar intensidade. Secas causaram más colheitas. Seguiu-se a execução em massa de hipotecas e a bancarrota de grande parte da comunidade agrícola. Desde que os agricultores viram claramente que nada podiam esperar dos dois partidos principais, o movimento da Aliança espalhou-se largamente e transformou-se em Populismo.

Embora devendo sua origem, bem como a maior parte dos correligionários, ao descontentamento dos agricultores, o Partido Populista chegou a incluir muitos outros grupos. O sindicato trabalhista militante, conhecido sob o nome de Cavaleiros do Trabalho, sobreviventes de organizações políticas de curta duração como os Greenback e Partido Trabalhista da União, bem como uma hoste de fanáticos que abrangia uma multidão entre sufragistas até os defensores do imposto único, todos aderiram. Esses grupos trouxeram ao movimento uns tantos valentões, mas os próprios fazendeiros forneceram ao Populismo um bom número de figuras pitorescas e excêntricas. Desde Bentilman, da Carolina do Sul, cujo apelido era "Garfo de Estrume", e Jerry Simpson, do Kansas, que ostentava o apelido de "Sócrates sem Meias", até a "revivalista" Maria Helena Lease, que aconselhava os agricultores das Planícies a plantar menos trigo e a fazer mais barulho, os líderes da revolta populista eram de uma qualidade que a política da América ainda não havia encontrado.

Os Populistas conseguiram triunfos espetaculares nas eleições estudais de 1890 e alimentavam, pois, altas esperanças para o pleito presidencial, a se realizar dali a dois anos. O candidato deles era Jaime B. Weaver, ex-líder do já não existente partido Greenback. Apesar de todas as dificuldades por que passavam, todavia, muitos agricultores relutaram em abandonar os partidos políticos aos quais tradicionalmente dedicavam lealdade. Embora Weaver reunisse um milhão de votos, o candidato democrata, Grover Cleveland, ganhou por pouca margem do seu rival republicano Benjamin Harrison.

Cleveland já fora Presidente de 1885 a 1889. No que tivera início o segundo termo desse exercício, sobreveio um desastre econômico. Pânico financeiro provocou uma série de falências e um desemprego enorme nas grandes cidades. Houve uma erupção de greves violentas e uma nova baixa nos preços agrícolas. Cleveland não achava meios para sustar a represão e o descontentamento alastrou-se entre seus correligionários. Muitos não concordavam com a sua orientação referente aos direitos alfandegários, nem tampouco com o emprego de tropas federais, que ordenara para sufocar a grande greve Pullman em Chicago, deflagrada em 1894 e que havia imobilizado a metade das ferrovias no páis. Foi, todavia, sua recusa de seguir a política inflacionária que levou democratas desesperados a ingressarem nas fileiras populistas. O erro do Presidente, na opinião dos inflacionistas, foi o uso da patronagem para forçar a recusa da Lei da Compra de Prata, de 1890, medida proposta para dobrar a quantidade da prata a ser cunhada e, assim, aumentando o volume da circulação, melhorar os preços agrícolas. Os bimetalistas afirmavam ter sido provado que a lei não tivera alcance suficiente, e que o único remédio seria a cunhagem livre e ilimitada da prata. Por seu turno, Cleveland achava que a lei provocou o pânico de 1893 e que, portanto, deveria-se optar pelo padrão ouro.

O uso ilimitado da prata já fora discutido alguns anos antes, mas a anulação da Lei da Compra de Prata deu-lhe nova proeminência. No decorrer dos anos de 1893 e 1896, essa disputa chegou a fazer todas as outras parecerem sem importância. Como já vimos antes, os agricultores de longa data desejavam a inflação, considerando-a remédio único capaz de solucionar a questão dos preços agrícolas. Alguns deles haviam, antigamente, encetado alianças com o Partido Greenback, pois ele havia prometido provocar a inflação imprimindo mais papel-moeda. Agora, o grupo agrário esperava reintegrar a prosperidade transformando em moedas toda a prata que pudesse ser extraída das minas. O alto comércio afirmava ser isso o caminho seguro para a bancarrota, pois afirmavam ser mais fácil provocar a inflação que fazê-la terminar. Parecia-lhe indispensável manter o padrão-ouro para assegurar estabilidade. O próximo pleito presidencial foi, pois, disputado com base na questão de dinheiro barato.

De início, havia dúvida se os Populistas deveriam apresentar candidato próprio ou apoiar o candidato democrata. Chegou-se a uma decisão, porém, quando foi realizada a convenção democrática em Chicago, em julho de 1896. Os defensores do dinheiro barato controlavam a maquinaria do partido, e a Covenção adotou a plataforma da "prata livre" e nomeou como candidato Guilherme Gennings Bryan, de Nebrasca. O discurso de Bryan, sob o título "cruz de ouro", continha ataque apaixonado contra os que apoiavam o padrão-ouro e estava destinado a se tornar um dos mais famosos exemplos de oratória na história da América. Os Populistas, satisfeitos com essa orientação e com tal candidato, apoiaram Bryan. Embora não abandonassem inteiramente os planos para uma campanha em separado, cerraram fileiras com os democratas na marcha contra o candidato republicano, Guilherme G. McKinley, defensor do padrão-ouro. Bryan tinha que vencer desvantagens formidáveis. Seu próprio partido achava-se dividido, e, contra ele, entraram em campo a imprensa, o mundo do comércio e, das finanças. Iniciou campanha extenuante e fez o uso máximo possível da sua capacidade retórica, mas os seus esforços de nada valeram. McKinley, embora ficasse em casa durante toda a campanha, ganhou por margem que ultrapassava quinhentos mil votos.

Tendo apostado tudo na eleição de Bryan, os Populistas acharam difícil reorganizarem-se uma vez derrotados. Embora o movimento populista não fosse dissolvido senão muito tempo depois, o começo de seu declínio foi naquela ocasião. A maioria das medidas que os Populistas defendiam foi adotada por novos movimentos reformistas surgidos no século XX e quase foram transformadas em leis. "Prata Livre" nunca foi conseguida, mas os agricultores alcançaram seus objetivos por outro caminho. A descoberta de novas minas de ouro no Klondike e na África do Sul aumentou muito as reservas mundiais de ouro nos últimos anos do século XIX. O volume do dinheiro em circulação aumentou e quando, em 1900, o Congresso promulgou a Lei da Moeda Corrente, colocando os Estados Unidos no padrão-ouvo, essa medida não suscitou quase nenhuma oposição — as agitações da prata estavam quase esquecidas.

* * *

Quando Bryan foi novamente derrotado por McKinley ao candidatar-se pela segunda vez ao alto cargo presidencial, não havia nem sinal das paixões desencadeadas no pleito disputado quatro anos antes. Os problemas internos nem chegaram a ser discutidos, os olhos da América fixavam horizontes mais largos, pois, durante o período decorrido entre essas eleições, os Estados Unidos haviam começado a desempenhar nos negócios mundiais papel condizente com seu poderio.

Desde a queda de Napoleão, o povo dos Estados Unidos estivera tão entretido em organizar o seu continente e em explorar seus recursos naturais que os negócios estrangeiros pouco se lhes davam. Agora, completada a organização interna e achando-se sob controle a obra do desenvolvimento econômico, passaram a procurar novos campos de trabalho. Em 1890, idéias imperialistas tomaram conta de todas as Potências Industriais. Especialmente a Grã-Bretanha, a Alemanha e a França estavam interessadas em adquirir novas colônias e novos mercados. Esse exemplo dado pela Europa não deixou de ter sua influência sobre a América. Por essas e mais outras razões, desenvolveu-se vigoroso espírito de autodeterminação que veio à tona pela primeira vez durante a disputa surgida entre a Grã-Bretanha e a Venezuela por questão de fronteiras, em 1895.

Desde a Guerra Civil, as relações entre a América e a Grã-Bretanha estiveram decididamente frias. Embora o Governo de Gladstone tivesse resolvido a disputa suscitada pelo "caso do Alabama", as simpatias que a Grã-Bretanha havia demonstrado pelo Sul deixaram sua marca na União. Os dois países andavam às turras por causa de alterações acerca de questões por vezes mesquinhas, como a pesca de focas no Mar de Behring, os direitos dos pescadores americanos nas águas do Canadá, a interpretação do Tratado Clayton-Bulver de 1850 que se referia ao projeto da construção do Canal do Panamá. Todas essas disputas tornaram-se insignificantes ao lado da questão surgida em torno das fronteiras da Venezuela. Durante muito tempo, as fronteiras dessa república sul-americana e da Guiana Britânica permaneceram mal definidas, e, embora os Estados Unidos tivessem oferecido seus bons ofícios, a Grã-Bretanha sempre os recusara. Durante o verão de 1895, a Secretaria de Estado dos Estados Unidos tomou mais uma vez a iniciativa, enviando uma nota que o Presidente Cleveland descreveu como sendo "nota de calibre de vinte polegadas". A Grã-Bretanha foi acusada de violar a Doutrina Monroe e foi intimada a dar resposta definitiva se aceitava ou não arbitragem.

Lorde Salisbury tratou de protelar, aguardando abrandamento das paixões. Enviou resposta aos Estados Unidos em dezembro, recusando arbitragem e dizendo ao governo da América que a Doutrina Monroe estava errada. Diante dessa resposta Cleveland enviou ao Congresso uma mensagem, declarando que os Estados Unidos determinariam as fronteiras de maneira independente e que obrigariam os litigantes a aceitar essa decisão.

Por alguns dias, pareceu possível, e até iminente, houvesse guerra com a Grã-Bretanha.* Entretanto, o primeiro entusiasmo patriótico na América foi substituído por sentimentos mais ponderados. A opinião pública na Grã-Bretanha havia reagido com menos violência. Quando a crise estava no ponto culminante, chegaram notícias do telegrama enviado pelo Kaiser ao Presidente da África do Sul, Krueger, congratulando-se com ele pela vitória obtida ao rechaçar a incursão de Jameson. Essas perplexidades do Império, que serão relatadas num outro capítulo, distraíram a atenção em Londres. A fúria da Grã-Bretanha foi desviada da América e dirigiu-se contra a Alemanha. Preocupado com a Europa e a África do Sul, o Governo da Grã-Bretanha não quis nem pensar em brigar com os Estados Unidos e concordou com a arbitragem. O tribunal concedeu a maior parte das pretensões da Grã-Bretanha. Seguiu-se um período de constante estreitamento das relações anglo-americanas, motivado pelo fato de a Grã-Bretanha ficar preocupada com o isolamento em que se encontrava. O crescente alarme motivado pela expansão naval

---

* *Nota do autor:* Naquela ocasião, eu regressava de uma visita que fizera a Cuba via Estados Unidos. Lembro, nitidamente, que, observando os navios próximos à costa da Inglaterra, fiquei matutando sobre qual deles haveria de servir como transporte de tropas para nos levar ao Canadá.

da Alemanha fez com que a Grã-Bretanha enviasse passos de namoro que os Estados Unidos não hesitaram em aceitar.

Não era possível conter por muito tempo o orgulho exuberante dos americanos e este encontrou sua válvula de escape na revolta cubana contra o domínio espanhol. Desde o início da revolta, que se deu em 1895, a opinião pública dos Estados Unidos simpatizou com a luta dos revoltosos por sua independência. Houve alteração dos ânimos perante relatos de atrocidades cometidas pelos espanhóis. Verberava-se de maneira veemente contra a orientação do General Weyler, que arrebanhava civis em campos de concentração, onde morriam aos milhares, ceifados por doenças. Dois jornais rivais de Nova York primaram em apresentar essas atrocidades de maneira sensacional e exagerada, o que levou a ser exigida a intervenção dos Estados Unidos.

Os gritos populares exigindo guerra contra a Espanha chegaram ao clímax em 1898. Em fevereiro enviaram ao porto de Havana o cruzador Maine a fim de proteger os residentes americanos e as propriedades de cidadãos dos Estados Unidos. O cruzador bateu numa mina, explodiu e quase toda a tripulação pereceu. Diante disso, o governo da Espanha apressou-se a fazer concessões ao governo dos Estados Unidos, e, inicialmente, o Presidente McKinley mostrou-se disposto a aceitá-las. Mas não pôde resistir à indignação pública e, no dia 11 de abril, foi declarada a guerra.

O conflito durou apenas dez semanas e foi marcado por uma sucessão de vitórias decisivas dos Estados Unidos. Embora houvesse muitas queixas da incompetência do Departamento da Guerra e do fraco desempenho do comando na frente da batalha, o corpo expedicionário dos Estados Unidos ganhou uma série de rápidas batalhas, que obrigaram as tropas espanholas a capitularem na ilha de Cuba. Nas ações marítimas, o Comodoro Dewey imobilizou a frota espanhola dando-lhe combate na enseada de Manilha no dia 1º de maio. O esquadrão do Mar das Caraíbas da Frota da Espanha foi afundado ao largo de Santiago, porto cubano. Em agosto, a Espanha pediu a paz e, em dezembro, foi assinado um tratado em Paris, segundo o qual Cuba se tornou independente. Os Estados Unidos receberam Puerto Rico, Guam e as Filipinas.

Tudo isso contribuiu muito para cicatrizar as feridas da Guerra Civil. Sob o efeito da onda de patriotismo, que varreu os Estados Unidos, tanto o nortista como o sulista sentiu orgulho pelos sucessos alcançados pela pátria comum. Jovens de ambas as regiões correram para participar da força expedicionária e lutaram ombro a ombro pela conquista da colina de San Juan. O famoso líder da cavalaria confederada, Joe Wheeler exclamou que uma só batalha disputada sob a bandeira da União valia quinze anos de vida. Essa aventura também provou que o povo dos Estados Unidos estava perfeitamente cônscio da sua importância como Potência Mundial. Seu papel colonial foi reforçado no decorrer dos anos de 1898 a 1900, época em que, além do território arrancado da Espanha, os Estados Unidos adquiriram soberania também sobre o Havai, parte da Samoa e da ilha, ainda vaga, de Wake no Pacífico. Embora ainda não abandonasse a atitude do isolamento, a América já não se preocupava tanto com os negócios domésticos. Começou a desempenhar papel importante nos negócios internacionais. O conflito com a Espanha reforçou os laços da amizade anglo-americana, pois a Grã-Bretanha foi o único país da Europa que simpatizou com os Estados Unidos durante aquela guerra. Os americanos souberam apreciar aquela atitude e, ao findar o século XIX, estavam estabelecidas as bases para uma cooperação mais estreita entre os dois povos ao encararem os problemas mundiais. Devemos abandonar agora a visão das perspectivas brilhantes que se estendiam perante os Estados Unidos e dedicar a nossa atenção à vida partidária inglesa a se desenrolar em Westminster.

CAPÍTULO V

AUTORIDADE DOMÉSTICA PARA A IRLANDA

Ao tornar-se Primeiro-Ministro pela segunda vez, em 1880, Gladstone não tivera a situação confortável que desfrutara doze anos antes. Naquela ocasião, apoiado por um Gabinete enérgico e por um partido unido, presidira à realização de uma série de importantes reformas. Esperava-se que se desempenhasse de maneira brilhante, pois obtivera sobre os Conservadores, seus oponentes, maioria parlamentar de cento e trinta e sete assentos. Quase ao se iniciarem as sessões do Parlamento, o orador da Câmara observou que a Gladstone cabia "dirigir uma atrelagem difícil de governar". Os acontecimentos comprovariam essa profecia. Poucos exercícios tiveram início mais esperançoso e nenhum causara tantas decepções ao findar.

A causa principal foi a composição do Partido Liberal. Por muito tempo, orgulhara-se da força oriunda da sua diversidade, mas começaram a aparecer provas de que as diferenças existentes entre os "whigs" e os radicais, entre a Direita e a Esquerda, não podiam ser conciliadas. Durante o primeiro exercício de Gladstone, houvera poucas disputas. Agora, porém, a ala dos "whigs" tradicionalistas achava que as reformas já haviam avançado o suficiente, e o próprio Gladstone simpatizava com essa opinião. Não gostava dos métodos partidários dos radicais e escarnecia dos seus programas de reforma sociais e econômicas. "Sua idéia predileta", escrevera Gladstone, "é o que chamam de construção, quer dizer, que o Estado chame a si as obrigações que competem aos cidadãos individualmente". Também achava que os "whigs" eram companheiros melhores que os radicais que ora surgiam, como exemplo, José Chamberlain. Homens como o Ministro do Exterior, Lorde Granville, foram seus amigos e correligionários durante muitos anos, e Gladstone nunca perdera a convicção de que os líderes naturais da causa liberal eram os componentes do círculo restrito dos aristocratas cultos, cuja independência financeira lhes permitia dedicarem-se à política.

Ao formar o seu Gabinete teve que conciliar esses mesmos "whigs". O Marquês de Hartington, que chefiara o Partido no Parlamento durante o afastamento do chefe, nunca se sentira bem em relação aos ataques de Gladstone contra a política do Extremo Oriente de Disraeli. Hartington e seus amigos sentiam-se inquietos, não sabendo quais seriam os rumos em que caminhariam as energias e os raciocínios do Primeiro-Ministro. Ao ser organizado o Gabinete, só um radical foi admitido, José Chamberlain, e ainda lhe confiaram um cargo considerado naquele tempo de pouca importância: a Presidência da Junta do Comércio. Foi o primeiro erro sério de Gladstone. Não somente um Gabinete "whig" estava profundamente deslocado numa época em que o Partido Liberal caminhava a passos largos para o Radicalismo, mas seu líder entraria dentro em breve em conflito com seus colegas ao se tratar de problemas importantes, tais como as questões políticas, problemas imperiais, relações com o exterior e, principalmente, tudo que se relacionasse com a Irlanda. Um Gabinete que trazia no seu seio diferenças de opiniões tão profundas dificilmente poderia ser instrumento eficiente de governança. João Morley, que escrevera a biografia de Gladstone, disse que o Gabinete não era apenas uma coalizão, mas "uma coalizão daquele tipo vexatório em que os elementos discordantes achavam tanto prazer nas disputas como nas soluções harmoniosas". Acima disso tudo, pairava o vulto do "Grande, Velho Homem", como já o chamavam ao atingir a idade de setenta e um anos. Nessa idade sua força e energia estavam em pleno viço, suas paixões e entusiasmos tornavam-se mais intensos à medida que os anos passavam. Sua personalidade era muito maior que a dos seus colegas.

Quando não estava junto com o Gabinete, parecia, como escrevera um dos colegas, "que deixara a nós, camundongos, sem o gato".

Mas não eram só os liberais, ou melhor, os "whigs", que enfrentavam preocupações e ansiedades. Chocados pelo ímpeto da democracia e por sua ameaça aos interesses tradicionais, os "tories" começaram a esquecer as aulas que Disraeli tanto se esforçara em lhes ministrar. O líder dos "tories" na Câmara dos Comuns era Sir Stafford Northcote, que já fora secretário particular de Gladstone e que ainda revenciava o grande homem. Os seus companheiros de bancada, assustados pelo advento do sufrágio universal, agarravam-se desesperadamente aos métodos, aos ideais e à timidez da sua juventude. Na brecha, apareceu um grupo pequeno, mas extremamente hábil, cujas proezas na guerrilha parlamentar foram raramente igualadas. Era o assim chamado "Quarto Partido" — Lorde Randolfo Churchill, A. J. Balfour, Sir Henrique Drummond Wolff e João Gorst. Importunavam e afrontavam Gladstone sem piedade e sem respeito; Lorde Randofo, entretanto, que aliás em pouco tempo ganhou considerável proeminência, reservava suas críticas mais acerbas aos líderes do seu próprio campo. Acusava-os numa carta dirigida ao jornal *The Times* de "perderem uma série de oportunidades, serem pusilânimes, possuírem combatividade em ocasiões inoportunas, serem vacilantes, recearem a responsabilidade, praticarem a repressão contra os companheiros que trabalham, pactuarem com o Governo, correrem atrás de coalizões, serem ciumentos, faltar-lhes capacidade de percepção? Suas denúncias não paravam nos limites do Parlamento. Estabelecera o mote "Confiem no Povo" e, utilizando-se do rótulo "Democracia Tory" passava por cima das cabeças do partido e dirigia-se diretamente ao povo. O seu sucesso foi tão dramático que sua influência logo igualou à de Salisbury.

Aqueles foram aos estranhos, anos de disputas partidárias. A avalanche das forças novas, do Radicalismo e da Democracia "tory", embaralhavam o tradicional sistema parlamentar. Os problemas eram confusos e atravessavam as fronteiras entre os partidos. Os conflitos eram ferozes, mas muitas vezes prejudicavam tanto os inimigos como os amigos. Chamberlain e Lorde Randolfo, embora muitas vezes discordassem amargamente, tinham mais em comum entre si que com os seus respectivos líderes. A confusão não se resolveria enquanto Gladstone, usando o problema do autogoverno da Irlanda como machado, não dividisse o mundo político em duas partes distintas, forçando-as a se pronunciarem claramente acerca desse magno assunto.

* * *

Era uma queixa comum entre os liberais que, sempre ao sucederem aos "tories" no Governo, cabia-lhes como herança uma série de complicações decorrentes da situação do Império, e que os envolviam em situações odiosas aos seus sentimentos antiimperialistas. Assim foi em 1880. Uma das primeiras dificuldades surgiu na África do Sul. Ali, a República Boer do Transvaal há muito tempo estava sob ameaça interna da insolvência e de desordens, ao passo que externamente pairava o perigo do reino guerreiro dos zulus, estabelecido na sua fronteira oriental. Para salvar a República da bancarrota e da possível dissolução, o Governo de Disraeli anexou-a, medida que inicialmente não provocou senão minguados protestos. Disraeli previu uma união de todos os núcleos brancos da África do Sul numa Confederação autônoma, semelhante ao Canadá, mas os tempos ainda não estavam maduros. Entre os Boers do Transvaal ressurgira o desejo ardente da independência, e não aguardavam senão uma oportunidade para se livrarem do jugo da Grã-Bretanha. Tão logo as armas britânicas haviam subjugado os zulus em 1879, os Boers sentiram-se aptos a aproveitarem a ocasião. Talvez tivesse sido natural que esperassem a concessão da liberdade pelo Governo Liberal. Gladstone havia protestado contra a anexação do Transvaal, mas poderosa parte de seu Partido nutria mais simpatias pelos indígenas africanos que pelos Boers. Pessoalmente, Gladstone achava que a federalização constituía solução única do enigma sul-africano e recusou-se a efetuar quaisquer modificações imediatas. Os Boers revoltaram-se em 1880 e, no local chamado Majuba Hill, retalharam um destacamento de tropas britânicas. Na África do Sul, havia contingentes suficientes para esmagar os Boers, mas Gladstone recusou-se a dar ouvidos aos brados que exigiam vingança e continuou com as negociações já entabuladas antes do massacre. O resultado foi a Convenção da Pretória, assinada em 1881 que, sendo alterada em 1884, praticamente concedia independência ao Transvaal. Essa aplicação dos princípios liberais facilitou o início do poderio dos Boers na África do Sul. Não houvesse dois contratempos, todo o futuro poderia ter sido harmonioso. Grandes campos auríferos foram descobertos no Rand, e numerosa, barulhenta turba cosmopolita de mineradores implantou-se bem no meio da República agrícola dos Boers. Enquanto isso, Cecílio Rhodes, na Cidade do Cabo, entrou na arena política resolvido a criar vasto domínio que abraçasse toda a África do Sul. Esse homem possuía a energia que muitas vezes faz com que sonhos se realizem. Desses acontecimentos surgiram conseqüências que ainda não chegaram a uma solução.

* * *

Como Gladstone havia previsto na ocasião em que Disraeli comprara as ações da Companhia de Suez, embora essa transação tivesse sido brilhante golpe, trouxera em sua esteira todos os problemas egípcios. Quando Gladstone assumiu a pasta, o Egito estava sob o controle anglo-francês, embora estivesse governado nominalmente pelo Khedive. A venda das ações só temporariamente salvou o Khedive da bancarrota. Decorrido curto lapso de tempo, foi preciso nomear comissionários da dívida anglo-francesa, que tiveram que cuidar da dívida e de muitas outras coisas. O comissionário britânico foi Evelyn Baring, mais tarde nobilitado como Lorde Cromer, um dos maiores procônsules do Império. Com uma interrupção única, havia de presidir aos destinos do Egito durante trinta anos. Em fins de 1881, o controle anglo-francês viria a ser despedaçado por uma revolução nacionalista chefiada pelo Coronel Arabi Pasha. A revolução teve o apoio do exército e espalhou-se rapidamente por todo o país. Em vão, Gladstone tentou aplicar os princípios da Cooperação Européia. Transtorno repentino na política interna da França obrigou-a a permanecer inativa, enquanto as outras potências se mantinham afastadas. No dia 11 de junho, no decorrer de distúrbios em Alexandria, mataram cinqüenta europeus. Arabi começou a fortificar a cidade de maneira a ameaçar os navios britânicos no porto. Em conseqüência, decorrido exatamente um mês e após expedição de aviso, os fortes foram bombardeados e seus canhões reduzidos ao silêncio. Dias após, o Gabinete decidiu enviar ao Egito um exército comandado por Sir Garnet Wolseley. A decisão foi coroada de êxito militar. As tropas de Arabi sofreram derrota decisiva em Tel-el-Kebir no dia 13 de setembro. Gladstone, satisfeito com a vitória, sentiu remorsos. O instinto liberal mandava que ordenasse às tropas retirarem-se, mas não era possível deixar um vácuo no Egito. Anexação, embora medida lógica e mesmo esperada por outras potências da Europa, repugnava à consciência liberal. Gladstone escolheu o pior caminho. O ódio pela ocupação ficou dirigido contra a Grã-Bretanha, enquanto a autoridade continuou sendo exercida pelos Comissionários da Dívida, permitindo, assim, que a maioria das potências européias interferisse na administração. Não obstante, quando Baring se tornou Cônsul-Geral, em 1883, a administração do país passou virtualmente para as mãos dele, e assim foi possível iniciar uma série de reformas necessárias havia muito tempo.

A intervenção no Egito levou a uma trapalhada ainda mais complicada no Sudão. O imenso território de quase mil milhas em extensão acompanha as margens tórridas do Nilo desde as fronteiras do Egito quase até o Equador. Fazia parte do reinado do Khedive, e, apesar dos esforços dos conselheiros britânicos, era pessimamente governado pelos Pashas enviados do Cairo. No ano em que os egípcios se revoltaram contra a França e a Grã-Bretanha, os sudaneses revoltaram-se contra os egípcios. Eram comandados por Mahdi, muçulmano fanático que, em breve, derrotou um exército egípcio e não demorou em adquirir o controle de quase todo o Sudão. Gladstone referia-se aos sudaneses como um "povo que, com toda a razão, luta por sua liberdade". Era maneira extremamente lisonjeira para caracterizar as forças de Mahdi, que eram precedidas em toda a parte pelo terror que inspiravam. O Sudão teria que ser reconquistado ou evacuado. Londres optou pela evacuação. Os egípcios tiveram que concordar. Em fins de 1883, foi resolvido retirar as guarnições espalhadas até o distante sul do território. De modo geral, a Grã-Bretanha era responsável pelo êxito da operação, uma vez que era tutora do exército egípcio. Tomar a resolução fora fácil, executá-la era mais custoso. Mas, no dia 14 de janeiro, o General Carlos Gordon, que havia adquirido fama na China, deixou Londres com as ordens do Gabinete de efetuar a evacuação.

Gordon já havia prestado serviço no Sudão e tivera papel de relevo na supressão do tráfico de negros. Também tinha consciência. Esta havia de custar-lhe a vida. Chegara em Khartum em fevereiro, e, uma vez lá, achou que seria um erro retirar as guarnições e entregar o país à mercê dos dérviches de Mahdi. De acordo com essa opinião, solicitou reforços e elaborou um plano de contra-ataque. O Governo de Londres foi tomado de surpresa por essa mudança de planos. Poderia ter previsto que um comandante de ânimo heróico dificilmente prestar-se-ia a uma retirada. Gordon jamais gostou de retiradas. Decidiu permanecer em Khartum até que cumprisse a missão imposta pela própria vontade. Sua força de vontade, muitas vezes caprichosa na maneira de se expressar, opunha-se à determinação de Gladstone, que se recusava a ser envolvido em novas aventuras coloniais. Lorde Randolfo Churchill fora o primeiro que levantou na Câmara dos Comuns a questão da segurança pessoal do General Gordon. Em março, submeteu essa pergunta ao Governo, sem rebuços. "Permanecerão indiferentes perante a sorte reservada ao homem com quem contaram para os salvar dos seus dilemas?", perguntou, "Deixá-lo-ão arranjar-se como melhor puder, sem fazer sequer uma tentativa em seu favor?" Lorde Randolfo, recebeu respostas evasivas. A ajuda a Gordon haveria de demorar, apesar de seus pedidos urgentes apoiados por despachos enviados por Barinhg do Cairo, e apesar dos conselhos dados por Lorde Wolseley, a patente mais importante do Exército Imperial daquela época. Chegado o mês de maio, Gordon achou-se com suas comunicações cortadas. Enquanto isso, o Gabinete em Londres, ainda decidido a efetuar a evacuação, recusava-se a enviar reforços.

Durante a primavera e o verão, a opinião pública na Inglaterra ficara cada vez mais exaltada e, afinal, começou a exigir que Gordon fosse salvo. Sua vigorosa crença religiosa, seu hábito de ler a Bíblia, sua atividade contra o tráfico de escravos, seus trabalhos beneficentes em favor das crianças pobres, sem falar dos seus feitos militares, tudo isso o tornara figura popular tida tão valente e tão nobre como a de um dos cavaleiros da Távola Redonda de Rei Artur. Gladstone, porém, preocupava-se com outros problemas. Um deles era a reforma do sufrágio, e o outro, o caso daquele ateísta veemente, Carlos Bradlaugh, que fora eleito para o Parlamento e se recusara a aceitar a cadeira e cujas proezas preocuparam a Câmara dos Comuns e a consciência do Primeiro-Ministro por mais de seis anos. Em maio, Lorde Randolfo disse de Gladstone na Câmara dos Comuns: "Comparei seus esforços despendidos pela causa do General Gordon com os gastos com o caso do Sr. Bradlaugh. Se uma centésima parte das incalculáveis qualidades morais gastas no caso do blasfemador sedicioso tivessem sido dedicadas para apoiar um herói cristão, o êxito da missão de Gordon teria sido assegurado."

    Afinal, Lorde Hartington, Secretário da Guerra, transformou o assunto numa moção de confiança ao Governo, e, assim, o Governo foi obrigado a providenciar o salvamento de Gordon. Em setembro, Wolseley foi às pressas para o Cairo e, em menos de um mês, reunira um exército ofensivo de dez mil homens. Wolseley sabia que um reide rápido contra as compactas massas de lanceiros de Mahdi de nada adiantaria. Havia necessidade de agir depressa, mas não se podia arriscar a uma derrota. Uma campanha bem organizada que duraria seis meses era a ação mais rápida com que podia contar. Em outubro, iniciou na fronteira do Egito a marcha de oitocentas milhas que o levaria para Khartum. Boa parte do caminho a percorrer tinha que ser vencida subindo o traçado do Nilo, que ainda nunca fora registrado em mapas. Nesse percurso, abundavam rápidos e cataratas e reinava um calor cansativo e desmoralizador. No Sudão Setentrional, o Nilo descreve imensa curva para o Oriente. Wolseley sabia que o tempo disponível era pavorosamente curto. Sentia os olhos e as ansiedades da Inglaterra fixados nele e em Gordon medindo a distância que os separava. O grosso de suas tropas tinha que seguir Nilo acima até que, vencidas todas as cataratas, estivesse em posição prevista para se lançar sobre Khartum. Enquanto isso, um Corpo de Camelos foi destacado sob as ordens de Sir Herbert Stewart que recebeu instruções de atravessar cento e cinqüenta milhas de deserto e de chegar às margens do Nilo ao norte da capital de Gordon. Stewart partiu no dia 30 de dezembro e agiu com energia. Chegou em Abu Klea, a cento e vinte milhas do seu destino, no dia 17 de janeiro, e foi atacado por uma hoste dos Dérviches. Sua coluna, com menos de dois mil homens, confrontava-se com o inimigo, cujos efetivos eram no mínimo cinco vezes maiores. O impacto desesperado do inimigo rompeu o quadrado britânico, mas eles ganharam a batalha. Dois dias depois, combatendo sempre a coluna de Stewart alcançou o Nilo; o próprio Stewart, todavia, estava ferido mortalmente. O oficial que o sucedeu no comando herdara situação difícil. No dia vinte e um de janeiro, chegaram navios que, enviados por Gordon, haviam descido o Nilo. Houve trágica, mas inevitável demora enquanto socorriam os feridos e faziam reconhecimento. No dia 24, um destacamento de vinte e seis britânicos e duzentos e quarenta sudaneses partia subindo o rio a bordo dos navios que lhes foram enviados. O inimigo mantinha os navios sob um fogo cruzado que partia de ambas as margens. Chegaram em Khartum no dia 28. Era tarde demais. A bandeira de Gordon já não tremulava na Residência. Havia morrido. A cidade caíra havia dois dias defendida até o último momento com coragem prodigiosa. Gordon tombara sozinho, sem ajuda e sem apoio de um conterrâneo sequer. Pelo menos a metade da nação considerou Gladstone um assassino. A Rainha sentiu tanta mágoa que não pôde deixar de comunicar-lhe seus sentimentos por meio de telegrama aberto. Gordon passara a ser mártir da pátria. É verdade que, como ele mesmo registrara no seu diário, Gordon havia desobedecido as ordens recebidas, mas restava o fato de que o Gabinete que o enviara para cumprir uma missão o havia abandonado. A expedição de socorro, cujos esforços haviam sido quase coroados de êxito, retornara ao Egito. Passaram-se treze anos antes que Gordon fosse vingado. Como Gladstone mais tarde confessara, o Governo havia enviado a Khartum um "homem que ainda seria um herói mesmo entre heróis", dotado de todas as virtudes e defeitos dos homens de seu tipo — e pagara o preço.

* * *

A situação do Partido Liberal foi igualmente abalada por acontecimentos dentro do país. Enquanto a nação só pensava em Gordon, o Governo persistia em levar adiante importante peça de legislação, uma Lei de Reforma que completou a democratização do sufrágio nos condados. Praticamente todos os homens de maior idade receberam o direito de voto. Outro decreto abolia os remanescentes centros secundários, e, com poucas exceções, todo o país foi dividido em parcelas constituintes correspondentes a um só membro. Tudo isso constituía ampliação lógica da lei de 1867, mas agravou uma situação já em si difícil. As constituintes de um só membro acabaram com o hábito de eleger um "whig" e um radical em pares. Os liberais e radicais não cochilaram em se aproveitar da vantagem oferecida. Chamberlain não se cansava de atacar a classe "que não labuta nem fia" e com o que foi chamado seu "Programa sem

Autorização", e com sua famosa promessa de "três acres e uma vaca", transferiu seus ataques do campo para as cidades. Os "whigs" não podiam ignorar o desafio; a divisão entre eles e os radicais era demasiadamente profunda e fundamental para que jamais pudessem voltar à cooperação. No outono de 1885, Salisbury, antes líder "tory" na Câmara dos Lordes e agora Primeiro-Ministro, pôde dizer com certa base que "a exortação de Gladstone pela unidade é uma exortação em prol da hipocrisia".

Quaisque cogitações acerca do futuro da política inglesa foram abruptamente interrompidas ao se tornar conhecido que Gladstone se convertera à política da Autonomia. Para compreendermos a importância e o alcance desse acontecimento, devemos lançar um olhar retrospectivo à história melancólica da Irlanda. Durante os anos que se seguiram à Grande Fome de 1840, a Irlanda continuou a passar miséria. Seus camponeses, principalmente os da parte ocidental, viviam em extrema pobreza e degradação. Pouco tempo antes de partir, o General Gordon dera a seguinte descrição numa carta dirigida ao jornal *The Times*: "Devo constatar, com base em observações próprias e em relatos de fontes diversas, que os nossos patrícios residentes nas regiões mencionadas vivem em condições piores que as existentes em qualquer parte do globo, quem dirá então da Europa. Vivem à beira da inanição, residindo em habitações em que nós nem colocaríamos o nosso gado". A Irlanda foi, e ainda é, um país pobre, e, apesar da fome e da emigração, continuava a possuir excesso de população. Mas todos esses infortúnios eram ainda agravados pela orientação do Governo da Grã-Bretanha. O camponês da Irlanda sentia-se esmagado por um sistema agrário que odiava, não somente porque esse sistema colocava o poder quase absoluto nas mãos do latifundiário, mas também devido à expropriação das terras que ele considerava suas por direito. A inimizade que nutria era violenta e profunda. Não era apenas uma questão de pobreza material decorrente de uma vida passada numa choça de um só cômodo e alimentada só de batatas. Sentia que havia sido espoliado de sua herança. Durante todo o século XIX, a única resposta da Inglaterra foi ignorar o ódio e esmagar os crimes por ele originados. Durante os quarenta anos que precederam 1870, foram passados quarenta e dois decretos de coerção. Durante o mesmo período, não foi passado nenhuma lei que protegesse o camponês da Irlanda contra despejos e contra arrendamentos escorchantes. Essa atitude era deliberada; a intenção era obrigar o camponês da Irlanda a se tornar jornaleiro, como era costume na Inglaterra. Mas acontece que a Irlanda não era igual à Inglaterra; o camponês da Irlanda tinha apego ao chão que era dele; usava todos os meios de que podia lançar mão para derrotar os estranhos que possuíam as terras.

Não se deve supor que seja possível distinguir as condições imperantes na Irlanda com a nitidez como se fora um desenho em preto e branco. Os proprietários eram na sua maioria colonizadores vindos da Inglaterra havia muito tempo. Consideravam-se, e em muitos sentidos realmente eram, agentes da civilização num país primitivo. Muitas vezes tiveram que combater para defender a própria vida e seus haveres. A influência profunda exercida pela Igreja Católica sobre a massa supersticiosa dos campônios, por motivos tanto políticos como religiosos, tendia a ser hostil à Inglaterra. Mais de uma vez, desde os dias da Rainha Elisabete, a Irlanda quase foi transformada em cabeça de ponte de invasões da Grã-Bretanha planejadas por potências do continente. Incêndios de medas, assassínio de latifundiários e outros atos de terrorismo contribuíram para que, na Inglaterra, de modo geral, apoiassem os latifundiários. Era difícil de compreender que o círculo vicioso do desassossego, da repressão brutal e conseqüente revolta, só podia ser rompido redimindo queixas fundamentais.

Desde o primeiro momento em que houvera assumido o cargo de Primeiro-Ministro, Gladstone dedicou especial atenção ao problema da Irlanda, que, no decorrer do tempo, chegou a predominar na sua mente com exclusividade. Sua cruzada a favor da Irlanda, pois, não era outra coisa, esbarrava em oposição ferrenha. A sociedade política da Inglaterra tinha poucas simpatias para com os problemas da Irlanda. Na realidade, muitas figuras de projeção política na Inglaterra pertenciam à aristocracia irlandesa. Durante seu primeiro exercício como Primeiro-Ministro, Gladstone foi bem sucedido ao tratar da aversão dos irlandeses por uma igreja que lhes era estranha, e conseguiu abolir a oficialização da Igreja Protestante da Irlanda. A medida seguinte, uma Lei de Terras cuja finalidade era evitar os despejos sem compensações, foi um malogro. Passaram-se dez anos antes que Gladstone compreendesse ser necessário dar ao camponês da Irlanda uma real garantia da posse das suas terras.

Isac Butt havia fundado em 1873 a Liga pela Autonomia. A finalidade era a obtenção da autonomia por meios pacíficos e constitucionais. Seu fundador, homem capaz, cortês, admirável membro da Câmara dos Comuns, depositava sua fé nos processos persuasivos dos debates parlamentares. Mas não encontrara eco para seus esforços na Inglaterra, nem fé nos seus méodos na Irlanda. A liderança efetiva do movimento logo passou às mãos de Carlos Stewart Parnell. Parnell era latifundiário, protestante e novato no Parlamento. De sua mãe, que fora filha de um almirante americano que havia adquirido fama combatendo contra os britânicos, herdara ódio e desprezo pelos métodos e instituições ingleses. Membro importante do partido irlandês, líder nato, talentoso disciplinador e dono de habilidades táticas, em pouco tempo transformou a questão da Autonomia de um assunto de debates em assunto supremo e predominante. Lutando por sua causa sem consideração por quem quer que fosse, desafiando as tradições parlamentares da Câmara dos Comuns, em pouco tempo conquistou uma posição que lhe valeu de um político inglês a seguinte descrição: "tratar com ele é o mesmo que tratar com uma Potência estrangeira".

A raiz do êxito obtido por Parnell foi que os debates sobre a Autonomia coincidiram com renovadas desordens promovidas pelos camponeses. Grave queda verificada nos preços dos produtos agrícolas em fins de 1870 e uma sucessão de más colheitas precipitou uma série de despejos, porque os camponeses empobrecidos não podiam pagar os arrendamentos. Esse processo estava na sua fase inicial, quando Miguel Davitt saiu da prisão após o término de sua sentença, que o havia condenado a sete anos de reclusão por traição. Davitt era um homem notável que contrastava muito com Parnell, por causa do seu amor pela Irlanda e pelas cálidas simpatias humanas que alimentava. Davitt acreditava que a questão das terras era inseparável da Autonomia, e, embora encontrando oposição ferrenha dos Nacionalistas Irlandeses Extremos, foi bem-sucedido ao fundar a Liga pelas Terras em 1879. Os objetivos da Liga eram a redução dos arrendamentos e a concessão da posse das terras aos camponeses. Com antecedência, Davitt tratou de conseguir o apoio material dos irlandeses residentes na América. Quando Parnell se declarou solidário com a Liga, a fome pela terra dos camponeses, o clamor político pela Autonomia e o ódio que os emigrantes americanos dedicavam aos que já foram seus opressores fundiaram-se afinal numa aliança formidável.

* * *

Inicialmente, Gladstone não percebeu nada disso; estava absorvido pelos problemas das relações com o estrangeiro e pelos de ordem do Império que haviam provocado sua volta ao poder. A primeira resposta do seu Governo foi a promulgação de uma lei temporária de Compensação pelas Desordens. Quando a Câmara dos Lordes rejeitou esta lei em 1880, a Irlanda, em seguida, respondeu com o Terror. No último trimestre daquele ano foram cometidos mais de dois mil ultrajes. Nova arma surgiu quando Parnell disse aos seus seguidores que tornassem a vida intolerável a todos os que violassem as leis e costumes, "isolando-os dos seus semelhantes como se fossem um leproso da antiguidade". Uma das primeiras vítimas foi um corretor, Capitão Boycott, cujo nome entrou no acervo da língua inglesa. Aquele foi o período dos maiores sucessos da Liga pelas Terras. Fundos afluíam tanto da América como da Austrália e, desde que a Liga exercia mais autoridade que os representantes do Governo em Dublin Castle, os despejos cessaram quase totalmente. O Governo decidiu então atacar o terrorismo e, ao mesmo tempo reformar as leis agrárias. Em março de 1881, novo Decreto de Coerção deu ao Vice-Rei poderes a que Morley se referiu dizendo: "a Lei confere ao Vice-Rei a possibilidade de encarcerar a quem bem entender e a mantê-lo preso quanto tempo quiser". Durante os debates dessa lei, o obstrucionismo de Parnell chegou ao auge. Sua intenção foi de paralisar as ações do Governo na Câmara dos Comuns explorando o fato de que os procedimentos parlamentares repousavam mais em hábitos que em regras. De 31 de janeiro a 2 de fevereiro, durante quarenta e oito horas, a Câmara permaneceu em sessão ininterrupta, até que o orador oficial tomou a si a iniciativa arbitrária de propor que a sessão fosse suspensa. Em seguida, foi votado o fechamento, introduzindo assim a primeira ruptura dos métodos tradicionais dos procedimentos parlamentares.

A Lei de Coerção foi seguida quase imediatamente pela Lei Agrária que concedia quase tudo o que os irlandeses exigiam. A Lei baseava-se nos "Três Efes"* arrendamentos razoáveis a serem fixados por um tribunal, inviolabilidade da ocupação a todos os que pagassem o arrendamento e vendas livres dos podutos produzidos pelo arrendatário. Essas concessões eram mais generosas que os irlandeses esperavam, mas impelido pelos extremistas americanos de origem irlandesa, bem como julgando poder extorquir de Gladstone maiores concessões, Parnell passou a obstruir os trabalhos das nova cortes agrárias. Em vista da Lei de Coerção, o Governo não teve alternativa e mandou que fosse preso. Isso deu-se em outubro.

Perguntaram-lhe quem o substituiria. Sua resposta foi "O Capitão Luar". Essa profecia foi justificada, pois os crimes e assassínios multiplicaram-se. Na primavera de 1882, Gladstone chegara à conclusão, que a coerção falhara.

Ao mesmo tempo, Parnell ansiava por ser libertado. Em vista de que os extremistas ganhavam terreno na Irlanda, era-lhe imperioso restabelecer sua autoridade de líder. Em abril, foi assinado um tratado que passou a chamar-se Kilmainham Treaty. Esse tratado baseava-se num entendimento segundo o qual Parnell usaria sua autoridade para acabar com os crimes e assassínios em troca de uma Lei de Atrasados que ajudaria os arrendatários impedidos de aproveitar as facilidades da Lei Agrária por estarem endividados. W. E. Foster, Secretário do Estado para os Negócios da Irlanda, autor da Lei de Coerção, e Lorde Cowper, Vice-Rei da Irlanda, pediram demissão. Foram substituídos pelos Lordes Frederico Cavendish e Spencer. Parnell e dois dos seus auxiliares foram postos em liberdade no dia 2 de maio, e, afinal, parecia haver possibilidade de paz. Um acontecimento terrível, entretanto, destruiu essas esperanças. Lorde Frederico Cavendish desembarcou em Dublin no dia 6 de maio. Poucas hora após a chegada, passeava com seu subsecretário Burke no Parque Phoenix quando ambos foram apunhalados. Os assassinos eram um grupo a que se dava o nome de Invencíveis. O objeto do atentado havia sido Burke. Lorde Frederico, a quem não conheciam, só fora morto porque tentara defender seu companheiro. A nação inglesa estava chocada, os partidários da coerção tiveram sua posição revigora-

---
* Fair Rents, Fixity of Tenure, Free Sale.

da e toda a esperança de conciliação próxima estava perdida. Gladstone fez o possível para salvar os fragmentos de sua orientação destroçada. Estava convencido de que Parnell era uma influência restritiva na Irlanda e que a única esperança de se conseguir um sucesso duradouro residia na cooperação com ele. Era um ponto de vista que não contava com a simpatia senão de um ou dois membros de seu Gabinete. Parnell, por seu turno, contentava-se em aguardar tempos propícios, e, durante três anos, a Irlanda permaneceu relativamente calma e pacífica.

* * *

Assim voltamos ao ano de 1885. No dia 8 de junho, por questões orçamentárias, o Governo foi derrotado e Gladstone pediu demissão imediatamente. Dissensão e divisão dentro do Partido Liberal produziram seu efeito, mas a causa mais imediata foi que os membros irlandeses deram seus votos à oposição conservadora. Lorde Randolfo Churchill dera a entender a Parnell que um Governo Conservador poria fim à coerção, e isso bastara para lhe assegurar o apoio dos irlandeses. Após certa hesitação e algumas dificuldades, Lorde Salisbury conseguiu formar um Governo que, porém, estava em minoria na Câmara dos Comuns. Lorde Randolfo foi empossado como Secretário para os Negócios da Índia e scu velho oponente Northcote foi admitido na Câmara dos Lordes; assim, Sir Miguel Hicks Beach tornou-se Ministro da Fazenda e líder na Câmara dos Comuns. Designação significativa foi a do Conde de Carnarvon como Vice-Rei da Irlanda. Era notório que o Conde apoiava a Autonomia, e, no dia 1º de agosto, Parnell encontrou-se com o Lorde numa residência de Grosvenor Square. Parnell recebeu a impressão de que o Governo tencionava tomar providências para a concessão da Autonomia. Aproximando-se as eleições, cabia a Parnell tomar uma decisão. Por meio de sua amante, a Sra. O'Shea, na qualidade de intermediária, comunicou a Gladstone a natureza da manobra conservadora. Gladstone respondeu-lhe: "É justo que eu diga que não participarei de negociações dirigidas contra Lorde R. Churchill". A verdade é que, naquele tempo, Gladstone já se havia tornado partidário da Autonomia, mas não desejava pechinchar com Parnell preferindo aguardar os acontecimentos e deixar o lance seguinte por conta de Salisbury.

Quando chegaram as eleições, Parnell, incapaz de obte de Gladstone uma promessa de apoio, ordenou que os irlandeses na Inglaterra votassem pelos candidatos conservadores. A Irlanda não foi considerada como item importante para efeitos eleitoreiros. O tema principal dessas eleições foi a fama desfavorável do Governo demissionário. O "Programa Radical Desautorizado" de Chamberlain ofereceu a única dispersão. O resultado não poderia ter sido mais infeliz. Os liberais perderam alguns assentos nas cidades, mas ganharam outros nas zonas dos condados, onde atraíram o apoio dos trabalhadores recém-autorizados a votar. Na nova Câmara dos Comuns, a maioria liberal sobre os Conservadores era de oitenta e seis votos. Mas o sonho de Parnell tornara-se realidade — seus correligionários admitidos na Câmara também eram oitenta e seis. Essa situação era o que Salisbury havia descrito como sendo "marca da baixa-mar, isto é, os "Tories" + "Parnellistas" = Liberais".

Nessas circunstâncias, Gladstone tinha motivos para esperar que a aliança Parnellista-Conservadora fosse firme e que a concessão da Autonomia passasse em caráter de medida pré-combinada sem encontrar oposição desnecessária na Câmara dos Lordes. Pensava nos precedentes como a Emancipação Católica, a Abolição das Leis do Trigo, a Segunda Lei de Reforma e outras. A todas as perguntas que Parnell fazia por intermédio da Sra. O'Shea, Gladstone respondia que seria um erro se os liberais fizessem qualquer manobra antes que o Governo conservador se pronunciasse. Em dezembro, Parnell encontrou-se com A. J. Balfour, sobrinho de Salisbury, e, no dia 20, escrevia-lhe: "(..)Tenho a certeza de que só um Governo pode tratar desse assunto, e, principalmente por motivos políticos, prefiro que seja o atual Governo que trate comigo". Os conservadores trataram essa carta com desprezo. Alguns dias antes, a situação política fora modificada pelo filho de Gladstone, Herbert, que havia comentado em público a opinião modificada do pai acerca da concessão da Autonomia. Esse balão de ensaio a que apelidaram o Hawarden Kite trouxe à baila todas as forças ocultas que haviam trabalhado fora das vistas públicas, escondidas nas profundezas do cenário político. A divisão do Partido Liberal, que Gladstone tanto fizera para evitar, tornou-se realidade. Os "whigs", já postos de sobreaviso pelos radicais, cerraram fileiras contra a Autonomia. Os Conservadores ficaram rígidos ao perceberem as vantagens que poderiam auferir da conversão dramática de

Gladstone. Já corriam rumores de possível aliança entre os conservadores e os "whigs". Essa situação foi um desastre para Parnell. Sua ajuda deu aos Conservadores trinta cadeiras. Os acontecimentos provaram que havia feito uma dádiva ao inimigo.

É de se duvidar que as esperanças de Gladstone jamais tivessem tido fundamento. Carnarvon representava a si mesmo, e não ao Partido, nem ao Gabinete. Sua conversação com Parnell foi apenas um ensaio, e o Governo não havia assumido nenhum compromisso. Quanto a Salisbury — ficara naturalmente contente em poder contar com o voto irlandês no decorrer de uma eleição crítica, mas seu protestantismo, sua fé na União, sua lealdade para com os latifundiários e com a minoria irlandesa que confiava no Partido Conservador — tudo era motivo demasiadamente forte para que não cogitasse sequer conceder a Autonomia. Nunca houve um líder que possuísse parcela menor que esse do espírito que animara Peel e Gladstone. Entusiasmo do quilate que divide partidos era totalmente ausente da natureza de Salisbury.

Ao chegar o Natal de 1885, os dados haviam sido lançados. Carnarvon pediu demissão ao começar o novo ano, e, no dia 26 de janeiro, o Governo de Salisbury anunciava que iria introduzir uma Lei de Coerção muito severa. Sem hesitação, quase sem consultar seus colegas, Gladstone provocou a queda do Governo em relação ao discurso da Rainha. Não havia dúvida de que o novo Governo iria forçar a Autonomia, e por isso, Hartington, como outros "whigs" de relevo, recusou-se a participar do Governo. Isso, de qualquer modo, teria sido inevitável, mas Gladstone destruiu qualquer esperança de sucesso que ainda poderia haver pela maneira como tratou Chamberlain. Aos olhos do povo, Chamberlain aparecia como sucessor na liderança do Partido Liberal. Gladstone, porém, subestimou gravemente sua importância, recusou-lhe o Ministério das Colônias e enfiou-o na Junta Governamental local. A opinião de Chamberlain acerca da Irlanda havia mudado radicalmente no decorrer dos anos. Havia perdido a confiança em Parnell por causa do que havia considerado apoio traidor ao Partido Conservador. As relações pessoais entre os dois também foram envenenadas pelo Capitão O'Shea, marido da amante de Parnell. Chamberlain opunha-se a qualquer plano amplo de Autonomia, e Gladstone teria que empregar todo o seu tato e poder de persuasão para o convencer. Mas Gladstone nem sequer ensaiou uma tentativa. Chamberlain não foi consultado na redação da Lei de Autonomia, e o esquema que havia elaborado para reforma da administração local foi ignorado pelo Governo. Pediu demissão no dia 26 de março para se tornar o mais poderoso inimigo de Gladstone.

Gladstone apresentou o projeto da Lei da Autonomia na Câmara dos Comuns no dia 8 de abril de 1886, pronunciando na ocasião um discurso que durou três horas e meia. Advogou a Lei como sendo uma medida de justiça para com a Irlanda e de paz para o seu povo. Fora um desempenho impressionante, salientando-se mesmo na brilhante carreira de parlamentar de Gladstone. Seu apelo, todavia, aos princípios liberais de liberdade e autonomia foram de encontro a emoções profundas. Sua conversão repentina à nova orientação, sua dependência dos votos irlandeses para continuar no cargo, bem como os crimes cometidos pelos irlandeses — tudo isso convergiu contribuindo para agravar os receios e as idéias preconcebidas dos seus oponentes. As emoções raciais, religiosas, de classes, e dos interesses econômicos, tudo isso empanava o brilho dos argumentos liberais que Gladstone usava. O fogo provocou chamas. Os profundos sentimentos morais encontraram como resposta a suspeita de hipocrisia ou de coisa pior. Havia embarcado repentinamente numa cruzada destrutiva. "E por quê?", perguntara Lorde Randolph Churchill. "Por essa razão e por nenhuma outra: para satisfazer rapidamente a ambição de um homem velho".

A Lei foi derrotada na segunda leitura, dois meses após sua apresentação. Noventa e três liberais votaram contra o Governo. Apresentava-se a Gladstone uma decisão penosa. Podia demissionar ou dissolver. Escolheu essa última alternativa e concorreu às eleições baseando-se somente na concessão da Autonomia. Seu zelo, seu entusiasmo e sua energia não foram suficientes para vencer as poderosas forças que o enfrentaram. O novo Parlamento continha trezentos e dezesseis conservadores e setenta e oito liberais unionistas, contra cento e noventa e um gladstonianos e oitenta e cinco parnellitas. Gladstone pediu sua demissão imediatamente e Salisbury retomou o cargo. Descontando um curto intervalo, os conservadores permaneceriam no Governo durante vinte anos. Havia terminado o longo predomínio "Whig"-Liberal que havia começado em 1830. Seu fim fora provocado pela aversão dos "whigs" contra reformas sociais e pela conversão precipitada de Gladstone à concessão da Autonomia. Os horizontes do Partido Liberal eram escuros. Identificando-se com diretrizes que, do ponto-de-vista eleitoral, eram impopulares na Inglaterra, o partido não apenas se afastou da ala direita como também expeliu do seu meio a figura que fora indiscutivelmente a de maior relevo entre os jovens líderes reformadores. A volta dada pela roda da fortuna trouxera felicidade aos conservadores, cujo futuro parecera tão negro em 1880. Os oponentes a quem haviam temido como instrumentos irresistíveis da democracia entregaram-se em suas mãos.

CAPÍTULO VI

OS GOVERNOS DE LORDE SALISBURY

No verão de 1886, não perceberam claramente que as discussões sobre a autonomia da Irlanda produziram mudança profunda nas lealdades dos partidos políticos ingleses. O Governo de Salisbury dependia do apoio dos liberais unionistas chefiados por Hartington embora sua figura mais imponente, tanto no Parlamento como na opinião popular, tivesse sido a de José Chamberlain. Afirmavam que ainda eram liberais e, durante dez anos, conservaram seus assentos na ala liberal da Câmara dos Comuns. Isso enfurecia os seguidores de Gladstone, entre os quais muitos chamavam Chamberlain publicamente de Judas Iscariotes. Em princípios de 1887, foi efetuada uma reunião de mesa-redonda entre os líderes das suas facções, e estes chegaram à conclusão tácita de que o abismo que os separava era demasiadamente largo para ser atravessado. Essa ruptura decisiva teve como conseqüência alianças estranhas. Salisbury tinha que trabalhar com um homem a quem, havia poucos meses, havia denunciado como sendo líder do populacho desordeiro. Pelo apoio de Chamberlain, teve que pagar adotando parte do seu programa. Chamberlain, amarrado agora ao carro de combate dos conservadores, teve que abandonar ou desdizer muitas das suas opiniões e orientações anteriores. Do lado liberal Gladstone, tendo perdido o apoio dos "whigs", foi forçado a fazer concessões ao setor radical do seu partido, cujos pontos-de-vista estavam muito além dos seus próprios.

O Governo de Salisbury fora muito semelhante ao seu governo anterior, com exceção de Hicks Beach, que insistiu em abandonar sua posição de líder na Câmara dos Comuns. Argumentara que "o líder de fato tem que o ser também de nome". Portanto, na idade de trinta e sete anos, Lorde Randolfo Churchill tornou-se líder da Câmara e Ministro da Fazenda. Sua carreira havia alcançado o ponto culminante. Sua habilidade nos debates e suas táticas políticas levaram-no muito à frente dos seus rivais. Sua posição no Parlamento nunca foi submetida a protestos por parte dos outros membros do partido, isto, muito embora muitos dentre eles desconfiassem dos seus métodos e discordassem da sua orientação. Pouca harmonia existia no seio do Gabinete. As idéias da democracia "tory" de Lorde Randolfo não despertaram resposta no conservantismo tradicional de Salisbury. O Primeiro-Ministro não depositava muita confiança nas melhorias conseguidas por legislação. Acreditava que a principal ocupação do Governo era a de administrar a ordem existente, e que aos Conservadores cabia, como dever primordial, defender os interesses das classes que neles haviam depositado sua confiança. Lorde Randolfo escrevera-lhe em 1886: "Receio tenha sido um infundado sonho de adolescentes supor que os "tories" soubessem ser legisladores — como eu havia sonhado estupidamente. Sabem governar e fazer guerras, aumentar impostos e as despesas, disso entendem magnificamente; mas a legislação não é de sua alçada dentro dos moldes de uma constituição democrática". Salisbury respondeu-lhe: "Cabe-nos trabalhar com menos pressa e sob temperaturas inferiores que as habituais aos nossos oponentes. Nossas leis devem ser experimentais e cautelosas, nunca espalhafatosas ou dramáticas". Esse choque foi agravado pela excursão que Lorde Randolfo fez ao campo da política externa. Em outubro, havia atacado publicamente a orientação predominante de amizade com os turcos, e declarou-se favorável à independêncioa dos povos balcânicos. A diferença existente entre os dois homens, tanto no que se refere aos caracteres como à orientação política, eram fundamentais. O embate final sobreveio por uma questão relativamente trivial — quando Lorde Randolfo pediu a redução dos orçamentos do Exército e da Marinha.

Pediu demissão na véspera do Natal de 1886, no momento errado, por motivos errados e não fizera tentativa de conseguir apoio. Viveria ainda nove anos, em más condições de saúde, mas sua carreira já havia desmoronado.

Essa queda dramática constituiu o fecho de um ano cheio de sensações. Era o complemento conservador da deserção de Gladstone pelos "whigs". Salisbury nomeou Jorge Goshen, um liberal unionista de pontos de vista "whigs" impecáveis, como Ministro das Finanças, proclamando dessa forma que a democracia "tory" já se tornara "empecilho desagradável". Daí em diante, o índice da legislação do seu Governo foi muito baixo. A principal medida foi a Lei Governamental local de 1888, que havia criado comissões de Condados e estabeleceu as bases para seu desenvolvimento futuro. Três anos depois, foram abolidas as contribuições nas escolas primárias e uma Lei de Trabalho constituiu uma tentativa para regulamentar os males oriundos do emprego de mulheres e crianças. Não foi um sucesso impressionante. Mesmo essas medidas de menor importância foram levadas a efeito principalmente como concessões feitas a Chamberlain. Permanecendo fora do Governo, ele pregava constantemente que a causa dos unionistas seria mais bem servida se houvesse uma orientação de reformas ativas.

* * *

Os interesses de Salisbury e de uma grande parte da opinião pública pairavam no mundo ultramarino, onde o movimento imperialista estava alcançando o seu auge de exploração, conquista e colonização. Livingstone, Stanley, Speke e outros exploradores abriram o interior profundo da África. Seus feitos de exploração pavimentaram o caminho para a aquisição de colônias pelas potências da Europa. O acontecimento mais importante da época foi que a divisão da África procedeu pacificamente. O crédito disso cabe principalmente a Salisbury, que, em 1887, tornou-se Ministro do Exterior, acumulando esse cargo com o de Primeiro-Ministro. Nunca perdeu de vista a necessidade de preservar a paz enquanto se traçava o mapa colonial da África. Os franceses, querendo consolar-se pela derrota que os prussianos lhes infligiram em 1870, foram os primeiros a chegar. Os alemães vieram em seguida, em princípios da década de 1880. Se Gladstone e Disraeli assim tivessem desejado, dispondo do poderio naval e econômico da Grã-Bretanha, poderiam ter anexado a maior parte do continente que fora explorado e cartografado por seus patrícios. Mas nenhum dos dois mostrara o mínimo entusiasmo por aventuras na África tropical. A tarefa de zelar pelos interesses britânicos foi efetuada principalmente por homens como Cecílio Rhodes, Sir Guilherme Machinnon e Sir Jorge Goldie, que, apesar da indiferença do Governo da sua pátria, construíram um grande império novo.

Quando Salisbury assumiu a pasta, não efetuou grandes esquemas de expansão imperialista, mas estava disposto a dar apoio às iniciativas locais. O trabalho de consolidação e do controle político foi, seguindo modelos elisabetanos, confiado a três companhias privilegiadas. A Companhia Real do Níger operava na Nigéria, a "Companhia Britânica da África Oriental" controlava o que é agora o Quênia e a Uganda, e a "Companhia Britânica da África do Sul" recebeu o território da Rodésia. Todas foram organizadas no período de 1886 a 1889. A Rodésia é o único membro autônomo da Comunidade Britânica que traz o nome do seu fundador, que previra o futuro que lhe era reservado. Sua capital, Salisbury, comemora o nome do Primeiro-Ministro. Surgiram muitas disputas com as outras potências colonizadoras sobre questões de fronteiras, mas Salisbury seguia decididamente a política de soluções negociadas. Essa política culminou com a assinatura de tratados com a Alemanha, a França e Portugal, em 1890. O tratado com a Alemanha, o mais importante dos três, definia os limites das possessões de ambas as potências na África Central e na África do Sul. Como parte das negociações, a Alemanha recebeu Helgoland em troca do reconhecimento do protetorado britânico de Zanzibar. Assim, uma futura base naval germânica fora barganhada por uma ilha de especiarias. Por volta de 1892, Salisbury havia alcançado a maior parte dos seus alvos. A consolidação do controle britânico sobre o Vale do Nilo e a colonização das divisas das colônias da África Ocidental eram os únidos problemas importantes que faltava resolver.

A política exterior de Salisbury foi orientada principalmente por esses negócios coloniais. Aceitando em base a idéia da cooperação européia, ele foi inevitavelmente atraído pela tripla aliança da Alemanha, Áustria-Hungria e Itália, idealizada por Bismarck. A Grã-Bretanha estava em conflito quase permanente com a França na África Ocidental e com a Rússia na Ásia Menor e no Extremo Oriente. A chave dos sucessos de Salisbury estava na sua habilidade de explorar as inúmeras complicações que surgiram entre as potências na época das intensas rivalidades nacionalistas. Dissera uma vez que "a política britânica consiste em deixar-se derivar languidamente a favor da corrente, usando de vez em quando uma vara para evitar abalroamento". Nenhum Ministro do Exterior da Grã-Bretanha chegou a usar a vara diplomática com maior habilidade.

* * *

O problema impiedoso constituído pela Irlanda amargurada e ofendida lançava sua sombra sobre a política interna do país. "O que a Irlanda quer", dissera Salisbury durante a campanha eleitoral, "é ser governada — ter um governo inflexível e invariável". Na pessoa de seu sobrinho A. J. Balfour, que se tornou Secretário do Estado para os Negócios da Irlanda em 1887, encontrou um homem capaz de pôr em prática a idéia de que tudo poderia ser solucionado por "vinte anos de governo resoluto". A situação que Balfour teve que enfrentar era muito difícil. Os preços dos produtos agrícolas caíam continuamente, mas o Governo havia rejeitado o argumento de Parnell de que os despejos em massa só podiam ser evitados pela reforma geral das taxas de arrendamento. Os camponeses da Irlanda, organizados por Guilherme O'Brian e João Dillon, tomaram o assunto em mãos lançando o "Plano de Campanha". A base desse Plano era de que os arrendatários reunidos deveriam exigir a redução dos arrendamentos. Se o latifundiário recusasse, cabia-lhes recusar o pagamento e recolher as respectivas importâncias para um fundo da campanha. O Plano recebia ênfase pelos métodos terroristas que já se tornaram característica das disputas agrária na Irlanda. A resposta do Governo foi fazer algumas concessões sem importância e, ao mesmo tempo, sancionar uma Lei de Crimes que dava ao executivo poderes arbitrários da maior amplitude possível. Balfour usou sua autoridade ao limite e agiu com uma determinação inteiramente na altura da barbaria demonstrada pelos seus oponentes irlandeses. Justificando suas ações na Câmara dos Comuns, demonstrou tal habilidade e tais recursos, com que rapidamente avançou para as filas dianteiras dos parlamentares.

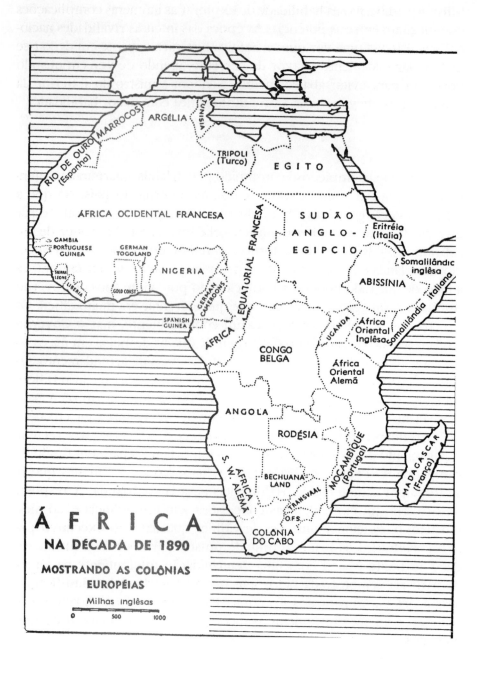

Parnell mantinha-se alheio a esses tumultos. Havia percebido que só poderia obter a Autonomia conciliando ampla parte da opinião pública inglesa. Mas sua adesão às ações cautelosas e constitucionais foi anulada pela publicação, no periódico *The Times*, no dia 18 de abril de 1887, da reprodução de uma carta supostamente assinada por ele, em que justificava os assassínios do Parque Phoenix. Embora Parnell afirmasse que a carta era uma falsificação, recusou-se a entrar em juízo. Tal negligência e a declaração pública de homens tão eminentes como Salisbury, que acreditavam na autenticidade dessa carta, e de mais outras, convenceram a maioria dos ingleses de que ele era culpado. No ano seguinte, todavia, o Governo instituiu uma Comissão composta de três juízes para investigar todo o campo dos crimes perpetrados na Irlanda. Estiveram reunidos durante seis meses, quando, em fevereiro de 1889, começaram afinal a examinar as cartas. Descobriram que elas haviam sido falsificadas por um jornalista irlandês, decrépito, chamado Ricardo Piggott. Piggott foi traído pela inabilidade inata de escrever corretamente e foi esmagado pela habilidade de Sir Carlos Russell, que conduzira o interrogatório. Sua resistência foi vencida no banco de testemunhas, e logo depois confessou. Algumas semanas depois, suicidou-se com um tiro na cabeça, num hotel de Madri. O efeito sobre a opinião pública foi dramático. Por alguns meses, Parnell gozou de larga popularidade. O opróbrio prolongado transformara-se numa repentina e estranha popularidade de pouca duração. Aproximavam-se as eleições gerais, o Governo estava em desfavor e, aparentemente, nada podia impedir a vitória de Gladstone e da concessão da Autonomia.

No dia 13 de novembro de 1890, começou o processo de divórcio de O'Shea contra O'Shea e Parnell. O decreto de nulidade foi concedido ao capitão O'Shea. Parnell, na qualidade de co-réu, não ofereceu defesa. Havia dez anos que coabitava com a Sra. O'Shea. A posteridade ficaria sabendo que as circunstâncias não eram de tão grande desonra para Parnell como então pareceu. Mas, na época, a opinião pública condenou-o severamente. A consciência inconformista, tão poderosa no Partido Liberal, ergueu a cabeça. Gladstone, que só se importava com a Autonomia, recusou-se a aderir à censura moral, mas estava convencido de que o único meio de impedir os conservadores de explorarem o adultério de Parnell era o de que o líder irlandês se afastasse, mesmo que fosse temporariamente. "Não serve", foi sua resposta constante às sugestões de que Parnell deveria permanecer. Pressão tremenda foi exercida contra o líder irlandês. Seu amigo e admirador, Cecílio Rhodes, telegrafou: "Renuncia — casa — volta". Era um conselho sábio. Parnell, porém, não se deixara intimidar; as paixões, bruxoleando há tanto tempo por baixo do seu exterior controlado, arderam em altas chamas. Seu orgulho revoltou-se. Recusou-se a se inclinar perante a "hipocrisia inglesa", fosse qual fosse o prejuízo da sua causa e do seu país.

Em desespero de causa, Gladstone escreveu a Parnell que abandonaria a liderança do Partido Liberal a não ser que o irlandês se exonerasse. Antes que a carta pudesse ser entregue, o Partido Irlandês confirmou a liderança de Parnell. Gladstone, desesperado, mandou sua carta à imprensa. Era um passo irrevogável, um ultimato público. No dia seguinte, Gladstone escrevia: "Posso dizer que em todos os dias desses últimos cinco anos estivemos empenhados em rolar laboriosamente a pedra de Sísifo. A decisão de Mr. Parnell(..) significa que a pedra escapar-nos-á e rolará morro abaixo até a raiz da montanha. Não posso reconstituir os anos decorridos". O resto da história constitui um anticlímax. Quando Parnell desfechou um amargo ataque contra Gladstone, a Igreja Católica condenou-o, e a maioria do partido virou-se contra ele. Em vão, fez uma série de esforços violentos e desesperados para retomar o poder. No decorrer do ano seguinte, morreu.

O futuro dos liberais que fora tão lisonjeiro em 1889, tornara-se agora muito nublado. Tampouco foi melhorado pela adoção do razoável "Programa de New Castle", em 1891. Tentando conciliar as exigências dos diversos setores do Partido, esse programa produziu mais ofensas que satisfações. Ao chegarem as eleições no verão do ano seguinte, o resultado foi que só havia uma maioria de quarenta membros a favor da Autonomia, e assim mesmo dependendo dos Membros Irlandeses. Na Câmara, havia duzentos e setenta e cinco liberais e oitenta e dois nacionalistas e seis liberais unionistas. A maioria era insuficiente para as intenções de Gladstone, mas formara um Gabinete que incluía homens tão talentosos como Harcourt, Rosebery, Morley e Campbell-Bannerman. O astro mais brilhante entre todos era H. H. Asquith, o Ministro do Interior mais competente do século.

Gladstone estava resoluto. Imediatamente começaram a trabalhar no projeto da concessão da Autonomia, e, em fevereiro de 1893, ele mesmo apresentou o projeto. Na idade de oitenta e quatro anos, foi piloto da lei durante oitenta e cinco sessões, enfrentando a oposição liderada por oradores tão poderosos nos debates como o foram Chamberlain e Balfour. Poucos outros acontecimentos na história do Parlamento foram tão notáveis como esse. Foi tudo em vão. Aprovada na Câmara dos Comuns por maiorias pequenas, a lei foi rejeitada na Câmara dos Lordes após a segunda leitura por quatrocentos e dezenove votos contra quarenta e um. Assim desapareceu a última esperança de se conseguir uma Irlanda unida, autônoma e leal à Coroa da Grã-Bretanha. A geração seguinte de irlandeses sofreria as amarguras da guerra civil, da divisão do país e de separação da parte meridional dos acontecimentos mundiais. A reação imediata na Inglaterra foi de indiferença. Encorajados por sua vitória, os Lordes continuaram a causar contínuos embaraços ao Governo. Apenas uma medida importante foi bem-sucedida, uma nova Lei de Administração que introduziu conselhos urbanos, rurais, distritais e paroquiais. Depois que o projeto da Autonomia foi rejeitado, Gladstone começou a perder sucessivamente a simpatia dos seus colegas. Recusaram-se a apoiar sua intenção de pedir a dissolução do Parlamento e de atacar os Lordes. Gladstone por seu turno detestava os planos elaborados pelos colegas visando ao aumento dos impostos e a maiores gastos com armamentos. "Esse plano é doido", disse referindo-se a uma das propostas. "Quem são os que o propõem" Homens que nem haviam nascido quando eu já lidava com política havia anos". Pediu demissão no dia 3 de março de 1894, cinqüenta e dois e meio anos após o juramento que havia prestado como Conselheiro Privado. Sua despedida dos Ministros foi comovente. Harcourt pronunciou discurso lacrimono de despedida e houve muitas demonstrações emotivas. Gladstone, que permaneceu sereno, mais tarde referia-se àquela sessão, apelidando-a "O Gabinete Chorão". Morreu em 1898. Sua carreira foi a mais notável do século, e nas páginas da história ficaram muitas marcas de sua atividade. Foi o maior líder popular da sua geração, e talvez nunca tivesse sido igualado na sua capacidade de comover o povo quando se tratava de problemas importantes de ordem moral. Também lhe pertence de direito um lugar de honra na história da Câmara dos Comuns. Poucos dos seus planos careciam de valor. Tanto os êxitos de Gladstone como suas derrotas foram grandiosos.

* * *

Em janeiro de 1893, houve uma conferência em Bradfort, sob a presidência de J. Keir Hardie, líder dos mineiros escoceses. No decorrer dos trabalhos, foi fundado o Partido Trabalhista Independente. As finalidades desse partido eram a popularização da doutrina socialista e a apresentação de candidatos trabalhistas independentes nas eleições parlamentares. Eis um signo, embora tivesse sido percebido por poucos, anunciando o advento de novas forças políticas que subiam à superfície partindo das áreas industriais da Grã-Bretanha. A bonança que se seguiu ao colapso do movimento cartista já havia sido interrompida havia alguns anos por uma erupção de propaganda socialista e, em outra ocasião, por uma onda de atividade sindical. A primeira manifestação dessas atividades foi a fundação da Federação, que foi convertida ao marxismo pela energia e pelo dinheiro de um rico expoente dos princípios de luta de classes e de idéias revolucionárias, H. M. Hyndmann. A classe operária, todavia, achou o marxismo pouco atraente, mesmo propagado por um homem rico; o movimento teve pouco êxito.

De importância muito maior para a Inglaterra foi a fundação da "Fabian Society", que se deu aproximadamente na mesma época e que era manejada por um grupo de jovens obscuros, mas altamente prendados — Sidney Webb e Jorge Bernard Shaw entre eles. Condenaram todas as teorias revolucionárias e trataram de propagar uma doutrina de Socialismo Prático. Não se interessavam pela fundação de um novo partido político. As finalidades socialistas podiam ser alcançadas por "penetração" nos partidos já existentes, e não resta dúvida que tiveram certo êxito, principalmente devido às atividades de Sidney e Beatriz Webb. A torrente de publicações que jorrava das penas fabianas, especialmente os *Ensaios Fabianos* de 1889, contribuíram largamente para determinar o curso que seria seguido pela política trabalhista. Os pontos-de-vista, de modo geral, eram práticos e empíricos, devendo pouco a teorias dogmáticas e nada a Marx. Calcavam fortemente a importância da transição lenta e complicada para a maneira de viver socialista — "a inevitabilidade da mudança gradual".

A maioria dos trabalhadores sabia muito pouco dessas atividades intelectuais de alto plano. Estavam absorvidos pelos esforços de melhorarem seus padrões de vida. Nos meados do reinado da Rainha Vitória, a organização sindical abrangia principalmente os operários qualificados e relativamente prósperos. Em 1889, os estivadores de Londres, grupo miseravelmente mal pago, exigiram a remuneração de seis pences por hora. João Burns, um dos organizadores da greve, fez lembrar aos estivadores o levantamento do cerco de Lucknow: "Isso, meus rapazes", disse Burns, "é o Lucknow do trabalho. Olhando o horizonte, posso entrever o brilho prateado, não das baionetas a serem tingidas pelo sangue irmão, mas o brilho arredondado das moedas de seis pences que pertencerão aos estivadores". Realmente fora o Lucknow do trabalho. A vitória dos estivadores, tornada possível pela simpatia e ajuda popular, foi seguida pela rápida expansão das organizações sindicais entre os trabalhadores braçais.

Por todo o país, começaram a formar-se pequenos grupos socialistas, mas politicamente eram muito fracos. Sua única vitória eleitoral foi a eleição de Keir Hardie, em 1892, pelo distrito de West Ham, que criara uma sensação marchando pela primeira vez à Câmara, trajando um boné de pano e acompanhado por uma banda de música. A maior dificuldade dos grupos socialistas era que suas crenças ardentes não despertavam eco nas massas dos trabalhadores nem no seio dos líderes sindicais que continuavam a ter fé nos liberais e radicais. Mas Keir Hardie labutou pacientemente para afastar os sindicais das suas ligações com os liberais. Conseguiu certo êxito com os novos sindicatos que se desenvolveram depois da greve portuária, e que estavam dispostos a apoiar ações políticas. Foi favorecido nos seus esforços pela relutância do Partido Liberal apadrinhar candidatos trabalhistas ao Parlamento, a não ser um punhado, na maioria mineiros, conhecidos como "Leb-labs".

O resultado foi um comício patrocinado pelas sociedades socialistas e por diversos sindicatos, que foi realizado no "Memorial Hall", Farringdon Street, Londres, no dia 27 de fevereiro de 1900. Ficou resolvido organizar uma Comissão de Representação Trabalhista, cujo secretário seria Ramsay McDonald. Definiram as intenções dessa Comissão como o estabelecimento de "um grupo separado trabalhista no Parlamento que terá seus próprios fiscais e o estabelecimento de um programa próprio". Assim ficara fundado o Partido Trabalhista. No século XX a McDonald tornar-se-ia o Primeiro-Ministro Trabalhista. Caber-lhe-ia o destino de desunir o seu Partido num momento de crise nacional e de morrer no meio das imprecações dos socialistas, para cujo êxito político tanto contribuíra.

* * *

Lorde Rosebery foi o sucessor de Gladstone no cargo de Primeiro-Ministro. Rosebery teve a sorte de ganhar o Derby duas vezes durante os dezesseis meses de exercício. Em outros assuntos, a fortuna não lhe sorriu. Rosebery possuía mentalidade de largo alcance, que se achava acima das mudanças e compromissos indispensáveis na vida política. Estivera no seu ambiente quando Ministro do Exterior — contemplava os vastos problemas mundiais e manejava com delicadeza as ações da Grã-Bretanha, e seus pontos-de-vista imperialistas o indispuseram com o seu Partido. Os Lordes continuaram a criar-lhe obstruções. Nesse momento, o Ministro da Fazenda, Sir Guilherme Harcourt, incluiu nas suas propostas orçamentárias o esquema do pagamento de substanciais taxas sobre transmissão de bens *post mortem*. Isso causou reação violenta nas classes capitalistas, principais prejudicados. O Gabinete foi sacolejado pelos impactos de personalidade e pelas disputas entre os imperialistas e os "Ingleses Pequenos". Rosebery referiu mais tarde: "jamais tive o Poder". Coube-lhe uma herança triste, precária e cansativa. Quando o Governo foi derrotado por uma votação repentina em junho de 1895, o Gabinete aproveitou a oportunidade para se demitir. As disputas dos líderes liberais já não eram protegidas pelo sigilo do Gabinete, e os anos seguintes foram tenebrosos para o Partido Liberal. Nas eleições gerais, a aliança entre os conservadores e liberais unionistas, ganhou vitória decisiva. Sua maioria sobre a oposição, incluindo os nacionalistas irlandeses, foi de cento e cinqüenta e dois.

Lorde Salisbury formou poderosa administração. Novamente combinou os cargos de Primeiro-Ministro e de Ministro do Exterior, e sua posição dentro do Partido e no país estava acima das rivalidades. Seus métodos de trabalho tornaram-se pouco ortodoxos. Dizem que lhe acontecia por vezes deixar de reconhecer membros do próprio Gabinete quando, raramente, os encontrava em funções sociais. Gostava de se retirar para a mansão em Hatfield, onde se desincumbia das suas vastas responsabilidades enviando instruções escritas de próprio punho. Suas horas de repouso, passava no seu laboratório particular, fazendo experiências científicas; também gostava de passear no parque montado num vistoso triciclo. Sua autoridade e prestígio decorriam parcialmente da sua segurança aristocrática, que caracterizava seus discursos e suas atividades públicas. Representava na política as melhores tradições aristocráticas. Não dava muita importância às aclamações populares, e essa indiferença, numa época democrática, foi aceita e mesmo apreciada. Seu representante e conselheiro mais apreciado era Artur Balfour, que se tornou Primeiro Lorde do Tesouro. Mas o homem que, segundo a opinião pública, dominava o Governo era o líder dos liberais unionistas, José Chamberlain, agora no auge das suas capacidades e ansioso por um cargo que lhe fora denegado por tanto tempo, desde os acontecimentos de 1886. Por sua livre escolha, Chamberlain tornou-se Ministro das Colônias. Fora bem aconselhado por seu instinto. O interesse pela política interna havia diminuído. Durante os cinco anos de exercício, o Governo introduzira apenas uma única medida reformadora, a Lei de Compensação Operária de 1897. Os acontecimentos políticos excitantes desenrolavam-se nos Continentes da África e da Ásia, onde as potências imperialistas entravam em conflito, e foi lá que Chamberlain resolveu adquirir fama.

Chamberlain abraçou sua tarefa com o entusiasmo reformador do seu ciclo radical. Sofrera uma grande mudança interna. O socialista municial e o Republicano dos anos passados em Birmingham era agora arquiteto do Império. "Não é suficiente", declarou, "ocupar determinados grandes espaços do globo terrestre, a não ser que possais tirar deles o melhor proveito — a não ser que estejamos dispostos a desenvovê-los. Somos donos de uma vasta propriedade; é dever do proprietário dedicar-se ao desenvolvimento da sua propriedade". Chamberlain não pôde cumprir essa promessa da maneira que teria desejado, embora algum progresso tivesse sido alcançado especialmente na África Ocidental. Desde o momento em que assumiu a pasta, os projetos de reformas foram empurrados ao segundo plano por questões inseparáveis de atividades expansionistas. A primeira foi de pouca importância, a dos Achantes, que continuavam a aterrozizar a maior parte da Costa de Ouro com seu tráfico de escravos. Foi enviada uma expedição contra eles, comandada por Wolseley, e, em janeiro de 1896, o Reino dos Achantes foi esmagado. A situação na Nigéria era muito mais difícil, pois estava envolvida uma outra grande potência. Os franceses, expandindo-se para o sul do deserto do Saara, aproveitando sua superioridade militar, estavam tentando confinar os britânicos às áreas costeiras. Chamberlain, que, como dissera Salisbury, detestava desperdícios, respondeu organizando a Força de Fronteiras da África Ocidental, comandada por Sir Henrique Lugard. Suas medidas foram bem-sucedidas; hábil diplomacia fora apoiada por ações resolutas, e a convenção anglo-francesa, de junho de 1898, traçou linhas divisórias na África Ocidental que foram inteiramente satisfatórias à Grã-Bretanha.

Alguns meses depois, estourou uma disputa muito mais séria, entre a Grã-Bretanha e a França, que versava sobre o controle do Alto Nilo. Desde a morte de Gordon, os dérviches mantiveram controle indisputado do Sudão. O seu profeta, o Mahdi, havia morrido, mas seu sucessor, o Califa como o chamavam, mantinha em suas mãos o controle militar daquele império. Também embalava ambições de aumentar seus domínios à custa do Egito e da Abissínia. Enquanto isso, o exército egípcio, reformado e reorganizado por oficiais britânicos, defendida eficientemente o Baixo Nilo e a costa do Mar Vermelho, impedindo incursões dos dérviches. Em 1896, havia chegado o tempo em que o comando britânico no Egito poderia tirar a desforra contra os fanáticos irrequietos do Sul. Já se estavam efetuando movimentos franceses em direção às nascentes do Nilo e urgia antecipar-se a esses; as colônias italianas no Mar Vermelho necessitavam de ajuda; o tráfico de escravos reiniciado pelos dérviches tinha que ser suprimido; o Governo do Lorde Salisbury não sentia aversão por uma ação imperialista. Em março, Sir Herbert Kitchener, Sirdar do Exército Egípcio, iniciou sua campanha de vingança pela morte de Gordon e de reconquista do Sudão. Esse vasto trecho de território africano já não podia ser deixado à mercê do domínio bárbaro, nem continuar a servir de magneto para as rivalidades européias.

O deserto e o impiedoso clima tropical apresentavam desafio formidável à expedição de Kitchener, que não deixara nada ao acaso. Sua grande capacidade de que daria provas agora residia na previsão e organização. A guerra fluvial nas margens do Nilo era uma operação penosa, bem preparada e bem dirigida. Uma única derrota teria provocado brados de críticos na Grã-Bretanha. Portanto, só podia correr riscos que fossem cuidadosamente calculados antecipadamente. Suprimentos eram o problema crucial. E para suprir as necessidades da coluna de Kitchener que avançaria profundamente pelo interior do continente africano, foram construídas mais de quinhentas milhas de leito ferroviário em regiões áridas e que não puderam ser previamente estudadas. Foi principalmente uma guerra de engenheiros animada por muitos combates curtos, ferozes e valentes. Kitchener começara a campanha com quinze mil homens e no fim comandava vinte e cinco mil, dos quais oito mil eram britânicos. Os efetivos do Califa eram no mínimo três vezes superiores, devotados à causa pela qual lutavam ferozmente, corajosos, manhosos e conhecedores dos segredos do deserto. Decorridos dois anos e meio, o exército dos dérviches foi finalmente confrontado e destruído à vista de Khartum na batalha de Omdurman no dia 2 de setembro de 1898. Isso, como foi descrito naquele tempo por um jovem hussardo que tomou parte na batalha, foi "o mais notável triunfo jamais ganho pelas armas da ciência contra bárbaros". O Califa e seus sequazes sobreviventes foram caçados aos poucos, e o Sudão entrou num período de governo construtivo.

Cinco dias após a batalha de Omdurman em Khartum, foram recebidas notícias de que havia europeus em Fashoda, posto distante no Nilo Branco. Eram o Major Marchand e seus oficiais acompanhados por um pelotão de soldados da África Ocidental, que haviam marchado durante dois anos, partindo da Costa Atlântica, e atravessando duas mil e quinhentas milhas de mata virgem na esperança de estabelecer o domínio da França a cavaleiro nas nascentes do Nilo entre o Congo e a Abissínia. Kitchener navegou pessoalmente Nilo acima para se encontrar com Marchand. Houve troca de cortesias entre os dois militares, mas era evidente a quem pertencia a superiodade numérica. Por algum tempo, a bandeira francesa drapejou no Forte de Fashoda, junto com a da Grã-Bretanha e do Egito, enquanto o assunto era comunicado a Londres e a Paris. Em ambas as capitais, houve agitação e foi mencionada a palavra guerra. Pretensões francesas sobre as províncias do Sudão meridional, todavia, não puderam ser sustentadas diante da vitória britânica na guerra fluvial. Os franceses cederam, e pela Convenção assinada em março de 1899, a divisão de águas do Congo e do Nilo foi fixada como linha divisória entre a influência britânica e a francesa. Fora virtualmente a última disputa colonial que durante alguns decênios havia envenenado as relações entre a Grã-Bretanha e a França. Daí por diante, sob a crescente ameaça da Alemanha, os dois países mantiveram relações crescentemente harmoniosas.

    Não eram só preocupações de ordem externa que assolavam o Governo. Em fins de 1895, ocorrera uma crise com os Estados Unidos, quando, como já foi relatado, o Presidente Cleveland reclamou o direito da América de ser árbitro na disputa de fronteira entre a Guiana Britânica e a Venezuela. Durante aqueles anos, a Alemanha trabalhou arduamente promovendo planos de penetração na Ásia Menor, e havia muita conversa sobre a construção de uma estrada de ferro Berlim—Bagdá. Salisbury não fez objeções. Antes amizade alemã com os turcos que interferência russa com eles. No Extremo Oriente, o Ministério do Exterior sentia-se perpetuamente agitado por eventual ameaça russa contra a China, que agora se tornara mais viável por causa da construção da estrada de ferro transiberiana. A província da Mandchúria, com base naval em Porto Artur, estava caindo nas mãos dos russos. Poucos previam então as derrotas inesperadas que as armas japonesas dentro em breve infligiriam ao Czar. Chamberlain, que possuía muita autoridade nos negócios externos, fez proposta precipitada de aliança com a Alemanha. Salisbury mantevese alheio e reteve o seu colega ardente prevendo perigos maiores numa aliança européia do que na política de isolamento. Sua confiança no poder britânico de se manter isolado seria agora submetida a um teste. Os grandes acontecimentos no palco internacional e as manobras diplomáticas que os acompanharam foram eclipsados para a Grã-Bretanha pela luta na África do Sul.

CAPÍTULO VII

A GUERRA SUL-AFRICANA

A Grã-Bretanha iniciou o século XX nas garras da guerra. Colocou em campo quase meio milhão de homens, o maior contingente já enviado para o ultramar em toda a sua história. O conflito na África do Sul, cujo começo fora apenas pequena campanha colonial, logo exigiu da nação esforço de grandes proporções. A Grã-Bretanha seguia o desenrolar da campanha com interesse intenso e com viva emoção. Malmente havia decorrido meio século desde que as leis de sufrágio haviam permitido a todos os homens adultos terem voz ativa nos negócios do Estado. Ensino gratuito instituído havia pouco facilitou ao povo a tarefa de acompanhar os acontecimentos e de emitir opiniões sobre eles. Jornais de caráter popular haviam começado a circular entre as massas e levavam a milhões de lares notícias recentes, tanto as boas como as más e, por vezes, até errôneas. Embora alguns tivessem profetizado que essa difusão do saber e da responsabilidade levaria ao desassossego social e à revolução — isso não foi o caso. Pelo contrário — os anos de guerra contra os Boers viram uma vaga de patriotismo varrer a grande maioria do povo britânico, bem como labaredas de entusiasmo pela causa do Império que ardiam em todo o país.

Não resta dúvida de que houvera críticos acerbos e dissidentes, os "Boerfilos", como os apelidaram por chacota. Entre esses dissidentes, havia importantes líderes liberais, e, no século deles, havia um jovem advogado galês chamado Lloyd George, que se tornou conhecido em virtude dos seus ataques vigorosos contra a guerra e contra o Governo. Não obstante, a opinião pública era firmemente imperialista. O povo sentia-se orgulhoso ao observar os traços encarnados no globo geográfico, traços que indicavam a extensão do Império Britânico. O povo sentia-se também orgulhoso e confiante no Domínio dos Mares exercido pela Real Marinha. A Europa sentia inveja. A maioria das potências não escondia suas simpatias pelos Boers, e havia mesmo indícios de uma ação conjunta contra o Reino Insular. Talvez, em caso de uma intervenção, a Grã-Bretanha não teria conseguido vitória fácil na sua guerra colonial, mas seu poderio nos mares fez com que as outras potências reconsiderassem o assunto. Ao rebentar a guerra a Grã-Bretanha concentrou-se em Portsmouth, um esquadrão móvel de sua marinha, e isso, observado de maneiras diversas, foi suficiente para impor respeito à Europa. O Imperador da Alemanha não deixou de aprender essa lição. A visão da Real Marinha a exercer domínio indisputável nos mares fê-lo redobrar o empenho em criar uma poderosa esquadra de alto-mar. Pavorosas conseqüências haveriam de advir do seu espírito de imitação.

* * *

As raízes da guerra sul-africana perdiam-se no passado distante. Duas repúblicas dos Boers que não possuíam acesso ao mar deviam vaga obediência à Grã-Bretanha. Com exceção de curta fronteira comum com o Moçambique Português, essas repúblicas achavam-se cercadas por colônias, protetorados e territórios britânicos. Nem por isso, pelo menos inicialmente, havia motivo de conflito. A vasta população boer na Colônia do Cabo parecia reconciliada com a soberania da Grã-Bretanha e tolerava Cecílio Rhodes como Primeiro-Ministro. O Estado Livre de Orange mantinha relações amistosas com a Grã-Bretanha e, mesmo no Transvaal, lar dos mais rudes fazendeiros de fronteira, um número considerável de Boers estava a favor da cooperação com a Grã-Bretanha. Nem haviam desaparecido as esperanças de que viesse a existir na África do Sul uma Federação Anglo-Boer. Tudo isso mudou abruptamente nos últimos cinco anos do século XIX.

Ao assumir o Ministério das Colônias em 1895, Chamberlain viu-se diante de uma situação muito complexa. O Transvaal havia sofrido profunda transformação por causa da exploração das riquíssimas minas de ouro em Witwatersrand. Era trabalho executado por capital e mão-de-obra estrangeiros, na sua maioria britânicas. Dentro de poucos anos Johannesburgo desenvolvera-se passando a ser uma grande cidade. Os "Uitlanders", como os Boers chamavam os estrangeiros, igualavam os Boers em número, mas estes recusavam-lhes a concessão de direitos políticos, embora esses estrangeiros pagassem oitenta por cento dos impostos arrecadados. Paulo Krueger, Presidente da República, participara da "Grande Migração" e, na ocasião que analisamos, "já contava com setenta anos de idade. O Presidente estava decidido a preservar o caráter e a independência da República; era o cabeça dos holandeses recalcitrantes que se recusavam a pactuar com os britânicos e se opunha à industrialização, embora gostasse de aproveitar os lucros que ela proporcionava. Também Krueger percebia o perigo que oferecia um campo de mineração cosmopolita à comunidade dos fazendeiros criados com a bíblia na mão. Seus receios agravaram-se ao observar o movimento envolvente da Companhia Britânica da África do Sul, que já controlava os territórios ao norte, que iriam formar as Rodésias e que, naquela ocasião esforçava-se a adquirir a Bechunalândia ao oeste. Rhodes, que possuía vastos interesses financeiros no Rand, sonhava com uma África do Sul unificada e com uma estrada de ferro Cabo—Cairo que corresse em todo o seu percurso por territórios britânicos.

As queixas políticas e econômicas dos "Uitlanders" tornavam inevitável uma explosão, e, em fins de 1895, Chamberlain estava preparado para enfrentá-la. Ignorava, porém, que Rhodes havia elaborado um projeto de revolta dos residentes britânicos em Johannesburgo, que deveria ser apoiada pela invasão do Transvaal por tropas da Companhia. Estas tropas deveriam ser comandadas pelo administrador da Rodésia, Dr. Leandro Starr Jameson. A revolta em Johannesburgo falhou no último momento, mas Jameson não recebera novas instruções de Rhodes e, portanto, invadiu o Transvaal com quinhentos homens no dia 29 de dezembro. Chamberlain declarou que essa ação foi "uma demonstração vergonhosa de pirataria", felizmente, ela teve o fim que merecia. No dia 2 de janeiro, Jameson e sua tropa renderam-se aos Boers em Doornkop. Esse reide marca o fim de uma época; todo o curso histórico da África do Sul foi violentamente desviado do seu leito pacífico. A atmosfera do país ficou envenenada pela pestilência das prevenções raciais e nacionais; os Boers do Cabo, sentindo natural simpatia pelos do Transvaal, começaram a hostilizar os ingleses. Rhodes foi obrigado a pedir demissão do cargo de Primeiro-Ministro; a grande popularidade de que Rhodes desfrutava na Inglaterra serviu para concretizar a suspeita da existência de um plano urdido contra a existência das repúblicas independentes. O Estado Livre de Orange filiou-se com Krueger. O Partido de Krueger viu suas hostes engrossarem no próprio Transvaal e, antevendo o conflito, começaram as compras em larga escala de material bélico.

Os três anos seguintes viram negociações árduas e prolongadas em que a determinação de Chamberlain se via frustrada pela obstinação de Krueger. Em março de 1897, sir Alfredo Milner, destacado funcionário do Governo, foi nomeado Alto Comissário na África do Sul. Era um grande administrador, mas faltava-lhe habilidade diplomática. Dentro de alguns meses, tomou uma resolução e escreveu a Chamberlain: "Não se pode achar outro caminho para acabar com as dificuldades políticas na África do Sul a não ser "reformas a serem introduzidas no Transvaal — ou guerra. No presente momento, as perspectivas de reformas no Transvaal são piores que nunca". Chamberlain, todavia, estava ansioso por evitar a guerra, a não ser como recurso derradeiro e, mesmo caso chegasse a haver guerra, esperava poder cravar nos Boers a responsabilidade por ela. Compartilhava com Rhodes a esperança de que Krueger cedesse sob pressão. Ambos subestimavam os pioneiros do "Veldt".

Chegara-se ao clímax em abril de 1899, quando o Gabinete recebeu uma petição assinada por mais de vinte mil "Uitlanders". Essa petição foi seguida por um relatório de Milner de que constava o seguinte: "A visão de milhares de súditos britânicos mantidos permanentemente num estado de servos(..) solapa gravemente a influência e a reputação na Grã-Bretanha nos Domínios de Sua Majestade, bem como o respeito pelo Governo Britânico". Seguiu-se novo período de negociações em que o Governo Britânico exigia fosse concedido o direito de voto a todos os cidadãos residentes há mais de cinco anos no Transvaal e, ao mesmo tempo, reclamando os direitos de suserania. Houve em Bloemfontain, no decorrer de junho, uma conferência entre Krueger e Milner, mas sem resultados. Milner estava convencido de que os Boers, já armados até os dentes, tencionavam estabelecer os "Estados Unidos Holandeses da África do Sul". Krueger, por sua vez, estava convencido de que os britânicos desejavam privar os Boers da liberdade e da independência. "Quereis tomar-nos o nosso país" — disse Krueger, com lágrimas escorrendo nas faces. Chamberlain fez outras tentativas de chegar a um acordo, mas naquela época ambos os oponentes já estavam ultimando os preparativos bélicos. No dia 9 de outubro, enquanto as tropas britânicas na África do Sul ainda estavam fracas, os Boers apresentaram um ultimato; três dias depois suas tropas atravessavam as fronteiras.

* * *

No início da guerra, os Boers puseram em campo trinta e cinco mil homens, ou seja, o dobro dos efetivos britânicos; dispunham de artilharia adquirida da Alemanha e superior à inglesa. Cruzaram as fronteiras em diversos pontos. Quase todo o exército deles compunha-se de cavalaria. Usavam fuzis Mannlicher e Mauser e eram peritos atiradores. Decorridas poucas semanas, já haviam investido contra Ladysmith no leste e contra Mafeking e Kimberley no oeste. Em Ladysmith, na divisa de Natal, dez mil homens comandados por Sir Jorge White foram cercados e assediados depois que dois batalhões britânicos haviam sido levados a uma emboscada e tiveram que entregar-se com armas e bagagens nas imediações de Nicholson's Nek. Um destacamento comandado pelo Coronel Baden-Powell foi cercado em Mafeking por efetivos muito superiores sob comando de Piet Cronje. Em Kimberley, o próprio Cecílio Rhodes e um grande número de civis viram-se também assediados. Passada a época de chuvas, o "Veldt produziu pastos suculentos que foram estimulados propositadamente pelos Boers, que haviam feito extensas queimas ao findar o verão. A opinião pública mundial era decididamente hostil à Grã-Bretanha. Enquanto isso, um Corpo do Exército composto de três divisões e comandado por Sir Redevers Buller foi enviado como reforço. Nos Domínios, apresentaram-se voluntários, sendo que alguns já haviam seguido e outros aguardavam o embarque. O fato de que o Ministério da Guerra usava na sua correspondência a expressão "dá-se preferência a infantes" provava o quanto lá ignoravam as condições locais no campo da luta. As tropas eram boas, mas faltava conhecimento das armas e das táticas inimigas.

Há muito, Krueger desejara possuir um porto de mar. Para além dos passos do Natal, havia o porto de Durban, que poderia ser capturado, contanto que conseguisse chegar até lá. O Transvaal estava ligado a Durban por uma ferrovia que, comparada com a ferrovia Transvaal— Cidade do Cabo, era curta e de fácil manejo; além disso, era mais próxima. Eis onde poderiam terminar tantas querelas relativas a fretes, taxas aduaneiras e outras mais. Foi nessa região que ambos os oponentes concentraram os maiores esforços.

Chegando na África, Buller distribuiu suas tropas de maneira que pudesse lutar em toda a parte. Mandou uma divisão para defender Natal, outra despachou em socorro de Kimberley e a terceira para a zona noroeste da colônia do Cabo. Dentro de uma semana, no decorrer do mês de dezembro, as três divisões entraram em contato com o inimigo e o fogo reunido dos fuzis e da artilharia infligiu-lhes decisiva derrota, causando-lhes baixas e perdas de peças de campanha que, considerando os padrões daquele tempo, eram pesadas. Na região de Colenso, em Natal, onde o própro Buller dirigia as operações, houve combates no rio Modder, na estrada para Kimberley e na região de Stroberg. Em toda a parte, os Boers não somente resistiram, mas invadiram as terras fronteiriças. Embora as baixas inferiores a mil homens em cada batalha possam parecer insignificantes ao observador moderno, naquele tempo, causaram choque pesado e assustador tanto à opinião pública na Grã-Bretanha e nos Domínios como às próprias tropas no local. A Rainha Vitória, entretanto, reanimou a nação com as palavras que se tornaram famosas. "Queira entender", respondeu a Balfour, quando esse tentou discutir a "semana negra", como a chamaram, "que NESTA casa ninguém se sente deprimido. Não estamos interessados nas possibilidades de uma derrota, porque elas não existem".

O Lorde Roberts de Kandahar, que havia adquirido fama nas guerras contra os afegãos, foi nomeado Comandante-Chefe e recebeu como Chefe do Estado-Maior Lorde Kitchener, o vencedor de Khartum. Em poucos meses, os dois generais já ilustres, dispondo de efetivos crescentes, trans-

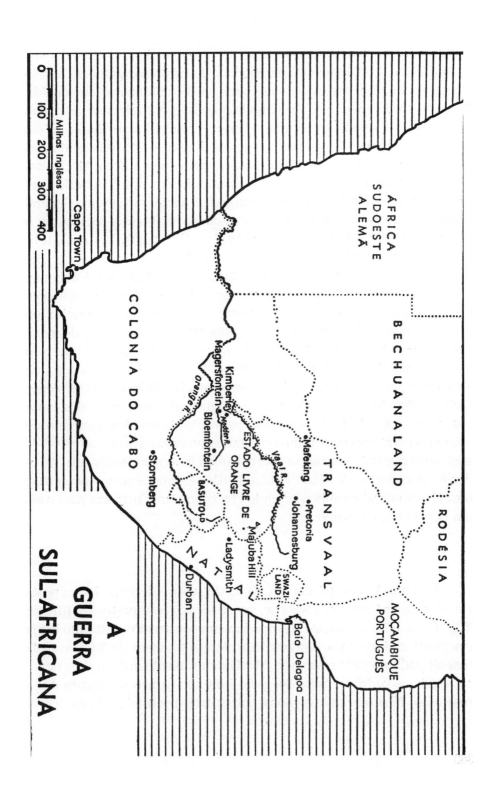

formaram completamente a situação no campo da luta. O novo comando britânico viu claramente a necessidade de empregar grandes efetivos em ações coordenadas, e as capitais inimigas Bloemfontain e, em seguida, Pretória, tornaram-se seus principais objetivos. Cronje, que assediava Mafeking, foi levado a crer que o golpe principal seria desferido em Kimberley e transferiu, portanto, o grosso dos seus efetivos para Magersfontain, algumas milhas ao sul do grande centro diamantífero. Ali chegando, cavou trincheiras e aguardou o ataque. Realmente, Kimberley era um dos objetivos de Roberts, mas tratou de o atingir enviando o General French em marcha envolvente, e a cavalaria de French recapturou o objetivo no dia 15 de fevereiro. Ameaçado pela retaguarda, Cronje teve que abandonar as trincheiras e retirar-se em direção noroeste. Doze dias depois, tendo sustentado violentos ataques desferidos por Kitchener, teve que se render com quatro mil homens. Daí por diante, os acontecimentos precipitaram-se. No dia seguinte, Buller libertou Ladysmith; no dia 13 de março, Roberts chegou em Bloemfontain; no dia 31 de maio, caiu Johannesburgo; e no dia 5 de junho, Pretória. Mafeking foi libertado após um assédio que durara duzentos e dezessete dias, e a vitória ali alcançada provocou em Londres comemorações indecorosas. Krueger fugiu. O Estado Livre de Orange e o Transvaal foram anexados e, no outono de 1900, Roberts regressou para a Inglatrra. Após um ano de acirrados combates com as duas capitais capturadas, parecia ao povo da Inglaterra que tinham ganho a guerra e que a luta estava terminada. Atendendo ao conselho de Chamberlain, Lorde Salisbury encetou nessa base uma eleição geral e ganhou-a, sendo eleito por larga margem para mais um período de exercício.

* * *

A Rainha Vitória faleceu no dia 22 de janeiro de 1901. Foi exposta em câmara ardente em Osborne, na residência campestre na Ilha de Wight, que ela e o Príncipe Alberto haviam construído e instalado havia cinqüenta e cinco anos. Durante a prolongada viuvez da Rainha, nada fora alterado naquela residência. Havia determinado que sua vida deveria seguir os padrões instituídos pelo Príncipe; jamais se afastara dessa resolução. Não obstante, a monarquia sofreu profundas alterações. A

Soberana tornara-se Símbolo do Império. Por ocasião dos jubileus da Rainha, em 1887 e 1897, a Índia e as colônias haviam enviado importantes e animadas representações. A Coroa serviu de elo entre os membros da crescente família de raças e nações que o Primeiro-Ministro, Lorde Rosebery, havia profeticamente batizado, dando-lhe o nome de Comunidade de Interesse (Commonwealth). Tanto a perspicácia de Disraeli como o entusiasmo de Chambedain contribuíram para ampliar esse tema imperial. A própria Rainha sentira-se comovida com a grandiosidade de seu papel. Enviara seus filhos e netos em viagens oficiais aos seus Domínios crescentes, onde eles sempre foram calorosamente bem-vindos. Recebera na Inglaterra uma torrente de dignitários coloniais que vieram prestar-lhe homenagens. Nomeara hindus para cargos na residência real e aprendera com eles o idioma indostânico. Assim, tudo fizera que estava a seu alcance para unir entre si os diversos povos do Império e fortalecer sua lealdade para com a Coroa. Sua orientação coincidia com o espírito imperialista da época. Um dos seus últimos atos públicos, quando já contava com oitenta anos de idade, foi a visita à Irlanda. Nunca depositou fé na autonomia da Irlanda, que lhe parecia constituir um perigo para a unidade do Império. Impelida pelo desejo de reconhecer publicamente a valentia demonstrada pelos soldados irlandeses na África do Sul, dirigiu-se a Dublin em abril de 1900; no chapéu e no casaco, usava uma folha de trevo — emblema da Irlanda. Seus súditos irlandeses, mesmo os nacionalistas, prepararam-lhe entusiástica recepção. Na Irlanda, ainda havia forte corrente de boa vontade para com a Coroa; foi uma infelicidade que os Governos da Grã-Bretanha não a souberam captar.

Durante os anos que a Rainha viveu afastada da vida pública, houve demonstrações de desassossego, e republicanos confessos fizeram-se ouvir. Quando o século chegava ao fim, tudo isso havia desaparecido. Devoção sincera à sua posição de Rainha, as virtudes domésticas, a sinceridade evidente, o amor por vezes desconcertante à verdade — todas essas qualidades da Rainha havia muito tempo impressionavam seus súditos. A grande massa não podia saber quanta sagacidade ela demonstrava em assuntos políticos, nem quanta sabedoria havia acumulado durante todos aqueles anos de contatos constantes com os Primeiros-Ministros, a qual ela soube colher nas inúmeras crises que o país havia atravessado. Nem por isso, deixaram de sentir e de perceber a grandeza moral da Soberana. Mesmo Ministros que, na intimidade, por vezes confessavam achá-la uma mulher impulsiva e que deixava influir nos negócios do Estado certas preferências pessoais, não podiam furtar-se ao respeito que lhes infundia seu vigilante senso do dever. Ela representava a continuidade e firmeza das tradições britânicas e, quando começou a envelhecer, achou-se cercada de veneração. Ao falecer, havia completado sessenta e quatro anos de reinado. Poucos de seus súditos recordavam tivesse havido uma época em que ela não fora Rainha. Todos os homens e mulheres dotados de inteligência podiam observar o desenvolvimento do Poder Britânico e o progresso dos povos da Comunidade da Grã-Bretanha que se processaram durante o reinado a que ela dera o nome. A Era Vitoriana findara em 1901, mas a sensação de confiança e de propósito que ela havia inspirado continuou viva durante as duras provas que estavam por vir.

* * *

A guerra na África do Sul continuava. No passado, os Boers nunca se mostraram dóceis ou obedientes perante a autoridade política, mesmo quando exercida por seus conterrâneos, e o fato de que os britânicos ocuparam suas principais cidades e se apoderaram das ferrovias não lhes parecia razão suficiente para abandonarem a luta. O "Veldt" era vasto. Nas habitações isoladas daqueles campos, os homens podiam obter informações, comida, forragem, um cavalo respousado e mesmo munições. Roberts e Buller mal se afastaram das costas da África quando a guerra recomeçou, tomando a forma violenta de guerrilha veloz e eficiente. Botha, Kritzinger, Hertzog, de Wet, De La Rey, só para mencionar cinco dos mais famosos chefes guerrilheiros, confrontaram Kitchener com infindáveis combates, causando-lhes reveses que se prolongariam por mais dezessete meses. Somente extraordinário empenho dos britânicos haveria de vencer os Boers. Em fevereiro, Botha atacou Natal e só foi repelido pelo General French depois de ter destruído enormes áreas daquela zona. Os outros guerrilheiros invadiram a Colônia do Cabo na esperança de obterem o apoio dos holandeses ali residentes. Poucos aderiram, mas o seu número foi suficiente para destruir quaisquer esperanças de rápida pacificação que pudessem ter existido. Quando os invasores foram repelidos, Kitchener e Botha encontraram-se para discutir termos. Ambos os chefes desejavam a anistia para os rebeldes da Colônia do Cabo, mas Milner, o Alto Comissário, opunha-se e contava com o apoio do Gabinete de Londres. Assim frustrado, a contragosto e contra o que considerava justo, Kitchener foi obrigado a adotar o que hoje chamaríamos de "sistema de arrasamento". Construíram fortins ao longo das ferrovias, levantaram cercas através dos campos construíram mais fortins ao longo das cercas. Movimentar-se dentro desses espaços vigiados tornou-se impossível para os arrojados guerrilheiros. Então, homem por homem, mulher por mulher, e criança por criança, todos foram arrebanhados para os campos de concentração. Tais métodos só podiam ser justificados pelo fato de que a maioria dos guerrilheiros combatiam à paisana e só podiam ser subjugados sendo aprisionados juntamente com as famílias que lhes prestavam auxílio. Nada, porém, nem sequer a incompetência das autoridades militares encarregadas da nova e desagradável missão de tangerem massas de civis para o cativeiro, podia justificar as condições que reinavam nos próprios campos de concentração. Até fevereiro de 1902, haviam morrido mais de vinte mil prisioneiros, ou seja, um em cada grupo de seis; a maioria pereceu de doenças. Primeiro, as autoridades negaram que houvesse irregularidades, mas, finalmente uma jovem inglesa, Srta. Emília Hobson, descobriu e tornou públicos fatos terríveis. Campbell-Bannermann, que seria Primeiro-Ministro dentro em breve, mas então se achava na oposição, denunciou os campos de concentração como "métodos de barbarismo". Chamnberlain retirou os líderes da administração militar. Em seguida, as condições melhoraram rapidamente e, afinal, no dia 23 de março de 1902, os Boers solicitaram a paz.

Três dias depois, Cecílio Rhodes morria do coração. Num dos últimos discursos, assim falou aos lealistas da Cidade do Cabo: "Julgais terdes vencido os holandeses. Isso não é o caso. Os holandeses não foram vencidos. O que foi vencido foi o kruegerismo, governo mau e corrupto, mas, na sua essência, tão pouco holandês como britânico. Não! Os holandeses estão hoje tão vigorosos e invencíveis como sempre foram; o país continua deles tanto como o é vosso, e tereis que cooperar com eles como o fizestes outrora". Não resta dúvida de que a paz firmada em Vereeniging, no dia 31 de maio, tratou de dar expressão a esse espírito, e suas cláusulas podem ser consideradas como magnânimas até o extremo. Ainda havia nos campos trinta e dois grupos de guerrilheiros que não foram subjugados. Dois delegados de cada grupo encontraram-se com os emissários e, depois de demoradas discussões, concordaram em depor as armas e entregar as munições. Ninguém seria castigado a não ser por certos crimes contra as convenções de guerra. Governo autônomo seria instituído quanto antes, e a Grã-Bretanha pagaria uma indenização de três milhões de libras. Essas, em resumo, foram as principais cláusulas do tratado e, pelo menos a última, pode ser considerada como generosa e sem precedentes na história das guerras modernas. Tendo ratificado o tratado de paz, Lorde Salisbury resignou. Fora o último Primeiro-Ministro com assento na Câmara dos Lordes e presidiu a uma expansão do Império Britânico que nunca foi igualada. Morreu no ano seguinte, e, com ele, desapareceu da política britânica certa atitude de desinteresse hoje considerada antiquada. Todas as cláusulas do tratado foram cumpridas, e Milner contribuiu muito para a reconstrução da África do Sul. Quase meio milhão de tropas da Grã-Bretanha e dos Domínios haviam participado da guerra, e as baixas correspondiam quase a dez por cento dos efetivos. O total da despesa do Reino Unido foi calculado em duzentos e vinte milhões de libras.

* * *

Chegamos nesse relato ao fim do século XIX. O mundo moderno tinha razões para esperar um período prolongao de paz e prosperidade. O futuro parecia risonho e promissor, e ninguém esperava que se entrasse num período de lutas em que a supremacia e preponderância de uma única potência sobre as outras seria o supremo incentivo. Duas guerras pavorosas, das quais cada uma duraria cinco anos, haveriam de ilustrar a magnitude a que chegaram os acontecimentos durante o apogeu da Era Vitoriana. O advento da Alemanha como Potência Mundial há muito foi acompanhado pelo incremento dos patriotismos nacionalistas e da corrida armamentista. Ninguém podia sequer tentar medir a natureza e as conseqüências das lutas que se aproximavam. Combater até a vitória tornou-se objetivo único, e, nisso, o poder das nações participantes viria a ser surpreendente. No decorrer dos últimos anos do século passado, parecia tão fácil considerar natural o sistema universal de exércitos nacionais criados pelo serviço militar obrigatório e alimentados pelos recursos infindáveis do progresso industrial. Ordem e organização eram as características da vida moderna, e, quando a Alemanha empregou nessa tarefa todo o seu talento, os passos tornaram-se claros e até inevitáveis. Mais ainda, poder-se-ia afirmar e talvez mesmo provar que o método normal do progresso adotado até um certo ponto por todos os Estados do continente da Europa foi o princípio de se armarem até o limite máximo possível. Tal é a vitalidade da raça humana, que ela continua a progredir apesar de todos esses contratempos.

A Grã-Bretanha, valendo-se da sua situação insular e do seu poderio naval, foi a única das Grandes Potências da Europa que não acompanhou o hábito generalizado segundo o qual cada cidadão tinha que ser instruído na arte militar e servir durante dois e até três anos. Esta abstenção, entretanto, de maneira alguma serviu para afastar o perigo. Pelo contrário. Na África do Sul, a Grã-Bretanha, decerto inconscientemente, participou em precipitar a crise. Exibiu-se a todas as nações como suprema entre todas. Durante três longos anos, continuou o progresso de conquistar os Boers, deixando que a América e o resto da Europa meditassem sobre os feitos do Império e sobre muitos outros. Todas as potências começaram a sonhar com vasos de guerra. A Alemanha vira que a preponderância mundial não poderia ser alcançada sem vasos de guerra da melhor qualidade e do maior poder ofensivo. A França e outros países seguiram seu exemplo. Foi realmente uma nova maneira para demonstrar o orgulho e a energia dos povos, e o Japão, do outro lado do globo, tratou com alacridade de se aproveitar da situação. Aos numerosos Estados-Maiores militares, acrescentaram-se grupos navais que apontavam a lógica e a importância das suas atividades. A conquista do ar havia começado. A Grã-Bretanha teria gostado de governar sozinha e moderadamente.

Quase cem anos de paz e progresso haviam elevado a Grã-Bretanha à liderança universal. Tratou repetidamente de manter a paz, para si pelo menos, e progresso e prosperidade têm sido contínuos em todas as classes sociais. O sufrágio havia sido estendido quase aos limites atuais, e, entretanto, reinavam paz e ordem. O Partido Conservador mostrou-se à altura das tormentas e provou que na realidade nem havia tempestade séria entre os partidos ilhéus. A grande massa do país podia dedicar-se às suas ocupações quotidianas deixando a política aos que estavam interessados nela como sequazes corajosos. O potro da nação dera provas de que podia ser cavalgado deixando as rédeas soltas sem recear que desandasse em correrias loucas ora para esse, ora para aquele lado. Ninguém se sentia desamparado pela Constituição. Um excesso de autodeterminação seria prejudicial. Não resta dúvida de que o futuro parecia promissor e sorridente a todos os que viviam dentro dos limites irreguláveis do Império Britânico ou que procuravam abrigo à sua sombra. Havia trabalho sem fim a ser feito. Não importava qual partido estivesse no poder: um sempre criticava o outro, como tinham o direito indiscutível de o fazer. Nenhuma das antigas inibições opunha obstáculo aos aventurosos. Se cometessem, erros não importaria, porque certamente outros semelhantes já teriam sido cometidos antes, e os britânicos poderiam repará-los sem que houvesse conseqüências sérias. Importava manter política ativa e vigorosa. Avançar aos poucos, mas decididamente, parecia ser o método justificado.

Os Estados Unidos, a não ser em matérias navais, mantinham-se afastados dessas manifestações. Seu pensamentos encaravam seus ilimitados recursos naturais malmente explorados e ainda menos aproveitados. Sua população ainda devia seu crescimento fabuloso aos imigrantes europeus, que impacientes para com seus países de origem e talvez em razão dos sofrimentos por que passaram lá, não desejavam ver sua pátria nova envolvida nas disputas da velha. A potencialidade da América ainda pairava sobre o globo irreconhecida a não ser pelos visionários. Mas no mundo que se contraía à proporção que melhoravam os meios de comunicações, tornava-se rapidamente impossível manter-se alheio às preocupações dos outros. Atingir a classe de Potência Mundial quer dizer assumir responsabilidades de âmbito mundial. O clímax convulsivo da Primeira Guerra Mundial havia de ligar a América de maneira definitiva e irrevogável aos destinos do Velho Mundo e da Grã-Bretanha.

* * *

Aqui se contou a longa história dos Povos de Língua Inglesa. Tornar-se-ão agora aliados em guerras pavorosas, mas vitoriosas. E isso não será o fim tampouco. Outra fase nos aguarda em que a aliança será submetida a nova prova e em que as virtudes formidáveis da união poderão servir para preservar a Paz e a Liberdade. Ninguém pode conhecer o futuro, mas o passado deve dar-nos esperança. Nem devemos agora tentar definir exatamente os termos exatos da união final.

IMPRESSÃO E ACABAMENTO
COMETA GRÁFICA EDITORA
TEL/FAX – 6162 8999 - 6162 9099